금융은 사람이다

회고록

금융은 사람이다

윤병철

까치

저자 윤병철(尹炳哲)

출생 : 慶南 巨濟郡(당시는 統營郡) 長承浦邑에서 1937년 5월 15일 태어나다

학력 : 長承浦國民學校(1944-1948), 河淸國民學校(1948-1950), 釜山中學校(1950-1951), 河淸中學校(1951-1953), 河淸高等學校(1953-1956), 釜山大學校(1956-1960), 釜山大學校 명예 경영학 박사(2012)

사회활동 : 농업은행(1960-1962), 한국경제인협회(1962-1967), 한국개발금융주식회사(1967-1977, 부사장 1977-1980), 한국장기신용은행(상무 1980-1982), 한국투자금융주식회사(전무 1982-1985, 사장 1985-1991), 하나은행(은행장 1991-1997, 회장 1997-2001), 우리금융지주회사(회장 2001-2004), 한국FP협회(회장 2000-현재)
국립 발레단 후원회장(1993-2001), 한국기업메세나협의회 회장(1998-2000), 사회복지공동모금회 회장(2009-2010)

저서 : 『하나가 없으면 둘도 없다』(1996)
『금융 빅뱅과 파이낸셜 플래너』(2001)

역서 : 『Wealth Management』(2002)

ⓒ 2014 윤병철

금융은 사람이다

저자 / 윤병철

발행처 / 까치글방

발행인 / 박종만

주소 / 서울시 마포구 월드컵로 31(합정동 426-7)

전화 / 02 · 735 · 8998, 736 · 7768

팩시밀리 / 02 · 723 · 4591

홈페이지 / www.kachibooks.co.kr

전자우편 / kachisa@unitel.co.kr

등록번호 / 1-528

등록일 / 1977. 8. 5

초판 1쇄 발행일 / 2014. 2. 3
    2쇄 발행일 / 2014. 2. 11

값 / 뒤표지에 쓰여 있음

ISBN 978-89-7291-558-4 03990

이 도서의 국립중앙도서관 출판시도서목록(CIP)은 서지정보유통지원시스템 홈페이지(http://seoji.nl.go.kr)와 국가자료공동목록시스템(http://www.nl.go.kr/kolisnet)에서 이용하실 수 있습니다. (CIP 제어번호: CIP2014002115)

아내 이정희에게

차례

제1부

자신을 결정하는 것은 자신이다

1. 스스로 은행장직에서 물러나다

"나는 당신 덕분에 즐겁고 보람차게 은행장 생활을 할 수 있었어요. 김승유 행장! 당신도 당신 같은 훌륭한 후임자를 양성해서 은행장직을 행복하게 마무리할 수 있기를 바라오."

1997년 3월 26일. 내가 하나은행 최고경영자(CEO) 자리에서 물러나는 날이었다. 퇴임식에 참석하기 위해서 반포동 집을 떠나는 나의 마음은 마치 무거운 짐을 벗어버린 듯 어깨가 가벼웠다. 나는 한국투자금융(韓國投資金融)의 하나은행 전환을 주도했고, 초대와 2대 은행장을 역임했다. 하나은행은 10여 년 공을 들인 내 노력의 결정(結晶)이자, 내 '분신'처럼 생각하고 사랑하는 은행이다. 그럼에도 담담한 마음으로 은행장 자리에서 물러날 수 있었던 것은 김승유(金勝猷)라는 걸출한 후임자가 있었기 때문이다.

집을 나서 을지로 입구 하나은행 본사 빌딩을 향해 한강변 도로를 차로 달리면서 바라본 서울의 하늘은 유난히 쾌청했다. 하나은행장에 앞서 그 전신인 한국투자금융 사장도 두 번 했으니, CEO 직위만 벌써 12년이 되었다. 1960년 농업은행(현재의 농협)의 행원으로 금융계에 발을 들여놓은 때까지 거슬러올라가면, 어느새 37년의 세월이 흘렀다. 그동안 즐거웠던 일들, 힘겨웠던 일들이 주마등처럼 스쳐갔다.

자신을 결정하는 것은 자신이다

1991년 7월 나를 비롯한 임직원 325명으로 시작한 은행이 하나은행이다. 6년 사이에 임직원은 1,600명으로 늘었고, 자산 규모도 1조5천억 원에서 12조6천억 원으로 불어났다.

은행 현관에 도착하니 직원들은 평소와 다름없이 반가운 낯으로 나를 맞아주었다. 나도 떠난다는 생각이 들지 않았다. 하긴 앞으로도 하나은행 회장으로 이 건물에 계속 출근하게 되어 있었다. 다만 은행장에게 조언만하는 회장이다.

이-취임식이 열리는 강당에 들어섰는데, '이임식'이라는 문구가 보이지 않았다. 직원들이 '행장-회장 취임식'이란 플래카드를 걸어놓았던 것이다. 그래도 자리를 넘겨주는 것은 분명한데, 뜻밖이었다. 세심하게 배려하는 직원들의 마음씨가 고마웠다.

은행장 퇴임사 겸 회장 취임사로 내가 임직원들에게 당부했던 말은 아직도 생생하다. "하나은행은 민간의 힘으로 탄생한 은행입니다. 이런 '자주성'의 전통을 절대 잃어선 안 됩니다. 자주를 지키려면 자율성이 살아 꿈틀거려야 합니다.……자주, 자율, 진취. 하나은행의 이 세 가지 정신을 굳건하게 이어나가기 바랍니다."

하나은행의 정신이 부단히 이어졌으면 하는 소망에 내 나름의 세리머니도 준비했다. 검은 몽블랑 만년필에 나 윤병철과 행장 김승유의 이름을 나란히 새겼다. "중요한 계약에 서명할 땐 이걸로 하세요"라고 당부하면서 만년필을 건넸다. 그 뒤로도 '행장 만년필'이란 이름으로 대대로 내려오고 있다. 이후 김종열(金鍾烈) 행장, 김정태(金正泰) 행장, 현재의 김종준(金宗俊) 행장에게까지 전해졌으니 어느새 5대째다.

최고경영자의 역할은 캠프파이어를 위해서 불을 피우는 일과 같다.

불을 붙이고 불기운을 살피며 나무들이 골고루 잘 탈 수 있도록 노력하는 일은 최고경영자가 해야 할 가장 중요한 일이다. 조직이 내우외환에 시달리거나, 조직 전체가 변신을 모색해야 할 때 궤도수정 로켓을 쏘아올리는 일 또한 최고경영자의 중요한 임무다. 나는 조직의 영속성을 위한 최고경영자의 또다른 역할에 대해서 일찍이 한국개발금융(韓國開發金融)의 선배였던 김진형(金鎭炯) 회장으로부터 많은 것을 배웠다.

1985년 한국투자금융 사장을 시작으로 1994년 하나은행장 재임(再任) 첫해까지 장장 9년 넘게 조직의 외형과 업무체계만 바꾼 채 기존조직을 그대로 이끌었던 나는 최고경영자로서 10년째 되던 어느 날 결재를 하면서 나 자신이 매너리즘에 빠져 있다는 사실을 확인하고 깜짝 놀랐다. 그 순간 이쯤에서 물러날 때가 되었다는 것을 직감했다. 최고경영자가 한자리에 오래 머물러 있으면, 매우 중요한 의사결정도 그에게는 일상사가 되기 쉽다. 수년 동안 늘 해오던 일이기 때문이다. 내 입장에선 최고경영자 자리가 익숙하기 때문에 계속 머무르면 편할지 몰라도, 은행에는 결코 좋은 일이 아니라고 나는 생각했다.

그 2년 뒤, 나는 하나은행장으로서 재임 임기가 끝나는 주주총회를 앞두고 이사회 멤버인 주요 주주들을 찾아 퇴진 결심을 밝히고 양해를 구했다. 당시 국내 은행장들의 세 차례 연임을 허용하느냐 마느냐 하는 문제로 금융계에서 논란이 많았지만, 금융 당국은 대체로 3연임을 수용하는 입장이었다. 그런 분위기에도 불구하고 내가 3연임을 마다하고 스스로 물러나겠다고 하자 많은 이사들이 놀람과 동시에 크게 우려했다. 은행으로 전환한 지 얼마 되지 않아 최고경영자가 바뀌는 것을 걱정했던 것이다. 조석래(趙錫來) 효성그룹 회장도 하나은행 이사였는데, "아니, 윤 행장. 어떻게 그렇게 무책임할 수가 있어요? 당신이 직접 은행으로 전환시켜놓고는 아직 성공할지도 실패할지도 모르는데, 여기서 그만둔다는 것은 문제가 있어요"하고 비판했다.

나는 이사들의 우려를 불식시키기 위해서 설득에 나섰다. "제게 하나은행이라는 이름은 제 이름보다 더 중요할 정도로 책임감을 갖고 있습니다. 하나은행의 이름은 평생 저와 함께 갈 것입니다. 절대로 책임을 회피하기 위해 물러나려는 게 아닙니다. 한 차원 높은 은행 발전을 위해 이 시점에서 제가 물러나는 것이 조직에 최선이고 가장 이롭다고 생각해서 어렵게 내린 결정입니다. 제가 은행장을 그만두더라도 정관상 이사회 회장이 있으니까 그 자리에서 책임을 다 하겠습니다."

은행의 회장제도는 그동안 여러 은행에서 실시되었지만, 성공적이라는 평가를 받지 못했기 때문에 그 점에 대해서 분명히 해둘 필요가 있었다. 나는 은행장 업무를 인계할 때 회장의 역할에 대해서 분명한 세 가지 원칙을 스스로 정하고 이를 문서화하여 약속을 지켰다. "첫째, 회장은 대표를 맡지 않는다. 하늘의 해는 하나만 있어야 하는 법이다. 둘째, 회장이 은행에 대해서 얘기할 때는 은행장을 통해서만 한다. 조직원들이 행장과 회장, 양쪽으로 줄을 서면 곤란하기 때문이다. 셋째, 은행에서 묻는 것에만 답을 한다. 고문 역할은 하지만, 먼저 나서지 않는다."

사실 은행장에서 물러날 결심을 2년 전부터 굳히면서 나는 일찌감치 후임자감을 물색하여 각종 업무를 두루 맡아보게 하고 대외적으로도 노출시켜 신망을 얻게 하는 등 승계준비를 해왔기 때문에 내가 물러난다고 해도 나는 별 걱정을 하지 않았다.

김승유 전 하나금융지주 회장은 하나은행 전신인 한국투자금융의 창립 멤버다. 1982년 내가 장기신용은행에서 한국투자금융 전무로 자리를 옮기면서부터 함께 일해온 후배다. 가까이서 지켜본 김승유 씨는 한마디로 일을 참 잘하는 친구였다.

한국투자금융에서 초기에는 영업 담당 상무였던 그는 아이디어가 참 많았다. 당시로서는 새로운 개념이었던 CMA(어음관리계좌)라든지 어카운트 매니저(AM : 기업담당자) 제도를 도입하여 정착시키는 데에 주도적인 역할을 한 사람이 바로 김 상무였다. 내가 한국투자금융에서 '독일병정'이란 소리를 들어가면서 일을 밀어붙이고 조직을 대폭 바꿀 수 있었던 것도 그가 뒷받침한 덕택이었다. 한국투자금융이 하나은행으로 전환한 뒤에도 자연히 중요한 일은 그에게 맡겨졌다. 하나은행장 시절, 내가 이런 얘기를 했을 정도다. "당신은 역량의 80%만 발휘해도 다른 사람 100%만큼 하니까, 앞으론 80% 정도만 노력해도 괜찮겠어요."

나는 한국투자금융 시절부터 김승유 씨의 능력과 자질을 높이 평가하고 있었다. 조직을 능숙하고 훌륭하게 이끌어갈 큰 그릇이었다. 그런데 어느 날 그가 사장실을 찾아왔다. "좀 쉬면서 공부하기 위해 일본으로 유학을 떠나겠습니다." 전혀 뜻밖의 얘기였다. 나는 개인적으로 금융의 새로운 조류를 익힐 기회를 그에게 주어야 하는지를 고민했다. 그러나 조직의 앞날을 위해서는 그가 반드시 필요했다. 단 그의 역량을 실무에서 증폭시켜줄 수 있는 환경을 제공해야 한다는 것이었다. 당시 김 상무는 회사 서열상 3번째였다. 나는 숙고 끝에 전무를

자신을 결정하는 것은 자신이다

자회사 사장으로 배치하고 김 상무를 전무로 승진시켰다. 조직의 안정적인 미래를 위해서는 그가 더 많은 결정권을 가지고 경영능력을 발휘할 수 있는 터전을 제공하여 결과적으로 회사에 대한 전체적인 안목을 키워야 한다는 것이 나의 판단이었다.

지도자의 조건은 무엇일까? 우선 결단력과 전문지식을 갖추고, 주변이 깨끗해야 한다. 또 내외의 신망이 두터워야 한다. 신망이라는 것은 이런 것이다. "우리 회사에서 지금 은행장 할 사람이 누구지요?" 하고 물으면 '아, 그 사람' 하고 자연스레 중론이 모아지는 사람을 말한다.

이러한 신망은 저절로 쌓아지는 것이 아니다. 쌓을 수 있는 기회를 자꾸 주어야 한다. 나는 김 전무에게 그런 기회를 만들어주려고 노력했다. 정부나 금융계의 고위 관계자들을 만나는 자리에 나는 될 수 있는 한 김 전무를 동반하려고 했다. 언론사 임원들과의 식사 자리도 김 전무와 함께했다. 바깥에 그를 알리려고 노력한 것이다.

이런 모습을 본 윤증현(尹增鉉) 전 기획재정부장관은 행장과 전무 관계가 정말 좋다고 평하기도 했다. 은행의 1, 2인자인 행장과 전무는 임기를 앞두곤 경쟁자 관계가 되기도 한다. 그래서 은행장이 전무와 함께 다니는 것은 그때나 지금이나 보기 드문 광경이다.

그렇게 자꾸 은행 안팎으로 소개하고 알리다 보면 자연스럽게 그 인물에 대한 관심을 가지게 되고 서서히 외부로부터 진정한 평가가 돌아오기 마련이다. 이러한 노력들에 의해서 신망 있는 사람들이 내부에서 성장할 수 있는 한 방법이 될 것이다. 후임자가 제 자리를 잡기 위해서는 그렇게 몇 년이 투자되어야 한다.

하나은행 이사들을 향한 긴 시간의 설득과 함께 후임자로 당시 김승유 전무를 추천했다. "은행 안팎에 널리 알려져 있는 김승유 전무가 은행장을 승계한다면, 그의 능력이나 경험에 비추어 하나은행이 한 단계 더 발전할 수 있는 좋은 기회가 될 것입니다." 이사들의 분위기가 나의 퇴임을 받아들이는 쪽으로 정리되자 김 전무에게 그 사실을 전하고 마음의 준비를 하도록 했다. 물론 그에게는 재임을 끝으로 물러나겠다는 생각을 오래 전부터 밝혀왔기 때문에 그는 이미 내 결심을 알고 있었다.

자리를 맡는 것은 남의 힘에 의한 것이지만, 물러나는 것은 누구와도 상의 없이 스스로 결단을 내려야 한다. 이것은 김진형 한국개발금융 회장이 후배인 우리에게 몸소 가르쳐준 교훈이기도 하다. 그분은 한국개발금융이 회사의 새로운 진로 모색에 몰두하고 있던 1978년 2월의 주주총회에서 전격적으로 사장직에서 물러나겠다고 당시로서는 놀라운 선언을 했다. "지금이 바로 새로운 인물을 중심으로 조직에 새로운 활력을 불어넣을 때입니다." 주위에서 볼 때는 갑작스러운 퇴진 선언이었지만, 김 사장은 오래 전부터 준비해왔고 가장 적절하다고 생각된 순간에 그 일을 주저 없이 현실화했던 것이다.

스스로 선택한 김 사장의 퇴진 결단 속에는 '자연인은 유한하지만, 조직은 영속되어야 하고 조직을 위해선 아무리 회사발전에 기여한 공이 크다고 해도 물러설 시기에 대해서 분명하게 선을 긋는다'는 뜻이 담겨 있었다. 그분은 자신이 직접 선례를 남김으로써 후임 경영자도 회사발전을 위해서 적절한 시기에 용퇴하는 아름다운 전통을 만들고자 했던 것이다. 그분의 그런 정신은 장기신용은행과 한국투자금융으로 이어져 최고경영자의 강력한 리더십 형성에 주춧돌이 되었다. 그리고 때가 되면 아름다운 퇴진이 실천되었다. 그분의 퇴진은 당시 40대 초반의 젊은 나이였던 내게 강렬한 인상을 남겼다.

누구나 오르고 싶어 하는 자리일수록 스스로 그 자리를 버리고 나오기란 쉽지 않다. 개인이든 조직이든 올라갈 때가 있으면 내려올 때도 있는데, 대부분의 사람들이 그 섭리를 인정하기 싫어하는 것이다. 내가 스스로 은행장에서 물러난 것을 두고 미담(美談)이라고 좋게 이야기하는 사람들이 많지만, 나는 그것이야말로 최고경영자의 당연한 의무이자 조직에 대한 가장 큰 도리라고 생각한다. 어느 정도 시간이 지나면 조직을 위해서 개인이 바뀌어야 하는 것이다. 그렇다고 최고경영자가 무턱대고 물러나서는 안 된다. 오랜 시간을 두고 후임자를 양성하고 그가 최고경영자가 되었을 때 제대로 일할 수 있도록 조직을 미리 정비하는 일에 최선을 다한 다음에 그만두어야 조직에 혼란을 주지 않기 때문이다.

막상 모든 준비를 끝내고 물러날 마음을 굳혔다고 해도 실천하는 일은 역시 쉽지 않다. 우선 가장 가깝게는 가족을 생각하지 않을 수 없다. 자신의 뜻과 상관없이 남편 또는 아버지에게 가족이 거는 기대와 바람이 있기 때문이다. 나는 은행장 퇴임 선언 2년여 전부터 아내에게 나의 뜻을 밝혀왔다. 맨 처음 퇴진 얘기를 꺼냈을 때, 아내는 '저 사람이 피곤해서 그러나 보다' 하고 심각하게 생각하지 않았다. 하지만 거듭하여 나의 뜻을 밝히자 '가장 멋진 결정'이라며 격려했고 든든한 지원군이 되어주었다. 외부인뿐 아니라 내 자신부터 퇴임을 기정사실화하고 그 의지를 굳건히 하기 위해서 "다음 임기가 돌아오면 그만

둘 것"이라고 이야기할 것을 조언한 것도 아내 이정희였다.

공인이 자기 뜻대로 자리를 그만두려고 할 때는 복잡한 일이 벌어지기도 한다. 예를 들어 어떤 사람이 정상의 자리를 내놓겠다고 하면 그동안 조금이라도 그의 혜택을 본 사람들은 더 이상 혜택을 누릴 수 없게 된다. 그 때문에 자신을 위해서라도 한사코 퇴임을 만류한다. 주위로부터 이런저런 오만가지 얘기를 듣다 보면, 마음이 약해지고 흔들릴 수밖에 없다. 자신의 뜻대로 어떤 자리에서 물러난다는 것도 결코 쉬운 일이 아니다.

하나은행 주주총회를 앞두고 미리 이사들을 찾아가서 퇴진의사를 밝힌 것도 공표를 통해 나 자신이 돌아올 수 없는 다리를 건너도록 하기 위해서였다. 사람은 무엇보다 자기 자신이 가장 두려운 존재인데, 그것은 언제든지 마음이 변할 수 있기 때문이다.

양심이라는 것은 '남이 안 볼 때의 나'이다. 나 말고 아무도 없을 때 그 순간 내가 어떻게 무엇을 하느냐가 양심인 것이다. 그러나 결정과 결단은 혼자서 내릴 수밖에 없다. 따라서 더욱 삼가고 스스로 두려워해야 한다. 그 결정과 결단은 혼자서 내린 것이기 때문에 양심이 담보되지 않을 경우에는 흔들릴 수밖에 없다. 오전에는 '그만둬야지' 했다가 오후에는 '이 일만큼은 내가 마무리해야지' 하는 식으로 생각이 흔들릴 수 있는 것이다. 그 부분에서 나 역시 '사람'인지라 스스로를 믿을 수 없었기 때문에 퇴진 결단을 내린 이상 미리 다른 사람들에게 알려야 했던 것이다. 공개적으로 말을 꺼낸 이상 이제는 그대로 행하는 일만 남게 된 것이다. 사람은 자존심이 있기 때문에 어떤 상황이 닥쳐도 자신이 한 말을 지키려고 애쓰는 법이다. 어쨌든 남들이

자신을 결정하는 것은 자신이다

오르고 싶어하는 자리일수록 그만큼 내려오기가 어렵다.

하나은행은 내가 '양치기 소년'이라는 달갑지 않은 별명까지 얻으면서 오랜 시간에 걸쳐 노력하여 이룩한 결실이기 때문에, 나에게는 평생 내 '분신'처럼 생각되는 존재이다. 따라서 후임이 맡아서 조직을 잘 관리해서 훌륭하게 성장시켜야 그만큼 나의 노력도 평가받을 수 있을 것이다. 만약 후임이 일을 제대로 수행하지 못함으로써 은행이 다른 은행에 인수합병되거나 공중분해되어 사라진다면, 나에 대한 평가 역시 퇴색할 것이다.

한번 몸담았던 조직은 영원해야 하기 때문에, 개인적인 사심으로 조직의 발전을 가로막고 그르치는 일은 최고경영자가 절대로 범해서는 안 될 것이다. 그런 점에서 내가 스스로 은행장직에서 물러난 것이 매우 적절했다는 사실은 그후 후배들이 쌓아놓은 하나은행의 성공 스토리가 충분히 입증하고 있다. 특히 하나은행을 반석처럼 만들어 그 위에 하나금융그룹을 국내에서 자웅(雌雄)을 겨루는 자리에 올려놓은 김승유 회장도 CEO 자리를 물려주는 아름다운 모범을 보였다. 그 뒤를 이은 김정태 회장은 하나은행의 발족과 함께 스카우트되어온 재목으로 그룹 내의 은행, 증권을 섭렵한 역량을 그리고 덕까지 갖추고 있으니 하나금융그룹의 앞날은 창창할 것이다.

우리나라 금융 역사상 연임이 보장되는 데도 불구하고 스스로 은행장 자리를 물러난 사람은 내가 처음인 것으로 알고 있다. 금융계에서 조금이라도 나를 아는 사람들이 그래도 '금융인 윤병철'을 인정하는 부분이기도 하다. 77년의 삶을 살아오면서 내가 이룬 여러 가지 일들 중에서 하나은행장 경영승계는 가장 자랑스러운 일 중의 하나이다.

그만두는 것도 복이 있어야 하는 법이다. 나는 그런 면에서 참 복 받은 은행장이었다. 좋은 후임자가 있었고, 덕분에 담담하게 퇴임할 수 있었던 것이다.

자신을 결정하는 것은 자신이다

제2부

소년시절과 청년시절
그리고 새내기 은행원

1. 농업은행 시절 : 금융계에 첫발을 내딛다

1997년 3월 26일, 나는 50여 년 금융업 종사의 역사에서 가장 가슴 뛰는 한 장(場)이었던 하나은행 경영에서 물러났다. 2013년 12월 어느 아침에 나는 하나은행장을 퇴임한 지 어느새 17여 년이 지났음을 깨닫고는 서재에 앉아 지난 77년간의 일과 삶을 회상했다. 거창하게 자랑할 것은 없다고 하더라도 한길 금융인으로 살면서 많은 순간 남들이 가지 않는 길을 선택하여 묵묵히 걸어온 것만은 사실이었다. 때로는 눈앞에 놓인 상황이 극적인 선택을 하게 하기도 했고, 때로는 스스로의 결단으로 새로운 길을 가기도 했다. 살아오는 동안 만난 수많은 갈림길에서 내가 내린 결정들을 통하여 금융인으로서 내가 시종일관 이루고자 했던 것은 무엇이었을까? 곰곰이 되돌아보게 되는 아침이다.

나는 인생이란 선한 일들이 끊임없이 고리를 이루면서 발전해가는 '선(善)의 고리'가 되어야 한다고 생각한다. 나보다 상대가 잘하는 일에서 내가 도움을 받고, 내가 잘하는 것을 다른 사람에게 돌려주면 사회는 아름답게 운행할 수 있다. 사회에 보탬이 되는 일을 하는 것, 그것이 사회가 필요로 하는 선(善)이라면 그 결과를 교환함으로써 우리의 삶은 행복하게 고리를 이루면서 발전한다. 자신이 가장 좋아하고 잘 하는 일을 발견해서 열심히 하고 남을 이롭게 하면, 그 사람의 삶은 성공한 것이다.

　내가 사회에 첫발을 디딘 곳은 농업은행(農業銀行)이었다. 처음부터 평생 은행원으로 살겠다거나 금융인으로 성공하겠다는 확고한 의지를 가지고 뛰어든 직업은 아니지만, 결과적으로 내가 잘하는 일을 발견해서 평생 그 일에 몸담게 되었으니 참으로 나는 행운아였고 나의 삶은 성공적이었고 행복했다고 할 수 있다.

　농업은행은 일제시대부터 있었던 금융조합(金融組合)이 그 뿌리이다. 금융조합은 전국 단위의 최대 조직이었다. 1958년 금융조합을 농업은행과 농업협동조합으로 분리하면서 농업은행은 일반은행으로 출발했다. 그때 초대 농업은행장을 지낸 분이 훗날 내가 한국개발금융 사장으로 모셨던 김진형 사장이었다.

　내가 스물세 살 때에 농업은행에 입사한 1960년만 해도 우리나라 산업 중 대략 70%를 농업이 차지하고 있었다. 국가 전체 산업에서 차지한 비중이 큰 만큼 농업문제가 곧바로 한국의 경제문제와 직결되었다. 따라서 정부가 농업은행에 많은 관심을 쏟았다. 자유당 말기인 1959년, 농업은행은 일반은행에서 특수은행으로 바뀌었다. 당시의 경제의 중심인 농업문제를 적극적으로 해결하기 위해서였다. 이승만(李承晩) 정권에서는 집권당인 자유당의 당권을 쥐고 있던 이기붕(李起鵬) 씨가 엄청난 권력자였는데, 자신과 친분이 있던 박숙희(朴璹熙) 한국은행 부총재를 농업은행 총재로 앉히면서 지원했다.

　그때 농업은행은 특수은행 경영에 필요한 좋은 인재를 확보하기 위해서 입사시험에 합격한 사람들을 특별대우해주기로 했다. 그래서 쟁쟁한 인재들이 많이 몰렸다. 그 시절에는 은행이 몇 개 되지 않았는데,

학벌이 좋은 순서대로 한국은행, 산업은행, 시중은행을 택했다. 특수은행인 농업은행은 파격적 대우를 내세우며 인재들을 모집하여 시중은행에 합격한 사람들 중에 농업은행을 선택한 사람도 적지 않았다. 나는 시골 출신으로 부산에서 대학을 나온 '촌놈'이라 서울 정보에 어두워서 은행에도 순위가 있다는 것을 몰랐다. 다만 우리나라에서 농업이 차지하는 비중이 매우 중요하다는 것을 알았기 때문에 농업은행을 지원했던 것이다. 그리고 곁들여 상업은행에 함께 입사지원서를 냈다.

농업은행 시험을 앞둔 어느 날 중학교 은사인 무원(無園) 김기호(金琪鎬) 선생님께서 나를 불러 "자네 고향 선배가 농업은행에 계시니까 시험 치러 서울에 올라가면 꼭 그 선배를 찾아가 인사를 하게"하고 말씀하셨다. 시험을 마친 뒤 선생님 말씀대로 농업은행 본부에서 이사로 근무하는 고향 선배를 찾아갔다.

그 자리에서 '시험은 잘 봤느냐. 좋은 결과가 있길 바란다'는 정도의 격려를 기대했는데 "여태까지 거제 출신치고 은행 입사시험에 붙은 녀석을 못 봤네"가 선배의 첫마디였다. 이어 "가서 기다리게. 같은 점수면 잘되도록 노력하겠네"라는 말에 나는 속으로 떨어졌다고 생각했다. 인사를 마치고 돌아서면서 '괜히 찾아왔다'는 후회가 밀려들었다. 한편으로 오기가 나서 '떨어져도 그만'이라는 생각까지 들었다. 왜냐하면 그때 나는 이미 한국상업은행 시험에 합격한 뒤였기 때문이다.

첫 대면에서 나의 기분을 상하게 했던 분이 바로 김주인(金周仁) 이사다. 김 이사는 표현이 직설적이라 차가운 인상을 풍겼지만, 마음은 한없이 따뜻한 선배였다. 며칠 뒤 거제 집에서 농업은행 합격 전보를 받았는데, 김 이사가 대견한 후배라며 축전을 보내주었다. 이후 김 이사는 고향 후배이자 직장 후배가 된 내게 관심과 애정을 가지고 나를 아낌없이 도와주었다.

나는 이미 합격한 상업은행과 농업은행 중에서 어느 쪽을 선택할지 고민하게 되었는데, 나로서는 행복한 고민이었다. 요즘 젊은 사람들이 안정된 직장을 얻기 위해서 공무원시험으로 몰리는 것처럼 그때는 변변한 기업이 없어 은행이 가장 큰 조직이자 대우도 좋고 안정적인 직장이었기 때문에 인기가 많았다. 말 그대로 똑똑한 사람들이 가는 곳이자 부러움의 대상이었던 취직자리가 은행이었다.

나는 농업은행 4기로 들어갔다. 입행하고 보니 31명의 대졸 신입동기 중 18명이 서울대 출신이었고, 나머지도 대부분 고려대나 연세대 출신이었다. 요즘 말로 하면 SKY대 출신이었던 것이다. 그만큼 좋은 학벌과 실력을 가진 친구들이 많았다.

우리들은 한 달간의 짧은 연수기간을 마치고 전국 지점으로 뿔뿔이 흩어졌지만, 이후에도 평생지기로 지내고 있다. 농4회(농업은행 4기 모임)라는 모임을 만들어 지금도 자주 만나고 있다. 그들은 대부분 금융계에 종사하면서 이후 발족한 국민은행, 주택은행, 신탁은행 등으로 진출하여 크게 활동했고, 관계나 교육계로 진로를 바꾼 이들도 있다. 농4회 멤버로는 정영의(鄭永儀), 이상철(李相哲), 손경수(孫徑秀), 조대형(趙大衡), 구선회(具宣會), 김주익(金周益), 유병육(俞炳六) 씨 등이 있다. 이중 신입사원 시절부터 가까웠던 정영의 씨는 동기 중 가장 먼저 은행 일을 그만두고 행정고시를 해서 관료가 되었다. 훗날 그가 재무장관을 할 때 마침 나는 하나은행장을, 이상철 씨는 국민은행장을 했다. 당시 언론에서는 우리 셋을 묶어 '3인방'이라고 일컫기도 했다.

농업은행 출신으로 은행장을 지낸 사람들의 모임인 동락회(同樂會)도 있다. 농업은행 시절에는 서로 잘 알고 지내지는 못한 사람들도 있었지만, 나중에 친분을 나누게 되었다. 정영의 장관, 평화은행의 박종대(朴鍾大) 씨, 기업은행의 김승경(金昇卿) 씨, 신한은행의 라응찬(羅應燦) 씨, 농협의 원철희(元喆喜) 씨, 고려대학교의 김동기(金東基) 교수도 동락회 멤버다. 농업은행을 통한 만남은 금융계에서 활동할 때 서로에게 많은 도움을 준 소중한 인연이다.

1개월의 연수를 마친 나는 지금은 통영시가 된 경남 충무시의 충무지점에 발령을 받았다. 내 고향 거제도(巨濟島)는 통영군(統營郡) 소속이었으나 1953년에 거제군으로 분리되었고, 통영읍은 1955년에 충무시(忠武市)로 승격되었다. 통영군과 충무시는 1995년에 통영시로 통합되었다. 신입행원들이 사령장을 받고 각자 지방으로 내려가기 전에 본부에서 다과회가 열렸는데 이 자리에서 웃지 못할 일이 벌어졌다. 다과회에 참석한 박숙희 총재가 마침 내 옆을 지나다가 "어디에 발령을 받았지" 하고 물었다. 그래서 충무지점으로 발령 받았다고 했더니 "좋은 곳에 발령을 받았군. 백을 썼어?" 하고 물었다. 나는 당돌하게도 "총재님, 제가 백을 썼더라면 충무에 발령이 났겠습니까?" 하고 되받았다.

박숙희 총재는 열정이 넘치고 적극적인 분이었는데, 신입행원인 우리를 전부 농촌 지점으로 내려보냈다. 농업은행 사람이니까 당연히 국내 농촌의 실정을 제대로 알아야 한다는 이유에서였다. 그런 연유로 아버지가 정부나 사회에서 한자리 차지하고 있다는 입행동기들 중

소년시절과 청년시절 그리고 새내기 은행원

에서도 그나마 서울에서 가장 가깝게 발령받은 곳이 경기도 안양이었다. 그런데 내가 충무지점에 발령을 받았다니까 박 총재가 서울 충무로 지점으로 오해해서 "백을 썼어?" 하고 물었던 것이다.

당시 농업은행 충무지점은 충무시 문화동에 있었는데, 스무 명 안팎의 직원 대부분이 상업학교 출신이었다. 농업은행은 일제 때 금융조합에서 출발했고 해방이 되면서 정책적으로 특수은행이 되다 보니까 고급 인재들이 필요하여 대졸 신입행원을 뽑아 전국 각 지점에 골고루 배치했다. 우리가 대졸 행원 4기였는데, 전국 지점마다 대졸 행원은 고작해야 한두 명 정도였다. 충무지점도 마찬가지였다. 나는 선배들의 관심과 보살핌을 많이 받았고 지점 분위기도 좋아 정말 재미있게 지냈다.

그때 지점장은 일본에서 대학을 나온 분이었는데, 대졸 행원이라고 나를 크게 배려하여 예금, 환, 출납, 대부 같은 창구 일을 두루 경험하게 해주었다. 덕분에 짧은 시간에 은행의 모든 실무를 익힐 수 있었는데 이때 경험이 두고두고 나의 금융계 생활에 큰 밑천이 되었다.

충무지점에서 처음 맡은 업무는 출납이었다. 당시는 출납담당과 예금, 대출 등의 담당이 따로 있었다. 매일 업무가 끝나면 일계(日計), 요즘 말로 시재(時在)를 맞춰야 하는데, 이때 출납한 돈과 담당 계(係)의 전표가 서로 맞아야 그날 업무를 마감할 수 있었다. 일계를 맞추려면 주판을 써야 일이 빨리 끝나는데, 상업학교 출신이 아닌 나는 주산에 익숙하지 않아 일의 속도가 몹시 느렸다. 그럴 때마다 옆에서 지켜보던 선배들은 답답함을 참지 못하고 나의 주판을 빼앗아 대신 일처리를 해주었다.

리스크 관리라는 것을 처음 배운 것도 충무지점에서였다. 충무지점에 부임한 이듬해인 1961년 5.16쿠데타로 정권을 잡은 박정희(朴正熙) 군사정부는 중소기업 지원 시책의 하나로 은행들에게 중소기업 대출을 지시했다. 중소기업의 자금사정이 어려우니 정부자금을 각 지점에 배정하고 6월 말까지 대출하라는 지시가 떨어졌다.

당시 나는 지점장의 배려로 대출계 일을 배우고 있었는데, 한 달여 만에 대출을 쓸 기업을 찾는다는 것이 쉬운 일이 아니었다. 지점장과 함께 지역 기업인들을 쫓아다니며 대출 좀 받아가라고 부탁했다. 하지만 괜찮다 싶은 중소기업들은 다들 은행 돈은 안 쓴다며 손사래를 쳤다. 돈을 갚을 능력이 되는 기업들에게는 대출 수요가 없었던 것이다. 정작 은행에 돈 빌리러 찾아오는 중소기업들은 돈 갚을 능력이 없었다. 결국 관내의 중소기업을 엄선하여 대출 권유에 나설 수밖에 없었다.

물론 그런 것을 신경 쓰지 않고 시키는 대로 아무에게나 돈을 빌려줄 수도 있었을 것이다. 하지만 나중에 자금이 회수되지 않으면, 그 책임은 은행이 져야 한다. 그것이 바로 리스크이고, 따라서 은행은 기업이나 개인에게 신용도에 맞는 대출을 함으로써 위험을 미연에 방지하고 관리하는 것이 은행의 중요한 책무라는 것을 나는 그때 배웠다.

대학시절의 전공인 법학 분야와는 전혀 다른 생소한 업무 탓에 겪는 이런저런 어려움들을 입행 초창기에 겪었지만, 그것만 빼면 농업은행 시절에는 재미있는 추억이 많다. 당시 대학을 졸업하고 은행에 취직하면 장가드는 것은 문제없을 정도로 은행원이 사윗감으로 인기가 높았다. 대졸 은행원이 흔치 않던 시절이라 어느 동네 은행에 대졸 행원이 있다는 소문이 나면 결혼 적령기의 딸을 가진 지역 유지들이 예금을 핑계로 찾아와서 탐색전을 펼쳤다. 충무지점에도 근방에서 딸 가진 아주머니들이 예금을 한답시고 나를 보러 오곤 했다.

은행원이 사윗감으로 최고였던 60년대와 달리 70년대 들어 산업계가 발전하면서 많은 은행원들이 기업체로 전직(轉職)하여 출세가도를 달렸다. 90년대 말에는 IMF 외환위기로 금융계 사람들이 대거 퇴출되면서 또 한번 은행원의 인기가 시들해지더니, 요즘에는 다시 인기를 끌고 있다. 시대와 환경에 따라 시시각각 변하는 직업의 인기도를 보며 새삼 세상의 변화가 빠르다는 것을 절감한다. 언제 어떻게 변할지 모르는 것이 세상이기 때문에 직업은 시류에 흔들리지 말고 자기가 좋아하고 잘할 수 있는 것을 선택해야 한다.

한국전쟁의 상흔이 아직도 잔존하던 1960년대에 충무는 여수와 함께 밀수의 본거지였다. 일제 나일론 옷감 같은 것이 밀수꾼들의 주요 취급 품목이었다. 1954년 정초부터 서울신문에 연재되어 장안의 화제가 되었을 뿐만 아니라 그해 연재가 끝나자마자 단행본으로 출간되어 낙양의 지가를 올리면서 14만여 부가 판매된 정비석의 소설『자유부인(自由婦人)』―1956년에 영화화되어 서울에서만 15만이라는 기록적인 관객 동원을 하자 이듬해에 속편이 제작될 정도로 인기를 끌었다―은 전국적으로 거센 춤바람을 일으켰다. 전후의 퇴폐풍조와 여성의 '사회적 참여'를 보여준 이 소설에서 진원지를 찾을 수 있는 춤바람의 여파는 밀수의 도시라는 어두운 이미지와 중첩되어 60년대의 충무를 여전히 들뜨게 만들고 있었다. 충무시(忠武市)는 조선시대 수군(水軍)의 본거지였던 삼도수군 통제영(三道水軍 統制營)이 있었던 지역으로 남해안의 교통 중심지였다. 일제 때도 주변지역의 지주들이 모여 살았을 뿐만 아니라 기후가 좋고 부자들이 많아 신식문물에다 흥청거리는 분위기였다. 경기가 좋고 살기가 편한 탓에 한량들도 많았는데, 덕분에 아주 오래된 권번(券番)과 기생집이 번창했다.

20대 초반의 말단 신입행원 월급으로는 발도 들여놓지 못할 기생집이었지만, 충무지점에 근무하면서 가끔 뜻밖의 이유로 그곳을 엿볼 기회를 얻었다. 농업은행이 농촌을 상대하는 은행이다 보니 당시만 해도 후한 시골인심이 남아 있어 대출받은 고객 중에 고맙다며 술 한잔 사는 경우가 종종 있었다. 요즘 같으면 접대다 뭐다 해서 눈총 받을 일이지만, 그때는 오고가는 마음의 표시로 술 한잔 '얻어먹는' 일은 별 게 아니었다. 그래도 은행원이 고객한테 혼자 술을 얻어먹기는 뭣한지라 누구라도 함께 가서 먹어야 마음이 편했다.

나는 흔치 않은 대졸 사원에다 미혼인 탓에 적당히 은행원 체면도 서고 술자리에 끌고 다니기에 부담도 없어 선배들은 그런 술자리에 나를 종종 차출했다. 그때 기생집에 가면 여자들이 술시중을 위해서 문 밖에서 "명월이 문안 올립니다"라는 인사를 하고 방안으로 들어왔다. 막 사회생활을 시작한 초년병 시절 난생처음 기생집을 경험하면서 '세상에 이런 곳이 있구나' 싶어 낯설면서도 신기했다.

사회생활의 시작이자 생애 첫 직장이었던 농업은행 충무지점에서의 생활이 따지고 보면 금융인으로 살면서 가장 재미있던 시절이었던 것 같다. 여름철 주말이면 은행 선배들이 단골 요정 아가씨 몇 명을 밖으로 불러내 딸기밭으로 함께 소풍을 가곤 했다. 미혼 때고 가족과 떨어져 혼자 충무에서 직장생활을 했으니 주말이면 딱히 할 일이 없었던 나도 종종 그 자리에 끼게 되었다. 소풍날이 되면 선배들은 요구 사항이 많았는데 옷차림도 '튀는' 나들이옷을 주문하곤 했다. 요즘 시대물을 그린 외국영화를 보면 양복을 입은 신사와 성장(盛裝)을 하고 양산을 받쳐든 아낙네들이 여유롭게 산책하는 장면이 종종 나오는데, 그때의 소풍날 풍경이 꼭 서양영화의 한 장면 같았다. 소풍날은 은행이 일찍 문을 닫는 토요일 오후일 때가 많았는데, 말하자면 주말은 요정 아가씨들과 단체 미팅을 즐길 수 있는 기회였다. 사회초년병 시절 일과 일상이 서로 어울려 재미나게 흘러가던 시절이었다.

나는 하나은행장 시절 발레 공연에 출연하여 '춤추는 은행장'으로 세상에 '뜬' 일이 있는데, 춤과 얽힌 잊혀지지 않는 또 하나의 기억은 충무지점 시절에 연원을 두고 있다. 그때 나는 은행 근처에서 하숙을 했는데, 공무원들 중에도 다른 지역에서 와서 하숙하는 사람이 많았다. 하숙을 하던 한 통영군 군청 과장은 얼마나 춤을 잘 추는지 충무시에서 알려진 춤꾼이었다(당시 통영군 군청은 충무시에 있었다). 당시 충무에는 춤 교습소가 따로 없어 요정의 밀실 같은 곳에서 축음기를 틀어놓고 서양 춤을 추었다. 그 군청 과장과 같은 사람은 말하자면 요정에 술 마시러 가는 게 아니라 춤추러 가는 전문 춤꾼이었다. 그는 실내에서 신는 춤 전용 가죽신발을 가지고 다녔는데, 얼마나 춤을 많이 췄으면 새 신발이 얼마 못 가서 바닥에 구멍이 날 정도였다.

한번은 그가 함께 춤추러 가자고 나를 부추겼다. 내가 공부를 해야 한다고 했더니, 그 뒤부터 나를 두고 "저 사람은 황소 같은 사람"이라고 놀렸다. 그때 만약 내가 그 군청 과장을 따라다니면서 춤을 배워 재미를 붙였으면 어땠을까 하는 생각을 요즘도 가끔 한다. 아마 그랬다면 내 삶의 역사가 많이 달라졌을 것이다. 더 재미있고 더 '멋지게' 한 세상을 살지 않았을까 싶기도 하다.

사회에 첫발을 내디딘 후에 내가 직장생활의 소소한 즐거움도 맛보면서 정을 붙였던 첫 직장 충무 시절은 2년이 채 못 되어 막을 내렸다. 1961년의 5.16 이후 국가재건과 경제구조 개편 등 나라 전체가 대대적인 구조조정으로 몸살을 앓으면서 일대 회오리가 몰아쳤다. 그때 농업은행이 농업협동조합과 통합하게 되었다. 당시 농업협동조합은 돈이 없어 날마다 돈을 빌려 쓰는 처지였다. 두 기구가 통합되면서 직원들도 구조조정을 당했는데, 그때까지 군복무를 마치지 않은 직원을 대상으로 강제휴직 명령이 내려졌다. 그 바람에 군복무 미필이었던 나는 어쩔 수 없이 농업은행을 떠나게 되었다.

나는 2년쯤의 농업은행 재직시절에 4.19와 5.16을 겪게 되었다. 한국 현대사에 큰 획을 그은 두 사건은 당연히 나의 젊음을 뒤흔들 수 있는 사태였지만, 3.15 부정선거를 전후한 혼란기에는 취직 준비에 몰두해 있었고, 입행 후에는 지방으로 배치되는 바람에 4.19 봉기의 소용돌이에서 멀어지게 되었다. 새로 시작한 직장에서 일에 파묻혀 있을 때 5.16 군사정변을 맞았으나 나는 천성이 정치나 이념에는 무디었고 농촌 태생이었기 때문에 그리고 직장의 소재지가 역사가 이루어지던 현장에서 멀리 떨어져 그 중심의 파동을 거의 느낄 수 없는 변방이었기 때문에 주변인으로 머물러 있었다.

2. 잊을 수 없는 인연 1 : 무원 김기호 선생님

무원(無園) 김기호(金琪鎬) 선생님은 내 고향 거제도에서 맨손으로 사학(私學)을 일군 분이자 내 학창시절의 은사다. 선생님을 떠올릴 때마다 강렬한 인상으로 내게 다가오는 장면이 있다.

내가 대학을 졸업하고 얼마 지나지 않았을 무렵 선생님이 나를 보러 거제도에서 부산으로 오셨다. 나의 사회진출을 축하하러 일부러 걸음을 하여 내게 점심을 사주고 격려하셨다. 식후에 다방으로 자리를 옮겨 앉자 선생님이 탁자 위에 담배를 꺼내놓으면서 담배를 피우는지 물었다. 우물쭈물 망설이다 거짓말을 할 수 없어 조심스레 "네"하고 대답하자 선생님이 대뜸 담배 한 대를 내밀었다. 당황한 내가 "어떻게 제자가 감히 스승님 앞에서 담배를 필 수 있겠습니까?" 하고 질겁하자 선생님은 "술을 마시고 담배를 피우는 건 음식을 먹고 마시는 것과 마찬가지다. 자네하고 나는 사제지간으로 굉장히 가까운 사이인데 둘 사이에 먹고 마시는 게 불편해서야 어떻게 스스럼없이 대화를 나눌 수 있겠는가?" 하며 괜찮으니 피우라고 했다. 나는 본의 아니게 스승님 앞에서 담배를 피우게 되었는데, 그 시절만 해도 새파랗게 젊은 사람이 스승은 고사하고 어른과 맞담배질한다는 것은 상상할 수 없던 때라 선생님의 뜻밖의 말과 행동은 내게 적잖은 충격과 함께 신선한 감동을 안겨주었다.

무원 선생님과 얽힌 담배 사건 때문에 후에 곤혹스런 일이 발생했다. 무원 선생님과 동래고보 동기이자 친구인 신용균(申容均) 선생님은 초등학교 시절 우리 학교 교장선생님이었고, 그의 둘째 아들 신동우(辛東祐)는 나의 친구였다. 은사(恩師)로 선생님을 깍듯이 존경하던 수십 년 전만 해도 선생님들은 자신의 가르침을 받은 제자들이 사회에서 어떻게 활동하는지 관심이 많았고, 잘된 제자가 있으면 일부러 찾아가기까지 해서 격려하면서 뿌듯해하고 대견스러워했다.

마침 내가 한국투자금융에서 영업부장으로 일할 때 신 선생님이 나를 보러 회사로 찾아오셨다. 곧 점심시간이라 식사 대접을 하기로 하고 급한 업무를 처리하느라 선생님을 잠시 내 방에서 기다리게 했다. 그때 무심코 담배를 피웠는데, 그 날 이후로 선생님은 다시 나를 찾지 않았다. 들리는 소문에 신 선생님이 몇 번 서울을 다녀갔다기에 나는 영문을 모른 채 왜 나를 찾지 않은지를 이상하게 여겼다. 한참 뒤 신동우가 나를 찾아와 "이 호로자식아. 우리 아버지하고 맞담배질을 했다고?"하며 기가 막혀했다. 엄밀히 말해서 맞담배질한 것은 아니었지만, 어쨌든 선생님을 모셔놓고 담배를 피웠으니 나는 그때서야 '아차' 싶었다. 미안한 마음에 무원 선생님 애기를 들려주며 "그 때문에 내가 조심을 못했던 모양"이라고 사과했다. 그후 신 선생님을 다시 뵐 수 있었다.

평생 내 삶의 사표로 큰 가르침을 주신 무원 선생을 만난 것은 거제도의 하청중학교(河淸中學校)에서였다. 원래 나는 부산중학교(釜山中學校)를 다녔는데, 6.25전쟁이 발발하여 어쩔 수 없이 고향으로 돌아와 하청중학에 편입했다. 하청중학은 무원 선생님이 청춘을 바쳐 손수 세운 학교였다.

무원 선생님은 경성사범(京城師範 : 현재의 서울대학교 사범대학)을 졸업하고 외지에서 활동하다가 해방과 더불어 입신출세의 기회를 뿌리치고 낙도(落島)인 고향 거제도로 낙향했다. 불우한 젊은이들에게 배움의 길을 열어주기 위해서였다. 선생님은 쓰러져가는 우체국 옛 사옥을 빌려 고등공민학교를 개설하고 가정형편이 어려워 정규 중학교에 진학하지 못한 시골학생들을 모아 가르쳤다. 연초면의 명동리 산골마을에서 15리의 산길을 걸어 아랫마을인 하청면 하청리의 하청국민학교(國民學校 : 지금의 초등학교)에 통학했던 나는 선생님이 학생들을 가르치는 모습을 창문 너머로 종종 바라볼 수 있었다. 비가 오면 교실까지 진흙탕이 되었지만, 아랑곳하지 않고 열성을 다해 가르치는 모습을 먼발치에서 보면서 나는 그분이 어린 마음에도 한없이 존경스러웠다.

하청고등공민학교(河淸高等公民學校)는 후에 사립학교로 정식인가를 받아 하청 중-고등학교로 이름을 바꾸었고, 나는 이 중-고등학교에서 5년 동안 공부했다. 연세가 일흔에 가까워지자 부실한 재단 사정으로는 사학으로서의 건학이념을 이어갈 수 없다는 판단 하에 평생을 바쳐 키워온 학교를 국가에 헌납하기로 결단을 내리셨다. 그때는 정식인가를 받은 사립학교를 세우기가 굉장히 어려웠는데, 학교운영에 욕심이 있던 지방유지 한 사람이 선생님의 나이를 꼬투리 잡아 학교를 넘보았다. 선생님은 특정 개인에게 학교 운영을 넘기면 당초 구상한 건학이념을 지킬 수 없을 것을 우려했다. 그러느니 차라리 고향 후진들에게 공교육의 혜택이라도 잘 받게 하는 것이 도리라고 여긴 선생님은 고심 끝에 학교를 공립화하기로 결단을 내리게 되었다.

1950년에 시험을 쳐서 어렵게 들어간 명문 부산중학을 전쟁 탓에 1년 만에 그만두어야 했을 때, 열네 살의 어린 나는 몹시 속상하고 아쉬웠다. 고등학교는 고학을 해서라도 반드시 대처에 나가서 마치겠다고 결심했다. 그러나 중학교 편입 덕분에 무원 선생님을 만난 것을 생각하면 인생사 새옹지마(人生事 塞翁之馬)라는 말이 절로 실감나고 행운과도 같은 그분과의 인연에 그저 감사할 따름이다.

내가 1951년에 하청중학으로 편입하자 그때부터 무원 선생님은 나를 유심히 지켜보며 애정과 관심을 쏟았다. 물론 선생님이 직접 나를 가르친 적은 없었지만, 나는 하청중학 편입 후 선생님께서 훈화 때마다 "사람은 어디에 있던 스스로 주인의식을 가져야 한다"며 "수처작주(隨處作主)"라는 말씀을 자주 하셨다. 그 자상하신 설명을 여러 번 들으면서 나도 그렇게 살아야 하겠구나 하고 마음에 깊이 새겨왔다. 또 드러내놓고 애정과 관심을 표시한 적은 없었지만, 먼발치에서 늘 나를 지켜보았음을 나중에야 알았다. 당시 거제도(거제도는 1953년에 통영군에서 분리되어 거제군이 되었다)에서는 부산중학을 들어가기가 매우 어려웠는데, 거기서 전학을 온 학생이니까 선생님 나름의 어떤 기대가 있었던 것 같다.

나 역시 어릴 때부터 '거제의 페스탈로치'로 명성이 높았던 선생님을 알고 있던 터라 늘 마음 한편에 존경심을 품고 있었는데, 어느덧 하청고등학교를 졸업할 무렵이 다가왔다. 그때는 졸업생들 사이에 '사인'이라고 해서 급우끼리 혹은 사제지간에 앞으로 살아가는 데 격려가 될 만한 말이나 생각을 써서 서로 주고받는 것이 유행이었다. 무원 선생님을 가까이서 뵐 수 있는 시간이 얼마 남지 않았다는 아쉬움에 선생님의 사인을 꼭 받고 싶었다.

기회를 벼르다가 선생님 혼자 계신 틈을 타서 교장실을 찾아갔다. 자초지종을 들은 무원 선생님은 빙그레 웃으면서 책상 위의 먹을 갈아 내가 내민 도화지에 붓으로 정성스레 글을 써주었다. 사인지를 돌려주면서 선생님은 "내가 오늘 너를 위해 쓴 글은 이순신 장군께서 백의종군(白衣從軍)하다 거의 전멸하다시피 한 우리 수군을 지휘하는 삼도수군통제사의 직을 받고 고군분투하실 때 조정에 올린 글이다. 당시 조정에서 수군을 폐지하고 육전(陸戰)을 하자며 공론이 분분하자 장군은 장계(狀啓)를 올려 그 불가(不可)함을 주창했는데 그 글 대목 중의 한 구절"이라고 했다.

사인지에는 '상유십이 미신불사(尙有十二 微臣不死)'라고 쓰여 있었다. 선생님은 "장군께서는 아직도 열한 척보다 많은 열두 척의 배가 있고 이 미천한 신하가 아직 살아 있으니 적이 감히 우리를 업신여기지 못할 것이므로 수군으로 싸우게 해달라는 간절한 마음을 장계에 담은 것이다. 앞으로 네가 살아가는 데 참고가 되었으면 하네"하며 글귀의 뜻과 의미를 자상하게 설명해주었다.

서예를 무척 좋아한 무원 선생님이 붓을 잡고 글을 써내려가던 그때의 그 근엄한 모습은 50여 년이 지난 아직도 그날처럼 기억에 생생하다. 오랜 세월에 낡고 닳아 도화지는 비록 누렇게 색이 바랬지만, 제자를 아끼고 사랑한 선생님의 마음은 아직도 형형한 빛을 발하며 우리 집 서재에 걸려 있다. "상유십이 미신불사, 언제나 긍정적인 마음으로 모든 일에 죽을 각오로 최선을 다하라." 선생님의 그때 가르침은 평생 내 삶을 지탱한 좌우명(座右銘)이자 동행(同行)이 되었다.

1971년 봄, 제7대 대통령 선거를 앞두고 나는 은밀하게 박정희(朴正熙) 씨를 후보로 옹립한 여당의 선거운동을 돕게 되었다. 우리 윤씨 집안이 대대로 거제에서 터를 잡아 살았고 내가 대학을 나왔기 때문이었다. 선거철이 되면 당시는 지방출신 주요 기업간부들이 고향으로 내려가 간접지원을 독려하곤 했다. 그 일로 여러 날 동안 지방을 돌게 되어 차가 필요했는데, 지프를 가진 친구에게 연락하여 차를 빌렸다. 이때 수동적이기는 했으나 나의 정치활동이 되었던 이 선거운동은 1년 반 만에 배반당하게 되었다. 1972년, 박정희 대통령은 친위 쿠데타를 한 뒤에 남북통일을 명분으로 하여 10월유신을 선포하고 권위주의 체제를 강행했다. 당시의 청년이라면 누구라도 그랬겠지만, 나의 배반감과 허탈감은 상당 기간 상처처럼 내 젊은 가슴에 남아 있었다.

거제로 출발하기 며칠 전 나는 무원 선생님에게도 미리 연락을 드렸다. 오랜만에 학교를 찾아 선생님을 뵐 생각을 하니 나는 마음이 설렜다. 학교에 도착하자 선생님은 얼굴 가득 미소를 띠고 마치 친정 나들이 온 딸을 반기듯 몹시 기뻐했다. 나는 뜻밖의 환대에 몸 둘 바를 모른 채 송구할 뿐이었다. 그 자리에서 선생님은 "윤군, 모처럼 이렇게 시간을 내서 고향에 왔으니 내일 하루는 나하고 같이 지내세. 자네가 그동안 잘 보지 못한 고향땅을 이번에 한번 돌아보면서 말일세. 어떤가?"라고 제안했다. 그때만 해도 거제에는 변변히 포장된 도로도 없었다.

이튿날 약속장소에 도착하니 신용균 선생님과 옥치상(玉致祥) 선

소년시절과 청년시절 그리고 새내기 은행원

생님이 함께 나와 계셨다. 무원 선생님이 연락해서 두 분도 제자의 거제 일주에 동행하도록 미리 주선해둔 것이다. 세 분 선생님을 차에 모시고 거제 일주에 나섰다. 바쁜 데도 불구하고 멀리서 온 제자를 위해서 흔쾌히 시간을 낼 만큼 선생님들은 나를 아끼고 귀여워했다. 한편 사회에 나가 이제 겨우 자리 잡은 제자에게 베푼 분에 넘치는 배려와 환대는 제자에게 고향을 속속들이 알게 하고 사랑하게 하려는 마음이 깔려 있는 스승의 또 하나의 가르침이었다는 것을 나는 고향 일주가 끝난 뒤에 깨달았다.

무원 선생님은 중앙 문단에 등단한 시조시인이자 서예가로 살아생전 활발한 활동을 펼쳤다. 나는 선생님을 위해서 1985년 이후 서울에서 두 차례에 걸쳐 시화전을 열도록 도와드렸다. 그것이 제자로서 유일하게 선생님을 도운 일이 되었다. 무원 선생님의 성격은 과묵했지만, 시인의 감성 탓인지 섬세하고 자상한 일면도 있었다. 세상살이에 바쁜 제자들이 비록 자주 찾지 못해도 언제나 멀리 고향에 남아 도시로 뿔뿔이 흩어져 나가 있는 제자들의 안부를 챙기고 기쁨과 슬픔을 같이 하려고 애썼다.

아버지의 자식 사랑과도 같은 무원 선생님의 깊은 마음을 뼈저리게 느꼈던 적이 있다. 1972년 10월 초에 불의의 교통사고로 뜻밖에 내 아내가 세상을 떴다. 그때 나는 한국개발금융주식회사 부장으로 근무할 때여서 자가용을 가지고 있었다. 그 차로 아내와 아이들과 함께 산정호수로 나들이를 갔다가 돌아오는 길에 마주 달려오던 군 트럭이 우리 차를 들이받아 사고가 났다. 차 뒷자리에 아내가 둘째를 안고 나는 셋째 아이를 안고 함께 탔는데 그만 아내가 화를 당한 것이다.

마흔도 안 된 젊은 나이에 내게 닥친 사랑하는 아내의 죽음은 엄청난 충격과 절망 그 자체였다.

한동안 정신을 못 차리고 나락으로 떨어져 헤매고 있을 때 어떻게 알았는지 무원 선생님이 아무런 기별도 없이 불쑥 나를 찾아와 손수 쓴 '강산무한(江山無限)'이라는 글귀가 담긴 액자를 내밀었다. 선생님은 삶이 아무리 험하고 어려워도 지나고 보면 인생은 강산처럼 유구한 것이니 내가 지나치게 연연해하지 말고 의연하게 살기를 신신당부하며 내 손을 잡고 눈물을 흘렸다.

그때는 워낙 경황이 없어 글귀의 뜻을 깊이 새기지 못했는데, 일흔을 넘기면서 세파를 거쳐 오다보니 이제 더욱 내게 깊이 다가온다. 아프리카 사람들은 두 개의 생(生)이 있다고 믿는다. 누군가 육신이 죽었다고 할지라도 그를 기억하는 사람이 세상에 살아 있는 한, 죽었다고 생각하지 않는 것이다. 지금도 첫 아내 김정숙(金正淑)은 내 기억 속에 생생하게 살아 있다.

무원 선생님의 눈물어린 당부가 있고 6여 년의 시간이 흐른 어느 해 가을쯤이었다. 퇴임한 뒤에 여행을 다니고 시조를 짓고 붓글씨를 쓰면서 지낼 것으로 믿었던 무원 선생님이 병원에 입원했다는 전갈을 받았다. 그동안 학교를 이끌어오느라 남몰래 힘드는 삶을 살아온 선생님이 퇴임과 함께 긴장이 풀린 탓이려니 생각하고 입원하여 계신다는 중앙의료원으로 문병을 갔다. 병실에서 뵌 선생님의 기력은 예전 같지 않아 보였지만, 건강상 심각한 문제가 있는 것 같지는 않았다. 그러나 퇴원 후 고향으로 내려간 선생님은 곧바로 세상을 떠나고 말았다.

소년시절과 청년시절 그리고 새내기 은행원

내가 병실을 찾았을 때 선생님은 처음으로 학교를 국가에 헌납할 수밖에 없었던 고충을 털어놓으며 회한의 눈시울을 붉혔다. 젊은 시절부터 필생의 꿈이었던 학교를 위해서 몸과 마음을 아끼지 않았는데, 피치 못할 사정으로 국가에 헌납한 뒤 허전한 마음을 가눌 수 없어 삶의 의욕을 한순간에 놓아버린 것이 아닌가 싶었다. 선생님이 내비친 눈물이 내 가슴에도 사무쳤다.

무원 선생님은 지식주입이나 결과위주의 성적이 아니라 인성을 중심으로 한 전인교육(全人敎育)을 지향했다. 언제나 학생 스스로 깨닫고 행동하도록 몸소 실천으로 보여주셨다. 전쟁 중에는 가난한 학교 재정에 조금이라도 보탬이 되려고 직접 가마를 만들어 벽돌을 굽고 학생들과 같이 날라 교사를 지었다. 학교 한쪽에서 닭과 돼지를 길러 거기서 나온 돈을 부족한 학교운영비로 썼다. 그 밖에 다양한 실천운동을 통해서 제자들에게 생활교육은 물론이고 스스로 생각하고 앞으로 나아갈 수 있는 자립정신을 키우도록 힘썼다.

고향에 대한 내 추억은 대학 진학을 위해서 고향을 떠났던 그 시점에 정지되어 있지만, 내 삶의 원점은 무원 선생님의 가르침에서 출발하고 있다. 학창시절에 시작된 인연에서 비롯된 사제지간의 뜻과 정은 언제나 내 가슴속에 살아 있다.

3. 혼이 난 도둑질

5.16 쿠데타 이후 군복무 미필을 이유로 농업은행에서 강제휴직당한 행원들 중에 뒤늦게 군에 간 사람도 있었고, 운 좋게 신체검사에 불합격하여 다시 복직한 사람도 있었다. 신체검사에서 국민보충역으로 편입되었거나 시쳇말로 '사바사바'해서 군 입대 대상자 명단에서 아예 빠진 사람들도 나왔다. 나는 신체검사에서 국민보충역 판정을 받아 현역입대를 면했는데, 지금 생각하면 당시 면장을 지낸 형님 덕을 좀 본 것 같다.

1921년에 태어난 형님(尹炳旭)은 나보다 16세 위인데 해방 전 일본 무사시노 통신학교를 졸업하고 장승포읍(長承浦邑) 사무소에서 서기로 근무하다가 후에 거제에서 면장을 지냈다. 형님이 읍 서기로 있을 때 해방이 되었는데, 그때 나는 국민학생(지금의 초등학생)이었다.

해방이 된 1945년 가을 미군이 거제도에 상륙했다. 그들과 함께 생전 처음 보는 알사탕과 전투식량 시레이션(C-ration)도 들어왔는데, 미군들이 동네 아이들에게 공짜로 나눠주기도 하고 일부는 시장에 흘러나와 팔렸다. 알사탕과 시레이션을 어렵게 손에 넣은 아이들은 의기양양 자랑했는데, 그 모습이 어린 마음에 너무도 부러웠다. 이 일이 내가 생애 처음이자 마지막으로 도둑질을 하게 된 사건의 발단이 되었다. 하필 형님이 보관하고 있던 공금(公金)에 내가 손을 댄 것이다.

나의 부모님은 딸만 둘인 큰집에 형님을 일찌감치 양자로 보내 대(代)를 잇게 했다. 결혼한 형님은 큰아버지 내외를 모시고 큰집에서 살아야 했지만, 장승포읍에서 읍 서기를 하느라고 따로 나가 살았다. 그런데 큰아버지 내외가 세상을 떠나자 남은 두 조카딸과 집안을 돌보기 위해서 우리 부모님이 연초면 명동리에 있는 큰댁으로 이사를 가게 되었고 그 바람에 나는 부모님과 떨어져 잠시 형님 집에서 함께 살게 되었다.

형님은 청년들을 모아 청년단을 조직하고 여러 가지 사회운동을 펼치기도 했다. 어린 내 눈에 특히 기억에 남는 형님 모습은 계몽활동을 위해서 연극에 열정을 쏟던 장면이다. 이런저런 청년단 활동에 필요한 돈을 형님이 맡아 관리했는데 형수님이 돈을 장롱서랍에 넣어 간수했다.

어느 날 무심코 장롱서랍을 열었다가 돈을 발견한 나는 그중 일부를 들고나가 과자를 사먹고 만년필을 사는 데 썼다. 당시 어른들도 구경하기 힘들었던 귀한 만년필을 어린 내가 덜컥 산 것은 순전히 배명환(裵明煥) 때문이다. 아직까지 선명하게 이름을 기억하는 동네 친구 배명환은 나중에 교도관이 되어 한 번 만났는데, 어릴 적 그의 집은 농사를 크게 지어 우리 동네에서 잘사는 축에 속했다. 이 친구가 내게 미제 사탕도 나눠주고 만년필을 자랑해서 나는 어린 마음에 몹시 부러워했다. 생전 처음 구경하게 된 만년필은 색깔이 근사하고 볼수록 신기한 물건이었다.

훔친 돈을 신나게 쓸 동안 집에서는 한바탕 소동이 벌어졌다. 장롱서랍의 돈이 얼마간 빈 사실을 형수님이 뒤늦게 발견한 것이다. 집안이 발칵 뒤집힌 줄도 모르고 하루 종일 친구들과 밖에서 놀다가 해질녘이 다 되어서야 집으로 돌아온 나를 기다린 것은 무시무시한 회초리였다.

나는 어릴 때부터 부모나 형님, 누나들로부터 크게 혼난 적이 없고 무슨 행동을 해도 별로 야단을 맞지 않았다. 돌도 채 안 된 둘째 아들을 병으로 잃은 부모님은 밑으로 줄줄이 딸 셋을 낳은 뒤에 나를 얻어 막내아들로 여기며 귀여워했기 때문이다. 내 밑으로 여동생이 하나 있었지만, 아들을 귀하게 여기던 시절이라 나는 막내의 특권을 톡톡히 누렸다. 그런 분위기 탓에 집안의 돈을 허락 없이 가져가면서도 도둑질이라는 의식을 전혀 하지 못했고, 혼날 일이라는 것은 더더욱 상상하지 못했다. 그냥 사탕을 사먹고 만년필을 갖고 싶은 욕심에 덜컥 일을 저질렀던 것이다. 태어나서 처음으로 형님에게 종아리를 맞았고 다음날 학교를 못 갔을 정도로 혼이 났다.

형이라곤 하지만 나이 차이가 워낙 많았던 데다 형님이 일찍이 일본으로 유학을 떠났기 때문에 자랄 때 함께 놀거나 한 기억이 없다. 어린 시절 어렴풋이나마 내가 형님을 기억하는 것은 해방 전에 읍 서기를 할 때다. 전시복(戰時服)을 입고 각반을 찬 형님은 언제나 일찍 집을 나가 늦게 돌아왔기 때문에 한 집에 살면서도 얼굴을 보기 힘들었다. 더구나 과묵한 성격이라 아무리 내가 막내라 해도 형님 앞에서만큼은 감히 어리광을 피울 수 없었다.

비록 대하기 어려운 형님이라고는 하지만, 꼼짝 못하고 종아리를 맞았으니 아픈 것은 둘째 치고 어린 마음에 몹시 서러웠다. 무엇보다 그때까지 부모님에게도 단 한번도 맞은 적이 없었기 때문에 잘못은 고사하고 억울한 마음에 다음 날까지 서럽게 울었다. 생전 처음 벌어진 심각한 소동과 함께 회초리의 매운 맛은 절대 남의 물건을 탐하거나 도둑질하면 안 된다는 것을 내 뼛속 깊이 심어주었다. 이때가 국민학교 2학년 때였는데 도둑질이 뭔지 또 내가 뭘 잘못했는지도 몰랐던 것을 보면 지금 생각해도 나는 늦게 트이는 늦깎이였던 것 같다.

부모 대신 내게 최초로 회초리를 들었던 형님이 어느 날 부산에서 체포되는 사건이 벌어졌다. 정치활동에 뛰어들어 앞장서다 붙잡힌 것이다. 해방공간의 어수선한 사회 분위기와 반골 기질이 강했던 윤씨 집안 분위기에 형님의 강직한 성격이 더해진 피할 수 없는 고난이었다.

우리 윤씨 집안은 거제도에서 대대로 뿌리를 내리고 살았는데, 7촌 당숙 되는 윤일(尹一) 아저씨는 독학을 했지만 학문이 상당히 높았다. 그 아저씨의 매제가 일제시대 때 서울 휘문고보(徽文高普)를 다녔는데, 3.1 운동 직전인 2월 28일 학생운동 선언에 가담했다. 서울에서 학생운동 선언서를 몰래 가지고 거제로 내려온 그분은 윤일 아저씨와 함께 주모하여 거제에서 3.1 만세운동에 앞장섰다. 이 일로 윤일 아저씨는 1년 6개월, 아저씨의 매제는 2년 징역형을 받았다.

해방 전 독립운동 가담자나 가족에 대한 일본의 탄압은 극심했다. 견디다 못한 독립운동가들 중 많은 수가 가족을 이끌고 북간도로 가거나 일본으로 밀항했다. 국내에 남아 있던 독립운동가들은 지하운동을 계속했다. 당숙도 독립운동을 계속하다 다시 투옥되어 원산형무소에서 복역하다가 해방과 함께 출옥했다. 해방 직후 당숙은 몽양(夢陽) 여운형(呂運亨) 선생과 친해 그가 이끄는 조선건국준비위원회에 참여했을 뿐만 아니라 그가 창당한 정당의 경남도당 위원장을 맡았다. 이때 우리 집안 젊은 사람들 대부분이 당숙 밑에 들어가서 그의 일을 도왔는데, 형님도 청년부장직을 맡아 활동했다. 이 일로 이승만 정권이 집권한 뒤 부산에서 체포되어 1년 6개월간의 옥살이를 하게 된 것이다.

형님이 옥고를 치르는 동안 아버지는 부산까지 배를 타고 나가 면회를 다녀오곤 했다. 아버지가 돌아올 시간이면 당시 하청국민학교(河淸國民學校)를 다니던 나는 학교수업을 마치고 기다리다가 부두로 마중을 나갔는데, 어깨가 축 처진 모습으로 배에서 내린 뒤 아무 말 없이 한숨만 내쉬며 집을 향해서 산길을 걸어가던 아버지의 흰 두루마기 뒷모습이 지금도 눈에 선하다. 앞에서 말한 대로 우리 부모님은 내가 태어나서 자랐던 장승포읍에서 연초면의 산골마을 명동리의 큰아버지 집으로 이사했다. 그러나 형님댁에 남아 있던 나는 4학년 때 부모님이 계신 명동리로 와서 그곳에서 가장 가까운 하청면 하청리의 하청국민학교로 전학하게 되었다. 가장 가까운 지름길을 택하더라도 등하굣길은 산골길 15리였다. 우리 집이 이 외진 산골마을을 떠나 다공리라는 좀더 아랫마을로 다시 이사한 것은 내가 대학 진학을 위해서 부산으로 갔던 1956년이었다.

어머니가 형님을 면회하러 가는 길에 나도 따라나선 일이 있었다. 하청면 부두에서 배를 타고 오후 2시쯤 부산에 도착하자 주룩주룩 비가 내리고 있었는데, 난생처음 내 눈앞에 펼쳐진 부산의 시가지는 말로 듣던 것처럼 그리 번화하지는 않았다. 이튿날 어머니를 따라 형무소 면회실에 들어갔으나, 아이들은 출입이 안 된다며 쫓아냈다. 별 수 없이 어머니가 면회를 마치고 나올 때까지 밖에서 혼자 기다려야 했는데, 어머니를 졸라 멀리까지 와서 형님 얼굴조차 못 본 것이 몹시 속상했다.

혈기 왕성한 젊은 시절 정치에 휩쓸려 옥고를 치렀던 형님은 내게 항상 절대로 정치에 관여하지 말라고 충고했다. 당숙은 노후에 정치 일선에서 은퇴하고 부산에서 사셨는데, 내가 대학생 때 찾아뵈면 항상 "신문의 행간을 읽을 줄 알아야 한다. 세상의 흐름을 미리 알아볼 수 있도록 공부하라"는 가르침을 잊지 않았다.

일제시대와 태평양전쟁, 해방과 건국 공간, 6.25전쟁으로 이어진 격동의 혼란기에 어린 시절을 보낸 탓에 전쟁이나 죽음과 관련한 기억들은 지금까지도 선명하게 남아 있다. 제2차 세계대전이 막바지로 치달을 때 거제에는 많은 일본군이 있었다. 거제와 가까운 진해를 중심으로 일본 해군 병력이 주둔하고 있었기 때문이다. 그 탓에 미군 폭격기가 수시로 폭격을 가했는데, 거제에서 유명한 부잣집이 이때 억울하게 폭격을 당했다. 지금 옥포조선소가 위치한 서쪽 산 밑에 있었던 으리으리한 집은 연세대학에 재산을 많이 기부한 명망 있는 집안의 저택이었다. 그 집이 요새(要塞)처럼 보여 일본군 기지로 착각한 미 공군이 쌕쌕이라고 불리던 무스탕기로 폭탄을 떨어뜨린 것이다.

어릴 때부터 군인들을 많이 보았던 탓에 어린 나는 동네 아이들과 놀 때도 편을 갈라 병정놀이에 몰두했다. 딱히 가지고 놀 만한 장난감도 없던 시절이라 서로 편을 갈라 나뭇가지와 깃대를 들고 총 쏘는 시늉을 하며 신나게 온 산을 휘젓고 다녔다. 당시 거제에는 미 공군의 폭격에 죽은 일본 군인들의 시체가 해안으로 밀려오기도 했는데, 그

금융은 사람이다

들이 목에 걸고 있던 나무 군번표도 때때로 시체에서 떨어져나와 발견되었다. 어린 마음에 그게 뭔지도 모르고 주워서 좋다고 목에 걸고 다니기도 했다.

고향으로 돌아와서 또다시 산을 넘어 15리 산골길을 걸어 하청중학교로 오가는 등하굣길에 길섶에서 쉬면서, 심지어는 걸어가면서까지도 나는 꽤 많은 책을 읽었다. 이때『링컨 전기』와 함께 앙드레 지드의『좁은 문』을 읽고 무척 감명을 받았던 기억이 난다. 당시 거제는 어촌과 농촌이 뒤섞인 낙도(落島)였지만, 집안 형님들이 부산이나 마산으로 나가 공부한 덕택에 귀한 책을 어렵지 않게 구할 수 있었다. 학교 근처에 조그마한 책방이 문을 연 뒤로는 신간(新刊)을 사서 읽기도 했는데, 주로 한국 소설이었다. 고등학교 때는 집에 있던 일본책들을 읽기 위해서 틈틈이 일본어 공부를 열심히 했다(나는 1년 반쯤 일제치하의 보통학교[현재의 초등학교]를 다녔던 연유로 일본어 초보는 그런 대로 익히고 있었다. 중일전쟁이 고조되던 1938년부터 우리 말과 글은 폐기되고 일본 말과 글의 교육은 물론 일상생활에서의 상용이 강제되었다). 그때의 일본어 공부가 지금까지 도움이 되고 있다. 그때도 나의 등하굣길은 산골길 15리 그대로였다.

내가 중학교 3학년 학생이었던 1952년은 6.25전쟁이 소강상태였던 때이다. 훗날 알게 된 사실이지만, 그 당시 거제도에는 2만여 명의 '중공군(中共軍)'도 포함된 17만여 명의 포로들을 집단 수용하는 UN군의 수용소들이 분산 배치되어 있었는데, 본국 송환 문제를 둘러싸고 공산주의자 포로들이 폭동을 일으켰다고 한다. 그러나 어린 나는 그 사실을 알지 못했고 전쟁의 현장에서 한참 비켜나 있었다. 나의 중학교 3년 재학 시절은 6.25의 3년 전쟁 기간과 거의 일치했다.

젊은 나이에 정치활동에 휘말려 고초를 겪었던 형님이 지금껏 살아있다면, 아흔을 넘는 나이다. 하지만 안타깝게도 마흔아홉에 병을 얻어 어린 자식 넷을 남겨두고 일찍이 세상을 떠났다. 그중 둘째였던 국민학교 5학년 조카는 형님의 대를 이을 장남이었기 때문에 삼우제(三虞祭)가 끝난 직후 서울의 우리 집으로 데려와서 같이 살았다.

생전에 형님이 대단하다는 생각이 들었던 것은 항상 형제간의 우애와 가정의 화목에 신경을 쓰고 배려했던 점이었다. 연애시절 내가 결혼할 사람이 있다고 하자 형님은 집안의 화목이 중요하다며 장래의 제수씨를 직접 만나겠다고 나서기도 했다. 그리고 아이들에게는 나를 삼촌이라고 부르지 말고 작은아버지라고 부르도록 가르쳤다.

4. 아버지의 방목이 나를 키우다

철없는 동생의 도둑질에 추상같이 회초리를 들었던 형님을 비롯하여 우리 형제자매는 3남 4녀였다. 나는 1937년 2월 3일(호적에는 5월 15일이다)에 당시는 통영군의 일부였던 거제도의 장승포읍에서 아버지 윤기근(尹琪根)과 어머니 옥아기(玉峨只)의 여섯째로, 아들로는 막내로 태어났다. 둘째는 아들이었는데, 돌도 되기 전에 세상을 떠났고, 내 밑으로 막내였던 여동생은 열일곱의 어여쁜 나이에 병을 얻어 저세상으로 가고 말았다. 대학시절 겪었던 여동생의 죽음을 떠올리면, 나는 지금도 애처롭고 가슴이 아려온다. 사랑하는 자식을 둘씩이나 생전에 앞세웠던 어머니의 심정은 오죽했을까.

내 아들이 어렸을 적, 어느 날 밤 자다가 갑자기 토하고 심하게 앓아 황급히 의사를 부른 일이 있었다. 진찰 결과 뇌막염이라고 했다. 그때는 뇌막염이 무슨 병인지도 잘 모르고 뇌에 관련된 병이라는 소리에 심하게 충격을 받고 다리 힘이 풀려 도저히 침대에서 일어날 수도 없었다. 다행히 뇌막염이 아니라 위가 탈이 난 것으로 밝혀져 식구들 모두가 안도했다. 특히 어머니는 자신의 가슴에 묻혀 있는 두 자식의 기억 때문에 더욱 놀라고 걱정했다.

1898년 6월 7일 태어난 어머니는 의령 옥씨(宜寧 玉氏) 집안의 따님으로 나이 스물에 칠원 윤씨(漆原 尹氏) 집안에 시집을 왔다. 어머니보다 두 살 위였던 아버지는 1896년 4월 28일생으로 성품이 강직하고 꿈이 커서 결혼 전 일찍이 천도교에 입문하여 활동했고, 일제가 시작한 토지조사사업에 어린 나이로 참여하여 측량사보(測量士補)로 일했다. 나라가 한창 개화의 물결을 타자 측량 일을 그만둔 아버지는 스무 살의 나이로 큰 뜻을 품고 일본으로 건너갔다. 그곳에서 얼마 못 가 각기병에 걸려 어쩔 수 없이 꿈을 접고 귀국했다. 그후 한동안 마음의 갈피를 잡지 못한 아버지는 불우한 현실을 술로 달랬다고 한다.

결혼 후 대목(大木) 일을 배운 아버지는 군내에서 일등 목수로 인정을 받아 지방 여러 곳을 다니며 자신의 손길로 많은 건축물들을 남겼는데, 그 흔적은 지금까지 남아 있다. 그런데 아버지는 이미 습관이 된 술을 끊지 못해 수입의 대부분을 술값으로 썼다. 읍내에 장이 설 때마다 동네에서 아버지의 술을 마시지 않은 사람이 없을 정도였으니, 얼마 안 되는 논농사를 짓던 집안 형편은 가장의 벌이에도 불구하고 별로 나아지는 기미가 없었다.

목수 일을 핑계로 밖으로만 떠도는 아버지를 대신하여 집안일에 농사일까지 떠맡은 어머니의 삶은 늘 고단하고 팍팍했다. 지금도 생생하게 기억하는 어머니의 모습은 옛날 여자로는 키가 큰 편이었고 얼굴이 아주 잘 생겼다. 꽃다운 나이에 결혼하여 밖으로만 도는 남편 대신 넉넉지 못한 집안 살림을 꾸리느라 힘에 부칠 법도 했건만, 말수가 적었던 어머니는 집안에서 큰소리를 내는 법이 없었다. 내가 크게 잘못한 일이 있어도 그저 눈을 흘기며 혀를 차는 게 전부였다. 그런 어머니를 때때로 가슴 아프게 한 것은 지금도 잊혀지지 않는 눈시울이 뜨거워지는 기억이다.

해방되던 그해는 유난히 가뭄이 심했다. 일제 통치 말기, 한마디로 기아 상태에 있었던 농촌에 가뭄은 설상가상이었다. 1930년대 초의 세계경제 대공황의 거센 폭풍에서 탈출하기 위해서 자본주의 후발국인 일본은 파시즘 체제를 받아들였고, 파멸적인 경제불황의 타개책으로서 이른바 대동아공영권(大東亞共營圈)이라는 자신들의 생존권역을 확보하기 위해서 중일전쟁(中日戰爭)과 '대동아전쟁'[태평양전쟁(Pacific War)]을 일으켰다. 식민지 한국에도 전시체제가 강요되었고, 피폐한 한국농촌은 일본의 부족한 식량 공급을 위해서 미곡 공출을 강제당함으로써 급격히 붕괴되어갔다.

특히 거제는 섬이라 물이 귀한 탓에 천수답만 있었는데, 그해 농사를 망쳐 어느 해보다 더 고통스러운 보릿고개를 맞았다. 그 시절 빈한한 집안에서는 간신히 아침에만 밥 한 끼를 먹고 점심은 굶고 저녁이면 죽이나 겨우 먹을 정도로 배를 곯았다. 우리 집도 여느 집과 다를 바 없는 형편이었다. 사정이 그러니 하루 이틀도 아니고 날마다 보리를 갈아 쑥을 넣고 끓인 죽을 먹었는데, 어린 마음에 그게 너무 지겨워 심하게 밥투정을 했다. 그동안 귀한 아들이라고 끼니마다 더운밥을 먹었는데, 멀건 나물죽만 내리 주니 괜한 트집을 잡아 안 먹겠다고 생떼를 쓴 것이다. 곁에서 그 모습을 지켜보던 어머니는 아무 말이 없었다. 보다 못한 집안 할아버지 한 분이 "어머니가 오죽하면 그러시겠느냐. 그 마음을 모르고 네가 울면 되겠느냐"고 호통을 쳤다.

웬만해선 잔소리를 하거나 야단을 치지 않던 어머니가 딱 한 번 나를 크게 혼낸 적이 있다. 국민학교 4학년 때 내 또래 동네 친구가 자신의 어머니를 도와서 물도 길어다 주고 밥도 한다는 얘기를 들었다. 우리가 자랄 적에는 시골에서 사내아이가 소꼴을 베고 땔감을 해왔지만, 부엌을 드나드는 일은 없었다. 어느 날 어머니가 친척집에 가서 해가 저물도록 돌아오지 않았다. 마침 누나들도 집을 비운 터라 나는 '이때다'하고 부엌에 들어가서 장작불을 지펴 가마솥에 밥을 했다. '어머니가 돌아와서 이 사실을 알면 얼마나 대견해하실까' 기대에 잔뜩 부풀었던 내게 어머니는 되레 "사내자식이 왜 부엌을 드나드느냐"며 눈물이 쏙 빠지게 혼을 냈다. 하필 그날따라 셋이 한꺼번에 집을 비운 누나들은 괜스레 나 때문에 더 크게 야단을 맞았다.

우리 부모 세대는 흔히 그랬지만 아버지도 남존여비(男尊女卑) 사상이 완고한 데다 집안 형편마저 넉넉지 않아 누나들은 정상적인 학교 교육을 받지 못했다. 대신 형님한테 글을 배우며 독학으로 한글을 깨쳤다. 아들만 귀히 여기는 부모의 차별에도 싫은 내색 한번 않고 나를 어여삐 여기던 누나들을 크게 놀라게 한 사건이 있었다.

물이 귀한 거제는 농사에 필요한 물을 확보하기 위해서 빗물을 받을 수 있도록 곳곳에 소류지(沼溜池)를 만들었다. 우리 마을 건너편에도 소류지가 있었는데, 어느 날 들판으로 나물 캐러 가는 누나들을 따라가서 나 혼자 소류지 둑에서 놀다가 그만 이끼에 발이 미끄러져 물에 빠지고 말았다. 예닐곱 살의 나이라 수영도 할 줄 몰랐고, 너무 놀란 나머지 눈을 빤히 뜬 채 그대로 거의 온 몸이 물 속에 잠겨 있었는데, 수면 위로 비치는 햇살이 마치 아늑한 방안에서 창호지에 비치는 햇살을 보는 것 같았다.

나물을 캐던 누나들은 혼자 놀던 동생이 보이지 않자 나를 찾기 시작했다. 다행히 소류지에서 나를 발견하고는 허겁지겁 구해냈다. 귀한 아들을 죽일 뻔했다고 어머니의 불호령이 떨어질까 걱정이 되었던 누나들은 아무한테도 물에 빠진 얘기를 하지 말라고 내게 신신당부했다. 나는 그 일을 끝까지 비밀에 부쳤는데, 지금 생각해보면 어린 나이에 참 기특하고 대견한 일을 했던 것 같다.

일곱 살 때 나는 집에서 십오 리 떨어진 장승포국민학교 입학을 앞두고 있었다. 그때는 국민학교에 입학하려면 부모와 함께 면접을 보아야 했다. 그런데 아버지가 집에 없어 대신 이웃에 사는 집안어른이 자기 아들과 나를 데리고 학교에 가서 면접을 보게 되었다. 돌아오는 길에 면접 때 만났던 아이들이 "너는 아버지가 오지 않아서 학교 다니지 못할 것"이라고 놀려댔다. 워낙 집안일에 별 신경을 쓰지 않고 외지로 떠돌던 아버지에 익숙했기 때문에 아이들이 놀리거나 말거나 대수롭지 않게 받아넘겼다. 다행히 합격했지만, 입학식 때도 아버지는 오지 않았다.

가족에게 무심하고 속내를 잘 표현하지 않던 아버지에게서 내가 처음으로 칭찬을 들은 것은 중학생 때였다. 6.25전쟁으로 부산중학을 그만두고 거제도의 하청중학으로 편입하게 되었는데, 그때까지 나를 데리고 있던 형님 내외가 부산 생활을 청산하고 고향으로 내려왔기 때문에 나도 어쩔 수 없이 따라와야 했던 것이다. 당장 집안형편이 어려운 처지라 나를 위해서 따로 부산에 하숙을 시킬 여유가 없었기 때문이다. 전쟁이 나면서 도목수(都木手)였던 아버지는 일감이 떨어졌고, 형님도 건강이 좋지 못해 우리 집 소득은 고작해야 어머니가 짓는 농사 수입뿐이었다.

당장 가족들 생활비로 쓸 돈도 절박했던 터라 나라도 돈벌이에 나설 수밖에 없었다. 그때 거제는 전국에서 몰려든 피난민들로 넘쳐났는데, 일거리는 턱없이 부족했다. 나는 그들을 모아 산에서 나무를 잘라 패게 한 뒤 장에 내다 파는 땔감장사로 얼마간의 돈을 벌었다. 이를 기특하고 대견하게 여긴 아버지는 이때부터 나를 '장 구장(區長)'이라고 불렀다. 어려운 일에 발 벗고 나서는 동네 구장(지금의 통장)이라는 말로 나에 대한 칭찬을 대신한 것이다. 그러나 나는 아버지가 왜 '장'이라는 성을 붙였는지는 아직도 모르고 있다. 아마 '장'이라는 성을 가진 어떤 구장이 아버지에게 깊은 인상을 남겼기 때문이 아닐까?

내가 스물일곱 살 때에 술을 좋아한 아버지는 결국 술 때문에 간이 나빠져 1963년 12월 11일에 예순여덟의 나이로 세상을 떠났다. 그 때문에 형님과 나는 술을 가까이 하지 않았다. 아버지의 임종을 앞두고 서울에서 직장생활을 하던 내게 다급히 연락이 왔다. 그 길로 곧장 연초면 다공리 고향집으로 내려갔지만, 임종은 지키지 못했다. 대신 어머니에게서 아버지의 마지막 모습을 전해들을 수 있었는데, 숨이 끊어질 때까지 정신만큼은 말짱했다고 한다. 임종 직전 아버지는 자신이 누운 자세가 흐트러진 것 같은 느낌이 들자 몸을 반듯하게 하려 했다고 한다. 희미한 의식을 붙잡고 끝까지 두 발을 가지런히 모으느라 얼마나 애를 썼을까. 새삼 아버지가 참 대단한 분이라는 생각이 들었다.

어머니는 아흔을 넘긴 1989년 10월 16일에 세상을 떠났다. 내 나이 쉰둘일 때였다. 돌아가실 때까지 근 30년을 우리 집에 모셨다. 어느 날 내가 심한 감기로 몸져누운 일이 있었다. 혼자 침대에서 누워 끙끙

앓고 있는데, 비몽사몽간이었지만 느낌이 이상하여 돌아봤더니 어머니가 기척도 없이 어느새 방으로 들어와 행여 잠든 나를 깨울까 조심스레 지켜보고 있었다. 다 큰 아들이 감기를 앓는 게 뭐 그리 큰일이라고 얼굴 가득 근심을 담고 있었다. 어머니는 성품이 곧고 조용한데다 따뜻한 마음을 잃지 않는 분이었다. 아버지와 마찬가지로 마음속에 걱정이 있어도 밖으로 표현을 잘 안 하는 성격이었다.

아버지는 애지중지하는 아들의 학비를 줄 때도 그냥 주는 게 아니라 던지다시피 할 만큼 무뚝뚝하고 엄했지만, 자신이 정해놓은 기준에서 그 울타리만 넘지 않으면 시시콜콜 간섭하지 않았다. 아마 학창 시절 전교 1등을 놓치지 않을 만큼 공부를 잘하고 별로 큰 말썽도 부리지 않았던 막내아들을 믿는 구석이 있어 그렇기도 했겠지만, 어쨌든 아버지는 자신이 허용한 울타리 안에서만큼은 나를 방목(放牧)하다시피 길렀다.

거제로 내려와 중학교에 다닐 때 나는 저녁마다 친구들과 어울려 술을 마셨다. 그 시절 중학생이면 아직 미성년이었지만, 덩치만 보고 닥치는 대로 학도병(學徒兵)으로 잡아가던 때라 내 또래들은 언제 전쟁터로 끌려갈지 모르는 불안한 나날을 보냈다. 그래서 저녁마다 친구들과 모여 전쟁터를 향한 '장도(壯途) 축하주'라며 술을 마셔댔던 것이다. 평소 엄한 아버지 성격으로는 한번쯤 크게 호통을 칠 법도 한데 그러지 않았다. 추측컨대 뒤숭숭한 시절에다 어려운 집안형편으로 명문 중학교를 그만두고 고향의 일반 중학교로 편입한 아들이 아버지 마음에도 몹시 안쓰러워 보였던 모양이다.

나는 아버지의 방목으로 어릴 때부터 자유롭게 자랐지만, 일단 아버지가 설정해둔 울타리를 넘어서면 따끔하게 혼이 났다. 덕분에 일찍이 할 일과 하지 말아야 할 일을 스스로 구분할 줄 알게 되었고, 내가 정한 원칙에서 벗어나지 않으면서 하고자 하는 일을 자율적으로 추진하는 능동적인 기질을 기를 수 있었다. 나는 아버지를 닮아서 어릴 때부터 세상에 대한 호기심과 관심이 무척 많았고, 하고 싶은 일은 일단 시작부터 하고보는 성격이다. 독립적이고 진취적인 나를 있게 한 밑거름이 아버지의 적당한 방목이었다. 만일 아버지가 시시콜콜 간섭하며 자식을 키웠다면, 지금까지 내가 이룬 성취는 없었을지도 모른다.

좀체 속정을 드러내지 않는 아버지의 사랑을 온몸으로 느낀 기억이 딱 한 번 있다. 내가 국민학교 5학년 때 심하게 체해 두 달 동안 앓았을 때다. 변변한 약도 없던 시절이라 심한 통증을 어쩌지 못하고 신음하며 잠을 이루지 못하자 아버지가 아무 말 없이 나를 등에 업어 재우느라 밤을 꼬박 샜다. 그때 한없이 아늑했던 아버지의 등을 떠올리면 지금도 코끝이 찡하고 가슴이 뭉클해진다. 지금도 까마득한 어린 시절 느꼈던 아버지의 넓디넓은 등의 온기가 생생하다.

5. 생애 첫 실패를 안겨준 고시에 다시 도전하다

농업은행에서 강제휴직이 되고 군 입대를 위한 신체검사 판정 결과를 기다리는 동안 나는 두 갈래 길을 놓고 고민에 빠졌다. '이 참에 입대해서 군 문제를 해결할 것인가 아니면 시간을 벌어 고등고시에 재도전할 것인가?' 내 생애에서 심적 좌절과 실패의 맵고 쓴맛을 안겨준 것이 고시 도전이다.

법관의 꿈을 품고 부산대 법대에 지원하여 합격한 뒤 1학년부터 고시에 매달렸지만, 결실을 맺지 못하고 졸업을 맞았다. 대학시절 방학마다 부산 범어사 내원암에 들어가서 함께 고등고시를 준비하던 친구 중에 서울대 학생이 있었는데, 그는 순조롭게 합격했다. 어느 날 이 친구가 "한 번만 더 도전해봐. 너는 틀림없이 합격할 거야"라는 말로 나를 위로했다. 그동안 마음에 상처가 될 만한 실패란 것을 모른 데다 젊은 혈기에 자존심도 상하고 오기도 발동하여 "임마. 그럼 내가 네 밑에서 배석판사나 하란 말이냐. 그렇게는 안 해" 하고 통박을 줬다. 그는 나를 생각해서 해준 말이었지만, 속 좁게 되받았을 정도로 나는 낙방의 충격이 컸다.

중–고교 시절을 거제에서 보낸 나는 당시 법대가 뭔지도 잘 몰랐다. 법대를 지원한 것은 순전히 고교 3학년 때 담임을 맡았던 황주원

(黃柱源) 선생님의 영향이었다. 고향 선배이자 서울에서 교편을 잡았던 황 선생님은 전쟁 통에 거제에 부임해왔다. 나의 하청고교 시절은 수많은 피난민들이 전쟁에 쫓겨 거제까지 밀려와서 살았던 때였는데, 그 때문에 서울에서 훌륭한 교사들이 많이 내려왔다. 시인이자 연출가였던 정진업(鄭鎭業) 씨를 비롯하여 이중섭(李仲燮) 화백도 이때 거제에 잠시 머물렀다. 이 화백은 당시 통영에 내려와 피난생활을 하고 있었는데, 무원 선생님이 거제로 초빙해서 잠시 머물렀다. 이 화백을 직접 뵌 적은 없었지만, 개울가나 바닷가 언덕에 앉아 하루 종일 그림 그리는 모습을 먼발치에서 여러 번 본 적이 있었다.

고교 시절, 3년 내내 전교 1등을 놓치지 않았고 제1회 졸업생으로 1등을 차지하여 졸업생 명부에도 내 이름이 첫 번째로 기록되었는데, 선생님들이 영광스러운 일이라고 치하해주었다. 어느 날 황주원 선생님이 나를 불러놓고 법대에 진학해서 2학년 때부터 고시 공부를 하라고 조언했다. 담임에 이어 형님도 법대에 진학하여 고등고시에 응시하든지, 상대를 가서 은행가가 되든지 둘 중 하나를 선택하는 것이 좋겠다고 충고했다.

50년대와 60년대는 고등고시를 패스해 법관이나 검사가 되기가 매우 어려웠다. 거기다 시골에서는 고시 공부를 하는 것도 사정이 여의치 않았다. 당시는 한국인 저작의 법 관련 책이 없었고 일본 책을 번역한 것을 교재로 쓸 때여서 책이 귀하기도 했지만, 거제 같은 시골에서는 구하기도 쉽지 않았다. 황 선생님은 어려운 가운데에서도 제자의 공부를 위해서 백방으로 노력했다. 법대에 진학하려면 대학에서 배우는 민법과 헌법에 대한 개념이라도 미리 알아야 한다며 손수 어렵게 법학 서적을 구해와서 내게 주었다. 선생님의 열성과 정성을 생각하여 이해도 못하면서 나는 책을 달달 외웠다.

마침내 목표했던 법대에서 시작한 대학생활은 입학과 동시에 고시 준비의 나날이었다. 대학생활 내내 1학기는 대부분 혼자 고시 공부를 했고 2학기에만 학교에 나가는 생활을 반복했다. 그러다보니 매 학년 1학기 성적은 전부 요새 기준으로는 'F학점', 2학기는 '올A'로 극과 극을 오갔다. 그 와중에 법대생들끼리 모의재판이나 모의국회를 열어 열띤 토론을 벌이는 과정에 참가하여 연속 우승을 차지한 것이 기억에 남는 법대 시절의 나의 성취였다.

1학년 때는 헌법을 포함하여 소위 교양과목을 배웠다. 2학년부터 본격적으로 고시에 대비하느라 산속 절에 들어가서 고시 관련 책만 들고 공부했다. 사법 시험은 보통 6월에 있었다. 2학년 때부터 시작한 시험은 재학 중에 세 번 보았는데 계속 낙방의 고배를 마셨다. 고교 때부터 담임선생님이 구해준 법 관련 책을 뜻도 모르고 무조건 외던 습관이 붙어 법대에 진학해서도 같은 방식으로 공부하면 당연히 합격할 줄 알았는데, 나중에야 내 방식이 잘못되었다는 것을 깨달았다.

그때까지 나는 "하루 세 시간만 자고 무조건 열심히만 하면 된다"는 황 선생님의 말을 철석같이 믿고 혼자서 무지(無智)하게 책만 파다시피 했다. 법학 서적들을 열 번 스무 번씩 읽고 외웠던 것이다. 일찍이 세상 물정을 좀 알던 부산 같은 대도시 출신 학생들은 고시 공부 틈틈이 서울에 올라가서 시험 정보를 캐고 노하우를 습득하는 방식으로 요령 있게 공부했다. 고시 공부에도 요령이 필요하다는 것을 시골 선생님이나 시골출신인 나나 알 턱이 없었던 것이다. 고시에 관한 한,

무지하고 고지식하기는 스승이나 제자가 마찬가지였던 셈이다. 그렇게 첫 번째 고시 도전은 무참한 실패로 끝을 맺었다.

당시 고시 말고 취직시험을 볼 곳이라곤 은행이나 전력회사 같은 정부투자기관이 거의 전부였다. 지금처럼 대기업이 있는 것도 아니었다. 그래서 고시에 떨어지자 "상대에 가서 은행가가 되든지"라고 충고했던 형님 말대로 은행 입사시험에 도전했다. 대학 졸업과 동시에 곧바로 농업은행에 취직되었기 때문에 미처 병역을 마칠 새가 없었다. 그때문에 은행에서 강제휴직이라는 철퇴를 맞은 것이다.

그후 다시 한번 고시에 도전할 수 있었던 것은 순전히 먼저 간 아내 김정숙 덕분이었다. 정숙과는 대학 동창으로 캠퍼스에서 처음 만났다. 3학년 가을에 많은 학생들이 징집영장을 받고 군에 입대했는데, 송별회를 핑계로 학교 뒷산을 넘어 금정산성에 가서 정신없이 술을 마시기도 했다. 그 틈에 행정과에 다니는 김정숙(金正淑)이라는 여학생이 있었는데, 첫눈에 내 관심을 끌었다. 서글서글한 눈매에 덕성스런 얼굴이 내 마음에 들었던 것이다.

그녀는 법대 동기들 사이에서 너그러운 누나처럼 여유가 있었고 남녀 학생 구분 없이 모두와 어울리는 데에 스스럼이 없었다. 그에 비해 사람을 가려 사귀는 성격이었던 나는 학교에서 친구들과 스스럼없이 어울리지는 못했다. 더욱이 그녀와는 학과가 서로 달라 부딪칠 일이 거의 없었고 또 나는 매년 1학기 등록을 마치면 고시 공부 때문에 산으로 들어가 그녀와 어울릴 기회조차 없었다. 산속에서 법률 책과 씨름하다가 2학기 때 학교에 나오면 그때부터 이성에 대한 내 관심은 정숙을 향했다. 그리고 시간이 흐르면서 나도 모르게 마음속에 사랑이 싹텄다. 하지만 내 마음을 알 리 없던 그녀는 내게 별다른 관심을 보이지 않았다. 끝내 나는 안타까운 마음과 조바심으로 여러 차례 편지를 보내고 만나기를 청했지만, 답장은 물론이고 아무런 반응이 없었다. 참다못해 어느 날 용기를 내서 부산 동쪽의 동래군(東萊郡) 기장면(機張面)의 그녀 집까지 찾아갔지만, 보기 좋게 '딱지'를 맞았다. 이때의 참담했던 기분은 뭐라고 말로 표현하기가 어려웠다.

그러나 그녀를 포기할 수 없어 나는 집요하게 접근을 시도했고, 3학년 2학기 때 드디어 그녀가 만날 기회를 주었다. 그날의 그 '황홀했던' 시간을 어떻게 보냈는지는 기억에 없다. 다만 저녁 늦게 그녀를 하숙집까지 바래다주고 헤어지면서 엉겁결에 입맞춤을 한 기억은 지금도 생생하다. 말의 고백을 대신한 나의 기습적이고 당돌한 행동에 그녀는 황당하게 당하고 말았는데, 그 역작용인지 그후 그녀는 오히려 더 냉랭해졌다. 여러 차례 사과와 화해의 기회를 노렸지만, 번번이 실패로 끝나는 바람에 나는 속이 탔다.

그 사이 졸업을 하게 되었고 우리는 둘 다 취직시험에 바빠 더 이상 만나지 못했다. 내가 농업은행에 취직하자 우리 집에서는 나의 결혼을 서둘렀다. 그 바람에 흐지부지 헤어졌던 정숙이 생각이 더욱 간절해졌다. 다급한 마음에 몇 차례 편지로 내 마음을 고백하고 말미에 "농업은행 충무지점에 근무하고 있으니 시간이 되면 한번 놀러올" 것을 당부했다. 다행히 그녀가 몇 차례 답장을 보내왔는데, 담담한 투의 안부인사가 전부였다. 그러던 어느 날 충무에 한번 오겠다는 연락이 왔다. 나는 뛸 듯이 기뻤고 그날을 손꼽아 기다렸다.

드디어 그녀가 충무에 오던 날 나는 떨리는 마음으로 부두로 나가 여객선을 타고 오는 그녀를 맞았다. 그 순간 마치 오랫동안 헤어져 있던 연인이 재회한 것처럼 서로의 마음이 무척 가까워져 있음을 느꼈다. 기습적인 키스 사건으로 끝났던 둘의 관계를 생각하면 기적 같은 일이었다. 이날 충무 용화사 뒷산 정상에 올라 아름답게 펼쳐진 푸른 한려수도를 내려다보면서 정숙에게 청혼했고 그녀를 힘껏 껴안았다. 정숙도 말 대신 포용으로 내 청혼을 받아들였다.

그녀에게 청혼한 뒤 맞은 첫 주말에 거제 집에 들러 나는 어머니에게 속마음을 털어놓았고, 부모님은 내 결혼에 대해서 의논했다. 그런데 평소 아버지라면 절대로 하지 않았을 우리 둘의 궁합을 어디 가서 보았는지 좋지 않다며 아버지가 결혼에 반대했다. 정숙의 고향이 부산 동래로 우리와 동향이 아니라는 것도 반대 이유가 되었다. 다행히 형님이 내 뜻을 존중하여 부모님 대신 "제수씨가 될 사람을 한번 만나 봐야겠다"고 나섰다. 형님을 따라 나서 먼발치에서 정숙을 살펴본 집안 어른 윤일 아저씨는 형님과 함께 내 결혼에 찬성했다. 나와 마찬가지로 정숙의 덕성스러움이 마음에 든 것이다.

형님과 윤일 아저씨가 적극 거들었지만, 아버지의 반대는 쉽게 꺾이지 않았다. 그 사실을 알고 어머니를 통해 아버지에게 내 생각을 전했다. "풍랑 없는 좋은 날이라고 배를 타고 나가면 조그만 파도에도 멀미를 할 수 있습니다. 그런데 풍랑이 있을 것을 예상하고 마음을 가다듬고 타면 어지간한 파도에도 멀미를 하지 않는 것처럼 항상 조심하며 살아가면 되지 않겠습니까?" 그후 결혼준비가 일사천리로 진행되었다.

1961년 6월 18일, 드디어 부산에서 신식 결혼식을 올렸다. 그때만 해도 신혼여행이라는 게 흔치 않아 식이 끝난 후 곧바로 기장면의 처가로 갔다. 그곳에서 잔치를 치르고 이틀을 지낸 뒤 거제의 우리 집으로 돌아왔다. 며칠 뒤 나는 직장 때문에 갓 결혼한 신부를 홀로 남겨두고 충무로 떠났다. "아무리 친한 형제간이라도 결혼한 뒤 동서지간에 친하지 않으면 안 되니 6개월 동안은 시부모와 시숙 식구들과 같이 지내야 한다"는 형님의 당부 때문에 정숙은 남편도 없이 시집살이를 시작했다.

어쩔 수 없이 새색시와 떨어지게 된 나는 주말마다 집에 가기만을 손꼽아 기다렸지만, 직장생활이라는 것이 생각처럼 되지 않았다. 부모님이나 형님도 보기에 안쓰러웠는지 6개월을 2개월로 줄여 충무에 신혼집을 차리도록 허락했다. 비록 단간 셋방에 신접살림을 차렸지만, 우리는 오순도순 꿈처럼 행복한 시간을 보냈다.

그러나 꿈같은 신혼은 오래가지 못했다. 은행에서 병역미필을 사유로 내가 강제휴직 되면서 다시 아내를 혼자 남겨두고 입대할 생각을 하니 막막하고 착잡한 심정이었다. 이대로 군 입대를 해야 할지 아니면 차라리 고시에 재도전하는 것이 좋을지 망설여졌다. 나는 어려움이 닥치면 생각보다 결단을 빨리 내리는 편이다. 그동안 직장에 몸담고 있으면서 고시 책들을 손에서 놓지 않았기 때문에 그해 고시에 딱한 번만 더 응시하기로 결심했다. 아직 아이가 태어나기 전이라 자식 부양에 대한 부담이 없었던 것도 '이번이 마지막 도전 기회'라는 생각을 굳히게 해주었다. 물론 아내의 흔쾌한 동의가 없었다면, 불가능했을 것이다. 그 길로 살림살이 정리를 정숙에게 부탁하고 서둘러 짐을 꾸려 부산 범어사 내원암으로 향했다. 비 내리는 5월 초의 산길은 안

개로 자욱했고, 그때의 내 결심은 비장했다.

내가 산속에서 법전과 씨름하는 동안 일정한 수입도 없이 홀로 남겨진 정숙은 대학시절 따두었던 교사자격증으로 뒤늦게 중학교 교사로 취직했다. 남들보다 늦게 시작한 교사생활이 힘들 법도 한데 틈틈이 나를 뒷바라지까지 하면서도 힘든 내색 하나 보이지 않는 정숙의 모습이 커다란 격려가 되었지만, 한편으로 말할 수 없는 미안함과 책임감을 느끼게 했다. 새로 공부를 시작한 그해 다행히 1차 시험에 합격했지만, 2차에서 낙방하고 말았다. 주위 사람들은 기왕 어렵게 다시 시작했는데 아쉬우니까 한 번만 더 도전해보라고 충고했다. 그러나 그 사이에 병역문제가 해결되어 나는 고시에 대한 미련을 접고 농업은행 복직 사정을 알아보기 위해서 서울로 향했다.

그녀의 헌신에도 불구하고 낙방하고 말았지만, 그 도전에 대한 후회는 없다. 한 집안의 가장으로 모든 책임을 아내에게 떠넘긴 채 시도한 도전이었기에 그것으로 충분했다. 만약 두 번째 도전을 하지 못했다면, 미련이 남았을지 모른다. 고시 공부와 두 번의 실패는 하나의 직업 혹은 직분과 같은 '직(職)'을 알게 해준 소중한 경험이었다.

6. 한국경제인협회 시절 : 역동의 현장에서 일을 배우다

농업은행에서 강제휴직을 당하면서 내 금융인생의 방향도 달라졌다. 군 문제가 해결되면서 농업은행에 복직할 기회가 왔다. 그러나 나는 은행으로 향하지 않고 1962년 한국경제인협회(韓國經濟人協會)를 선택했다. 거기에는 묘한 인연이 작용했다. 농업은행 취직시험을 앞두고 고교 은사인 무원 선생님의 당부로 인사 차 찾아갔다가 "거제 사람치고 은행 시험에 붙은 걸 못 봤다"는 말로 나를 당혹스럽게 했던 농협의 김주인 이사의 권유가 있었던 것이다.

나는 복직 문제로 상경했다가 김 이사가 경제인협회 초대 사무국장으로 자리를 옮겼다는 소식을 들었다. 이번에도 인사 차 방문했는데, 나를 보자 반색했다. 그는 "우리 때는 실물경제를 알기 위해 은행에 취직한 사람들이 많았거든. 말하자면 돈의 흐름을 알아야 한다는 거지. 그런데 내가 은행에 오래 있었지만 비즈니스를 알려면 은행보다 여기가 경험을 쌓기에 훨씬 낫고, 확실히 은행과는 달라. 여기로 오지" 하고 나를 설득했다.

전국경제인연합회(全國經濟人聯合會)의 전신인 한국경제인협회는 1961년 7월 17일 대기업 대표들인 경제인들이 그들의 지식, 경험 및 자본을 동원하여 산업개발과 경제건설에 이바지하기 위해서 발족한 경제단체로 민간부분이 담당할 기간산업의 건설 추진, 외자와 기술도입을 위한 민간 경제외교, 거시경제정책에 대한 건의 등을 목적으로 활동하고 있었다.

며칠 동안 이런저런 사정을 가늠하다가 김 이사 말을 따르기로 했다. 비즈니스와 실물경제에 호기심이 많았던 나는 대한민국의 내로라하는 기업가들이 모인 경제인협회가 도대체 무엇을 하는 곳이며 어떤 곳인지 알고 싶었기 때문이다. 현실적인 이유도 무시할 수 없었다. 대우가 은행에 비해 더 좋았던 것이다.

한국경제인협회의 전신은 한국경제인협의회인데, 민주당의 장면(張勉) 정권 시절인 1961년 1월 기업인들이 나라의 경제발전을 위해서 만들었다. 수출 진흥과 실업 해결을 위한 정책대안도 제시했다. 하지만 그해 5.16 군사 쿠데타가 일어나면서 협의회는 해체되었다. 군사정부는 자유당 정권 아래서 부정축재를 했다는 혐의로 기업 총수 13명을 구속했다.

5.16 당시 우리나라는 경제적으로 매우 어려운 상황에 처해 있었다. 1960년을 전후하여 국가 전체 산업에서 농업이 차지하는 비중이 GNP의 72%가 될 정도로 농업인구가 절대 다수였던 우리 경제 전반은 미국 원조에 기대는 형편이었다. 국가예산은 턱없이 부족했고, 식량도 미국의 잉여농산물을 들여와 기아를 해결하던 시절이었다. 더구나 박정희 군사정권과 미국의 관계마저 좋지 않아 국가경제 사정은 더욱 나빠질 수밖에 없었다.

변변한 자원도, 자본도 없는 가난한 나라를 접수한 군사정권 앞에 놓인 시급한 과제는 무엇보다 국가경제의 기틀을 닦아 경제를 일으키는 일이었다. 그런데 농업 근대화가 선행되어야 한다는 주장과 서둘러 공업화로 나아가야 한다는 주장이 팽팽하게 맞서 논쟁이 분분했다. 그 결과 교육을 받은 인력을 활용한 공업화를 통해 해외사장을 개척, 수출주도로 국가 경제를 성장시켜야 한다는 논리가 우세하여 정부는 그 논리를 토대로 경제개발5개년계획을 수립하여 1962년부터 추진하기에 이르렀다.

공업화와 수출주도의 경제개발을 하려면 무엇보다 기업가의 도움이 절실했기 때문에 정부는 반대와 비난여론을 감수하고 부정축재 혐의로 구속된 기업인 13명을 석방했다. 정부는 그들을 석방하면서 그 대가로 그들의 약속을 담보로 했다. 부정축재금으로 공장을 지어서 국가에 헌납하도록 한 것이다. 경제개발이 시급했던 정부로서는 부정축재금을 기간산업의 개발자금으로 활용하는 한편 산업화를 위해서 기업인들의 지속적인 협조를 얻고자 했다. 이렇게 해서 구속되었던 기업인 13명이 주축이 되어 만든 단체가 바로 삼성물산(三星物産)의 이병철(李秉喆) 회장이 초대 회장직을 맡은 한국경제인협회였던 것이다.

부정축재 조사과정에 흥미 있는 일화가 있었다. 그 당시 부정축재 조사위원장을 지낸 육군 소장 출신의 연일수(延日守)라는 분이 나중에 경제인협회로 왔을 때 들려준 얘기다. 삼성은 앞으로 잘 되게 되어 있다는 것이었다. 그 근거는 이렇다.

당시 부정축재금 규모는 개별기업의 정치헌금액과 탈세액의 합계, 기업 내의 주주 가불금과 근거가 불분명한 접대비 합계 중에서 큰 것으로 결정되었다. 기업들이 부정축재로 가장 많이 걸린 것이 업무추진비 등 경비지출이었다. 업무추진비의 근거가 불분명하면 모두 부정축재금으로 잡혔다.

연일수 씨 말로는 당시 삼성물산은 이미 부장은 얼마, 과장은 얼마라는 식으로 접대비 지출 규정을 두고 있었다. 조사하면서 "이건 무슨 돈이지요" 하고 물으면 규정에 따라 쓴 것이라며 근거를 분명하게 댔다. 그런 것을 다 빼고 보니, 실제 쓴 경비에 비해 부정축재금은 적게 잡혔다. 회사의 경영 틀을 당시부터 제대로 갖추고 있었던 것이다. 그 때부터 '관리의 삼성'이란 면모를 갖춘 게 아닐까 싶다.

나는 경제인협회에서 6년(1962－1967년)을 근무하면서 기업인들을 비교적 가까이서 지켜볼 기회가 있었다. 내가 본 창업 1세대 경영인들은 사실 따뜻한 사람들이었다. 돈을 좇는 사람은 상인에 머무르고 말지만, 이들 기업인들은 꿈을 좇는 사업가들이었다. 당시 기업 창업자들은 부지런하고, 철저하고, 의문에 대해서는 항상 도전하는 개척자들이었다.

경제인협회 결성 초기는 말 그대로 정치, 경제, 사회에 걸쳐 나라 전체가 격동의 시기였는데, 내가 조사부에 입사한 것도 이즈음이었다. 조사부에서 우리가 주로 한 일은 선진 외국의 공업화는 어떻게 이루어졌으며 공업단지를 어떻게 조성해서 수출산업을 진흥시켰는지, 물가안정을 위해서 어떻게 해야 하는지를 연구하는 데에 필요한 각종 자료를 수집하고 조사하여 보고서를 작성하는 것이었다. 정부에 건의할 여러 가지 것들, 예를 들면 종합제철소와 정유공장 같은 기간산업 건설계획안과 수출산업진흥계획에 따른 종합공업지대 건설 같은 제안서를 작성하는 것도 조사부의 업무였다. 이러한 구상을 실현하는 데에 필요한 외자도입 논의와 외자유치도 경제인협회의 일이었다.

경제인협회의 초대 회장직을 맡았던 이병철 회장의 뒤를 이어 회장직에 오른 분은 대한양회의 이정림(李庭林) 사장이었다. 이 사장은 초등학교도 안 나온 자수성가한 사업가였다. 회장이 교체되면서 나를 협회로 이끌었던 김 이사가 물러나고 후임 사무국장으로 김입삼(金立三) 씨가 왔다. 김 국장은 그 시절 해외유학파로 공부를 많이 했고, 후에 건설부로 개편된 부흥부 부흥위원으로 일했기 때문에 국가부흥에 필요한 아이디어가 많았다.

우리는 조사부에서 국가경제 발전에 필요한 아이디어를 내고 계획을 세우고 하는 일들을 김 국장과 함께 작업했다. 이때 수출산업공단을 만드는 데에 필요한 자금을 재일교포로부터 가져와서 경공업 상품을 만들어 일본 등지에 수출하면 될 것이라는 계획을 세웠다. 또 울산공업단지를 조성해서 외자를 도입할 때 단지 내의 공장 부지를 지원한다든지 하는 계획도 세웠는데, 그때마다 정부에 여러 가지 건의를 하고 재계 입장을 전하는 일들을 했다. 외국 자료나 서적을 번역하여 잡지를 만들고 때에 따라서는 신문에 성명서를 내기도 했는데, 그 기초 원고 작업을 맡기도 했다.

당시는 인플레가 워낙 심하던 시절이라 물가 수준을 5% 정도에서 묶으려면 어떻게 해야 하는지 그 방안에 대한 책자도 조사부가 만들었다. 다양한 책자를 만들면서 김 국장에게 배운 것이 많았는데, 그중 한 가지가 협업이었다. 책을 만들 때에는 보통 한 사람이 처음부터 끝까지 원고를 쓰는데, 우리처럼 짧은 기간에 책을 만들어야 하는 경우 모든 챕터를 혼자서 다 쓸 수가 없었다. 김 국장은 작업에 참여한 사람들이 여러 개의 챕터를 각각 나누어 맡아 원고를 쓰도록 했다.

원고가 완성되면 작업에 참여했던 사람들이 모여 다 같이 읽으면서 부족한 부분을 보완하고 수정했는데, 이 새로운 방식의 작업이 훗날 내가 글을 쓰는 데에 상당한 도움을 주었다.

조사부에서 일하는 동안 나는 각종 경제시책의 내용이나 경제동향을 예측하는 통계와 자료를 빠짐없이 수집하고 분석한 덕분에 우리나라 경제를 전반적으로 들여다볼 수 있었고 남들보다 앞서 선진 경제에 대해서 공부할 수 있었다. 각종 잡지와 책자를 만들고 성명서를 작성하면서 글 쓰는 법도 배울 수 있고, 그런 경험 덕분에 부산에서 발행된 국제신보(현재의 국제신문)의 청탁을 받아 1964년부터 이듬해까지 "경제 안테나"라는 제목으로 칼럼을 연재했다.

경제 칼럼에 대한 독자들 반응이 좋아 나중에 서울대 황병준(黃炳晙) 교수가 맡고 있던 객원논설위원 자리가 내 차지가 되었다. 황 교수가 미국 국무부 초청으로 유학을 떠나게 되자 당시의 주필이었던 소설가 이병주(李炳注) 선생이 "윤 선생, 우리 신문에 경제사설을 좀 쓰시지요"했던 것이다. 그동안 써온 경제 칼럼과 달리 논설은 특정 이슈에 대해서 신문사 입장에서 논평하는 것이라 보다 어려운 일이었다. 사설을 쓰기 시작한 지 채 일 년도 안 되어 안면신경통이 생길 정도로 스트레스가 심했다. 신문 사설을 쓰는 것이 그렇게 어려운 일인 줄 미리 알았다면, 시작도 하지 않았을 것이다. 아무튼 나는 그 일을 장장 13년간(1965~1977년) 담당했다.

60년대 초반은 통화개혁조치와 한일국교정상화 같은 굵직굵직한 사건들이 연일 불거지던 때여서 경제인협회는 하루가 멀다 하고 성명서를 발표했다. 물가폭등에 대한 우려와 물가를 안정시키기 위한 방안에 대한 내용이나 서울 구로 또는 경남 울산 같은 지역에 공업단지를 조성하려면 정부가 어떻게 도와주어야 한다는 식의 성명서들이었다. 특히 물가폭등과 관련하여 여러 차례 성명서를 발표해야 했던 기억은 지금도 잊을 수가 없다. 그때는 물가 때문에 나라 전체가 벌집을 쑤신 듯 들끓었고, 협회도 하루가 멀다 하고 긴급이사회를 소집하는 등 사정이 매우 긴박하게 돌아갔다.

군사정부는 1962년 6월 10일 통화개혁 조치를 단행했다. 그러나 후유증으로 이듬해 연초부터 물가가 폭등하여 어떤 품목의 경우 10배가량 값이 뛰기도 했다. 정부가 통화량을 대책 없이 팽창시킨 것이 주요인이었다. 그 여파로 기업들은 공장건설은 물론 원자재 구입이나 노임지급 등이 어려워졌고 살인적인 물가고에 따른 서민생활 역시 말이 아니었다.

경제계 전반의 위기의식이 고조되자 경제인협회는 1963년 1월 28일 오전 긴급 회원 간담회를 열어 점심도 굶어가며 물가안정대책을 논의했다. 비공개로 열린 회의내용이 외부로 새나가는 일이 발생하면서 문제가 커졌다. 그 회의와 관련한 내용을 당일 오후 동아일보 석간은 "물가상승은 정책 미스, 경제개발5개년계획 수정 불가피"라는 헤드라인으로 뽑아 대서특필했다. 정부는 펄쩍 뛰었다. 협회도 기사에 깜짝 놀랐다. 물가정책 담당자인 유양수(柳陽洙) 국가재건최고회의 재경위원장은 즉각 이정림 회장에게 책임질 것을 요구했다. 협회는 이튿날 아침 긴급이사회를 소집했다. 군사정부가 유일한 등불이라고 믿고 있는 5개년계획에 대해서 수정 운운했으니 비상이 걸린 것이다.

동아일보 기사를 시작으로 여러 언론이 한꺼번에 달려들어 물가폭

등이 부정축재자들의 농간이라는 등 경제인협회를 겨냥한 가십성 기사들을 써대면서 경제인협회와 정부 사이의 물가논쟁을 부추겨 파장이 일파만파 심각한 양상으로 전개되었다. 그 때문에 우리 조사부는 물론이고 사무국 전체가 기자회견 준비에, 성명서 발표에 하루도 조용할 날이 없이 긴박하게 돌아갔다. 일에 치이고 언제 어디서 무슨 사건이 터질지 모르는 긴장의 연속으로 손에 땀을 쥐게 하던 나날이었다.

성명서 작성을 둘러싸고 김입삼 국장은 항상 직원들을 긴장시켰다. 매우 직선적인 성격의 김 국장은 자신의 생각을 에둘러 표현하지 못했다. 우리가 잡지에 실을 원고나 성명서 같은 것을 작성하여 들고 가면 한번 죽 훑어보고 마음에 들지 않을 경우 그 자리에서 원고를 집어던지며 "이게 원고냐? 너 같은 돌대가리한테 기대하는 내가 잘못이지"라는 험한 말도 서슴지 않았다.

어느 날 김 국장이 신문에 실을 성명서 초안을 잡아오라고 해서 나는 몹시 놀랐다. 20대 후반으로 내 직함이 과장이었을 때다. 부산의 국제신보에 논설을 쓰고 있을 당시였지만, 그 신문은 규모가 작은 지방지에 불과했고, 그 성명서는 정책 당국과 전국민적인 관심의 대상이 될 수밖에 없었기 때문에 나는 내심 무척 당황했다. 더구나 일개 과장으로서 그런 중요한 성명서를 직접 쓸 위치도 아니었기 때문이다. 특히 내일 아침까지 당장 써오라고 하는 지시에 나는 기분마저 좋지 않았다. 그래도 상사의 명령이라 어쩔 수 없이 밤을 꼬박 새웠지만, 단 한 줄도 쓰지 못하고 다음날 빈손으로 출근했다.

김 국장이 나를 곧장 자기 방으로 불렀다. 아니나 다를까 첫마디가

"원고 시킨 것 가져왔는가?"였다. 그 말에 불끈해서 "그렇게 중요한 성명서를 제가 어떻게 씁니까" 하고 대꾸했다. 그러자 김 국장은 "이 바보 같은 친구야. 자신이 쓴 원고를 그대로 신문에 실을 것이라고 생각했어? 내가 지시한 대로 한 줄이든 두 줄이든 네 수준에 맞게 써 오면 되는데 왜 그런 일을 시키느냐는 식으로 나오면 되겠어?" 하고 나무랐다. 그제야 나는 정신이 번쩍 들면서 내 생각이 짧았음을 깨달았다. 맡은 바 일은 자기 능력 안에서 최선을 다하면 된다는 것을 이때 절감했다.

직선적인 내 성격 탓에 결국 '사건'을 터뜨리고 말았다. 성명서를 둘러싸고 기자와 신체적인 충돌을 한 것이다. 성명서 때문에 김 국장에게 대든 이후 김 국장이 초안을 잡아주면 내가 정리하는 식으로 작업을 하게 되었다. 어느 날 상공부 담당으로 경제인협회까지 출입하던 산업경제신문의 이 아무개 기자가 성명서를 다 쓰면 자기한테 먼저 달라고 하며 기다리고 있었다. 나는 속으로 '원고 정리가 끝나면 우선 위에다 품의를 올려 결재를 받아야 되는데 뭘 자기한테 먼저 달라는 거야' 하고 무시했다.

이 기자가 기다리든 말든 정리를 끝낸 성명서를 김 국장에게 가져다주고 나오는데, 대뜸 그가 시비를 걸어왔다. 끙끙거리며 막 작업을 끝낸 참인데 다짜고짜 시비를 걸어오자 나는 화가 치솟았다. "당연히 윗사람에게 먼저 가져다주는 게 순서인데 웬 시비야" 하며 나는 그에게 부지불식간에 주먹까지 쓰게 되었다.

요즘도 언론과 기자들의 파워가 세지만, 그때는 지금과 비교가 안될 정도로 기자들이 막강했다. 경제인협회는 물론이고 상공부까지 발칵 뒤집혔다. 경제인협회도 담당하던 상공부 출입기자들이 협회로 몰려왔다. 그러나 사건의 전말을 파악하게 된 기자들은 더 이상 문제시하지 않고 사태를 일단락지었다.

며칠 뒤 조사부 방을 나서는데 이 기자가 엘리베이터 앞에 서 있었다. 사건 이후 꽤 시간이 흘러 처음으로 맞닥뜨리게 된 것이다. 그때까지 사과할 마음이 전혀 없었지만, 막상 이 기자의 얼굴을 보자 나도 모르게 먼저 손을 내밀었다. "어이, 이 기자 우리 악수 한번 합시다." 그는 내 말을 무시한 채 마침 문이 열린 엘리베이터에 탔고, 나도 따라 탔다. "내 손이 부끄럽지 않소? 악수합시다"하고 재차 얘기하자 이 기자가 그제서야 손을 내밀었다.

내친 김에 그를 끌고 협회 건물 옆에 있던 다방으로 들어가서 마주 앉았다. 어색한 분위기를 깨기 위해서 내가 먼저 "당신이 기자면 나는 논설위원"이라고 능쳤다. 실제로 그때 나는 국제신보에 객원논설위원으로 글을 쓰고 있을 때였다. 이어 "나도 기자를 잘 아는데 그렇다고 결재 받지도 않은 성명서 원고를 먼저 달라고 한 건 잘못된 거 아니오? 그걸 가지고 시비를 하니.⋯⋯어쨌든 잘못했소"하고 사과했다. 그후 우리는 친해져서 잘 지냈다.

이 사건은 한 가지 큰 교훈을 내게 주는 계기가 되었다. 그동안은 누구와 다투게 되면 항상 상대방이 잘못되었다는 생각이 머리에 박혀 있었는데, 설사 내가 옳다고 하더라도 잘잘못을 떠나 먼저 사과하면 마음이 훨씬 편해진다는 것을 이때 처음 깨달았다.

어린 시절부터 나는 내가 옳다는 생각이 강했다. 따라서 좀처럼 남한테 머리를 숙이거나 사과할 일을 만들지 않았다. 그런데 기자 폭행

사건 후부터 선배든 후배든 가리지 않고 잘잘못을 따지지 않고 거리 낌 없이 자신의 잘못을 깨끗이 인정하는 말을 쉽게 꺼낼 수 있게 되었 다. 자기가 한 일을 끝까지 옳다고 생각하는 것 자체가 미련한 생각이 며 어떤 일이든지 전후좌우를 다시 한번 되짚어봐야 한다는 교훈을 몸에 새기게 되었다.

당시 고락을 같이했던 친구들 가운데 신봉식(申奉植), 손병두(孫炳 斗) 씨 등은 전경련의 상근 부회장으로 활동했고, 송병남(宋炳南) 씨는 기아자동차 사장, 이상운(李相運) 씨는 고려합섬 부회장, 중견경제인 협회 회장, 곽회준(郭晦俊) 씨는 초대 의료보험조합 상무이사, 김승정 (金昇政) 씨는 SK해운 사장, 권태승(權泰升) 씨는 정보산업연합회 부 회장, 김정열(金正烈) 씨는 한국능률협회 부회장으로 활동했다. 지금 은 전경련 OB모임을 만들어 정기적으로 모여 우의를 다지고 있다. 그 중에는 고인이 된 분도 있어 세월의 무상함을 느낀다.

경제인협회에 몸담고 있는 동안 격동의 시기와 맞물려 방대한 일에 파묻혀 지냈지만, 한 나라의 경제발전의 초석을 놓는 시기에 그 중심 에 있었던 경제인협회에 입사하여 보람 있는 일을 신나게 하고, 국가 발전에 미력이나마 일조할 수 있었던 것은 내게 인생의 큰 재산이 되 었다.

7. 경제인협회에 눈먼 돈을 벌어주다

　나는 한국경제인협회에 1962년부터 근무하기 시작하여 한국개발
금융으로 이직한 1967년까지 근무했다. 청년시절을 마감하는 20대 후
반의 나의 정열과 도전의 시대였다. 그리고 지금으로부터 50여 년 전
일이다. 경제인협회에서 내가 금융과 통상 업무를 담당하던 때에 겪
은 웃지 못할 일화들이 생각나는데, 어찌 보면 그 시절의 이면사이자
야사(野史)라고 할 수 있다. 당시 외국에 나가려면 국가경제에 도움이
되는 수출과 연관된 일이 아니고서는 여권을 발급받기가 매우 어려웠
다. 국내에 외화가 없었기 때문에 경제인협회 회원들이라고 해도 마
찬가지였다. 요즘으로 치면 재벌기업 사장쯤 되는 대단한 인물이라도
여권을 만들려면 우선 소속 경제단체의 추천서가 있어야 했다. 우리
협회 회원의 경우 당연히 협회를 통해서 추천서를 발급받았다. 그 추
천서를 가지고 상공부장관의 추천을 받아 외무부에 여권을 신청하고
발급받기까지의 일을 전부 협회에서 처리했는데, 그 업무를 내가 담
당했다.

　조홍제(趙洪濟) 사장은 당시 경제인협회 회원이었다. 그가 어느 날
급하게 일본출장 건이 생겼다며 사람을 보내 여권을 마련해달라고 부
탁해왔다. 그 일로 윤태엽(尹泰葉) 총무부장이 나를 불러 조 사장이

급하게 일본을 다녀올 일이 있어, 일주일 내에 여권을 만들어달라고 하니 내가 알아서 빨리 만들어주라고 했다. 그때는 여권을 만들려면 최소한 한 달이 걸렸기 때문에 원칙대로라면 조 사장의 부탁은 도저히 들어줄 수 없었다. 하지만 당시는 암암리에 급행료가 통했던 시절이라 결코 불가능한 일은 아니었다.

여권을 발급받는 데에 오랜 시간이 걸린 것은 우선 신원조회에만 엄청난 시일이 소요되었기 때문이다. 여권을 신청하면 당사자의 본적지에서 경찰이 직접 조회하고 통보하는 방식으로 일일이 사람 손을 거쳐야 했다. 그래서 일단 윤 부장에게 도저히 일주일 안에 여권을 만들 수 없다고 했다. 당황한 윤 부장이 그럼 어떻게 해야 되느냐고 조바심을 냈다. 그도 그럴 것이 회원들이 필요로 하는 서비스를 잘해야 회비 등 협회 일에 회원의 지원을 받을 수 있기 때문에 총무부장인 그로서는 화급한 일이었다.

윤 부장의 입장을 모를 리 없던 내가 일단 조건을 내걸었다. 빠른 시일 내에 여권을 발급받으려면 우선 필요한 급행료를 내 마음대로 쓸 수 있게 해주어야 한다는 것, 그러나 내 선에서 어떻게든지 해서 차관실까지는 서류를 올려놓겠는데, 그 이상은 손을 쓸 수가 없다고 했다. 당시 경제인이 여권을 만들려면 반드시 상공부 장관의 추천을 받아야 했는데, 그것은 내 능력 밖의 일이었다. 일단 서류가 차관까지만 통과하면 장관 허가는 윗사람들끼리 알아서 해결할 일이었다. 어쨌든 하는 데까지 하라며 윤 부장이 내준 급행료를 양복 주머니에 넣고 상공부로 향했다.

담당 공무원이 일러준 기안내용대로 서류를 작성해서 다시 찾아가서 결재절차를 급행으로 받을 수 있도록 부탁했다. 담당자에게 서류를 맡겨둔 채 처분만 기다리다간 어느 세월에 장관 허가까지 받아 여권을 만들지 알 수 없었기 때문이다. 그 과정에서 결재라인에 있는 사람들을 상대로 소위 '구워삶기'를 해야 하기 때문에 급행료가 필요했던 것이다. 당시만 해도 급행료의 약발은 효과가 컸다. 일사천리로 차관까지 결재가 떨어지고 장관의 추천 허가가 났다.

장관이 허가하면 서류가 다시 총무과로 내려오는데, 이곳에서 장관의 관인을 보관하고 있었기 때문이다. 장관 관인을 빨리 받는 데도 요령이 필요했다. 건물 아래층에 있던 매점에서 말보로 담배 한 보루와 그때 막 시중에 나온 박카스 한 박스를 사가지고 총무과로 올라가서 직원 책상마다 각각 담배 한 갑과 박카스 한 병씩을 갖다놓았다. 이때 실수로 누굴 빠뜨리면 나중에 뒷말이 나오는 등 사단이 나기 때문에 조심해야 했다. 당시 관행에 비춰보면 이 정도는 별 일도 아니었다. 공무원들의 어깨를 툭툭 치고는 눈 한번 찡긋하면 어렵던 일도 쉽게 풀리던 그런 시절이었다.

장관 관인이 찍힌 추천서류를 받으면 외무부 여권과로 가서 접수를 시켰다. 그때는 여권과에 가면 접수대 뒤에 창이 있고 거기에 신원부 조회판이 있었다. 여권 발급 전 조회판에 붙은 서류 순서대로 중앙정보부에서 신원조회를 했는데, 서류가 서울 신원조회 담당자에게로 다시 돌아오는 데에 한 달쯤이 걸렸다. 다행히 조 사장의 여권 발급 과정에서 여권과 접수담당자가 봐준 게 있었는데, 국내의 대표적 기업가인 조 사장을 그가 모를 리 없었기 때문이다. 그래서 조회판에 서류를 붙일 때 순서를 앞당겨주었다. 사정에 따라 그런 새치기가 가능했던 시절이었다.

한국의 1960년대 부정의 시초는 급행료에 있었다고 해도 과언이 아니었다. 당시 공무원들은 업무와 관련해서 적당히 눈감아줄 때 혼자서 책임지지 않으려는 경향이 강해 그 때문에 상하 모든 관계자를 부정의 공모자로 만들어야 했다. 오랜 관행 탓에 줄줄이 급행료의 사슬에 엮이게 되고 모든 부정은 거기서 시작되는 것이었다. 특정 업무와 관련해서 공무원 한 사람이 책임을 진다면 훨씬 효율적이고 투명하게 일할 수 있을 텐데, 쓸데없이 복잡한 인−허가 과정이 부정이 끼어들 틈을 만들어주었던 것이다.

지금 생각해도 과거 경제인협회는 상당히 개방적인 조직이었다. 직원들 스스로 알아서 책임지고 일할 수 있는 자유로운 분위기로 인해서 그 시절에는 일하는 것이 무척 재미있었다. 업무상 내 나름의 '활약'을 할 수 있었고 덕분에 매우 활동적인 일들을 했다. 은행에서 일할 때보다 훨씬 덜 답답하고 한마디로 신나는 직장이었다.

경제인협회 역사상 최초로 내가 큰돈을 벌어준 것도 따지고 보면 자율적으로 일할 수 있는 분위기 덕이었다. 그때 벌어준 돈은 다름 아닌 항공 티켓 판매 커미션이었다. 국제항공운송협약이라는 것이 있었는데, 거기에 따르면 당시 항공권을 파는 사람이 티켓 값의 12%를 커미션으로 받을 수 있었다. 그런데 협회 회원들을 상대로 경제인협회가 여권을 만들어주고, 항공권도 항공권 판매대행 업체를 통해서 직접 구입해주었기 때문에 이들 업체는 가만히 앉아서 커미션만 챙겼다. 그때 우리 협회는 회원들 회비 외에 따로 돈 나올 곳이 없어 항상 빠듯한 경비로 살림을 꾸려나가고 있었다. 그래서 밑져야 본전이다 싶어 항공권 판매대행업체에 커미션을 나누어 가지자고 요구했다.

이때는 해외여행자유화가 되기 훨씬 전이었고 극히 일부의 사람들 말고 일반인들은 해외에 나갈 엄두조차 내지 못하던 시절이었다. 그에 비해 경제인협회 회원은 국내에서 내로라하는 기업 사장들이니 아무래도 일반인보다 해외에 나갈 일이 많고 비행기를 탈 때도 일반 티켓보다 값이 비싼 퍼스트나 비즈니스 클래스를 주로 이용했다. 뿐만 아니라 당시 우리나라가 돈이 별로 없어 경제인협회에서 외자도입을 위한 경제사절단을 조직하여 여러 차례 해외에 내보내곤 했다.

요즘처럼 기업 단위 고객이 거의 없었던 당시의 현실을 고려하면 항공권 판매대행업체 측에서 볼 때 우리 협회는 놓치기 아까운 큰 고객이었다. 덕분에 군말 없이 커미션을 달라는 요구를 들어주었다. 이 일로 260만 원을 협회에 벌어주었는데, 당시로서는 상당히 큰돈이었다. 그 시절 협회 회비는 크지 않은 금액이었으나, 그나마 납입하지 않는 회원들이 많아 윤 부장이 다달이 수금하러 다니느라 무척 애를 먹었다. 재무 전반을 책임졌던 윤 부장의 입장에서 상상도 못할 곳에서 큰돈이 들어오자 내 부탁을 흔쾌히 들어주기도 했다.

경제인협회에 입사한 지 얼마 안 되었을 때 외자도입을 위해서 일본 경단련(經團聯 : 日本經濟團體聯合會)의 우에무라 고고로(植村甲午郞) 회장을 필두로 한 대표단을 국내로 초청하였다. 일행 가운데 기업 회장이 많았는데, 그들이 국내에 머무는 동안 일하는 모습을 보고 나는 몹시 놀랐다. 그들은 매일 회의를 열어 각자 어디 가서 누구를 만나 무엇을 했는지 보고한 뒤 다음날 계획을 발표하고 의논하는 등 치밀하고 유기적으로 움직였다. 정말 국가를 대표하는 단체처럼 일하는 모습이 인상적이었다. 일본뿐만 아니라 방한한 미국 대표단의 경우도 매일 아침 미팅을 갖고 각자 수집한 정보를 공개하면서 전체적으로 어떤 일을 하겠다는 목표를 공유했다. 두 나라 대표단이 활동사항을 처음부터 끝까지 기록으로 남기는 것도 내게는 인상적이었다. 그에 비해 해외에 파견된 우리 대표단은 각자 움직이면서 중구난방(衆口難防)으로 일했고 자세한 기록도 남기지 않았다. 물론 당시만 해도 외자유치단의 활동 경험이 일천했기 때문이었겠지만, 어쨌든 나는 아쉬움이 컸다.

외자유치와 얽힌 잊을 수 없는 기억이 있다. 그동안 정부가 외자유치를 위해서 다방면으로 노력을 기울였지만, 당시만 해도 우리나라 외교가 활발하지 못한 때라 별 성과를 거두지 못하고 있었다. 경제인협회에서 추진했던 미국경제사절단 초청에 특히 어려움이 많았는데, 이때 협회가 우회로로 접촉한 사람이 미국에서 전쟁영웅으로 불리던 밴 플리트(James Alward Van Fleet) 장군이었다.

밴 플리트 장군은 제1, 2차 세계대전에서 혁혁한 전공을 세웠고, 6.25 당시 미8군사령관으로 취임하여 우리나라와도 인연이 깊었다. 그의 아들 역시 B-29 폭격기 조종사로 한국전쟁에 참전했다가 전사했다. 아들이 목숨을 바쳐 지켰던 한국을 밴 플리트 장군은 무척 좋아했는데, 경제인협회에서 장군에게 미국 기업인들을 모아줄 것을 부탁했다. 그즈음 경제인협회의 이병철 회장과 남궁련(南宮鍊) 부회장은 미국을 방문하여 울산공업단지에 대한 비전과 추진일정을 브리핑하고 투자단 파견을 요청한 바 있었다. 마침내 밴 플리트 장군이 제철소와 석유회사 같은 거대기업 사장들로 경제사절단을 구성하여 방한했다. 특히 미국 유명 기업인들의 대거 방문은 정부도 큰 관심을 가지게 했다.

울산공업단지 조성을 위한 투자를 이끌어내기 위해서 초청된 미국 경제사절단에 얽힌 얘기는 『전경련 40년사』에도 자세히 나와 있는데, 그때의 흥분이 고스란히 읽힌다. "드디어 62년 5월 11일 주한 유엔군 사령관을 지낸 밴 플리트 장군을 단장으로 한 28명의 미국 저명 실업인단이 김포공항에 도착했다. 쟁쟁한 미국 산업-금융 각 분야의 핵심 기업 대표가 총망라됐다. 이와 같은 거대 기업군이 대거 참가한 미국 경제사절단은 이후에도 없었다. 당시 투자유치단으로 미국과 유럽에 간 기업인들은 국가를 대표하고 그 운명을 걸머진 일을 처음 한다는 자부심과 사명감에 혼신의 힘을 다했다."

우리 사무국 직원 수가 얼마 되지 않아 모두 나서서 관련 업무에 뛰어들었다. 미국의 대단한 경제인들이었으니 당연히 체류기간 동안 대접을 잘해야 했다. 사절단 수송을 내가 담당했는데, 무엇보다 큰 문제는 그들을 태우고 다닐 차편이었다. 당시 어떤 기관도 귀빈 수십 명을 한꺼번에 수송할 만한 좋은 차들을 가지고 있지 못했다. 그나마 경제인협회 창립회원 13명 대부분이 한국에서 손꼽히는 부자들이라 고급 차들을 가지고 있었는데, 그 차량들을 전부 차출했다. 정부 청사에 이 차들을 모두 가져다놓고, 나중에 산업은행 총재가 된 정춘택(鄭春澤) 사무관과 함께 차량 점검을 했다. 국가 차원의 중요한 일임에도 불구하고 외국 귀빈이 탈 만한 변변한 차량조차 없어 민간기업의 차를 차출해야 했던 당시의 나라 형편을 떠올리면 씁쓸함과 동시에 격세지감(隔世之感)을 느낀다.

미국경제사절단의 판문점 방문일정을 둘러싸고 사건이 벌어졌다. 한국전쟁의 한 당사자였던 미국 사절단에게 판문점은 꼭 가봐야 할 곳이었다. 지금이야 도로가 시원하게 뚫려 있어 서울에서 판문점까지 차로 얼마 걸리지 않지만, 그때는 길이 엉망이라 당일로 판문점을 다녀오려면 시간이 매우 빠듯했다. 중간에 점심식사를 해결해야 했는데, 어디서 무엇을 대접할 것인지를 두고 우리는 고민에 빠졌다. 판문점까지 가는 길에 변변한 식당이라곤 없었기 때문이다. 설사 있다손 치더라도 시간이 빠듯하여 식당에서 마음 놓고 먹을 수 있는 상황이 아니었다.

궁리 끝에 내가 조선호텔에 도시락을 주문해서 가져갈 수밖에 없겠다고 의견을 냈다. 그때는 조선호텔이 국내 최고의 호텔이었다. 내 얘기를 듣고 윤 부장이 절대 그럴 수 없다며 반대했다. 대신 가는 길에 적당한 식당을 미리 물색해서 음식을 준비시키고 상황을 점검한 후 그곳에서 식사를 하는 게 좋겠다고 제안했다. 이때부터 윤 부장과 내가 서로 언성을 높이며 티격태격 다투는 상황이 벌어졌다.

윤 부장과 내가 쉽게 의견 접근을 못 보고 계속 다투고 있는데, 김 국장이 지나가다가 듣고 내 편을 들었다. 그 바람에 본의 아니게 내가 빠지고 김 국장과 윤 부장이 갑론을박을 벌리게 되었다. 결국 김 국장이 결정을 내리게 되었다. 김 국장이 "윤 부장, 나는 사무국장이고 당신은 총무부장이죠? 그럼 사무국장이 총무부장에게 명령을 하면 들어야 되죠?" 하고 물었다. 윤 부장이 순순히 수긍하자 김 국장이 "그러면 지금부터 내가 명령하겠소. 윤군 의견대로 하시오"라고 했다. 윤 부장이 군말 없이 "명령대로 따르겠습니다"고 하면서 논쟁이 일단락

되었다. 공적인 일을 의논할 때는 지위고하를 막론하고 한치의 양보 없이 자기 주장을 펴면서도 위계질서는 깍듯이 지키는 모범을 보였던 윤 부장이었다. 사실 윤 부장이 김 국장보다 나이가 많았지만, 상사의 명령 한 마디에 곧바로 깨끗하게 자신의 의견을 접은 것이다.

당시는 어느 조직에서든 부하직원이 상사와 다툰다는 것은 상상할 수 없을 만큼 사회 전체적으로 권위주의적인 분위기가 팽배했던 시절 이었다. 보통의 상명하달(上命下達)의 조직 분위기로는 도저히 상상할 수 없는 갑론을박이 두 사람 사이에서 벌어졌지만, 쉽게 결론이 난 것은 당시의 조직문화와는 달리 김 국장과 윤 부장 두 사람이 어떤 사안을 보는 마인드 세트가 같았기 때문이다. 설혹 의견 다툼이 있더라 도, 일단 정리되고 합의되면 다른 잡음이 끼어들 틈이 생기지 않았다.

당시의 조직문화와는 달리, 경제인협회는 특정 사안을 놓고 상하 구분 없이 격론을 벌이고 토론할 수 있는 자유로운 분위기였다. 그만 큼 의사소통이 활발했는데, 사무국장 이하 간부들의 분위기가 매우 개방적이다 보니 회의를 하면 지위고하를 막론하고 서로 비판하거나 공격하는 일이 벌어졌다. 당시의 사무국장은 협회 상근자 중 직위가 가장 높았다. 그런 위치에서 아무리 회의 중이라고 해도 부하직원이 공격하면 불쾌감을 표시할 법도 한데 김 국장은 그렇지 않았다. 특히 내가 나서서 문제제기를 많이 하곤 했는데, 그런 일로 나를 이상하게 보는 직원도 없었다.

우여곡절을 겪은 이런 노력에도 불구하고 외자유치 활동은 별다른 성과를 거두지 못했다. 도로 같은 인프라가 워낙 변변찮은 상황이었 으므로, 방한한 경제인들로부터 투자를 이끌어내는 데에 실패한 것이다. 외자도입도 우리가 준비가 되어 있어야 가능한 것이지, 무조건 구걸해서는 성공할 수 없었다.

경제인협회는 정부의 경제개발계획을 위해서 많은 협조를 했다. 구로공단을 만든 것도 경제인협회였다. 당시에는 먹고 살려면 수출을 해야 하는데, 우리나라 수출품이라곤 한천과 생사가 주종이었고 한 해 수출규모는 오늘날 하루 수출의 50분의 1 정도에 불과했다. 그때 재일교포 경제인들이 일본사람들이 성공한 수공업 제품, 즉 인형이나 인조 꽃 같은 것을 만들어서 수출하면 되겠다는 아이디어를 내서 만든 것이 구로공단이었다.

우리나라가 벽돌을 쌓듯 차근차근 국가경제 기틀을 만들어가던 시기에 경제인협회에서 일했던 나의 경험은 이후 사회생활에 커다란 밑거름이 되었다. 이때 경험에서 배운 것을 토대로 해서 훗날 토론을 할 때 같은 문제로 시간을 허비하는 일이 없도록 하고, 결론이 나면 결과에 깨끗이 승복하는 자세를 지키려고 노력했다. 뿐만 아니라 직장생활을 포함하여 두고두고 인생에 도움이 될 만한 훌륭한 인간관계를 배울 수 있었던 것도 모두 경제인협회에서였다.

8. 잊을 수 없는 인연 2 : 김입삼 국장

　한국경제인협회는 '금융인 윤병철'의 오늘이 있기까지 일과 조직생활, 인간관계에서 많은 것을 보고 배울 수 있었던 소중한 일터였다. 특히 사회생활 초기라고 할 수 있는 협회에서 만났던 몇몇 선배들의 훌륭한 가르침은 평생을 두고 내 삶에 커다란 영향을 미쳤다. 그중 내게 가장 큰 영향을 준 분이 경제인협회의 사무국장에서 전국경제인연합회의 상근부회장까지 지낸 김입삼(金立三) 씨다.

　몇 년 전까지 일 년에 한 두 차례 김 국장을 모시고 식사대접을 했다. 어느 날 그 자리에서 "오늘의 제가 있는 게 다 김 국장님 같은 선배가 있었던 덕분입니다. 제가 부하직원으로 있을 때 오만 짓을 다 했는데도 저에게 대해 한번도 부정적인 말씀을 하는 것을 듣지 못했습니다"는 말로 고마움을 표시했다. 내 말이 끝나자 여든을 훌쩍 넘긴 김 국장의 표정이 마치 옛날 경제인협회 시절로 돌아간 듯했다. 한참을 생각에 잠겨 있던 김 국장이 딱 한 마디 했다. "윤병철이는 탐구적이었지."

　김 국장은 함경북도 경성군(鏡城郡)의 경성고등보통학교를 졸업하고 이북에서 국민학교 교사로 재직하다가 남으로 내려와서 미군부대에서 잠시 통역을 맡았다. 그후 미국으로 건너가서 미네소타 주립대학교 정치학과를 졸업하고 같은 대학교 대학원을 수료했다. 그리고 영국에서 최고 엘리트 관료들을 배출하는 런던대학교 정치경제대학원을 수료했다.

해외유학을 마치고 1950년대 말에 귀국한 김 국장은 이듬해 부흥부 산업개발원(復興部 産業開發院)을 시작으로 관료 생활을 거쳐 사무국장으로 경제인협회에 참여했는데, 아이디어가 참 많은 분이었다. 농업을 제외하곤 변변한 산업도, 공업단지 하나도 없었던 1960년대 초에 울산공업단지 조성과 구로공단 보세구역 지정, 국가 의료보험 제정 등의 숱한 아이디어를 냈다. 뿐만 아니라 협회 부임 직후 조사부의 기능을 강화해야 한다는 신념 아래 신입사원을 모집하여 혹독하게 훈련시켰다.

해외유학이 흔치 않던 시절에 일찍이 선진 외국에서 공부한 김 국장은 그의 지식과 정열과 에너지를 경제인협회 사무국장으로 참여하면서 고스란히 국가에 바쳤다. 진정으로 이 사회의 발전을 위해서 좋은 일, 도움이 되는 일을 하려는 진취적인 사고를 가지고 있었다. 당시 경제인협회 사무국은 사무국장이 모든 업무를 책임지고 관리까지 해야 했다. 내부적인 운영책임 외에도 우리나라 경제가 물가폭등을 비롯하여 여러 가지 문제로 어려움을 겪던 때라 그때마다 재계의 의견을 신속하게 종합해서 정부에 건의하고 경제정책을 구상하여 제안하는 등 할일이 많았는데, 그는 그 모든 일들을 헌신적으로 담당했다.

그의 국가건설에 앞장선다는 사명감과 무궁무진한 아이디어, 일에 대한 열정은 우리나라 경제발전에 커다란 족적을 새겼다. 대표적인 것이 의료보험제도라고 할 수 있는데, 우리나라는 경제인협회 사무국이 마련한 의료보험제도를 토대로 1963년 12월 16일 최초로 의료보험법을 제정했다. 이후 1977년 전국의료보험협의회 설립추진위원회가 결성되었고, 그는 위원장을 맡았다. 같은 해 실질적인 의료보호사업이 실시되기에 이르렀는데, 그는 우리나라 의료보험제도 확립에 기여한 공로로 국민훈장 동백장을 받았다.

김 국장은 자신의 손으로 직접 뽑은 신입사원뿐만 아니라 당시로서 해외경험이 전무하다시피 한 젊은 직원들에게 자신의 지식과 경험을 아낌없이 베풀었다. 선진화된 서구에서 사람들이 어떤 방식으로 어떻게 일하는지를 열성적으로 가르쳤다. 그중 하나가 그룹 워킹 방식인데, 예를 들면, 앞에서 얘기한 바 있지만, 책을 낼 때 여러 명에게 각각의 챕터를 맡겨 초고를 작성하게 한 뒤 완성된 책자로 묶어냈다. 전문적인 라이터가 아니고서는 혼자서 책 한 권을 쓴다는 것이 도저히 상상도 못할 일이었던 우리에게 그룹 워킹 방식은 신선한 충격과 더불어 자신감을 불어넣었다.

작은 체구에 강단 있고 직설적인 성격이었던 김 국장은 부하직원의 잘못이나 부족한 점에 대해서는 가차 없이 지적하고 나무랐다. 하지만 일찍이 서구적인 사고방식과 문화를 경험했기 때문에 부하직원들과 어울려 스스럼없이 토론하기를 즐겼고 유연한 사고에 이해심이 많고 마음 또한 넓었다.

나는 일과 인간관계 같은 여러 가지 면에서 김 국장에게 배운 것이 많았고 그는 그 시절 웬만한 직장에선 보기 드물었던 본받을 상사였다. 지금까지 사회생활을 하면서 내 뜻과 의지를 꺾지 않고 소신껏 행동하며 살 수 있었던 것은 김 국장 덕분이다. 그때 만약 그가 예의가 없고 상사에게 말을 함부로 한다며 불쾌해하거나 사사건건 내 의지를 꺾었더라면, 나는 일찌감치 직장생활에서 많은 불이익을 받고 순탄치 못한 사회생활을 경험했을 것이다.

김 국장에게서 배운 많은 것들 가운데 하나가 윗사람을 대하는 방식이다. 협회에서 금융부문을 담당할 때 한국개발금융 설립을 위한 준비 사무실이 꾸려졌고 차출되어서 나는 실무자로 일하게 되었다. 이후 추진위원회가 결성되면서 위원장은 홍재선 경제인협회 회장이 맡고 부위원장은 한국은행 총재를 지낸 김진형 씨가 맡게 되었다.

어느 날 김 국장이 나를 부르더니 김진형 부위원장에게 너무 단정적으로 얘기하지 않았느냐고 물었다. 그전에 한국개발금융을 합작회사로 만들어서 외국 사람들 주식을 39%로 하고 국내 주식을 61%의 비중으로 하기로 했는데, 그렇게 되면 외국 사람들의 주식 비중이 너무 크다고 해서 김 부위원장이 우려했던 것이다. 그는 비록 외자를 끌어들이긴 하지만 경영만큼은 외국투자자들 간섭 없이 우리 측이 전적으로 주도했으면 하는 바람을 가지고 있었다. 그 때문에 한참 고민하던 그가 어느 날 육법전서(六法典書)를 책상 위에 펴놓고 나를 불러 "외국 사람들의 주식을 차별주로 발행하면 안 될까?" 하고 물었다. 그래서 나는 단도직입적으로 "그건 안 됩니다" 하고 대답했는데, 김 국장이 그 사실을 전해 듣고 노파심에서 나를 불렀던 것이다. 그의 지적에 나는 "안 되는 걸 안 된다고 했는데 뭐 잘못된 게 있습니까?" 하고 대꾸했다. 사실 당시 우리나라 상법상 외국인에게 주식을 차별할 수 있는 방법이 없어 김 부위원장의 생각은 현실적으로 실현 불가능한 것이었다.

내 대꾸에 김 국장이 답답한 듯이 "이 친구야. 나이 많으신 분이 안 되는 걸 알면서도 부하직원에게 뭔가 방법이 없겠느냐고 물었을 땐 그 자리에서 곧바로 안 된다고 단정적으로 말하면 굉장히 쇼크를 받게 되네"라고 했다. 나 역시 답답하다는 투로 "그럼 어떻게 해야 됩니까?" 하고 되물었다. 그제야 그는 "일단 검토해보겠다고 한 뒤에 한참 있다가 다시 들어가 여러 모로 검토했는데 방법이 없더라고 해야 윗사람이 충격도 덜 받고 저 친구는 신중하구나 하고 생각하게 되는 것"이라고 충고했다.

김 국장의 충고는 기초적인 관계, 예컨대 사람 사이나 비즈니스라는 것이 기본적으로 관계에서 시작되고 이루어지는 것인데, 그런 면에서 이후 내가 사회생활을 할 때 어떤 퍼스넬리티를 가지느냐 하는 것에 많은 영향을 미쳤다.

김 국장을 비롯하여 나를 좋아하고 또 내가 좋아했던 상사나 선배들은 두고두고 참고가 될 좋은 얘기들을 많이 해주었다. 김안재(金安在) 씨는 산업은행 이사를 역임하고 한국개발금융 부사장으로 왔다. 그 분이 보기에 내가 직선적이고 적극적으로 말을 하는 성격이니까, 어느 날 "미스터 윤, 좋은 권투선수는 잘 치는 사람이겠지만 상대를 잘 막는 것도 좋은 권투선수야. 또 맷집이 좋은 선수도 훌륭한 복서"라고 충고해주었다.

그 말은 내가 적극적으로 말을 하는 탓에 본의 아니게 상대에게 공격적으로 비치니까 남의 말을 잘 듣는 것도 좋은 습관이라는 의미로 나를 깨우쳐준 것이다. 김 부사장이 경청의 의미를 되새기게 해준 분이라면, 김 국장은 자유롭게 내 주장과 생각을 밖으로 표출하게 해주고 자율적으로 책임감을 가지고 일할 수 있게 해준 고마운 선배다.

9. 잊을 수 없는 인연 3 : 윤태엽 부장

나의 경제인협회 시절 김입삼 사무국장과 함께 잊을 수 없는 분이 윤태엽(尹泰葉) 총무부장이다. 뒤에 전경련 부회장직에 올랐던 그는 안타깝게도 일흔을 갓 넘긴 1991년 세상을 떠나 이듬해 추모문집에 실을 글을 내손으로 직접 썼던 기억이 아직도 생생하다. 십수 년 전 기억을 더듬어 서재에서 찾아낸 추모 글은 누렇게 빛바랜 원고지 일곱 장을 채우고 있었다.

"……춘수(春水 : 윤태엽 부장의 호) 선생을 생각하면 나는 언제나 화창한 봄날 아늑한 산기슭에 도란도란 속삭이듯 흘러가는 시냇물을 연상한다.……춘수 선생은 풍부한 화제로 일상의 성가신 일들을 잊게 하며 멋과 해학으로 모두를 아늑하게 쉬도록 만들어 주셨다. 세상을 언제나 낙관적으로 보시고 긍정적으로 사셨다. 남에게는 한없이 부드러웠으나 스스로에게는 엄격하셨고 현실에 대한 개선을 행동으로 실천하신 분이시다.……정치경제적인 격동기에 나라경제의 발전은 경제인들의 단결과 분발 없이는 안 된다는 그분의 신념 덕분에 우리는 자신의 일보다 더 정열적으로 일할 수 있었다. 경제인협회가 오늘날 전국경제인연합회로 발전하여 여의도에 20층의 큰 회관을 갖게 될 만큼 성장한 것은 춘수 선생의 정열과 노고가 없었더라면 과연 가능했겠는가 하는 생각이 든다."

내 바로 위 상사였던 윤 부장이 김입삼 국장과의 관계에서 나이와 상관없이 깍듯이 위계질서를 세우면서 서로 인격적으로 존중해주던 모습은 젊은 후배들이 보기에 정말 아름다운 본보기였다. 두 분은 의견충돌이 있을 때면 지위고하를 떠나 각자의 생각을 전부 쏟아놓고 마침내 타협점을 찾거나 상대를 인정했다.

함께 일하면서 두 분의 아름다운 모습을 내 뇌리에 최초로 각인시킨 사건은 앞에서 언급한 미국경제사절단 판문점 수행 사건이다. 점심식사 문제로 나와 의견충돌을 빚었던 윤 부장이 김 국장의 뜻과 지시를 존중하여 자기 주장을 깨끗이 접었던 것이다. 깨끗한 승복과 상대에 대한 존중은 인격이 전제되지 않으면 안 된다. 몹시 부럽고 존경스러웠다. 속으로 '참 멋진 분들'이라는 감탄이 절로 나왔다.

윤 부장이 나의 바로 위 직속상관이다 보니 종종 업무를 둘러싸고 의견다툼을 벌였는데, 한번은 김 국장 앞에서 서로 얼굴을 붉히는 일이 발생했다. 경제인협회는 무척 개방적이고 자유로운 분위기여서 직원들이 거리낌 없이 상사 방을 드나들 수 있었다. 어느 날 우연히 김 국장 방에 들렀다가 윤 부장하고 소파에 마주앉게 되었다. 책상에서 일을 보던 김 국장과 함께 셋이서 이런저런 농담을 주고받으며 세상 돌아가는 얘기를 나누던 중에 윤 부장이 느닷없이 요즘 젊은 사람들은 발로 일하는 게 아니라 돈으로 일하려고 한다며 불만을 표시했다. 처음에는 웬 뜬금없는 소린가 싶었는데, 가만히 생각하니 마치 나보고 들으라는 말 같았다.

앞에서 이야기한 바 있지만, 경제인협회 회원들의 여권 발급 관련 업무를 내가 담당하다 보니 급행료가 필요했는데, 그 때문에 나는 직원들 중에 돈을 제일 많이 쓰고 또 공무원들을 접대한다고 밖으로 돌곤 했다. 반면 윤 부장은 총무부장으로 협회의 모든 재무를 책임지고 있었기 때문에 회원들에게 회비를 독촉하고 걷으러 다니는 것이 중요한 업무 중 하나였다. 말하자면 협회 돈을 갖다 쓰는 나와는 정반대 입장이었던 것이다. 명색이 경제인협회 총무부장이 얼마 되지도 않는 돈을 수금한답시고 허구한 날 회원사들을 찾아다녀야 했으니 보통 괴롭지 않았을 것이다.

이유야 어쨌든 윤 부장이 내 앞에서 돈으로 일하려고 한다는 말을 꺼냈으니 내게는 순수하게 들릴 리 만무했다. 젊은 혈기에 순간적으로 화가 치밀었다. 그래서 나는 "윤 부장은 총무부장으로 협회 전체를 살펴야 되고 또 나보다 직급도 위이니까 아무래도 양적으로 보면 윤 부장이 나보다 협회를 더 많이 생각한다고 할 수 있습니다. 그런데 윤 부장이 지금 한 말을 질로 한번 따져봅시다. 질적으로 볼 때 우리 조직을 위해 돈을 쓰는 데에 윤 부장이 정말 조직을 위하는 건지 내가 더 조직을 위하는 건지 그걸 윤 부장이 어떻게 쉽게 단정할 수 있어요? 나는 최선을 다해 일을 하는데 거기다 대고 윤 부장이 돈을 절약하지 않고 펑펑 쓴다고 어떻게 말할 수 있습니까?" 하고 따졌다.

그 순간 윤 부장이 당황한 것은 물론이고 함께 농담하고 웃고 떠들던 김 국장 얼굴에도 웃음기가 가셨다. 화기애애하던 분위기가 갑자기 엉망이 되고 어색해지는 바람에 윤 부장이 먼저 자리를 뜨고 나도 화가 나서 그대로 나와버렸다.

잠시 뒤 김 국장이 전화를 걸어왔다. "당신이 한 말이 맞더라도 나이 많은 상사에게 그럴 수는 없어요. 당신이 잘못했으니까 먼저 사과해요." 나는 잠깐의 주저도 없이 "할말을 했을 뿐인데 왜 저보고 사과하라고 합니까? 못 하겠습니다"고 했다. 야단은커녕 오히려 전화를 걸어온 상사의 말을 일언지하에 묵살하는 부하직원이 어디 또 있겠는가. 물론 그때는 나도 화가 많이 났기 때문에 김 국장의 말이 귀에 들어오지 않았다.

그때나 지금이나 돈 쓰는 것에 대한 내 생각은 변함이 없다. 하나은행의 행장을 거쳐 회장으로 있을 때도 이사들한테 "나는 월급을 받는 월급쟁이지만 은행 일을 할 때에는 항상 내 돈보다 더 귀중한 돈으로 '내 사업'을 하고 있다고 생각합니다. 왜냐하면 주주들의 돈은 나를 믿고 은행에 투자한 믿음, 즉 신용이 붙어 있기 때문"이라고 말하곤 했다. 나는 그들의 믿음을 결코 저버리거나 소홀히 할 수 없었다. 신용은 금융인에게 주어진 생명 그 자체인 것이다.

그런데 윤 부장은 사람이 달랐다. 그날 오후가 되자 윤 부장이 전화를 걸어왔다. "윤 군, 얘기를 듣고 보니 내가 잘못한 것 같소. 우리 협회 자금 사정이 하도 어려워서 그랬소." 국장을 앞에 두고 대든 부하직원에게 화를 낼 법도 한데, 먼저 사과를 청해올 만큼 윤 부장은 대단한 분이었다. 생각지도 못한 윤 부장의 사과를 받자 도리어 내가 미안해졌다. 그 길로 윤 부장 방으로 찾아가서 진심으로 사과했다.

어쨌거나 그런저런 일로 드러내놓지는 않았지만, 나를 시기하는 직원들이 있었다. 나로서는 억울한 감이 없지 않았다. 왜냐하면 조직을 위해서 최선을 다해 열심히 일하는 것이 내겐 더 중요했기 때문이다. 시간이 지나면서 '내가 왜 동료들 사이에 시기대상이 돼야 하고 안 좋은 인상을 받아야 하나' 하는 회의가 들기 시작했다. 당시만 해도 별로 두려울 것이 없던 때라 큰 고민 없이 직장을 그만두겠다는 생각으로 몇몇 선배들과 상의했다. 그중에 지금은 고인이 된 중앙일보 초대 사장을 지낸 원종훈(元鍾勳) 씨도 있었다. "사정을 들고 보니 자네 말이 맞는데, 그 상사란 사람의 직책이 자네보다 위니까 틀림없이 나이도 위일 것 아닌가? 그럼 가만히 있어도 그 사람이 자네보다 먼저 그만둘 것이다. 그런데 왜 당장 결론을 내려고 안달을 하는가? 길게 보게. 자네가 당장 내일 죽을 것도 아니지 않은가?"라고 했다. 그 분은 또 "예를 들어 내 생각에는 상대에게 굉장히 큰 도움을 줬는데 그 사람이 나를 서운하게 대한다고 해서 나도 상대를 그렇게 대하면 그 사람과 내가 똑같은 사람이 되는 거요. 스스로 옳다고 생각하는 대로 행동해야 상대방과 나는 다른 사람이 되는 게 아니겠는가?" 하고 충고했다.

그후로 협회를 그만두겠다는 생각을 접었는데, 지나고 나니까 사람들과 끊임없이 부딪혀야 하는 인간관계에 대해서 선배였던 원 사장의 충고는 내게 좋은 약이 되었다. 경제인협회 이후 지금까지 직원들과 함께 일하면서 알게 모르게 당시의 선배들의 가르침이 내게 큰 도움이 되었다.

제 3 부

한국개발금융 시절 :
시련과 희망의 교차로에서

1. 민간 주도 최초의 금융회사 설립에 참여하다

1965년 12월 13일, 서울 남대문로 해남빌딩 5층의 한국경제인협회 회의실에 한겨울 오후의 햇살이 창문을 통해서 따뜻하게 내리쬐고 있었다. 이곳에서 세계은행(World Bank : 국제부흥개발은행 International Bank for Reconstruction and Development, IBRD) 산하의 국제개발협회(International Development Association) 연례 조사단으로 방한한 굴하티(N. D. Gulhati) 박사 일행이 김입삼 사무국장을 비롯한 조사부 직원들과 회의 중이었다.

장시간의 회의가 끝나갈 무렵 굴하티 박사는 김 국장에게 이날 주제와 상관없는 뜻밖의 제안을 해왔다. "세계은행 그룹의 산하기관인 국제금융공사(International Finance Corporation, IFC)가 한국에서 민간 경제계와 합작으로 개발금융회사를 설립했으면 하는 생각을 가지고 있습니다. 경제인협회 회원들의 의향은 어떠한지요?" 얘기를 듣자마자 우리는 누구랄 것도 없이 모두 일순간 온몸이 감전된 듯 뻣뻣해졌다. 꿈에서나 그리던 '개발금융회사' 설립이라니. 귀를 의심하지 않을 수 없었다.

굴하티 박사가 방한한 1965년은 정부의 제1차 경제개발5개년계획이 4년째 추진 중이었다. 경제개발계획의 목표는 미국의 원조에 의존

한국개발금융 시절 : 시련과 희망의 교차로에서

하던 경제체질을 자립경제로 전환하는 것이었지만, 경제건설에 필요한 재원이 없어 이렇다 할 성과를 거두지 못하고 있었다. 무엇보다 외화가 절실히 필요했기 때문에 당시 우리나라가 유일하게 가입하고 있던 국제 원조기관인 세계은행에서 어떻게 돈을 좀 빌려올 수 없을까 고민하던 차에 개발금융회사 설립의 희망을 보았으니 회의 참석자들 모두가 꿈인가 싶게 '놀란' 것이다. 그러나 지금 새삼 다시 내가 '놀라기도' 하는 것은 당시의 나의 경외의 대상이었던 그 기관의 수장이 지금은 한국인 출신이라는 것이다. 김용(金墉, Jim Yong Kim) 씨는 비록 미국국적이지만, 세계은행 역사상 최초로 공개경쟁을 통해서 오바마 미국 대통령의 지명을 받은 최초의 비(非)백인이다. 특히 그의 전공이 의학이라는 점은 금융인인 내게 각별한 의미가 되었다. 그는 입지전적인 위상을 넘어 참으로 새로운 길을 가고 있는 사람이다.

세계은행은 1946년 6월 정식 출범했다. 초기에는 소련과 같은 공산국가도 멤버로 참여하여 전후복구를 위한 기금을 조성하기로 했지만, 냉전이 시작되면서 공산주의 진영이 빠지고 자유주의 진영의 국제금융기관으로 변모했다. 이때 주된 목표도 바뀌어 전후복구와 함께 후진국의 경제개발을 위한 대부(貸付)에 주력하게 되었다.

초창기 세계은행은 후진국과 개발도상국의 정부를 상대로 돈을 빌려주었다. 그런데 독재정부가 많다 보니 오히려 각국의 독재를 강화시키는 부작용이 발생했다. 이를 해결하기 위해서 각국 민간에게 직접 자금을 지원하여 시장경제를 북돋우는 방향으로 정책을 전환하고 국제금융공사를 설립했다. 국제금융공사는 각국에 민간이 주도하는 개발금융회사를 합작으로 설립한 뒤 그곳을 통해서 민간에게 돈을 빌려주었다. 당시의 우리나라와 같은 후진국의 공업화와 경제개발을 위해서 꼭 필요한 것이 바로 개발금융회사였다.

굴하티 박사가 경제인협회를 대상으로 중점적으로 점검한 것은 민간부문의 출자지분을 협회 회원들이 담당할 능력이 있는지, 개발금융회사가 설립되면 민간이 주도권을 쥐고 운영할 의지와 능력이 있는지 여부였다. 그 외에도 외국인과 합작투자를 할 때 한국의 법적, 제도적 뒷받침은 얼마나 잘 되어 있는지 또 개발금융회사 설립에 대한 한국 정부의 관심은 얼마나 높은지에 대해서도 여러 측면에서 확인하려고 했다. 김 국장은 우리 경제의 실상을 비롯하여 협회 조직과 회원들의 능력, 회장단의 리더십, 정부와의 관계 등에 대해서 열정적으로 상세히 설명했다. 특히 우리나라도 민간 개발금융회사를 설립할 여건이 충분히 성숙되어 있다는 점을 강조했다. 그 순간 김 국장의 얼굴은 어떻게든 굴하티 박사를 설득시키겠다는 집념으로 가득 차 있었다.

굴하티 조사단 일행이 출국한 뒤 국제금융공사의 개발금융회사 설립 제안을 놓고 협회는 즉각 회장단 회의를 소집했다. 이때 회장은 경성방직(京城紡織)의 김용완(金容完) 사장이었다. 그 자리에서 개발금융회사 설립을 위해서 할 수 있는 모든 노력을 동원한다는 방침을 세우고 국제금융공사와 지속적으로 협의를 벌여나가기로 만장일치로 결의했다. 실무적인 일은 협회 사무국이 맡도록 했다.

갑자기 우리 사무국이 분주해졌다. 굴하티 박사의 방한을 계기로 어렵사리 맺은 국제금융공사와의 인연에 흠집이 나지 않도록 수시로 연락을 주고받았다. 얼마 뒤 국제금융공사에서 개발금융 전문가를 중심으로 한 조사단을 직접 우리나라에 파견하여 개발금융회사 설립을 위한 본격적인 실무조사에 착수하기로 했다. 우리 협회도 덩달아 일을 서둘러야 했다. 먼저 개발금융회사 설립을 공식화하기 위해서 1966년 6월 9일 협회의 임시총회를 소집하고 개발금융회사 설립 준비위원회를 발족시키기로 결의했다.

준비위원회가 발족되고 사무국이 개설되면서 새로 경제인협회 회장이 된 홍재선(洪在善) 씨가 위원장을 맡고, 김진형 한국은행 전 총재가 상근 부위원장으로 출근을 시작했다. 그 밑에 김입삼 사무국장이 간사장으로 차출되어 실무를 맡을 조직을 꾸렸는데, 조사부에서 금융부문을 담당해온 내가 실무책임자로 임명되었다. 우리는 외부 전문가와 협회 사무국 직원들로 팀을 이루어 일을 시작했다. 이때 외부 전문가로 영입된 사람은 당시 대성목재에 근무하면서 국제금융공사로부터 차관도입을 준비하다가 민간 개발금융회사의 필요성을 인식하고 이를 국내에 도입하려고 애썼던 변공수(卞恭壽) 씨였다.

개발금융회사 설립 문제를 놓고 보다 구체적인 실무조사에 착수하기 위해서 1966년 9월 8일 방한한 조사단은 카이퍼(E. T. Kuiper) 단장을 필두로 국제금융공사의 핸더슨(Handerson) 변호사와 직원 에트링거(Etlinger) 씨 등 세 사람이었다. 전체 프로젝트를 관리하면서 경영자 및 경영자원을 점검하는 임무를 맡았던 카이퍼 단장은 김진형 부위원장과 함께 개발금융회사 설립 및 운영에 관련된 전반적인 문제를 폭넓게 협의했다.

두 달 가까이 외국인 실사조사단과 함께 일하면서 경험한 잊을 수 없는 일화가 있다. 우선 그들은 우리와 함께 개발금융회사 설립에 대한 협의를 진행시키면서 여러 모로 가능성과 타당성을 저울질했을 뿐만 아니라 경영을 맡을 인물의 능력과 인품까지 세밀하게 조사함으로써 나는 그 치밀함에 감탄하게 되었다. 카이퍼 조사단이 방한하기 전에 국제금융공사는 니시하라 나오카도(西原直廉) 극동 대표를 파견하여 비밀리에 개발금융회사를 믿고 맡길 만한 후보자에 대한 정보를 수집하고 조사했다. 카이퍼 단장은 두 달간 이같이 생활하면서 조사결과를 토대로 당시 김진형 부위원장에게 경영을 맡기는 것이 좋겠다고 결정했다.

카이퍼 조사단이 일하는 과정을 지켜본 우리는 회사설립 준비작업이 거의 끝난 것으로 여겼고, 당연히 조사단이 한국을 떠나기 전에 회사설립과 관련한 구체적인 계획과 일정이 확정될 것으로 믿었다. 그런데 국내 조사를 모두 끝마친 카이퍼 단장은 "국제금융공사는 한국경제인협회가 중심이 된 민간투자자들과 합작으로 한국에 민간 개발금융회사를 설립하기로 결정했다. 이를 위해서 앞으로 구체적인 협의와 연락은 김진형 씨를 통해서 한다"고 짤막하게 발표했다.

조만간 새로운 금융회사가 탄생하리라고 잔뜩 기대했던 경제인협회와 경제계는 한바탕 찬물 벼락을 맞은 분위기가 되었다. 두 달에 걸친 실무조사단의 세밀한 조사 결과가 겨우 합작 의향을 밝히는 수준에 불과했기 때문이다. 오랜 시간 동안 머리를 맞대고 함께 고생했던 준비위원회의 사무실 분위기는 말 그대로 큰 실망과 충격으로 뒤숭숭했다.

국내 경제계를 비롯한 준비위원회의 분위기를 감지한 듯 카이퍼 단장은 출국에 앞서 가진 만찬에서 의미심장한 인사말을 꺼냈다. "경제인협회 회의실에서 긴 낚싯대를 들고 호숫가에서 낚시를 하고 있는 그림을 보았습니다. 큰 고기를 낚고자 하는 사람은 작은 고기가 입질을 하더라도 낚싯대를 자주 낚아채서는 안 됩니다. 큰 고기가 물 때까지 지긋하게 인내력을 가지고 기다려야 합니다." 그는 매우 재치 있는 사람이었다. 자기들 입장에서 지극히 정상적인 방법으로 신중히 일처리를 해나가고 있는데, 한국 사람들이 조급하게 굴자 그 조급성을 꼬집으면서도 상대가 불쾌하지 않도록 점잖게 충고했던 것이다. 다시 말해 일에는 순서가 있고 차근차근 단계를 밟아나가야 실수가 없다는 얘기였다. 우리가 늘 친숙하게 보아왔던 협회 사무실에 걸린 그림을 빗대 일시에 실망스러운 분위기를 잠재운 카이퍼 단장의 관찰력과 순발력이 놀라울 뿐이었다.

카이퍼 조사단과 준비위원회는 한국개발금융을 성공적으로 출범시키기 위해서 외자도입과 기업지배구조 등 실무에 관한 문제를 폭넓게 검토했는데, 고심 끝에 새롭게 찾아낸 몇 가지 구상은 국내법상 아무런 하자가 없다는 것이 확인되어 훗날 한국개발금융의 이사회 제도에 그대로 채택되었다. 그중 대표적인 것이 사외이사가 경영에 참여하는 지배구조 방식이다. 생소하기 그지없었던 이 제도는 30년 후인 1998년 IMF의 구조조정 프로그램이 시행되면서 비로소 우리나라에서 보편화되었다. 이 사실을 감안하면 한국개발금융의 지배구조는 실로 한 세대를 앞서간 선진적인 제도였다. 한국개발금융주식회사를 설립하면서 채택한 주주대표가 주축이 된 사외이사 중심의 이사회 구성과 그 효율적인 운영 관행은 이후 한국투자금융과 한국개발리스, 장기신용은행과 하나은행으로 면면히 이어져 이들 금융회사의 자율적이고 진취적인 기업문화를 꽃피우게 한 자양분이 되었다.

한국개발금융주식회사 출범을 눈앞에 두고 잊지 못할 골칫거리가 대두되었다. 개발금융회사제도가 처음으로 도입되어 성공적으로 정착하기 위해서는 경험 있는 외국인 고문을 두어야 한다는 조건이었다. 우리 측의 경영능력에 대한 불신의 뜻으로 비쳐졌을 뿐 아니라 한푼이라도 아껴야 하는 신생회사가 감당해야 하는 부담은 큰 문제였다. 오랜 토론과 교섭 끝에 한국 금융시장의 당시 사정을 감안할 때 외부압력에 대한 보호책으로도 필요하다고 주장하여 받아들이게 되었다. 이런 우여곡절 끝에 국제금융공사의 추천으로 부임한 분이 테렐(Terrel) 고문이었다.

훗날 개발금융 출범 후 투–융자 프로젝트를 철저하게 조사하고 검토하다 보니 심사결과는 상당한 분량의 보고서로 작성되었고 시간도 많이 걸렸다. 일정 규모 이상의 기업에 대한 투–융자를 수행하려면 세계은행의 승인을 받아야 했는데, 테렐 고문이 부임하기 전까지 우리 직원들은 세계은행에 제출할 심사보고서를 어떤 형식과 내용으로 작성해야 할지 몰라 매우 고심했다. 그러나 그의 부임으로 그 문제는 깨끗이 해결될 수 있었다.

테렐 고문이 전수한 프로젝트별 투–융자 심사기법은 당시로선 매우 과학적이고 합리적인 것으로 우리 금융계의 심사수준을 한 단계 높이는 데에 크게 기여했다. 그 밖에 회사 내부의 각종 업무처리 절차와 관행을 선진화시키는 데도 큰 역할을 함으로써 애당초 외국인 고문에 대한 우리의 부정적인 시각을 깨끗이 불식시켰다.

다만 한 가지 골칫거리는 처음 예상했던 대로 테렐 고문에 대한 경제적 부담이 적지 않았다는 것이다. 우리 회사는 그와 고문 계약을 맺을 때 만족할 만한 시설이 갖추어진 사택을 제공하기로 약속했다. 그러나 그가 부임해서 가족과 함께 살 만한, 그리고 그의 요구를 충족시켜줄 만한 임대주택을 찾기란 당시로서는 매우 어려웠다. 하는 수 없이 워커힐 호텔 근처에 새로 짓는 집을 구입하여 그의 요구대로 설계를 바꿔가면서 주택을 완공시켜 입주하게 했다.

그 과정에서 전기기술자였던 테렐 고문은 당시 시장에 새로 나온 일본산 전자제품을 설치하기 위해서 완성된 벽을 허물고 이중으로 벽을 다시 만들어 그 속에 전선을 배치하는 등 자신의 취향에 맞춰 사택 공사를 추진시켰다. 시공이 지연되고 공사비 부담이 눈덩이처럼 불어나는 것은 그의 안중에도 없는 것 같았다. 당시 총무부장이었던 나는 해도 너무한다는 생각이 들어 김진형 사장에게 불평조로 돌아가는 상황을 자세히 보고했다. 내 말에 김 사장은 빙그레 웃으며 미국 사람들이 집을 어떻게 짓는지 배우는 셈치고 그대로 두자고 했다. 그가 무슨 생각을 하는지 속내를 나는 짐작하기 어려웠다.

주택문제는 그렇다 치고 일본 수입산 전자제품에 대한 관세문제가 불거졌는데, 첩첩산중이란 이럴 때 쓰는 말이었다. 당초 계약서상 외국인 고문이 외국에서 구입해오는 물품에 대해서는 관세를 우리 회사가 부담하도록 되어 있었다. 당시 일본산 전자제품에는 국내산업 육성정책에 의한 고율(高率)의 관세가 부과되었는데, 테렐 고문이 외국에 나갈 때마다 각종 전자장비를 다량으로 구입해오는 통에 마침내 그에게 배정된 회사 예산이 바닥을 드러냈다.

참다못한 내가 이번에는 직접 테렐 고문에게 조심스레 회사 입장을 설명했다. "예상보다 많은 전자제품을 해외에서 구입해 오는 바람에 우리 회사가 지출해야 할 관세 부담이 너무 커졌어요. 자제 좀 해주세요." 내 요청에 그는 정색을 하고 "미스터 윤, 고문 계약서를 한번 보고 얘기하시오"라고 했다. 사실 그때까지 나는 계약서 내용을 면밀히 검토하지 않았다.

뒤늦게 계약서를 꺼내 살펴보니 우리가 관세 부담을 지기로 한 제품은 금액을 기준으로 한 것이 아니라 무게를 기준으로 했다. 그동안 테렐 고문이 해외에서 들여온 전자제품을 금액이 아닌 무게로 따져봤더니 아직도 더 구입할 수 있는 여유가 있다는 계산이 나왔다. 몹시 곤혹스런 결과였지만, 애초에 계약을 그런 방식으로 한 책임이 우리 쪽에 있었기 때문에 참는 수밖에 별 도리가 없었다. 설사 사리에 안 맞는다고 해도 계약은 철저히 지켜져야 한다는 것이 서양 사람들의 사고방식이므로 무조건 테렐 고문을 비난할 수도 없는 노릇이었다. 주택건설 비용문제로 김 사장에게 불평했을 때 빙그레 웃으며 했던 말뜻과 속내를 그제야 알 수 있었다.

나는 국제 간 상거래 계약을 맺을 때는 정신을 바짝 차리고 단어 하나 쉼표 하나까지 꼼꼼히 따지고 철저히 하지 않으면 안 된다는 뼈저린 교훈을 그때 얻었다.

2. 한국개발금융의 틀이 세워지다

1967년 4월 20일, 3년여의 준비기간이 끝나고 회사 창립 주주총회가 열린 가운데 대망의 한국개발금융주식회사(韓國開發金融株式會社)가 정식 출범했다.

회사 투자자 지분은 전체 주식 가운데 내국인이 61%, 국제금융공사와 뱅크 오브 아메리카(BOA), 도쿄은행(東京銀行), 차타드(Chartered) 은행 등 10개 외국 금융기관이 39%를 보유하게 되었는데, 회사 설립에 앞서 국내 출자분의 65.5%를 일반에서 공모키로 했다. 한국개발금융 설립은 민간 경제계의 광범위한 참여가 기본방침이었기 때문에 삼성물산(三星物産)을 비롯한 금성방직(金星紡織), 경성방직(京城紡織), 대한제분(大韓製粉) 등 경제인협회 회원사뿐만 아니라 비회원사에게도 적극 출자를 권유했다. 그 결과 불과 10일 만에 10만7천4백 주가 청약을 마쳤고, 납입금은 4억7천5백만 원에 달했다. 당시 5대 시중은행의 납입자본금이 평균 5억 원 정도였던 점을 감안하면, 그야말로 대단한 성과였다.

당시의 주식 일반공모는 파격적인 시도였다. 1956년에 우리나라 증권거래소가 설립된 이래 1972년까지 주식을 공개한 기업이 66개 회사에 지나지 않을 정도로 기업공개에 대한 인식이 폐쇄적이었다. 하지만 한국개발금융은 거기서 한걸음 더 나아가 일반 공모방식에 의한 회사설립을 택했고, 이는 우리나라에서 처음 시도된 일로 훗날 신생 기업들에게 좋은 본보기가 되었다.

흥분과 기대 속에서 출범한 한국개발금융은 당시 새로 지은 조흥은행 본점 건물의 12층 절반을 빌려 사무실을 꾸렸다. 같은 건물 13층에는 경제인협회가 먼저 입주해 있었다. 초대 사장에는 한국개발금융 설립 준비위원회 부위원장으로 회사 설립을 실질적으로 준비해온 김진형 전 한국은행 총재가 선임되었다. 이사에는 준비위원회 위원장을 지낸 홍재선 씨와 김용완, 구인회(具仁會), 최태섭(崔泰涉), 정재호(鄭載護), 이필석(李珌奭), 문종건(文鍾健), 이병준(李炳埈) 씨 등이 선임되었고 홍재선 씨가 이사회 회장으로 선임되었다.

이사진과 함께 집행임원진인 부사장에는 당시 경제기획원 차관보였던 장예준(張禮準) 씨와 전 산업은행 이사를 역임한 김안재(金安在) 씨가 임명되었다. 집행임원진에 준비위원회 때 간사장을 맡았던 김입삼 국장이 배제되어 나는 몹시 놀랐다. 김 국장은 그동안 회사 설립을 위해서 열정과 혼신을 다해 노력해왔을 뿐만 아니라 최고경영진도 회사의 장기적인 발전을 위한 일관성을 강조해왔던 터라 우리는 당연히 김 국장이 부사장이 될 것으로 예상했다. 이런 예상은 빗나갔고 그는 경제인협회에 남게 되었다.

그동안 경제인협회에서 김입삼 사무국장을 상사로 모시며 일도 많이 배우고 인간적으로도 깊은 관계를 맺었던 나는 김 국장에게 "어떻게 된 일입니까?" 하고 물었다. 김 국장은 "썩은 나무에는 칼질을 하지 않지요"라는 의미심장한 한 마디만 남기고 입을 다물었다. 그 순간

'인사란 뚜껑을 열어봐야 안다'는 말의 의미를 절감했다. 이유야 어찌 됐든 김 국장이 한국개발금융 설립을 위해서 기울인 열정과 노력은 누구도 부인하지 못할 것이다.

회사가 정식 출범하자 준비위원회 사무국은 해체되었다. 그동안 실무에 참여했던 종사자들 대부분은 한국개발금융으로 자리를 옮겨 계속 일할 수 있기를 희망했다. 하지만 김진형 사장은 사무국에서 일해왔던 직원들을 포함하여 회사운영에 꼭 필요한 사람들만을 선별적으로 받아들이려고 했다. 사무국에서 제일 먼저 입사제의를 받은 사람은 변공수 씨였다. 이어 나도 합류 권유를 받고 흔쾌히 김 사장의 제안에 응했다.

인사(人事)와 관련하여 김 사장이 구상한 것은 전문가 중심의 조직이었고, 직원을 뽑을 때 개인적 연고나 취향 그리고 외부의 영향력을 일체 배제했다. 대신 각 분야에서 전문성과 자질이 뛰어난 사람들을 선정하여 응분의 대접을 해주겠다는 것이 그의 소신이었다. 개인의 능력이 곧 조직의 경쟁력이고 조직의 경쟁력이 기업의 경쟁력을 좌우한다는 핵심을 꿰뚫고 있었던 것이다. 그 탓에 준비위원회 사무국에서 함께 일했던 식구 중 몇몇은 본인의 강력한 희망에도 불구하고 새 회사에 합류하지 못했다. 이를 지켜보는 내 마음은 그리 편치 않았다. 능력과 상관없이 오랜 기간 함께 고생했기 때문이었다.

개발금융은 직장으로서 인기가 높았다. 직원 수는 겨우 24명으로 출발했지만, '달러로 월급을 준다'는 말이 돌 정도로 대우가 좋았다. 외국인과 회의를 하고, 영어 보고서도 써야 하므로 외국어 능력이 뛰어난 좋은 인재들이 많이 왔다. 훗날 산업연구원(KIET) 원장을 지낸 이선(李烇) 씨, 국민연금공단 이사장을 지낸 전광우(全光宇) 씨나 최광(崔洸) 씨도 개발금융에 입사한 뒤 유학을 간 경우다.

한국개발금융이 출범하고 일 년쯤 지나서 나를 포함한 실무자 5명이 동남아시아 해외연수를 떠났다. 우리보다 먼저 개발금융회사를 설립한 각 나라의 운영 노하우를 배워오기 위해서였다. 이 얘기는 구체적으로 뒤에서 다시 하겠다. 두 달 동안의 해외연수팀 조사결과를 바탕으로 회사 내에서는 조직구성을 입안하고 역할을 분담할 직제를 본격적으로 검토하기 시작했다. 고려사항은 크게 두 가지였다.

첫 번째는 고객인 기업에 가장 편리한 방법으로 일을 처리할 수 있도록 운영조직을 편성하는 일이었다. 한국개발금융의 주요 임무는 민간기업에 투–융자를 제공하는 것이었으며 고객중심의 업무조직편성은 필수적이라고 할 수 있었다. 한편 김 사장은 수요자 중심인 선진국 금융회사의 조직형태를 잘 알고 있었기 때문에 국내 금융회사들과는 다른 새로운 업무조직을 구상했다. 두 번째는 투–융자에 대한 의사를 결정하는 과정에서 개입할지 모르는 부패와 부조리를 제도적으로 예방하는 일이었다. 실제로 당시 국내 은행은 대출을 둘러싸고 향응과 금품이 오가는 일이 심심치 않게 벌어졌다. 이런 문제점에 대해서는 국제금융공사도 각별히 신경을 쓰고 있었다.

두 가지 고려사항을 토대로 한 결과, 우리 해외연수팀의 조사 결과대로 영업부와 심사부를 이원적으로 운영하되 영업부가 대외관계를 일괄해서 맡으면 업무효율성을 높이는 데 크게 도움이 될 것 같았다. 심사의 객관성을 위해서도 고객접촉 창구를 영업부로 일원화하는 것이 이상적이지만, 고객편의를 도모하기 어렵다는 문제가 제기되었다.

대출에 필요한 심사과정에서 자칫 기업고객이 심사부와 영업부를 왔다갔다해야 하는 번거로움이 발생할 우려가 있었던 것이다.

회사의 업무효율성을 중시할 것인지, 고객의 편의성을 우선할 것인지를 놓고 토론을 벌였지만, 결론은 어느 한쪽의 희생을 감수할 수밖에 없다는 것으로 모아졌다. 그 상황에서 김 사장은 '고객에게 불편한 제도가 결국은 부조리를 낳는다'는 결론을 내렸다. 그 결과 심사부가 처음부터 투-융자 신청을 받아 심사한 뒤에 이사회의 승인절차를 거쳐 영업부에 보내면 그때부터 영업부가 투-융자의 약정과 집행, 그리고 사후관리를 맡는 형태로 조직체계를 확정했다. 이와 같은 운영조직과 투-융자 심사절차는 우리보다 앞서 개발금융회사를 운영한 동남아시아 국가 어디에서도 찾아볼 수 없는 새로운 제도로 일종의 우리만의 실험이었다.

한국개발금융이 확립한 고객중심주의와 고객제일주의의 기업문화는 뒷날 한국개발금융의 자회사인 한국투자금융과 한국개발리스, 그리고 한국투자금융에서 전환한 하나은행까지 그대로 이어졌다. 이들 회사는 고객이 불편하게 여기는 업무절차를 대폭 간소화하면서 고객의 품에 직접 뛰어드는 영업전략을 펴고 고객이 필요로 하는 다양한 상품을 개발하여 큰 성공을 거두었다. 고객을 위한 일이라면 어떤 시도와 도전도 주저하지 않는 한국개발금융의 개척정신이 훌륭한 전통으로 이어진 것이다. 사실 요즘이야 금융회사뿐만 아니라 일반기업까지 고객중심주의를 당연하게 받아들이지만, 1960년대에 이미 고객중심 마인드를 가지고 이를 실천할 수 있었다는 것은 미래를 한발 앞서 내다본 통찰력의 산물이라고 할 수 있다.

영업부와 심사부의 역할을 확정하면서 업무조직의 큰 골격이 완성되었고, 거기에 조사부와 총무부를 둠으로써 한국개발금융은 4개 부서로 이루어졌다. 모든 부서는 부서장을 따로 두지 않고 조직원의 직급도 사원과 조사역으로 단순화했다. 조사역은 말하자면 팀장 혹은 부장이었던 셈이다.

한국개발금융의 최초 조사역은 심사부에 변공수 씨, 총무부에 구춘회(具春會) 씨, 조사 파트에 박정동(朴定東) 씨, 기획 파트에 내가 임명되었다. 영업부 조사역은 잠시 공석으로 두었으나, 산업은행 출신의 함태용(咸泰埔) 씨를 임명했다. 각 부서 조사역은 자신이 맡은 조직만을 관리하는 것이 아니라 사장이 지시하는 다른 업무까지 맡아 처리했다. 이와 같은 조직형태는 지금의 팀 제도와 비슷한데, 당시 금융회사 조직이 피라미드 형태를 취하고 있었다는 사실에 비춰볼 때 참으로 신선하고 획기적이었다. 60-70년대 우리나라 금융회사의 조직은 마치 관료조직처럼 경직되어 있었는데, 그 속에서 한국은행 총재를 지냈던 김 사장은 그런 조직 분위기에 매우 비판적이었고 간부라고 해서 빈둥거리는 것을 싫어했다. 그는 그 경험을 바탕으로 능률적이고 효율적이면서 군살 없는 조직체제를 탄생시킨 것이다.

매사에 실용과 효율성을 중시한 김 사장의 혁신적인 팀제는 아쉽게도 오래가지 못했다. 당시 일반 금융회사 조직과 비교할 때 매우 생소했던 터라 우리 조사역이 다른 금융회사를 포함한 외부 인사들과 만날 때마다 번번이 자신의 직무를 구체적으로 설명해야 하는 번거로움이 발생했던 것이다. 더구나 '조사부 부장 ○○○' 같은 명함을 만들 수도 없어 외부기관과 일을 진행시킬 때 책임자라는 신뢰를 주기가 어려웠다. 결국 고육지책(苦肉之策)으로 각 부서마다 부서장 자리를 신설하여 처음 조사역을 맡았던 사람들을 그대로 앉혔다. 하지만 직책 중심의 조직근간은 그대로 유지했다.

어떤 개혁이든 성공하려면 보편타당한 논리를 갖추어야 하고, 주변 상황과도 조화를 이루어야 한다. 그래야 비로소 구성원들이 개혁에 자발적으로 동참하게 되고 밖에서 불어오는 바람에도 쉽게 흔들리지 않는다. 나아가 새 제도가 뿌리 내리기까지 어느 정도의 비용은 지불해야 하고 시간도 걸린다. 한국개발금융 시절에 얻은 이와 같은 교훈은 훗날 내가 한국투자금융으로 자리를 옮겨 경영을 책임졌을 때 많은 도움이 되었다.

김진형 사장이 의욕적으로 시도한 혁신적 조직체계가 당시의 고정관념을 타파하지 못하고 주변 상황에 떠밀려 중도에 깃발을 내리게된 것은 오랫동안 아쉬움으로 남았다. 하지만 그가 꿈꾸었던 팀 제도가 오랜 시간이 흐른 후 우리나라 기업에서 일반화된 것을 보면 보편타당성은 충분히 갖추었던 것이다. 다만 시대를 너무 앞서갔던 것이다.

3. 첫 해외출장

한국개발금융은 기업대출뿐만 아니라 직접투자까지 해야 했지만, 당시 민간기업이 국내에서 처음 시작하는 일이었기 때문에 어디서부터 어떻게 해야 할지 마땅히 보고 배울 곳이 없었다. 그래서 우리 보다 한발 앞서 개발금융을 설립, 운영하고 있는 동남아시아 여러 나라의 선례를 돌아보기 위해서 회사 출범 후 처음으로 1968년에 해외연수단을 꾸려 해외에 파견했다는 것을 앞에서 이미 간단히 밝혔다. 대만, 필리핀, 말레이시아 같은 나라는 1958년부터 국제금융공사와 손잡고 개발금융회사를 설립했기 때문에 모든 면에서 우리보다 한발 앞서 있었다. 해외연수단은 이런 면에서 국내에서 새로운 금융영역을 개척하기 위한 "신사유람단(紳士遊覽團)"이었던 셈이다.

해외연수단은 변공수 씨, 구춘회 씨, 그리고 나, 경제기획원에서 노인환(盧仁煥) 과장, 재무부에서 정영의 사무관이 합류하도록 확정되었고, 일정은 60일간 홍콩, 말레이시아, 필리핀, 대만 등 4개국의 개발금융회사를 둘러보는 일정으로 짜여졌다. 일행 중 정영의 사무관은 농업은행의 내 입사동기로서 후에 재무부장관이 되었다. 노 과장은 후에 국회의원을 지냈고, 시인인 수주 변영로 씨의 아들인 변공수 씨는 후에 한국투자금융 사장을, 구춘회 씨는 후에 한국개발리스 사장

한국개발금융 시절 : 시련과 희망의 교차로에서

을 각각 역임했다. 변공수 씨는 당시 연수팀 일행 가운데 영어에 가장 능통하여 현지에서 크게 도움이 되었다.

출발을 앞두고 팀 명단과 일정이 확정되었지만, 정작 중요한 문제가 해결되지 않았다. 해외연수팀의 경비 마련이 쉽지 않았던 것이다. 영업 준비단계였던 우리 회사는 국내투자자들이 낸 자본금을 은행에 예치해놓고 그 이자로 인건비와 사무실 운영에 필요한 모든 경비를 충당하느라고 살림이 빠듯했다. 그렇다고 민간기업에 대한 대출 재원으로 쓰일 귀중한 자본금을 직원들 해외출장 경비로 쓸 수는 없는 노릇이었다. 궁리 끝에 방법을 강구했다. 당시 한국에 나와 있던 미국 국제개발처는 개발금융 준비단계에서부터 준자본금 예산을 확보하는 등 한국개발금융 설립을 적극 지원했던 곳이었으므로, 우리의 연수계획과 사정을 설명하고 협조를 부탁했다.

어렵게 외부에서 지원받은 출장비였기 때문에 우리가 쓸 수 있는 돈은 넉넉지 못했다. 한 사람당 하루 20달러 내에서 숙식을 포함한 모든 경비를 해결해야 했다. 개인적으로 각자 준비한 돈은 200달러 정도였다. 그때 환율이 1달러당 270원 정도였는데, 200달러면 상당히 좋은 직장의 한 달 월급에 해당하는 액수였다. 두 달 동안의 체류기간을 생각하면 주머니는 비록 얄팍했지만, 회사를 위해서 중요한 임무를 띠고 장도(壯途)에 오르게 된 우리 일행은 비장한 마음과 함께 들뜬 기분을 안고 김포공항으로 향했다. 생애 첫 해외여행을 눈앞에 둔 순간이었다.

당시 서독 파견 광부나 간호사 그리고 극소수의 유학생을 제외하면, 해외에 나가는 사람이 매우 드물었다. 식구 중 누가 외국으로 나가면 가족이 총출동하여 김포공항에서 눈물의 작별인사를 나누던 시절이었다. 한 번 나갔다가 오면 다시는 못 나간다고 여길 정도로 외국을 드나드는 것이 쉽지 않았고, 한편으로 해외에 나가는 것을 무척 부러워하던 때였다. 어찌 보면 해외여행을 하는 사람은 굉장히 선택받은 사람이었다. 그만큼 우리나라가 경제적으로 곤궁했던 시절이다. 우리 일행의 출국장 풍경도 여느 사람들과 다르지 않았다. 각자 부인을 비롯한 가족이 전부 공항으로 배웅을 나왔던 것이다.

우리가 들른 나라 중에 특히 인상에 강하게 남은 나라는 대만과 필리핀이었다. 대만은 당시 우리나라보다 앞서 있었는데, 국제금융공사 자금을 대만의 민간기업에 전대(轉貸)하는 대만개발공사 조직이 체계적으로 잘 정비되어 있어 부러웠다.

필리핀의 마닐라에 대한 첫인상은 지금까지도 내 뇌리에 강하게 남아 있다. 마닐라 시내에 '마카티'라는 이름의 당시 막 생겨난 개발지역이 있었는데, 그곳은 완전히 미국식으로 꾸며져 있었다. 웅장한 현대식 빌딩은 물론이고 주변을 꾸며놓은 모습까지 사진에서 보던 미국의 도시 풍경을 그대로 옮겨놓은 것 같아 절로 감탄사가 나왔다. 점심시간이 되자 빌딩에서 회사원들이 쏟아져나와 카페테리아를 점령하고 식사와 차를 즐겼는데, 분위기가 너무나 자유롭고 여유로웠다.

'필리핀은 이렇게 잘 사는데, 우리나라는 언제 이렇게 될까' 하는 부러운 심정이었다. 나는 50년 전만 해도 우리보다 잘 살던 나라가 지금은 엉망이 된 것을 생각하면 안타깝기만 하다. 개인의 삶도 잘 나가다가 삐끗하면 한순간에 엉망이 되고 추락하듯이 나라 역시 마찬가지이다.

우리가 둘러본 동남아 각국의 개발금융회사는 자국의 경제발전에 크게 기여하고 있었다. 조직체계나 지배구조는 우리 회사와 비슷하였다. 아직 우리가 구체화시키지 않은 핵심사업인 투-융자 업무는 영업부와 심사부로 이원화시켜 처리하고 있었지만, 영업부를 주축으로 기업고객과의 거래를 일괄적으로 담당하고 있었다.

실무 연수과정에서 우리가 발견한 한 가지 애로사항은 자국어와 영어를 병용하는 것이었다. 개발금융회사들이 세계은행의 자금을 쓰고 있었기 때문에 심사보고서나 각종 서류를 영어로 작성해야 했던 것이다. 그 외에 다른 관행도 외국투자자들을 위해서 영미식으로 운영되고 있었다. 가장 인상적이었던 것은 전문직 여성들의 활동이 두드러졌던 부분이다. 각국 개발금융회사의 회계책임자들이 대부분 여성이었다는 점은 우리 연수팀의 눈에 매우 흥미롭게 비쳤다.

해외연수 후 우리도 어렵게 물색하여 경리책임자를 여성으로 발탁했다. 서울대 상대 출신으로 회계사 자격을 가진 여성을 스카우트했던 것이다. 그러나 당시만 해도 여성이 가정을 가지고 아이를 키우면서 직장생활을 하기란 거의 불가능한 환경이었다. 그 여성은 직장생활을 오래 하지 못하고 그만두었다.

보통 사람은 꿈도 못 꾸던 시절 두 달 동안 회사 돈으로 외국을 누비고 다녔으니, 남들은 "웬 팔자 좋은 해외여행이지?"할지 모르겠다. 하지만 우리는 고행의 연속이었다. 대만 연수를 남겨놓고 필리핀에 들렀을 때 공금(公金)은 물론이고 개인 여비마저 바닥이 났다. 다행히 필리핀 아시아개발은행에 근무하던 이성칠(李成七) 씨가 한국 본가에 보내는 생활비를 친구인 구춘회 씨 편에 맡기는 바람에 그 돈으로 남은 일정의 경비를 충당할 수 있었다. 빌려 쓴 돈은 귀국해서 마련해서 갚기로 했다.

귀국길에 일본 도쿄를 경유했는데, 하네다 공항(羽田空港)에 내리자 우리는 누가 먼저랄 것도 없이 '온 김에 일본이나 한번 둘러보고 가자'고 의기투합했다. 문제는 돈이었다. 이미 대만을 거쳐 오느라 수중에는 이성칠 씨한테서 빌린 돈마저 얼마 남지 않았다. 궁리 끝에 한푼의 돈이라도 아끼기 위해서 짐을 모두 공항에 맡기고 몸만 도쿄 시내 호텔에 투숙하는 구두쇠 전략을 짰다. 택시는 꿈도 꿀 수 없는 상황에서 무거운 짐 보따리를 들고 도쿄 시내를 돌아다니는 것은 너무나 힘들 게 뻔했기 때문이다.

호텔에 도착하여 체크인을 하려는 순간 우리가 미처 몰랐던 복병이 튀어나왔다. 아무런 짐도 없이 체크인을 하려면 숙박비를 선불로 내야 한다는 것이었다. 만에 하나 투숙객이 숙박료를 떼먹고 도망가지 못하도록 짐을 담보물로 삼았던 것이다. 이유야 어찌됐든 원래 숙박비는 후불이었기 때문에 항의를 했지만, 소용이 없었다. 호텔 숙박비를 선불로 내고나면 일본에서 체류하는 동안 비용이 부족할 것 같아 할 수 없이 천우사(天友社) 도쿄 지점장에게 급히 연락을 취했다. 다행히 그의 보증으로 무사히 호텔에 투숙할 수 있었다. 지금은 없어졌지만, 그때까지 천우사는 우리나라에서 제일 큰 무역회사로 일찍이 도쿄에 진출했다. 소동 끝에 이틀 동안 도쿄에 머물며 시내와 백화점 구경을 할 수 있었는데, 그야말로 '촌놈' 다섯 명이 눈이 휘둥그레져서 돌아다녔다.

귀국길 김포공항에서 웃지 못할 해프닝이 벌어졌다. 구춘회 씨가 홍콩에서 보석이라고 하여 장난삼아 샀던 색색가지 돌들이 공항세관에 적발된 것이다. 졸지에 밀수꾼 취급을 받게 된 구춘회 씨는 "길거리에서 샀는데 진짜 보석인지 감정해보자"며 배짱을 부렸다. 당시만 해도 우리나라 감정기술이 얼마나 허술했는지 진짜 보석이라는 결과가 나왔고, 돌은 전부 세관에 압수되었다.

홍콩과 관련해서 빼놓을 수 없는 기억이 또 있다. 구룡반도(九龍半島)의 조그만 여관에 묵었을 때다. 계절은 4월이었지만, 홍콩 날씨는 연일 섭씨 30도를 오르내렸다. 숙소나 이동하는 차안은 에어컨이 있어 한기를 느꼈던 반면 밖은 푹푹 찌는 날씨여서 하루에도 몇 차례 냉탕과 온탕을 번갈아 드나드는 꼴이 되었다. 그 때문에 나는 냉방병이 걸렸는데, 거기다 맥주를 마시고 모기에 물려 그 자리가 심각하게 퉁퉁 부어올랐다. 동남아시아 모기가 엄청 독하다는 것을 그때 나는 처음 알았다. 해외 첫 도착지에서 당한 봉변은 한 달 내내 나를 괴롭혔다. 출국 전 말라리아 예방주사를 맞지 않았으면 어떡할 뻔했나 싶어 아찔했다.

온갖 우여곡절과 해프닝을 겪으며 고생스러운 연수기간을 보냈지만, 돌아와서 연수단이 회사에 제출한 보고서가 한국개발금융의 새로운 업무 시스템을 만드는 데 중요하게 반영되었다는 것은 앞에서 얘기한 바가 있다.

4. 돌풍을 일으킨 새 금융기법

세계은행을 비롯하여 해외에서 차관을 들여와서 국내 기업에 빌려주는 것이 한국개발금융의 기본 업무였지만, 그에 못지않게 역점을 두고 추진한 것이 투자사업이다. 이를 위해서 자본금과 준자본금으로 확보된 원화자금은 기업에 대한 직접투자와 채권인수 등 다양한 금융기법을 구사하는 재원으로 쓴다는 전략을 세워두고 있었다. 대출이 주된 업무인 상업은행의 기능에 머물지 않고 적극적으로 주식과 채권을 인수하는, 다시 말해 투자은행의 영역을 개척하기로 한 것이다.

당시 우리나라 금융기관 가운데 산업은행을 비롯하여 정책적 목적을 위해서 설립된 몇몇 특수은행만이 부분적으로 투자업무를 하고 있었을 뿐이다. 대부분의 시중은행은 대출 형태의 간접금융을 주업무로 삼고 있었다. 돈을 빌려줄 때도 기업의 경쟁력이나 성장성을 따지기보다 토지나 건물을 담보물로 잡는 것을 최우선으로 하는 고전적 수준에 머물러 있었다. 다시 말해 기업과 은행이 동시에 성장할 수 있는 새로운 금융수단에 대해서는 몹시 둔감한 상태였다.

그와 같은 금융 풍토 아래서 기업이 새로운 투자사업을 벌이기란 매우 어려웠다. 시중은행에서 돈을 빌리려면 우선 담보물, 즉 어느 정도 자기자본이 있어야 하는데, 당시 넉넉한 자본을 가진 기업이 많지 않았으므로, 아무리 유망한 사업 분야를 찾아서 좋은 구상을 세운다고 해도 그 구상을 실현시키기란 매우 어려웠다. 이러한 현실은 기업의 크기를 불문하고 우리 기업들이 한결같이 부딪치는 한계였다. 자본시장이 활성화되지 못한 상태였고 상장기업도 많지 않아 증자(增資)를 통한 자본조달도 쉽지 않았던 것이다. 그렇다고 민간기업에 선뜻 출자하겠다고 나서는 금융기관도 없었다.

우리 회사가 기업에 대한 직접투자를 핵심전략의 하나로 세운 것은 기업들이 겪고 있던 애로사항, 즉 자기자본 부족 문제를 장기자금 대출과 투자로 보완해줌으로써, 기업의 성장을 촉진시키고 그 결과물인 성장과실을 기업과 금융회사가 공유하는 것이었다. 시장수요에 따른 자금배분, 그리고 실물경제의 건전한 발전을 통한 금융산업의 발전은 한평생 금융인의 길을 걸어온 김진형 사장의 금융철학이기도 했다.

이 때문에 우리는 담보대출 대신에 기업에 대한 직접투자에 과감히 나설 수 있었다. 기업의 잠재적 성장력과 경영능력을 평가하여 투자하는 것은 기존 담보대출에 비해 위험부담이 높았지만, 우리는 선진화된 내부검증 시스템을 이미 갖추었기 때문에 과감한 직접투자가 가능했다. 한편으로 기업자금 조달의 새로운 수단인 전환사채(轉換社債) 제도를 국내에 처음으로 도입하여 적극적으로 활용했다. 예를 들면 당시 전주제지(全州製紙)로부터 2억5천만 원어치의 전환사채를 인수했는데, 그때 처음으로 전환권을 행사하여 전주제지에 감사를 파견하는 등 의미 있는 주주 역할을 했다.

지분참여와 전환사채 인수라는 금융지원 방식은 그 전까지 간접금융에만 의존해왔던 기업들로 하여금 직접금융에 눈뜨게 한 것으로 당시로서는 혁신적인 것이었다. 당시에는 기업도 전환사채가 뭔지 잘 몰랐다. 급하니까 일단 전환사채를 발행했다가 낭패를 본 기업인들도 있었다. 한번은 전환사채를 발행했던 기업에 개발금융이 주식전환을 청구하자 해당 기업인이 사무실로 찾아왔다. 그는 김진형 사장에게 선물을 놓고 갔는데, 나중에 알고 보니 돈 다발이었다. 전환사채를 주식으로 전환하면 자신의 지분율이 떨어져 큰일 나겠다 싶어서, 뒤늦게 허둥지둥 달려온 것이다. 김 사장이 나를 불렀다. "이것은 돌려주고, 전환사채는 없던 일로 합시다." 전환권을 행사하지 않고, 전환사채를 대출로 돌려주었다. 전환사채에 대한 개념이 없었던 시절의 해프닝이다.

새로운 금융기법에 대한 이해 부족으로 우여곡절이 많았지만, 우리의 지분참여와 전환사채 인수라는 직접투자 전략은 예상대로 적중하여 높은 투자수익을 올릴 수 있었다. 1970년대 들어 정부의 자본시장 육성정책에 힘입어 비상장사였던 기업들이 신규 사업에 성공하고 속속 증시에 상장되었기 때문이다.

기업대출에 대한 지급보증도 우리가 활용한 새로운 금융기법이었다. 당시 기업들은 담보여력이 적어 은행 대출을 받으려고 해도 어려움을 겪는 경우가 많았다. 따라서 공신력이 있는 개발금융이 지급보증을 서준다면, 기업 입장에서는 금리와 대출 규모에서 보다 유리한 조건으로 은행대출을 받을 수 있다는 점에 착안하여 새롭게 추진한 것이다. 요즘으로 치면 신용보증기금의 역할을 우리가 한 것이다. 예를 들면 한국개발금융은 1971년 한국티타늄에 3천만 원의 지급보증을 서줌으로써 그들이 필요로 하는 자금을 얻을 수 있도록 했다. 이후

법이 정한 지급보증 한도를 최대한 활용하면서 기업에 대한 금융지원을 강화해나갔고 기업들로부터 좋은 반응을 얻었다.

가만히 앉아서 영업을 하는 것이 아니라 미래의 성장산업을 발굴하는 일도 한국개발금융의 주요 전략이었다. 1970년대 초-중반 원양어업과 해운업은 기존의 제도권 금융에서 몹시 소외되어 있었다. 따라서 이들 산업은 자금지원을 일본의 종합상사에 의존하고 있었다. 왜냐하면 원양어선과 수송선박을 구입하는 데에 막대한 자금이 들었지만, 영업이 신통치 않아 많은 회사들이 빚더미 속에서 허덕이고 있었기 때문이다. 이와 같은 이유로 국내 금융기관들은 해운업과 원양어업에 대한 자금지원을 외면했고 별다른 관심도 가지지 않았다.

우리 회사가 보는 시각은 제도권 금융과 달랐다. 경제가 연간 10% 안팎의 고속성장을 구가하는 나라에서 장차 가장 번창할 사업 분야가 해운업과 원양어업이라고 판단했던 것이다. 미래의 성장 가능성이 높다는 판단이 서자 수송선박과 원양어선 도입 자금을 직접 지원했다. 그 결과 이 부문의 사업 경쟁력이 강화되고 이후 큰 발전을 이룰 수 있었는데, 이는 한국개발금융이 이룩한 커다란 성과라고 할 수 있다.

동원(東遠) 그룹의 김재철(金在哲) 회장과의 나의 인연도 이때부터 시작되었다. 당시 기업들은 회계처리가 제대로 안 되어 있어 재무제표를 믿고 대출해줄 수가 없었다. 그래서 해당 업계사정에 정통한 기업인을 찾다가 알게 된 인물이 김 회장이었다. 김 회장은 1958년 수산대학교를 나와 고려원양(高麗遠洋)에서 원양어선 선장을 하다가 원양어업에 뛰어든 분이다. 기업가가 되어서도 그는 어디서 사고가 났다고 하면, 직접 그 대응방법을 지시할 정도로 어로 작업의 속사정을 꿰뚫고 있었다. 누군가가 원양어업이나 해운업을 한다고 사업자금을 신청하면 김재철 회장을 찾아가서 물어보곤 했다. 나는 지금도 김 회장과 돈독한 관계를 이어가고 있다.

한국개발금융 시절 기억에 남는 또 다른 성과는 벤처투자의 효시라고 할 수 있는 신규 기업의 합작설립이다. 우리는 시장과 고객이 필요로 하는 금융영역을 개척하는 일을 게을리 하지 않았다. 예를 들면 신기술을 상업화하려는 신생기업에 대한 투자를 적극적으로 펼쳤다. 그 결과 첫 번째로 한국개발금융에서 벤처투자를 한 기업이 남해요업(南海窯業)이었다.

당시 타일은 우리나라의 매우 중요한 수출품목으로 성장하고 있었다. 그러나 섭씨 1,400도 이상의 고온에서 타일을 구울 때 쓰는 장비는 전량 수입에 의존했다. 1966년 설립된 한국과학기술원이 수입 장비를 국산화하는 기술을 개발했지만, 국내의 많은 타일 업체들이 사용을 외면했다. 그때 한국과학기술원이 세운 한국기술진흥과 한국개발금융이 양사 합작으로 회사를 세워 수입 장비를 국산화하고 타일생산의 효율성을 높여 생산비용을 줄인다는 계획을 세웠다. 그렇게 설립된 기업이 바로 남해요업이었고 우리 회사가 3천만 원을 출자함으로써 수입대체 품목을 육성시키는 데에 크게 기여했다. 이것이 바로 우리나라에서 1호로 기록된 벤처투자기업이다.

그 외에도 정부를 움직여 시설대여업 육성법과 리스업에 대한 근거법을 만들게 했고, 합작 리스사를 설립하여 국내 제조업체들의 생산시설 확장은 물론이고 우리나라 리스산업 발전에 큰 역할을 했다. 뿐만 아니라 금융의 형평성과 지방경제를 지원하기 위한 노력도 아끼지 않았다.

한국개발금융은 우리나라 기업 발전뿐만 아니라 금융계 발전에도 한몫을 했다. 일찍이 국내외 합작투자로 선진 금융기법을 익힐 수 있었던 한국개발금융은 새로운 금융기법을 다양하게 활용하고 선보임으로써 이후 우리나라 금융계에 적지 않은 영향을 미쳤다.

정부 소유 금융기관이 판치던 국내 금융계에서 한국개발금융은 출발부터 달랐다. 당시 국내에는 조흥(朝興), 상업(商業), 제일(第一), 한일(韓一) 은행 등 네 시중은행이 있었는데 이들은 1950년대 한때 민영화되기도 했지만, 5.16 이후 군사정부가 은행 대주주의 부정축재 재산을 환수하면서 다시 정부소유가 되었다. 그에 비해 한국개발금융은 소유구조는 물론이고 설립단계부터 민간이 주도한 최초의 민영 금융회사였다.

이후 한국개발금융은 물론 장기신용은행 그리고 한국투자금융과 하나은행에 이르기까지 새로운 형태의 경영방식과 금융상품의 도입으로 금융가에 돌풍을 일으켰는데, 그 출발점은 정부의 간섭과 통제가 적었을 뿐 아니라 민간주도의 자율정신으로 운영하겠다는 창업선배들의 자기 헌신이 있었기 때문에 가능했던 일이라고 나는 생각한다.

지금까지 내가 실무자로 참여했든, 최고경영자가 되었든 우리나라의 금융기관 탄생을 뒷받침하고 주도한 것이 세 번이다. 그중 하나은행은 내가 직접 이끌었고, 우리금융지주는 초대 회장을 맡아서 국내 최초의 금융지주회사의 뼈대를 만들었다. 그 모든 나의 출발의 원점이 바로 한국개발금융이었다. 서른의 젊은 나이로 국내 최초 민간 금융회사 설립에 주도적으로 참여하여 우리나라 금융역사를 새로 써나갈 수 있었던 것은 지금 생각해도 아무나 누릴 수 없는 크나큰 나의 행운이자 영광이었다.

5. 송백(松柏)의 푸르름은 겨울에 빛난다

한국개발금융이 출범하고 얼마 뒤 김진형 사장이 청와대를 방문했다. 박정희 대통령이 우리 회사에 대해서 깊은 관심을 가지고 있었기 때문이다. 박 대통령은 1967년 1월 한국개발금융 설립을 최종 마무리하기 위해서 방한했던 국제금융공사 윌리엄 다이아몬드(William Diamond) 국장을 직접 만나 독려할 정도였다. 김 사장이 그간의 경과와 앞으로 해나갈 사업들을 보고하자 박 대통령은 김학렬(金鶴烈) 경제수석에게 금융계의 원로가 뜻있는 일을 하는 데에 적극적으로 지원해줄 것을 지시했다.

대통령과의 면담 직후 경제수석실에서 김진형 사장과 김 수석이 마주 앉았다. 김 사장은 김 수석보다 나이가 열여덟 살 많았고 같은 부산상고(釜山商高) 출신으로 선배였다. 김 수석이 물었다. "선배님께서 하시는 일에 각하도 깊은 관심을 가지고 계십니다. 정부가 어떻게 도우면 되겠습니까?" 김 사장이 조용히 웃으면서 말했다. "김 수석이 우리를 도와주는 것은 우리가 하는 대로 가만히 놓아두는 것입니다."

그 시절 기업을 꾸려가는 사람이라면, 누구나 정부의 도움을 받고 싶어 했다. 정부지원이 성공으로 가는 지름길이라는 인식이 팽배하던 때였다. 그런데 대통령 이하 정부가 먼저 나서서 도와주겠다는 마당에 가만히 놓아두라니. 김 사장의 대답은 전혀 뜻밖이었다. 김 사장은 아무리 선의라고 해도 정부지원을 받는다는 것은 경영의 자주성과 자율성을 훼손할 우려가 있다는 생각에서 경계한 것이다.

김 사장이 속내를 좀더 적극적으로 드러낸 또 다른 일화가 있다. 1970년대 세계은행 회원국이던 우리나라는 베트남과 호주, 뉴질랜드 같은 몇몇 나라와 더불어 그룹을 이루어 활동했다. 그룹 내의 각국은 돌아가면서 세계은행의 대리이사직을 맡았는데, 어느 날 베트남 대리이사가 한국을 방문했다. 그가 김 사장을 만난 자리에서 물었다. "1970년대 접어들어 한국 경제가 본격적인 성장을 거듭하면서 국제사회에서 좋은 평가를 받고 있습니다. 오늘날과 같은 한국경제의 발전은 미국에서 교육을 받은 유능한 정부관료들이 훌륭한 정책을 입안하고 그것을 성공적으로 운용했기 때문이 아닌가요?"

김 사장은 특유의 잔잔한 미소를 지으며 대답했다. "아마 그들이 없었다면, 한국 경제가 지금보다 더욱 발전했을 것입니다. 잘 살아보겠다는 우리 국민들의 뜨거운 열망이 오늘날의 결과를 가져온 것입니다." 다시 말해 돕는다는 명분으로 월권을 행사하는 유능하다는 테크노크라트가 없었다면, 한국 경제가 훨씬 더 발전했을 것이라는 뼈있는 말이었고, 거기에는 보다 깊은 뜻이 담겨 있었다. 그동안 정부가 금융시장에 직접 개입함으로써 어떤 일이 벌어졌는지, 또 그것을 경계한 김 사장이 한 일이 무엇이었는지를 알면 그가 한 말의 진정한 의미를 이해할 수 있을 것이다.

1960년대 초 박정희 정부가 경제개발계획을 세우면서 가장 고심한 것은 필요한 자금을 어디서 어떻게 동원하느냐는 것이었다. 그 결과

1962년 6월 통화개혁을 전격 단행했다. 기존에 통용되던 화폐단위를 10분의 1로 절하(切下)하고 신권(원화)과 구권(圜貨)을 교환할 때 일정 부분 산업개발공사가 발행한 주식을 강제로 인수토록 했다(화폐의 호칭 표기도 '圜'에서 '원'으로 바뀌어 한글 전용이 이루어졌다. 일상에서 가장 흔하게 접하는 화폐의 이름이 한글로 표기되었다는 것은 대단한 발상의 전환이었다. 물론 '원'을 '圓'으로 표기할 때에는 일본 화폐의 호칭 표기와 동일하게 되는 문제가 있었다). 그렇게 모은 자금을 기업에 투자하고 기업이 성공하면 투자금을 뽑아 다른 기업에 재투자함으로써 부족한 투자자금 문제를 해결한다는 구상이었다. 하지만 정부의 기대와 달리 부자나 화교들이 감추어둔 돈은 많지 않았다. 통화개혁으로 잠자는 돈을 끌어낸 대신 오히려 대외신용도를 떨어뜨리고 교섭 중이던 외자도입마저 중단케 하는 등 부작용이 속출했다.

다른 한편으로 자금을 정부 의도대로 움직이기 위해서 시중은행을 국유화시켰고, 1962년에 한국은행법을 개정하여 한국은행 업무에 대해서 재무부에 검사 기능을 부여함으로써 통화신용정책 결정권을 정부가 가지는 방식으로 중앙은행을 정부 통제 아래 두었다. 뿐만 아니라 금융기관에 대한 임시조치법 제정과 은행법 개정을 통해서 은행의 임원인사와 내부경영 그리고 자산운용에 대해서도 정부가 통제할 수 있는 근거조항을 만들었다. 더구나 대출과 예금 금리를 정부가 직접 규제하는 등 모든 금융통제권을 사실상 정부가 쥐고 정책추진에 필요한 자금을 직접 배분하는 역할을 했다. 시장경제체제였지만, 자원을 배분한 것은 '보이지 않는 손'이 아니라 '보이는 손'인 정부였다.

정부의 통제와 개입으로 진행된 금융정책 변화과정에 나타난 부작용은 적지 않았다. 살인적 인플레와 토지 등 실물자산에 대한 투기 붐을 일으켰는가 하면 정부에 의한 금리규제로 암시장인 사채시장은 더욱 번창하게 되었다. 더구나 자금배분에 대한 정부의 직접적인 개입은 정경유착과 부정부패를 불러오는 불씨가 되기도 했다.

정부가 금융시장에 직접 개입함으로써 은행들은 별다른 노력 없이 적정한 이윤을 보장받을 수 있었기 때문에 은행경영이 매우 수동적이었고 책임의식은 해이해질 수밖에 없었다. 기업이라고 해서 다를 바가 없었다. 정부가 외자도입에 지급보증을 서준 탓에 너도나도 무분별하게 외자를 빌려 썼고, 그 결과 만기가 돌아온 차관을 갚지 못해 은행이 대신 갚아주는 등 부실기업이 나타나기 시작한 것이다.

이와 같은 일련의 과정을 지켜보면서 김 사장은 정부지원으로 당장은 은행과 기업이 그럭저럭 굴러갈 수 있지만, 결국 자생력을 해치는 결과를 낳게 되고 은행과 기업이 국제적인 경쟁력을 기르지 못하면 혹독한 대가를 치를 수밖에 없다는 냉철한 현실진단을 내렸던 것이다.

청와대가 내민 도움의 손길을 뿌리치고 홀로서기에 나선 김 사장이 한국개발금융 시절에 한 일은 1997년 외환위기가 휩쓸고 간 이후 김대중(金大中) 정부와 금융계가 취한 조처의 거의 전부를 포함했다. 외환위기 후 은행들은 생존을 위한 자구노력에 돌입했다. 인력과 점포를 줄여 조직을 슬림화했고, 수익성 중심의 경영을 펼치기 위해서 사업본부제나 팀 제도를 만들고 성과급제도도 도입했다. 부실자산의 발생을 줄이려고 여신심사 기능을 강화하고 기업별로 등급을 매겨 신용위험을 관리하기 시작했다. 이사회가 주주의 대리인으로 경영을 감시할 수 있도록 사외이사제도도 새로 도입했다. IMF 구제금융 체제에서 선보인 금융계의 이러한 변화들은 이미 30년 전 한국개발금융이 도입한 것들이었다. 1997년 외환위기 이후 국내은행들이 한창 뼈를 깎는 자구노력을 펼치고 있을 때 내가 "30년 전에 이미 그런 일을 행한 금융회사와 사람이 있었소" 하면 대부분의 사람들이 깜짝 놀랐다.

소나무(松)와 잣나무(柏)의 푸르른 기상(氣像)은 눈보라가 치는 겨울이 되어야 그 진가를 알 수 있다는 말이 있다. 대부분의 나무들이 앙상한 가지를 드러낼 때 비로소 사람들이 송백(松柏)의 푸르름을 한눈에 알아보게 된다는 의미다. 김진형 사장이 한국개발금융에서 추구한 경영이념 또한 그와 같았다. 모든 금융기관들이 정부의 보호막 아래 잘 굴러가고 있을 때는 시장과 고객을 중시한 그의 정도경영(正道經營)에 관심을 보이는 사람이 많지 않았다. 그러나 30여 년이 지나고 우리 경제에 외환위기라는 폭풍우가 몰아친 뒤에야 세상은 김 사장의 진가를 한눈에 알아볼 수 있게 된 것이다.

김 사장은 정부에 간섭의 빌미를 줄까 경계하여 도움을 받기를 자제했지만, 기획부장 시절 나는 실무자 입장에서 정부와의 접촉창구를 맡아 일하면서 정부관료들로부터 적지 않은 도움을 받았다. 그 시절 정부관료나 우리는 대한민국이 하루빨리 잘사는 국가가 되려면 자신의 노력과 힘이 보탬이 되어야 한다는 사명감을 가지고 있었다.

한국개발금융은 선별적인 직접투자를 통해 기업을 설립하는 과정에서 정부와 긴밀하게 업무협조를 해야 했다. 개발금융 설립 당시 세계은행 방침에 따라 우리 정부는 회사 설립 자본금의 1.5배에 해당하는 준자본금을 지원해야 했다. 당시 정부 재정형편으로는 20억2천5백만 원이나 되는 자금을 지원할 여력이 없어 하는 수 없이 우리나라에

잉여물자를 원조하던 미국원조개발처와 교섭하여 추가 대충(對充)자금을 지원받아 준자본금을 마련했다. 그렇게 마련된 수십억의 자금을 한꺼번에 지출하면 시중에 유동성이 너무 많아지므로 항상 재무부에 가서 협의를 하고 적정 자금을 인출하여 활용했다.

당시 우리나라는 한국개발금융과 관련한 근거법이 없어 상법에 따라서 회사를 운영해야 했다. 그런데 우리가 빌려준 자금이 연체되었을 때 담보물을 처분해야 했는데, 상법에 따라 일반 경매절차를 밟으면 3년 정도의 긴 시간이 필요했다. 이 문제를 어떻게든 해결해야 했기 때문에 해결방법을 찾기 위해서 재무부와 상의했지만, 법 테두리 안에서는 그들도 뾰족한 방법이 없다고 했다.

담보물 처분 문제를 놓고 고민하던 어느 날 전화 한 통이 걸려왔다. 후에 내무부장관을 역임한 이동호(李同浩) 씨였는데, 당시 재무부 이재(理財)3과장으로 일했다. 이 과장 생각에는 나라를 위해서라도 어떻게든 우리를 도와주고 싶은데, 도무지 방법이 떠오르지 않자 내게 전화했던 것이다. 이번에 금융기관 연체에 관한 법률을 고치니까 당신이 그동안 고민하던 것을 여기에 반영하면 어떨지 연구해보라는 내용이었다. 나는 그의 얘기를 듣고 정부 지급보증에 의하여 국제금융기관으로부터 도입한 자금을 대출받아 연체했을 때는 금융기관 연체대출처럼 처리할 수 있다는 법 규정을 하나 만드는 것이 어떠냐고 조언했다. 그후 내 제안대로 법 개정이 이루어져 무척 보람을 느꼈다.

당시의 재무부 사람들은 우리와 거의 매일 같이 일하다시피 할 정도로 서로 긴밀한 관계를 유지했다. 특별히 접대할 것도 없었고 함께 일하다 보니 서로 인간적으로 친해져 보다 쉽게 우리 일에 대한 이해를 구할 수 있었다. 그들은 국가 경제발전에 초점을 맞춘 정부정책을 위해서 우리 회사가 일하는 데에 꼭 필요하다고 생각하는 부분에서 적극적으로 도움을 주었다. 당시 재무부 이재(理財)1과에 있던 사무관들 중에 하동선(河東善) 씨와 이수휴(李秀休) 씨가 기억에 남는데, 한국개발금융의 일을 많이 담당했다. 그때 사무관들 중 다수가 나중에 장관직에 올랐다. 그 정도로 능력 있는 사람들이 많았던 것이다.

내가 금융계에 수십 년간 몸담으면서 이때 경험을 통해 가지게 된 생각은 정부관료든 금융회사 직원이든 서로 만나 의견을 나누고 협의하는 과정에서 상대를 이해시키고 설득시켜 일이 성사되도록 만들어가야 한다는 것이다. 사실 금융은 다른 산업과 달리 정부와 긴밀히 협조해야 하고 함께 발전시켜나가야 하는데, 요즘에는 서로가 파트너로 인정하고 협조하는 관계를 유지하지 못하는 것 같아 안타깝다.

지금으로부터 40여 년 전 한국개발금융이 정부로부터 많은 협조와 지원을 받아 훌륭한 성과를 올릴 수 있었던 것은 회사의 임직원이나 정부관리들이 어떻게든 가난한 국가경제를 일으켜 발전시켜야 한다는 목표를 서로 공유하면서 적극적으로 소통했기 때문에 가능했다.

내가 한국개발금융의 역사와 함께 하며 재직했던 1967-1980년의 한국 현대사는 박정희 대통령의 집권 중-후반기였다. 긴급조치 등을 통해서 유신체제를 무리하게 유지하던 박 대통령은 10.26 사건에 의해서 역사의 현장에서 떠나게 되었다. 남북 대치라는 안보 위협 속에 통치권력의 예기치 못한 공백은 정치권의 협조와 행정부의 안정적 관리로 경제부문은 격변하는 정치의 영향에서 상대적으로 벗어나서 제 기능을 하며 작동하고 있었다.

6. 잊을 수 없는 인연 4 : 김진형 회장과 홍재선 회장

한국개발금융 근무시절을 떠올릴 때면 내게는 생각나는 두 분이 있다. 설립 준비위원회 부위원장을 시작으로 초대 사장과 회장을 역임한 김진형 전 한국은행 총재와 홍재선 한국경제인협회 회장 두 분이다.

그 가운데 한국개발금융 설립을 진두지휘하고 이끌었던 김진형(金鎭炯) 회장의 역할은 실로 컸다. 환갑이 넘은 나이에 초대 사장으로 취임하던 날 취임사에서 그가 남긴 한마디는 지금도 내게 강렬한 인상으로 남아 있다. "인생의 황혼기에 새롭게 일을 시작한다는 것은 두렵고 여러 가지 어려움이 있겠지만, 한국의 금융이 정말 자율적으로 커나가는 하나의 모델을 만들기 위한 봉사로 여기겠습니다." 인생의 황혼기에 새로운 일을 시작한다는 그때 그분의 말씀은 여든을 바라보는 지금 나이에도 나의 가슴을 뛰게 한다.

1905년 10월생인 김 회장은 부산상업학교를 졸업한 뒤 일본 히로시마(広島)고등상업학교를 나와 식산은행(殖産銀行)에 입행하여 대리 때인 마흔한 살의 나이에 해방을 맞았다. 해방 후 줄곧 식산은행의 경영에 참여해오다 1947년 외환 전담 은행인 환금은행(換金銀行)이 설립되면서 그곳의 전무가 된다. 당시 은행장은 미 군정청이 파견한 군인이었으므로 김 회장이 사실상의 최고경영자로 우리나라 외환업무의 기초를 마련하는 주도적인 역할을 한 셈이다. 환금은행 시절 김 회장은 국내 금융계 인사로는 처음으로 미국 시티은행 연수에 참가하여 선진 금융제도와 운영 실태를 직접 둘러보고 공부했으며, 이를 우리 현실에 접목시키려고 많은 고민을 했다. 특히 금융의 국제교류를 중시하여 이를 활성화시키기 위한 가교역할에도 힘을 쏟았다.

1950년 한국은행이 창립되면서 외환관리 업무가 중앙은행의 주요 목적사업으로 정해져 환금은행 업무가 한국은행에 흡수됨으로써 김 회장은 한국은행으로 자리를 옮기게 되었다. 6.25전쟁이 발발하자 전시 금융지원을 위해서 한국은행의 일본 주재 이사로 파견되어 우리나라 금융업계와 국제금융계의 관계를 유지 발전시키는 노력을 하기도 했다. 종전(終戰)과 함께 일본에서 귀국한 김 회장은 산업은행장과 한국은행 총재를 거치면서 우리나라 금융산업의 기반을 본격적으로 다져나갔다.

한국개발금융 출범을 전후하여 우리 금융계에 많은 선배들이 있었지만, 대부분의 은행들이 정부 지배하에 있어 은행의 자율경영에 대한 의지와 인식은 희박했다. 반면 김 회장은 중앙은행인 한국은행 총재를 지냈음에도 불구하고 금융이 시장에 바탕을 두고서 자율적으로 경영되어야 한다는 확고한 신념을 가지고 있었다. 더불어 우리나라 금융계의 발전을 위해서 끊임없이 공부했다. 젊은 시절부터 금융계 중책을 맡아 미국에서 공부했고 최신 금융 추세를 따라잡기 위해서 국제적으로 명성 있는 잡지를 구해 늘 손에서 놓지 않았다.

한국개발금융에서 김 회장과 함께 일을 하면서 배운 것이 크게 두 가지가 있다. 첫 번째는 무릇 지도자란 스스로 큰다는 것이다. 김 회장은 회사 분위기를 항상 자율적으로 만들었는데, 그 속에서 주어진 일과 책임을 다해 스스로 두각을 나타내는 사람을 골라 발탁하는 진취적인 면모를 보여주었다. 돌이켜보면 내가 20여 년을 금융기관 최고경영자로 일할 수 있었던 것도 김 회장이 심어준 지도자상의 영향이 아닐까 싶다.

1980년 한국개발금융이 한국장기신용은행으로 바뀌어 내가 상무로 재직할 때 그 분은 회장직에 있었다. 1982년에 김 회장과 김봉은(金奉殷) 은행장이 나를 설득하여 자회사인 한국투자금융 전무로 보내려고 했다. 특히 김 회장이 내게 여러 가지 약속을 하며 설득에 앞장섰는데, 어느 날 도저히 안 되겠다 싶어 김 회장 집까지 찾아가서 자리를 옮길 수 없는 사정을 설명했다. 잠자코 듣던 김 총재는 지도자상과 관련한 글을 신문에서 오려 내밀며 "지도자는 대내외적인 신망이 있어야 하는데, 내부 직원들에게도 마찬가지고 밖에서 보기에도 저 사람은 저 자리에 갈 만하다고 수긍할 수 있어야 하오" 하고 말했다.

결과적으로 한국투자금융으로 자리를 옮기게 되었는데, 후에 내가 금융기관 최고경영자이자 지도자로 활동할 때 알게 모르게 이때 경험한 일들에서 많이 배웠다. 나중에는 김 회장도 한국투자금융 회장으로 옮겨와서 또 다시 모시고 일하게 되었는데, 그때도 여러 가지로 도와주고 지도해주었다.

이젠 지나간 일이지만 김 회장이 싫다는 나를 끈질기게 설득한 속사정이 있었다. 그때 한국투자금융 사장을 새로 선임해야 했으나, 외부에서 스카우트할 수 있는 형편이 못 되어 내부에서 서열상 부사장을 사장으로 승진시킬 수밖에 없었다. 그런데 김 회장이 보기에 업무상 염려되는 부분이 있어서 그랬는지 나를 전무로 보내면서 사장을 좀 도왔으면 좋겠다고 했던 것이다.

김 회장에게서 배운 두 번째 교훈은 경영에 있어 항상 시대를 앞서 내다보고 미리 대비하는 자세였다. 후에 내가 한국투자금융을 하나은행으로 전환할 때 그에 앞서 8년을 미리 준비하고 직원들에게도 대비시켰는데, 앞을 내다보고 준비하는 습관을 나는 김 회장으로부터 배웠다. 정치적인 변화가 곧바로 금융에 영향을 미치던 과거 개발도상국 시절이나 지금이나 금융은 변함없이 정부의 인-허가 사업이기 때문에 경영자가 자주적인 능력을 발휘하려면 스스로 먼저 바꾸고 미래를 대비해야 한다는 것을 일찌감치 배운 것이다.

김 회장은 우리에게 특히 주인의식을 강조했는데, 주인이 되기 위해서는 스스로를 절제할 줄 알아야 한다고 했다. 회사경영에서 자율, 자주, 진취라는 주인의식을 불어넣은 덕분에 그가 이끈 한국개발금융은 영업이익이나 투자실적이 매우 좋았다. 실적으로 따지면 국내 투자자인 주주들에게 배당금을 많이 줄 수도 있는 상황이었지만, 김 회장은 그렇게 하지 않았다.

주인의식과 절제에 관한 한, 철저했던 김 회장 때문에 주주들이 혀를 내두른 일이 있다. 주주인 경제인협회의 대기업 회원들에게 돌아오는 배당금이 워낙 적자 어느 날 그들이 참다못해 김 회장에게 한마디 했다. "우리 배당금은 적게 줘도 좋으니까 그럼 그 돈으로 그동안 일하느라 고생한 직원들 월급이나 많이 주세요." 그 말에 김 회장은 "현재 우리나라 금융계 수준에 비해 우리 직원들을 조금 더 대우할 수는 있어도 이익금 전체를 회사가 스스로 기강 없이 방만하게 운영해서는 안 됩니다"며 단호하게 거절했다.

　김 회장은 금융에 대한 나름의 원칙과 철칙을 가지고 있었는데, 고객이 금융기관에 돈을 맡기고 그 돈으로 투자사업을 벌여 수익을 냈다고 해서 회사가 혼자 잘했다고 생각하고 마음대로 배당을 많이 하는 등 이익금을 함부로 쓰는 것은 곤란하다는 것이었다. 그런 마인드를 직원들에게도 고취시켰을 뿐만 아니라 현재에 안주하지 않고 더욱 발전하기 위해서 항상 변화에 앞서 대비하고 진취적으로 사고해야만 회사를 잘 이끌어 나갈 수 있다는 참 규범을 몸소 실천으로 보여주었다. 이때 배운 김진형 회장의 정신은 나중에 하나은행까지 이어졌는데, 그런 점에서 김 회장의 경영자로서의 행동 하나하나가 내게는 큰 규범이 되었고 나아가 나의 경영철학으로 승화되었다.

　김 회장을 모시고 일할 때 그분의 깊은 뜻을 모르고 오해한 적이 있었다. 가령 일을 할 때 우리가 품의서를 들고 가면 김 회장은 일단 결재 사인부터 했다. 그런 다음 내용에 대해서 구체적인 설명을 요구했는데, 자신이 이해하고 있는 것과 맞지 않으면 그 자리에서 방금 해준 사인을 지워버렸다. 또한 최종적으로 품의 결재를 받았다고 생각하고 밤새 이행에 필요한 준비를 해둔 경우에도 다음날 김 회장이 다시 불러 "어제 품의 결재한 것 다시 가지고 오시오. 내가 밤새 생각해봤는데 그 결정이 틀렸어요" 하며 또다시 결재 사인을 지워버리곤 했다. 직원들의 밤샘 고생을 헛수고로 만들며 또다시 최종결정을 번복하는 것을 지켜보면서 젊은 나이의 내 생각으로는 도무지 이해할 수 없었다. 심지어 '한번 결정한 것은 끝까지 밀고 나가야지 왜 저러

나. 참 우유부단하다'는 생각마저 들었다.

그후 한참 시간이 흐른 뒤 내가 막상 최고경영자의 위치에서 결재를 하게 되자 그때서야 김 회장의 행동이 이해가 되었다. 최종결정권자의 입장에서는 자신의 결정 하나하나가 회사 경영을 좌우하는 매우 중요한 일이기 때문에 최후의 순간까지 심사숙고할 수밖에 없었던 것이다. 설사 자기가 직접 사인했더라도 아니다 싶으면 당장 실행을 멈추는 것이 조직을 위해서 옳다는 것을 깨달았다. 어떻게 보면 사소하게 보이는 일조차도 김 회장에게서 배운 것이 많았다.

'금융계의 신사'라고 불린 김 회장은 후배들에게 모범이자 특히 내가 존경한 선배인데, 국가와 자신이 몸담고 있는 회사는 물론이고 모든 타인에게 폐를 끼치지 않으려고 노력하면서 살았던 참으로 전형적인 신사였다. 그 밑에서 많은 것을 배웠는데, 인간적인 면보다 공인으로서의 자세라든가 절제 그리고 기강 같은 것을 제대로 세우게 해주었다.

김 회장은 선진 금융산업의 발전상을 가까이서 지켜본 국제금융통으로 한국개발금융 설립 준비단계부터 오늘날 보편적 가치가 된 시장주의와 고객만족 경영 같은 분명한 철학을 가지고 새 회사가 나아가야 할 이정표를 제시한 분이다. 뿐만 아니라 한국 최초의 민간 금융회사가 지향해야 할 기업문화를 만들어낸 탁월한 디자이너로서 우리 사회에 훌륭한 족적을 남겼다.

잊을 수 없는 또다른 한 분은 홍재선(洪在善) 회장이다. 지금은 없어진 금성방직 사장으로 60년대 후반에 한국경제인협회 회장을 지낸 홍재선 회장은 한국개발금융 설립 준비위원회 위원장으로 활동하면서 협회 회원들을 투자자로 끌어들이는 데에 많은 공을 들였다. 뿐만 아니라 특유의 지도력을 발휘하여 한국개발금융이 탄생하는 데에 앞장섰고 초대 회장을 역임했다.

홍 회장과 관련하여 지금도 어제 일처럼 선명하게 떠오르는 인상 깊은 장면이 있다. 한국개발금융 설립에 대한 마지막 조율이 모두 끝나고 국제금융공사의 윌리엄 다이아몬드 국장 일행이 출국할 날이 다가오자 환송연회가 열렸다.

연회 분위기가 절정에 이를 즈음 홍 회장이 좌중을 둘러보며 두루마리 하나를 들고 일어섰다. 그동안의 노고에 대한 치하를 마친 홍 회장이 두루마리를 아래로 죽 펼쳤다. "다이아몬드 국장, 이 그림엔 호랑이를 탄 두 사람이 그려져 있습니다. 이 두 사람이 바로 당신과 나요. 우리 두 사람은 이제 호랑이 등에 올라탔습니다. 우리가 협력해서 이 호랑이 등에서 떨어지지 않도록 해야 합니다. 왜냐하면 우리가 떨어지면 호랑이에게 잡혀 먹히기 때문입니다. 우리의 모든 것을 걸고 이 호랑이를 잘 조련시켜 성공으로 이끌어가도록 합시다."

그 그림은 홍 회장이 잘 아는 화가에게 특별히 부탁하여 일찌감치 준비해둔 것이었다. 거기에는 사연이 있었다. 앞에서 이야기한 바 있지만, 개발금융 설립을 위한 얘기가 한창 오갈 때 국제금융공사에서 파견한 카이퍼(Kuiper) 단장이 실사단을 이끌고 방한한 적이 있었다. 그때 카이퍼 단장이 우리 사무실에 걸려 있는 낚시꾼 그림을 가리키며 기다림과 인내에 대해서 언급한 적이 있었는데, 그 일이 홍 회장에게 무척 깊은 인상을 남겼던 것이다.

홍 회장은 나를 무척 아꼈는데, 살아가면서 여러 가지 어려움에 직면했을 때 언제든지 스스럼없이 찾아가서 상의할 수 있는 분이었다. 지금도 잊혀지지 않는 고마움이 있다. 마흔 살이 되었던 1977년 내가 한국개발금융 부사장으로 막 승진했을 때였다. 어느 날 홍 회장에게 감사 인사를 하러 찾아갔는데, 느닷없이 사업을 하느냐고 물었다. 그래서 직장인인 내가 무슨 사업을 하겠느냐, 만약 사업을 한다고 하면 내 친구가 하는 사업에 출자를 좀 해달라고 해서 주위 친구들 몇 명을 모아 함께 출자를 했는데, 그 사업이 난관에 봉착하여 어쩔 수 없이 근무시간 이후의 시간을 이용하여 내가 '몸으로' 돕고 있다는 그동안의 자초지종을 얘기 드렸다. 그제야 홍 회장이 "그럼 그렇지. 자네가 사업을 한다면 내게 얘기를 안 했을 리가 없지. 그런데 자네가 부사장이 되려고 하니까 어떤 사람이 내게 와서 자네가 사업을 한다고 귀띔하더군. 그래서 그 친구에게 윤군이 사업을 한다면 내가 모를 리 없고 그런 일은 있을 수 없다고 해주었지" 하며 크게 웃었다. 이 사업 얘기는 뒤에서 다시 할 작정이다.

만약 평소 홍 회장이 나를 믿지 못했다면, 누군가가 귀띔해준 그 얘기를 그대로 믿었을 것이고 그것이 승진에 방해가 되었을 수도 있었을 것이다. 아무런 의심 없이 나를 믿고 신뢰한 홍 회장을 생각하면 지금도 감사할 따름이다.

홍 회장은 1980년 4월 일흔넷의 나이에 지병으로 세상을 떠났다. 임종 직전 가족과 작별인사까지 마친 홍 회장이 나를 찾는다는 소식을 듣고 황급히 병실로 달려갔다. 깨끗한 옷으로 갈아입고 침대에 누워 있던 홍 회장은 나를 보자 내 손을 꼭 잡고 "가족을 잘 부탁하네" 하고 당부했다. 그분의 사후 나는 사모님과 연락을 주고받으며 어려움이 있을 때마다 힘이 되고자 노력했지만, 홍 회장과의 그 모든 인연이 아쉬울 뿐이다.

돌이켜보면 홍재선 회장은 일과 관련해서 큰 가르침을 주진 않았지만, 항상 나를 믿어주고 감싸주면서 말없는 가운데 많은 것을 일깨워주고 지도해준 분이었다. 그에 비해 김진형 회장은 공인으로서 매우 철저하여 배울 것이 많았다. 경제인협회 김입삼 국장과 더불어 김진형 회장과 홍재선 회장 세 분이 있었기에 오늘의 내가 있는 것이다.

7. 잊을 수 없는 인연 5 : 다이아몬드 국장과 니시하라 이사

국제금융공사 개발금융 담당을 지낸 윌리엄 다이아몬드(William Diamond) 국장은 세계은행 자금을 우리나라에 원조하기 위해서 애를 썼고 한국개발금융 탄생에 산파 역할을 한 사람이다. 뿐만 아니라 회사가 완전히 자리를 잡을 때까지 크고 작은 도움을 아끼지 않았다. 이 시절 그와 내가 맺은 인연은 이후로도 계속 이어져 다이아몬드 국장이 세상을 떠날 때까지 30여 년간 지속되었다.

다이아몬드 국장이 한국개발금융을 처음 방문한 것은 1967년 신년 초로 회사 설립 마지막 단계를 점검하기 위해서였다. 그때는 주로 사장과 같은 높은 분들과 만났기 때문에 실무진인 우리는 함께 얘기를 나눌 기회가 없었다. 그런 사정은 우리 직원들도 마찬가지였다. 그저 사무실을 드나들며 얼굴을 본 것이 전부였지만, 다이아몬드 국장은 내게 많은 호감을 가지고 있었다.

유대계 미국인인 다이아몬드 국장의 첫인상은 깎아놓은 밤처럼 깔끔하고 아주 단단해 보였다. 우리 회사에 처음 왔을 때 나이가 50대 후반이었는데, 키는 미국 남자치고 좀 작은 편이었고, 성격은 매우 철저하고 꼼꼼한 완벽주의자였다. 일을 할 때 보면 워커홀릭처럼 무섭

게 몰두했다.

　다이아몬드 국장과 직접 대화를 나누면서 친분을 맺은 것은 훗날 한국개발금융이 장기신용은행으로 전환을 모색하던 시점이었다. 회사 진로변경을 놓고 좀더 전문적이고 장기적인 안목으로 검토하는 차원에서 다이아몬드 국장을 초청하여 의견을 듣기로 한 것이다. 이때 비로소 나는 그와 직접 얘기를 나눌 수 있었는데, 대화는 인터뷰 형식으로 진행되었다. 다이아몬드 국장은 내 의견을 아주 진지하게 경청했고, 나도 그분의 얘기를 관심 있게 들으면서 서로를 깊이 알게 되었다.

　그후 세계은행 자금지원이 중단되면서 한국개발금융과 국제금융공사와의 긴밀한 협력관계도 업무적으로는 더 이상 지속되지 않았지만, 다이아몬드 국장과 나는 개인적인 인연을 이어갔다. 내가 한국투자금융 사장을 거쳐 하나은행을 만들고 우리금융지주회사 회장으로 일할 동안 세계은행 총회 등으로 미국 워싱턴을 방문할 기회가 많았는데, 그때마다 다이아몬드 국장과 미리 만날 약속을 정했다. 그 자리에서 그 분은 항상 세계 금융정세에 대한 여러 가지 정보를 알려주었고 내가 의견을 구하면 조언을 아끼지 않았다. 뿐만 아니라 한국기업의 현황을 묻고 자신이 뭔가 도울 일은 없는지 물으면서 자상한 면모를 보여주었다.

　하나은행장 시절 우리는 향후의 금융시장은 기술과 통신의 발달에 따라 세계화가 신속하게 진행될 것이고, 글로벌 시장에서는 몇몇 플레이어가 나오고, 이들이 각국의 개별시장의 플레이어와 협력관계를 맺으며 활동할 것이라고 전망했다. 이렇게 될 때 우리가 국내시장에서 선도적 역할을 하기 위해서는 내실 있는 경영도 해야 하지만, 글로벌

플레이어가 협력의 대상으로 삼을 정도로 규모가 크지 않으면 안 된다고 생각했다. 이를 위해서 자체 성장도 꾀해야 하겠지만, 합병을 통한 규모화도 추진해야 한다고 생각하여 보람은행과의 합병을 추진하고 있었다. 이를 위해서 나는 국제금융공사 관계자와 협의하기 위해서 워싱턴을 방문했다. 그때도 다이아몬드 국장을 만나 조언을 구했는데, 합병의 이유에 대해서 물었다. 그래서 현시점에서 우리에게 제일 중요한 것은 금융시장에서 비중 있는 역할을 하기 위해서 조직을 키우는 것이며, 그러자면 문화적 배경이 비슷한 인재를 확보하는 일이 중요한데 보람은행의 환경과 문화가 우리와 가장 비슷하기 때문이라고 대답했다. 내 말에 그분은 조직을 키우려면 합병 대신 지점을 많이 만들고 당신들이 주체가 되어 금융시장에서 사람을 모으면 될 것 아니냐고 조언해주었다.

우리나라가 외환위기로 뒤숭숭하던 1997년 10월, 다이아몬드 국장으로부터 잊을 수 없는 편지 한 통을 받았다. 그전까지는 미국에 가서 만나거나 이메일을 통해서 서로 안부와 소식을 전했기 때문에 자필 편지를 받은 것은 그때가 처음이었다. 내용의 요점은 '여기서 보니까 여러 가지로 세계경제가 어렵고 그 먹구름이 한국 쪽으로 가고 있는데, 하나은행은 괜찮은가, 별일 없느냐?'는 것이었다. 비록 몇 마디 안 되는 짧은 글이었지만, 그 속에 담긴 진심어린 염려가 고스란히 전해져와 내 가슴이 뭉클했다.

세계 금융사정에 밝았던 다이아몬드 국장은 우리나라에 외환위기가 본격적으로 상륙하기 전부터 뭔가 심상치 않은 일이 벌어질 것이란 조짐을 미리 알고 있었던 것이다. 그래서 "우리도 근심하고 있지

150
금융은 사람이다

만, 정부가 여러 가지 조치를 마련 중이니 잘 되기를 기대하고 있습니다. 우리 은행도 나름대로 준비하고 있습니다"는 답장을 보냈다. 다이아몬드 국장의 시의적절하고 현명한 충고 덕분에 하나은행이 좀더 서둘러 여러 가지 조치를 취하는 데에 크게 도움이 되었다.

우리금융지주회사 회장으로 재직하던 2002년 9월에 나는 세계은행 연차 총회에 참석하기 위해서 미국을 방문했다. 워싱턴 도착 다음날, 평소와 달리 다이아몬드 국장을 자택에서 만나게 되었다. 하필 부인이 아파서 외출하기 어려우니 집으로 오라고 했던 것이다. 마침 그의 집이 워싱턴 시내에 있어 흔쾌히 그러겠다고 했다. 부부와 함께 거실에서 차를 마시며 대화를 나누는데, 여든 넘은 노인 두 분만 살아서 그런지 집안 분위기에 온기가 별로 없고 다이아몬드 국장의 당당하고 활기찼던 예전 모습도 전혀 느껴지지 않았다.

대화는 여느 때와 별반 다를 바 없이 다이아몬드 국장의 관심사로 시작되었다. 한국 경제가 어떻게 돌아가고 있느냐, 정치사회가 어떻게 발전하고 있느냐. 우리금융지주회사는 어떻게 되어 가고 있느냐? 이런저런 얘기 끝에 한국개발금융에서의 추억들을 더듬게 되었는데 불현듯이 '아, 사람이 이렇게 늙어가는구나' 하는 느낌이 들었다. 얘기 도중 50대 때 한창 팔팔하고 활기차게 일에 몰두하던 다이아몬드 국장의 젊은 시절 모습이 생생하게 떠올랐기 때문이다. 그동안 여러 차례 만났지만, 다이아몬드 국장이 모든 일에서 손을 떼고 집에 머물러 있는 모습을 본 것은 이때가 처음이었다. 나는 나도 모르게 그분의 황혼기의 쓸쓸함을 엿보게 되어 마음이 몹시 착잡했다.

그래도 이날 다이아몬드 국장이 내게 보인 변함없는 관심은 무척 인상적으로 남아 있다. 여든일곱의 나이로 현역에서 은퇴한 지 오래 되었고 실질적으로 하는 일이 없음에도 불구하고 "미스터 윤, 내가 뭐 도울 일이 없어?"하며 진심 어린 마음을 건넨 것이다. 오랜 세월 한결같은 모습으로 걱정해주는 그 마음이 참 고마웠던 한편 '정말 대단한 분'이라는 생각이 들었다. 아쉽게도 세상을 떠날 때 아무런 연락을 받지 못해 돌아가신 줄도 몰랐고, 장례식에도 참석하지 못했다. 그게 두고두고 미안함으로 나의 가슴 한 구석에 남았다.

다이아몬드 국장과 얽힌 흥미 있는 일화가 있다. 장면 정권 시절 주미대사관 경제담당 참사는 신병현(申秉鉉) 씨였는데, 그는 국내에서 5.16 군사혁명이 발발하여 정권이 바뀌고 연일 군정반대 데모가 벌어져 뒤숭숭한 상황이 되자 귀국할 수가 없었다. 그는 주미대사관을 그만둔 뒤 미국에 그대로 눌러앉았는데, 공교롭게도 국제금융공사에 채용되어 다이아몬드 국장 밑에서 일하게 되었다. 그런데 신병현씨가 일제시대에 공부를 많이 하긴 했지만, 영어가 썩 훌륭한 편이 못 되었던 모양이었다. 어쨌든 다이아몬드 국장 밑에서 직원으로 일하다가 70년대 후반에야 국내에 들어와 경제 부총리를 역임했다.

그즈음 다이아몬드 국장이 방한하여 사석에서 나를 만났는데, 그때 하는 말이 "내가 일생일대에 사람을 제대로 알아보지 못한 것은 신병현 씨가 유일해요. 내 밑에 있을 때 영어가 서툴러서 큰일이나 중요한 일을 못 시켰는데, 나중에 알고 보니 일국의 부총리가 됐어요"라고 해서 함께 웃었던 기억이 난다.

한국개발금융 시절 잊을 수 없는 또 한 분의 외국인이 니시하라 나오카도(西原直廉) 이사다. 이 분은 국제금융공사 극동 대표로 있으면서 우리 회사에 이사로 파견되었는데, 과거 일본 대장성(大藏省) 은행국장을 지낸 고급관료였다. 우리 회사에 파견되기 전 국제금융공사와 먼저 인연을 맺게 된 것은 다이아몬드 국장과의 친분 덕분이었다.

1964년 도쿄 올림픽을 앞두고 일본은 올림픽 준비를 위해서 새로 고가도로를 건설하고 도로를 개보수하는 공사를 대대적으로 벌였다. 이때 일본의 국내자금이 부족하자 세계은행 차관을 들여왔는데, 그 과정에서 당시 대장성에서 일하던 니시하라 씨가 여러 가지 교섭을 진행했고 그 일로 다이아몬드 국장과 친해진 것이다.

그후 경제인협회가 국제금융공사와 합작으로 한국개발금융을 만들 때 다이아몬드 국장이 영국과 일본 같은 세계 각국의 은행들을 끌어들여 투자를 하게 했는데, 일본의 은행은 대장성 은행국장을 지낸 니시하라 씨가 주선을 했다. 이 일로 니시하라 씨가 우리 회사에 상당한 관심과 영향력을 가지게 되어 회사 설립을 앞두고 여러 가지 상황을 검토하고 조언도 해주었다. 그 사이 니시하라 씨가 대장성에서 물러났는데, 다이아몬드 국장이 힘을 써 국제금융공사 극동 대표로 자리를 옮기게 되었다. 그리고 한국개발금융이 설립되자 국제금융공사를 대표하여 이사로 파견된 것이다.

니시하라 이사는 매우 조용한 성격에 전형적인 일본 관료의 인상을 풍기는 분이었다. 생김새는 호리호리할 정도로 마른 편이었고, 항상 지적인 모습이었다. 언뜻 보기에는 차가워 보였지만, 대화를 나누다 보면 굉장히 자상한 면도 있었다.

1985년 한국투자금융 사장에 취임한 뒤에 도쿄에 갈 일이 있어 니시하라 이사를 만났는데, 자신이 단골로 즐겨 찾는 식당으로 나를 이끌었다. 그 자리에서 "윤군, 이제부터 한 20년 동안 정말 멋있게 잘해 보시오" 하고 격려해주었다. 금융회사 최고 수장에 올랐으니까 앞으로 적어도 20년 동안은 그 자리를 지키며 일을 잘하라는 뜻이었다. 나는 속으로 '이 분이 뭘 모르고 참 태평이군' 하며 웃어넘겼다.

당시 우리나라 금융회사 대표의 임기가 보통 3년 정도였는데, 한 번으로 끝나는 경우가 대부분이었고 길어봐야 재임까지 6년이면 자리에서 물러나야 했다. 그런 사정을 모르고 20년간 잘해보라니까 그냥 덕담으로 가볍게 받아넘긴 것이다. 그런데 희한하게도 나는 한국 투자금융 사장 이후 하나은행장과 회장을 거쳐 우리금융지주회사 회장까지 그분의 말대로 우리나라 금융계에서 20년 넘게 최고경영자로 일하게 되었다. 국내 금융계 현실로는 도저히 불가능할 것 같던 일이 현실이 된 것이다. 결과적으로 니시하라 이사의 말이 씨가 된 것 같아 종종 그때 만남이 떠오른다.

그 뒤로도 니시하라 이사는 내가 도쿄의 사무실로 찾아가면 식당으로 안내하여 밥을 사곤 했다. 한번은 "우리나라 금융이 일본의 발전과정을 거의 그대로 따라가는 것 같은데 단자회사인 우리 한국투자금융은 앞으로 어떻게 될 것 같습니까? 어떻게 하면 되겠습니까?" 하고 물은 적이 있다. 내 질문에 그분은 단자회사의 좋은 점과 향후 주의해야 할 것들을 아주 상세하고 자상하게 설명하면서 해결책에 대한 조언도 빠뜨리지 않았다. 그 외에도 일본이 경제적인 부분에서나, 그동안의 연륜과 경험에서나 우리보다 앞서 있었기 때문에 그때그때 필요한 현안에 대해서 조언을 구하면 언제든 피하지 않고 자세히 일러주곤 했다.

외국인인 니시하라 이사와 다이아몬드 국장을 알고 지내면서 한 가지 신기하게 느꼈던 것이 있다. 나라와 문화와 인종이 달라도 사람을 보는 눈이나 인간관계를 맺는 데에는 별로 차이가 없다는 것이다. 한국개발금융 시절 내가 인연을 맺었던 사람들 중에서 외국인이었던 두 분은 유독 나를 좋게 보고 좋아했다. 덕분에 수십 년간 금융인으로 살아오면서 두 분에게 갚지 못할 도움을 받았고, 특별한 인연으로 내 마음 속에 간직하고 있다.

주위 사람들이 나보고 종종 인덕이 많다고 하지만, 내 생각도 마찬가지다. 인생이란 수많은 연(緣)으로 이루어지는데, 나는 그 연이 아주 좋은 편이었다. 우리금융지주회사에 처음 회장으로 갔을 때, 또 지금 이끌고 있는 한국FP협회를 창립할 때 그 속에서 제 역할을 할 만한 사람들이 자연스럽게 나를 도와주는 경험을 했다. 돌이켜보면 나는 누구보다 행복한 사람이다. 무릇 안타까운 것은 국적을 초월하여 오랫동안 소중한 인연을 이어오던 니시하라 이사와 다이아몬드 국장도 모두 이미 고인이 되었다는 점이다. 지금까지 살아 있다면, 두 분이 나보다 스무 살 이상 연배니까 근 100세에 가까울 것이다.

8. 큰돈과는 인연이 별로 없는 평생

서너 살 때 밭일을 하는 어머니 등에 업혀 나는 '부자'가 될 것이라고 말했다고 한다. 워낙 어릴 때라 기억에 없지만, 나중에 어머니한테서 들었던 말이다. 어린 눈에도 힘겹게 사는 어머니 모습이 안돼 보였던 모양이다. 어렸을 때 아버지는 일을 핑계로 전국 팔도는 물론 일본까지 떠돌아다녔다. 그 탓에 자식을 키우며 집안일에 밭일까지 전부 어머니 차지였다. 하루 종일 나를 업고 땡볕에 쪼그리고 앉아 밭을 매던 어머니가 지금도 어렴풋이 기억이 난다. 가뭄으로 갈라진 논바닥만큼이나 얼굴에 주름이 깊게 파인 어머니의 한숨소리는 아직도 내 귓가를 맴돈다.

부자가 되겠다던 유년기의 야무진 꿈과는 달리 지금까지 살아오면서 큰돈과는 별로 인연이 없었다. 평생 돈을 만지는 금융인으로, 그것도 CEO를 20년이나 한 사람이 무슨 소린가 하겠지만, 남의 돈 관리나 돈 심부름만 잘했을 뿐 내주머니를 불리는 데는 별로 소질이 없었다는 얘기다. 비록 내 돈은 아니지만, 그동안 손에 쥐어본 가장 큰 돈은 한국개발금융 설립 때 정부로부터 지원받은 준자본금 20억2천5백만 원의 국고수표였다. 당시 5대 시중은행 자본금 평균이 5억 원이었던 점을 감안하면 어마어마한 금액이었다.

나는 돈이 사람을 좇아야지 사람이 돈을 좇으면 안 된다는 교훈을 몸소 깨달은 계기가 있다. 본의 아니게 발을 담그게 된 사업에서 톡톡히 쓴맛을 본 것이다. 앞에서 얘기했지만, 1977년 한국개발금융 부사장 승진을 앞두고 내가 따로 사업을 한다는 소문이 사내(社內)에 퍼졌을 때 홍재선 회장이 나를 불러 그 진위를 물었던 그 사업이었다.

한국개발금융 영업부장 시절, 부산대 법대 동기로 학창시절 하숙을 함께 했던 친구가 나를 찾아와서 독립하여 사업을 해보려고 하니 좀 도와줄 것을 부탁했다. 그전까지 이름만 대면 알 만한 국내 한 의류회사에서 공장장으로 일하던 친구였다. 사실 그 회사는 내가 연결해준 곳인데, 당시만 해도 대졸 출신이 의류회사 생산현장에서 일하는 경우가 드물었다. 어쨌든 이 친구는 그곳에서 아주 성실하게 일해 공장장 위치까지 올라갔다.

친구가 여러 차례 도움을 요청하자 그냥 넘길 수가 없어 우리 회사 부사장을 찾아가서 상의했다. 그전에 상사인 부사장과 몇 명이 모여 얘기를 나누는 자리에서 "우리가 이렇게 평생 월급쟁이만 하다가 나중에 은퇴하면 골프라도 칠 수 있겠어요?"라는 푸념을 들었던 터였다. 부사장은 "돈이 얼마나 들겠어요?" 하며 내 말에 관심을 보였다. 이런저런 얘기 끝에 농담 삼아 우리가 돈을 좀 모아서 직접 투자를 하고 잘되면 노년에 그 돈으로 골프도 칠 수 있을 것이라고 했다. 결국 친구가 구상한 봉제공장에 공동 투자를 결정했다.

내가 덜컥 사업에 직접 투자를 하게 된 것은 친구의 부탁도 있었지만, 그 전부터 들은 소리가 있어서였다. 한국경제인협회 시절부터 같이 투자를 하자는 사람들이 있었고, 주위 사람들도 나를 보면 '은행

사람' 같지 않고 사업을 하면 참 잘할 수 있을 것 같다는 말을 많이 했다. 그런 얘기를 자꾸 듣다보니 어느새 백 퍼센트 '내 일'은 아니더라도 적극적으로 한번 참여라도 해보고 싶다는 생각이 들게 된 것이다.

봉제공장 투자자로 나선 사람은 부사장과 나 그리고 모임에서 만난 친구 두 명 등 모두 네 명이었다. 그런데 다른 사람들이 내 친구가 하는 사업이니까 내가 돈을 더 내는 것이 좋겠다고 해서 전체 투자금의 절반 정도를 내가 부담했다. 투자든 배분이든 따로 정한 룰도 없이, 또 따지지도 않고 직접 투자를 하게 되었는데, 그만큼 당시의 세상은 어수룩했고 나는 세상물정을 몰라도 한참 몰랐던 것이다.

사업 밑천이 마련되자 곧장 회사를 설립하고 친구가 대표로 운영을 책임지게 되었다. 이때가 1974년 봄이었는데, 봉제산업 경기가 괜찮았다. 의류회사 생산현장에서 잔뼈가 굵은 친구가 가진 기술과 노하우도 있어 경영을 잘 하리라고 생각했다. 회사 설립 직후만 해도 나중에 내가 경영에 직접 뛰어들게 되리라곤 전혀 예상하지 못했다.

사업을 시작하고 얼마 지나지 않아 친구가 어려움을 호소했다. 자기 딴에는 열심히 한다고 했지만, 공장 사정이 나아지기는커녕 갈수록 힘들어졌기 때문이다. 그때부터 요즘 말로 나의 투잡(two-job) 생활이 시작되었다. 사실 한국개발금융은 근무시간이 비교적 여유가 있던 곳이었기 때문에 나는 날마다 오후 5시 정시에 퇴근해서 공장으로 직행했다. 하루 이틀도 아니고 밤늦게까지 일을 하는 것은 여간 고역이 아니었지만, 마냥 손놓고 있을 수 없었던 이유는 나를 믿고 내 친구들이 투자했으니 걱정과 함께 책임감이 컸기 때문이다.

봉제라는 것이 정말 어려운 일이라는 것을 이때 처음 알았다. 당시는 '다후다'라는 나일론 계통의 천이 유행했는데, 와이셔츠를 만드는 원단이 되었다. 재단을 위해서 천을 쫙 펼쳐놓았을 때는 분명히 모양이 반듯했으나, 잘라서 바느질을 하다보면 어느새 모양이 틀어져 불량품이 되었다. 별것 아닌 것처럼 보였던 봉제에 부분부분 숨은 기술이 필요했던 것이다. 거기다 6명의 봉제공이 각 공정마다 한 팀이 되어 배당된 일을 맡았는데, 한 명이라도 빠지면 라인을 전부 중단시켜야 했다.

그런저런 이유로 애쓴 보람도 없이 사업을 시작한 지 3년쯤 지나자 투자금을 모두 날릴 지경이 되었다. 별 수 없이 대표를 맡았던 친구에게 "이래서는 도저히 안 되겠어. 내 친구들한테 투자금의 반만이라도 건져줘야겠으니 지금 남은 절반을 네가 인수하고 우리도 절반씩 손해 보는 걸로 하세" 하고 손을 들고 말았다. 결과적으로 나를 믿고 투자한 친구들은 요즘 시세로 따지면 수억 원을 날린 꼴이 되었다. 그 뒤로 얼마 못 가서 친구마저 사업체를 끝까지 지키지 못하고 회사 문을 닫았다.

사업의 '사(事)'자도 모르고 뛰어들었다가 톡톡히 대가를 치렀지만, 이 일로 몇 가지 깨달은 것이 있다. 우선 사업이라는 것이 무조건 열심히만 한다고 되는 것이 아니라는 점이다. 또 사업은 자신이 직접 해야지 남에게 맡겨서는 되는 일이 아니었다.

미국 하버드 대학교 비즈니스 스쿨은 자기 사업을 하려면 20대에 시작해야 한다고 가르친다. 왜냐하면 사업이라는 것은 언제든지 실패할 수 있기 때문에 젊은 나이에 시작해야 엎어져도 다시 한번 더 도전할 기회가 주어지기 때문이다. 내 친구도 서른 중반을 넘긴 나이에 처음 사업을 시작했다가 망했기 때문에 이후 다시 재기하지 못했다.

또 하나 깨달은 것은 큰 회사에 있다가 30대를 지나서 사업을 시작하면 안 된다는 것이다. 왜냐하면 조직이 큰 회사일수록 직원의 업무 능력을 도와주는 시스템이 정착되어 있어 몇 년간 일하다 보면 익숙해지게 되는데, 내 친구는 순전히 자신의 능력 덕분에 예전에 다니던 회사가 성공할 수 있었다고 자만한 것이다. 친구가 다니던 의류회사 오너는 초등학교도 못 나온 사람이었다. 따라서 대학을 나와 공장장을 한 내 친구는 자신이 잘해서 회사를 크게 키웠다고 생각했다. 사실 그것은 어느 개인의 힘이 아니라 조직의 잘 짜여진 시스템이 총체적으로 회사의 결실로 나타난 성과였던 것이다. 그 이치를 모르고 자만심에 빠져 있던 친구는 자기 사업을 규모에 맞게 운영할 줄 몰랐다. 이를테면 큰 조직에 있을 때 천 원을 중시했다면, 규모가 작은 봉제공장에서는 백 원을 천 원만큼 중시해야 했는데, 그것을 몰랐던 것이다. 그렇다고 운영 시스템이 정착된 것도 아니어서 결국 실패를 자초한 셈이었다.

비록 짧은 기간의 경험이었지만, 투자 실패는 많은 공부가 되었고 후에 은행을 경영하는 데도 큰 도움이 되었다. 이때 경험을 토대로 직원들에게 항상 강조했던 얘기가 있다. '가령 여러분들이 은행 주식에 1원을 투자했다고 치자. 그 돈을 날렸다고 불평만 한다면, 그것은 완전히 투자에 실패하는 것이다. 그런데 투자의 결과로 나타난 실패에서 무엇인가를 배우려 하고 거기서 깨닫는 것이 있으면 그것은 실패가 아니다. 그 배움이 투자에 대한 보상이고 그것은 새로운 성공의 자본이 될 것이다. 불평만 자꾸 하면 1원이 아니라 천만 원을 날려도

얻는 게 없다.'

거기에 덧붙여 강조한 것은 '적어도 한 가지 사업을 꾸준히 10년 간 한 사람은 존경해야 한다. 그것은 대단한 것이고 경영이라는 것이 그만큼 어렵기 때문이다. 부동산 투자는 단 한 건에서 대박이 날 수 있지만, 사업은 그렇지 않다'라는 충고였다. 틈날 때마다 반복해서 한 나의 이런 얘기가 작용했는지, 은행을 찾아오는 기업고객들을 보는 직원들의 눈이 달라지기도 하는 것을 느낄 수 있었다.

인간의 이성은 완벽하지 못하고 때로는 터무니없는 실수를 반복하게 만든다. 봉제공장 투자로 거금을 날린 후 나는 두 번 다시 사업에 투자하는 일은 하지 않겠다고 결심했다. 그런데 몇 년 뒤 또 한 번의 실패를 경험했다. 1982년 장기신용은행에서 한국투자금융 전무로 자리를 옮기면서 적지 않은 퇴직금을 받아 손에 쥐고 있었는데, 어느 날 사촌동생이 찾아와서 돈을 빌려달라고 했다. 관세청에 근무하던 사촌동생의 수출입 노하우를 믿고 누군가가 도와주겠다고 나서 이 기회에 자신의 사업을 하겠다는 것이었다.

수중에 돈이 없다면 모를까 의욕을 갖고 찾아온 사촌동생의 부탁을 나는 거절하기가 어려웠다. 결국 사업투자는 결코 안 하겠다던 결심을 깨고 퇴직금을 내주었다. 거기에는 그럴 만한 내 나름의 이유가 있었다. 우선 사촌동생의 능력을 인정했고, 나 또한 이미 한 번의 사업 실패에 대한 한(恨)이 있어 '이번만큼은' 하고 기대를 했던 것이다. 그런데 믿었던 사촌동생도 3년을 못 넘기고 주저앉는 바람에 퇴직금이 몽땅 사라졌다.

금융계에 몸담고 있으면서 사업 쪽으로 한눈을 판 것은 순전히 사업을 잘 몰랐기 때문이다. 멋모르고 "당신은 사업을 하면 잘할 것"이라는 주위 사람들의 말에 솔깃하여 기회가 생기자 별로 따지지 않고 뛰어들었던 것이 실수였다.

내 인생에서 그렇게 두 번 사업 실패의 쓴잔을 마시기도 했지만, 후회는 없다. 사업이든 사법고시든 내가 선택한 일에 할 수 있는 최선을 다해 도전했기 때문이다. 사법고시를 준비하던 대학생 시절에 절에서 함께 공부하던 친구가 내가 실패하자 한 번만 더 도전하면 꼭 합격할 것이라고 했다. 하지만 나는 깨끗하게 단념했다. 그러나 그뒤 또 한 번 고시공부에 몰두한 일이 있었고, 역시 실패한 것은 앞에서 얘기한 바가 있다. 고시를 패스한 사람들은 너나 할 것 없이 집중력이 굉장한데, 나는 지금도 그들을 존경한다.

사업도 마찬가지다. 사업을 하려면 깊이 파고 들어가서 배우고 요령을 알아야 하는데, 나는 너무 쉽게 생각했기 때문에 실패한 것이다. 봉제공장이라는 게 어떻게 경영해야 하는 사업인지도 모르고 무조건 일감만 많이 생기면 잘 될 것이라고 막연하게 생각한 것이 실패의 화근이었다.

1997년 외환위기 후에 금융계에서는 구조조정과 경영실적을 개선하기 위해서 은행장을 비롯한 경영진들에게 스톡 옵션(stock option)을 주어 상당한 금전적 혜택을 베풀었는데, 나는 그 이전에 하나은행의 은행장 자리에서 물러나 회장으로 있었으니 그런 혜택을 받지 못했다. 다만 우리금융에 3년 동안 재직하면서 한 차례의 혜택을 받은 일이 있었으나, 그때는 금융회사의 과다한 스톡 옵션이 비판의 대상이 되던 때였기 때문에 까다로운 행사조건이 붙어 있어 실제 행사된 나의 몫은 당시의 나의 석 달 치 월급 정도였다.

어떻게 보면 지금 내가 하고 있는 한국FPSB와 한국FP협회 일도 사업이라고 할 수 있는데, 이것만큼은 성공이라고 생각한다. 과거 사업할 때 돈을 투자하여 주식회사를 했기 때문에, 다시 말해 내가 거기서 돈을 벌려고 했기 때문에 나는 성공하지 못한 것이다. 한국FPSB와 한국FP협회는 비영리 사단법인으로 애초부터 돈을 벌 생각보다 사회에 필요한 공익의 영역을 개척하여 이바지하겠다는 마음으로 노력했기 때문에 잘 운영되는 것 같다.

무슨 일이든 성공했든 실패했든 그 가운데에서 우리는 배우는 것이 있다. 그래서 그냥 돈만 없애고 시간만 허비한 것은 아니라고 나는 생각한다. 투자 실패로 인해서 딱 한 가지 남은 아쉬움이 있다면, 학창시절부터 이어왔던 친구관계가 깨진 것이다. 봉제사업이 망한 뒤 딱 한 번 그 친구를 만난 적이 있는데 왠지 서로 서먹한 감정을 떨칠 수 없었다. 친구는 내 돈을 없앴으니 미안했을 것이고, 나는 끝까지 그를 도와줄 수 없는 상황이었던 것이 미안했던 것이다. 지금은 다른 친구들을 통해 간간이 소식만 전해 듣고 있는데, 옛말에 돈 잃고 친구 잃는다는 말을 절감했다. 친구 잃고 돈 잃고 거기다 나는 심각한 병까지 얻게 되었으니 무턱대고 사업에 발을 담근 대가를 혹독하게 치른 셈이다.

9. 아내 이정희

    봉제공장 사업이 실패하면서 나는 결국 병을 얻고 말았다. 한국개발금융 영업부장으로 일하면서 공장운영도 도와야 했기 때문에 육체적, 정신적 피로가 한계를 넘어섰던 탓이리라.

    사실 사업에는 문외한이라 제한된 밤 시간에 공장이 어떻게 돌아가는지 파악하고 그날그날 운영현황을 챙기는 일은 쉽지 않았다. 그리고 늦게까지 야근하는 공원(工員)들도 보살펴야 했다. 함께 야식을 먹으면서 고충을 들어주느라 날마다 술잔을 돌렸다. 아침 일찍부터 전혀 다른 두 업종의 일을 마치고 12시 통금시간이 가까워서야 집에 돌아오기 일쑤였다. '사업'을 접은 뒤였지만, 피곤이 쌓일 대로 쌓인 상태에서 한국개발금융 부사장으로 승진하면서 승진턱을 내는 술자리가 연일 이어졌다. 이런 날들이 많아지자 결국 몸이 견디지 못하고 무너지고 말았다.

    어린 자식 셋이 딸린 마흔 가까운 홀아비와 결혼하여 남들처럼 신혼재미도 경험하지 못한 채 시어머니를 모시고 아이들 건사하기에 바빴던 아내는 결혼한 지 2년이 못 되어 덜컥 큰 병을 얻은 남편을 보며 하늘이 무너지는 것 같은 암담함을 느꼈을 것이다.

    1936년생인 아내 이정희(李貞姫)는 호적상 나보다 한 살이 많지만,

음력으로 따지면 동갑이다. 다만 생일이 나보다 조금 빠르다. 내가 종종 "당신은 영계하고 산다"고 농을 하면 웃음으로 받아넘긴다. 아내를 처음 만난 것은 불의의 교통사고로 첫 아내를 잃고 일 년이 조금 지났을 때였다. 먼저 세상을 떠난 첫 아내의 친구 남편이 지금의 처형 쪽 집안사람으로 평소 나를 잘 알아 아내와 나 사이에 다리를 놓았다. 공교롭게도 아내와 그렇게 인연을 맺게 되었으니 보통 인연은 아닌 것 같다. 손위 동서는 부산시장과 경찰본부장을 역임했는데, 지금 나와 같은 아파트 동네에 살고 있다.

아내는 좋은 집안과 훌륭한 환경에서 부족함이 없이 자랐지만, 연세대 재학 시절 장모님이 세상을 뜨면서 집안을 제대로 돌볼 사람이 없는 데다 4.19 후에 가세가 기울었다. 아내는 미국으로 가려고 했지만, 어린 동생과 차마 헤어질 수 없어 떠나지 못했다고 한다. 그 바람에 나와 인연이 닿아 결혼까지 하게 되었는데, 만약 그때 아내가 미국으로 떠났다면, 우리의 인연은 어찌되었을까?

결혼 당시 나는 이미 9살과 6살, 4살의 1남 2녀를 둔 가장이었지만, 아내는 초혼이었다. 현실의 잣대로 보면 나는 결코 아내와 결혼할 처지가 못 되었는데, 당시 사회 분위기상 서른 중반을 넘겨 혼기를 놓친 아내의 결혼을 집안에서 딱히 말릴 사람도 없었을 것이다. 나중에 아내한테서 들은 얘기지만, 처음 맞선 상대로 나를 소개받았을 때 영마뜩치 않았다고 한다. 마지못해 등이 떠밀려 나오게 된 자리였지만, 대화를 나누면서 내가 무척 딱해 보였다고 한다. 한창 사회에서 왕성하게 일할 나이에 뜻하지 않은 사고로 아내와 사별하고 어린 자식 셋을 홀로 키우는 남자가 몹시 안쓰러워 보였던 것이다. 거기다 당시

165

둘째딸은 류머티즘으로 한쪽 다리가 불편했다. 안주인을 잃은 집안 살림은 고향에서 급히 상경한 어머니가 도맡고 있었다.

나와의 만남을 내켜하지 않았던 그녀와는 달리 첫눈에 조용하고 기품 있는 그녀의 성격이 마음에 든 나는 어떻게든 그녀를 붙잡고 싶었다. 하지만 나의 처지가 처지인지라 나는 적극적으로 구혼할 수 없었다. 대신 집안사정을 숨김없이 모두 털어놓고 그녀의 처분만 기다렸다. 마침내 그녀가 결심을 굳혀 어렵사리 재혼에 성공했지만, 자랄 때부터 집안 분위기가 서로 아주 달랐던 우리 부부는 결혼 초에 알게 모르게 문화차이를 경험했다. 아내는 서울 토박이이고, 나는 경상도 남자에 더구나 거제도 섬사람이었으니 그야말로 매우 보수적인 집안에다 가정형편도 넉넉지 못하게 자랐던 것이다.

부부간의 문화차이 말고도 결혼과 함께 아내가 짊어지게 된 짐은 적지 않았다. 생전 아이를 낳아본 적도 키워본 적도 없는 여자가 졸지에 고만고만한 전처 자식 셋을 키워야 하는 엄마가 되었던 것이다. 거기다 큰형님이 일찍 세상을 떠나 어머니를 우리가 모시게 되었고, 큰형님의 장남인 국민학생 조카까지 집안 종손이라며 데려와서 우리 아이들과 함께 키우게 되었다. 나머지 조카 둘도 함께 살지는 않았지만, 학비는 물론이고 결혼까지 시켜주었으니 그야말로 아내의 희생과 수고가 이만저만이 아니었다.

엎친 데 덮친 격으로 아내가 겨우 낯선 환경에 적응해갈 때쯤 내가 덜컥 아파 눕게 되었던 것이다. 병명은 술병이랄 수 있는 간염이었는데, 평소 나는 술을 그리 좋아하지 않았고 지금도 마찬가지다. 아버지가 살아생전 술값으로 날린 돈이 벌이의 8할이라고 할 만큼 술을 좋아했던 탓에 형님을 비롯한 우리 집안 남자들은 술을 좋아하지도, 가까이 하지도 않았다. 그런데 직장생활에 감당하기 벅찬 공장 경영에까지 개입했으니까 나는 어쩔 수 없이 술을 마시게 된 것이다.

몸에 이상이 있다는 것을 알게 된 것은 한국개발금융 부사장 승진 후 얼마 지나지 않아 회사에서 제공하는 정기검진을 받고서였다. 주위 동료들은 별 이상이 없다는 결과를 받았는데, 나만 병원으로 다시 오라는 통보를 받고 나는 의아했다. 담당 의사를 만났더니 간수치가 높게 나왔다며 술을 마시느냐고 물었다. 그렇다고 대답했더니 앞으로 한 달 정도만 술을 끊으라고 했다. 의사 말을 들으니 별로 대수롭지 않은 것 같아 집에 돌아와서 아내에게 무심하게 얘기했는데, 뜻밖에 몹시 놀라는 눈치였다. 일찍이 장모님을 간암으로 잃었던 것이다.

아내가 정밀검사를 받아야 한다며 서둘러 병원에 가서 동위원소 촬영을 했다. 검사결과는 B형간염이었고 그날로 입원했다. 당시의 의료수준은 지금과 달라 B형간염은 매우 심각한 병으로 치부되었다. 그후 석 달간 꼼짝없이 병원에 갇혀 지냈고 이후 통원치료를 하며 일 년간 병치레를 했다.

그동안 금융계에 몸담아오면서 내가 직장에 대해서 가장 고마움을 느꼈던 것도 이때다. 병원 입원 기간 동안 회사는 유급휴직을 주었을 뿐만 아니라 퇴원 후 집에서 요양을 할 때는 3개월 동안 반나절만 근무할 수 있도록 배려했다. 금융회사이다 보니 아무래도 일이 빡빡하지 않고 여유가 있었기도 했지만, 여느 직원들과는 다른 특혜를 받았다. 아마 초기 한국개발금융과 관련 회사 설립에 기여한 공을 인정하여 남들보다 배려해준 것 같다.

몇 해 전 손자를 앞세우고 가족 모두 남한산성으로 나들이를 다녀왔다. 그곳은 우리 가족의 아픔과 행복이 고스란히 담긴 추억의 장소이다. 병원에서 퇴원할 때 의사가 공기 좋은 곳에 가서 쉬는 것이 좋을 것이라고 해서 집에서 투병생활을 하는 동안 주말마다 아이들과 함께 남한산성으로 소풍을 갔다. 시냇가 밤나무 그늘에 돗자리를 펴놓고 밥도 해먹고 그림도 그리며 하루 종일 즐겁게 시간을 보내다가 돌아오곤 했는데, 아이들이 가끔 그 시절 얘기를 꺼내며 그리워하여 일부러 짬을 낸 것이다. 30여 년의 시간을 거슬러올라간 그곳에는 시원한 그늘을 만들어주던 커다란 밤나무 두 그루가 그대로 우뚝 서 있었다. 존재의 신기함과 함께 가슴 뭉클한 반가움이 교차했다.

투병생활 동안 마치 한 컷의 사진처럼 가슴에 선명히 박힌 장면이 있다. 아픈 나를 대신해서 아이들을 챙기며 씩씩하게 병 수발을 든 아내에게 천성이 무뚝뚝했던 나는 그때 따뜻한 말 한마디 제대로 건네지 못했다. 어느 날 침대에서 눈을 떠보니 아내가 내게 등을 돌린 채 창밖을 바라보며 하염없이 서 있었다. 그 뒷모습이 뭐라고 형언하기 어려울 만큼 쓸쓸해 보여 차마 기척을 할 수 없었다. 미안하고 고마운 마음에 눈시울이 뜨거워졌지만, 나는 내 마음을 보여줄 수 있는 한마디 말도 찾지 못했다. 결국 아내에게 한마디도 건네지 못한 채 그날 그 순간을 혼자 마음속에 묻고 말았다.

1960년 처음 서울에 발을 디딘 후 지금까지 반백 년을 서울에서 살았지만, 우리 아이들조차 내 발음을 알아듣지 못할 때가 있다. 거제도 섬 사투리가 말투에 배어 있기 때문이다. 지금도 고향 친구나 대학 친구를 만나면 아주 자연스럽고 능숙하게 사투리로 떠든다. 아이들은 전부 서울에서 나고 자랐기 때문에 종종 내게 집에서는 사투리를 좀 줄이면 좋겠다고 볼멘소리를 한다. 그럴 때마다 나는 "그냥 나오는 대로 말하는 거지" 하고 어물쩍 넘긴다. 어릴 때부터 굳어진 습관을 쉽게 바꾸지 못하는 것과 마찬가지로 아내의 쓸쓸한 뒷모습을 보며 딱히 뭐라 건넬 말을 찾지 못했던 것도 천성 탓이라는 생각이 든다. 무뚝뚝한 내 성격 탓이다.

재혼 때 9살이었던 큰딸은 알았겠지만, 겉으로 내색한 적이 없었고 그 아래 동생 둘은 너무 어려 아버지의 재혼 사실을 알 수 없었다. 우리 부부가 자식들에게 재혼 사실을 밝힌 것은 결혼한 아들이 첫 아이를 봤을 때다. 그때 위로 두 딸은 결혼하여 이미 가정을 꾸리고 있었다. 어느 날 아내가 아들을 저희 엄마 산소에 데리고 갔다. 나중에 아들은 그 일을 두고 평소 엄마가 재미있게 이야기를 잘하니까 농담하는 줄 알았다고 했다.

큰딸은 결혼 후 남편과 함께 미국으로 가서 남편이 박사 학위를 딸 때까지 그곳에 머물다가 귀국했다. 사위는 경북 구미시의 금오공대(金烏工大)에서 학생들을 가르치고 있다. 아내는 큰딸에게 피겨스케이팅에 과외까지 시키며 교육에 온갖 신경을 썼다. 한때 류머티즘으로 한쪽 다리가 불편했던 둘째딸은 피아노를 가르치며 씩씩하게 구김 없이 자라도록 정성을 다했다. 아픈 아이는 엄마가 된 아내에게 특히 더 마음이 쓰였던 모양이다. 다행히 둘째딸의 병은 2년간의 치료로 완쾌되었다. 아내의 헌신적인 인성교육으로 아이들은 지적으로 아름답게 성장했다.

어머니는 돌아가시기 한 해 반쯤 전부터 치매에 걸려 아내의 수발을 받았다. 매일 아침 출근하기 전에 어머니 방에 들러 큰절을 올리면 나를 붙들고 "우리 병철이 좀 찾아줘. 어디 가서 안 와" 하며 애끓어 하셨다. 평생 애지중지하던 막내아들조차 못 알아보던 어머니가 이상하게도 아내만은 항상 알아보았다. 어머니의 기억 어딘가에 아주 깊숙이 박힌 며느리에 대한 고마움은 중병조차 피해간 것 같다.

얼마 전 오랜만에 첫 아내의 산소를 혼자 찾았다. 재혼 직전 아내와 함께 들른 일이 있었지만, 거의 찾지 못했다. 첫 아내 정숙과 살 때는 내 나이가 젊어 삶의 성찰이 부족했기 때문에 집안에서 괴팍하고 자기중심적이었다. 또 일에만 몰두할 나이라 신혼생활 뒤에는 제대로 부부의 금실을 누릴 기회도 드물었다. 무덤을 둘러보면서 나는 다시는 만날 수 없는 피안(彼岸)의 그녀를 생각하고 회한에 가슴이 저려왔다.

그리고 그 회환의 끝에서 나는 지금의 아내를 생각하고 애틋한 정을 가눌 수 없었다. 아내는 시어머니와 남편 수발에 아이들을 기르느라 어려운 삶을 살았는데, 나는 평생을 일하느라 미처 아내의 고충을 헤아리지 못했다는 생각이 든 것이다. 그녀가 한 지아비의 아내로서 살았던 평생에 걸친 헌신과 노고와 인고는 내 남은 생애를 바쳐도 결코 보답할 수 없을 것이다. 지금까지 나는 젊은 시절 찾아온 병마를 이기고 큰 탈 없이 살아오고 있다. 인생은 마지막이 좋으면 다 좋다는 말이 있다. 내게 아내가 없었다면, 나는 벌써 이 세상 사람이 아니었을지도 모른다. 우리집 가훈은 "감사하라"이다.

나의 한국개발금융 재직 시절은 '투자' 실패, 첫 아내의 죽음, 투병 생활과 같은 시련이 잇달았다. 그러나 새로 해로하게 된 아내 이정희는 나의 희망이 되었다.

제 4 부

한국장기신용은행과 한국투자금융 시절 : 금융의 새 장에 동참하다

1. 한국장기신용은행 : 공업화 시설자금을 전담하다

1980년 6월 2일, 회사 설립 13년째를 맞은 한국개발금융이 한국장기신용은행으로 새로 탄생했다. 은행 전환의 배경에는 70년대 들어 눈부신 경제발전을 이룩한 한국의 국가적 성공과 더불어 근본적인 금융환경의 변화가 자리 잡고 있었다.

한국개발금융 출범 이래 10년이 지날 무렵 주요 자금 조달처인 세계은행이 차관을 줄 때 조건을 붙이기 시작했다. "한국경제가 지속적으로 발전하고 자생적인 성장기반을 갖추기 위해서는 투자재원을 계속해서 외자(外資)에 의존할 것이 아니라 국민소득 향상과 함께 늘어나는 저축 수준을 감안하여 앞으로는 국내에서 재원을 조달하는 노력을 강화해야 한다." 이는 조만간 세계은행의 자금지원이 중단된다는 것을 의미했다. 회사는 계속 성장해야 하는데, 세계은행의 자금지원이 끊기면 어떻게 해야 할까? 회사로서는 고민이 아닐 수 없었다.

세계은행의 자금지원 중단 문제 외에 또 다른 변화는 기업들의 시설자금 수요가 외화에서 원화로 바뀌기 시작한 것이었다. 기계공업의 발전으로 국내에서 구할 수 있는 자본재가 많아지면서 시설에 투자할 때 원화를 요구하는 경우가 늘어난 것이다. 기업의 입장에서 볼 때 1960년대 초에 경제개발계획이 추진된 이래 원화자금을 풍족하게 만

한국장기신용은행과 한국투자금융 시절 : 금융의 새 장에 동참하다

져본 적이 거의 없었다. 경제성장과 함께 저축률이 크게 높아졌지만, 그렇게 모인 자금의 대부분은 국가 기간산업 건설에 투입되었기 때문에 기업은 늘 원화자금 부족에 시달리고 있었다. 이런 상황에서 폭발한 국내 제조업의 설비투자는 원화자금 조달난을 더욱 부채질했다. 심지어 국내에서 생산설비를 구입할 수 있었지만, 원화자금을 구하지 못해 외자를 써서 외국산 기계를 수입하는 경우까지 생겼다.

돌이켜보면 생산설비 수입을 위해서 한푼의 달러라도 더 얻으려고 민간 기업인들이 해외로 동분서주하던 일이 엊그제 같은데, 불과 십수 년 만에 사정이 바뀌어 외화자금 공급이 주요 임무인 우리 회사에 원화자금 대출 신청이 속속 몰려든 것은 격세지감을 느끼게 하는 일이었다. 어쨌든 원화재원이 부족한 우리로서는 몰려드는 대출신청이 여간 고민스러운 일이 아닐 수 없었다. 이것은 회사 진로와 직결되는 문제였다.

상법상의 주식회사로 대금업을 하던 한국개발금융주식회사라는 회사형태로는 원화재원 조달 문제를 어떻게 해볼 도리가 없어 새로운 변신을 모색해야 했다. 우선 고려할 수 있는 것은 정부로부터 원화를 조달할 수 있는 업무를 인가받는 것이었다. 지금처럼 시설자금을 지원하는 영업활동을 계속 하되, 차관이나 차입으로 자금을 조달하는 방식이 한계에 이른 만큼 이를 극복하기 위해서는 일반투자자로부터 자금을 조달하는 업무를 추가하면 되었다. 그러나 당시의 금융제도 아래서 그런 업무를 수행하려면 회사형태를 전환하는 것 외에 다른 길이 없었다. 우리가 선택할 수 있는 카드는 은행법에 의한 은행으로 전환하거나 종합금융회사의 라이선스를 따는 두 가지 길밖에 없었다.

사실 세계은행으로부터 원화재원을 개척하라는 권고를 받기 전에도 김진형 사장은 일본의 흥업은행(興業銀行)과 같은 금융기관을 머릿속에 그려왔다. 한국개발금융 설립 추진 때부터 김 사장은 일본의 흥업은행이 시설자금 전담 금융기관으로서 제2차 세계대전 종전 후 일본의 경제재건과 산업발전을 이끌고 있는 것을 몹시 부러워했다. 그래서 기회 있을 때마다 우리나라에도 일본의 흥업은행과 같은 장기신용은행을 설립하여 국내시장에서 채권을 발행해서 조달한 자금으로 산업계에 투자자금을 지원할 수 있다면 얼마나 좋겠느냐는 말을 되풀이했다.

민간에 의한 시설자금 전담 은행의 설립은 김 사장의 꿈이었지만, 현실적 여건은 그 꿈을 허용하지 않았다. 당시 우리나라 금융상황이나 자본시장 여건으로 볼 때 시중금리 수준으로 조달한 자금을 장기시설자금으로 지원한다는 것은 전혀 실효성이 없는 일로 여겨졌다. 산업은행이 산업금융채권을 발행하여 기업에 대한 투-융자 재원으로 활용하긴 했으나, 그것은 정부의 재정자금 지원과 함께 정책적인 지원이 있었기 때문에 가능한 일이었다. 국내 기업들의 자금수요 변화와 세계은행의 자금지원 중단 문제는 이처럼 실현 불가능한 것으로 여겨지는 사안들 속에서 해결책을 찾아야 하는 일이었으니, 매우 답답한 노릇이 아닐 수 없었다.

1977년 후반으로 접어들면서 회사의 진로 문제는 모든 직원의 관심사가 되었다. 외부환경이 바뀌자 일부 직원들 사이에 동요하는 움직임이 나타났다. 사무실 분위기도 매우 어수선했다. 그동안 국가 경제발전에 일조한다는 신념을 가지고 열심히 뛰었던 직원들이었으므로 '화려했던 한국개발금융의 전성시대가 이제 막을 내리는구나'하고 낙담하는 경우도 적지 않았다. 부사장인 나를 포함한 회사 경영진이 볼 때 직원들의 동요는 매우 심각한 사안이었다. 위기상황에서 조직과 조직원이 흔들린다면, 그것은 치명적인 약점이 되기 때문이다.

회사는 가장 바람직한 변신방법을 찾는 한편 조직원의 협력과 지혜를 최대한 이끌어내기 위해서 그해 12월 회사발전기획위원회를 설치하고 기획조사부가 이를 주관하도록 했다. 기획위원회는 우리가 처한 환경변화에 대응하여 지속적으로 성장할 수 있는 여러 가지 가능성을 연구했다. 가령 우리가 국내에서 자체적으로 자본을 조달하고 줄어든 세계은행 자금을 합쳐서 일본의 장기 채권은행과 같은 은행을 우리나라에도 하나 만들 수 있을까 해서 연구를 거듭했다.

회사가 향후 미래의 방향을 모색하기 위해서 한창 분주하게 움직이던 시점인 1978년 2월 24일, 정기 주주총회가 열리자 김진형 사장이 폭탄선언을 했다. 전격적으로 사장직에서 물러나겠다는 뜻을 밝힌 것이다. 아무도 예상치 못했던 일이라 나를 포함한 임직원 모두가 귀를 의심했다. 김 사장이 사장직에서 물러나야 할 이유는 아무것도 없었다. 주변의 만류에도 불구하고 김 사장은 "지금이 바로 새로운 인물을 중심으로 모두가 힘을 합쳐 조직의 발전을 굳건히 다져야 할 때"라며 뜻을 굽히지 않았다. 폭탄선언 3개월 뒤 외환은행장과 상업은행장을 지낸 김봉은(金奉殷) 씨가 사장으로 영입되었고, 김 사장은 회장으로 추대되었다.

회사의 진로변경에 관한 문제는 좀더 전문적이고 장기적인 안목에서 검토되어야 한다고 생각한 김 회장과 신임 김 사장은 월리엄 다이아몬드 국장을 초청하여 그의 의견을 듣기로 했다. 앞에서 얘기한 바로 그 다이아몬드 국장은 국제금융공사 개발금융 담당 국장으로 한국개발금융 설립에 관여했고 그 뒤로도 꾸준히 개발금융의 발전을 지원해왔다. 뿐만 아니라 1969년 우리나라 기업들이 심각한 운영자금난에 부딪쳤을 때 단기금융시장 개척을 권고하는 등 개발금융론에 일가견을 가지고 있었기 때문에 그의 조언이 큰 도움이 될 것이라고 생각했다. 사실 어떻게 보면 채권은행을 만드는 데에 세계은행의 힘을 좀 빌리기 위해서 다이아몬드 국장을 초청한 것이다.

다이아몬드 국장은 방한 후 정부와 재계, 산업계 사람들을 두루 만나 의견을 듣고 우리 회사 간부들도 일일이 인터뷰했다. 한국개발금융이 향후 어떤 방향으로 나아가야 장기적으로 가장 크게 발전할 수 있는지를 파악하기 위한 것이었다. 이후 모든 조직원들이 한자리에 모인 토론회는 회사의 진로와 명운이 걸려 있는 문제였기 때문에 참으로 진지했고 열기 또한 어느 때보다 뜨거웠다. 결과는 우리 회사가 궁극적으로 가야 할 방향이 장기신용은행이라는 데에 모든 참석자들이 의견을 같이 했다. 그런데 당시 우리나라에서 새로운 은행법을 만들고 은행을 만든다는 것은 굉장히 힘들고 거의 불가능에 가까웠다.

장기신용은행으로 가는 데에 가장 큰 걸림돌은 정부가 장기신용은행 제도의 필요성에 대해서 어떻게 인식하느냐 하는 것이었다. 당시 우리나라 여건상 기업에 장기자금을 대출해줄 때 외화 대신 우리가 시장에서 조달 가능한 금리를 주고 조성한 원화자금을 대출해서는 크게 도움이 안 된다고 생각하여 채권은행은 거의 불가능한 일로 생각했다. 이미 현실성이 없는 것으로 치부되고 있다는 점에서 정부가 부정적인 인식을 가지고 있을 가능성이 충분했던 것이다.

그렇다면 정부를 설득해야 하는데, 어떤 논리를 동원할 것인지 그것은 참으로 풀기 난감한 숙제였다. 그런데 우리가 실제 조사해본 결과 한 가닥 희망을 발견할 수 있었다. 그동안 우리가 외화를 기업에 빌려주면 기업은 그때그때 환율에 따라 돈을 갚았는데, 표면상으로 볼 때는 외화자금의 금리가 낮았지만, 실제 환율을 계산하자 굉장히 높은 금리를 지불한 것과 마찬가지 결과가 나왔다. 그 결과를 바탕으로 우리나라도 시장에서 채권을 발행해서 시설자금을 대출하는 장기신용은행 제도를 도입할 여건이 되었다는 논리를 내세워 정부를 설득하고 은행 전환 가능성을 타진한다는 전략을 세웠다.

정부와 재계 등을 상대로 한 설득과 의사 타진은 각 부문으로 나누어서 진행하기로 했는데, 나는 재무부 국장급을 맡게 되었다. 당시 내가 만난 재무부의 하동선(河東善) 이재국장의 첫 반응은 싸늘했다. 그는 "장기채권을 발행하려면 높은 금리를 줘야 되는데 그렇게 해서 모은 돈을 기업에 준들 기업에 도움이 되겠어요?"라고 핀잔을 주었다.

이번에는 내가 하 국장을 설득할 차례였다. "그동안의 외화대출을 원화로 환산해봤더니 금리가 결코 싼 자금이 아니었습니다. 우리가 가져와서 쓴 세계은행 자금의 표면금리는 쌌지만 나중에 돈을 갚으려면 그 시점의 환율로 계산해서 갚아야 하는데, 연 23% 정도나 되는 이자를 무는 결과가 됩니다. 결국 연 23%에 달하는 코스트를 지불해야 한다고 할 때, "우리가 그런 정도의 금리로 채권을 발행한다면 채권이 팔릴 것이고, 그 돈으로 자금조달을 한다면 외화대출과 다를 게 하나도 없지 않습니까?" 그리고 그 근거자료를 제시하자 그제야 하국장은 놀란 표정으로 내 얘기에 귀를 기울였다. 정부도 그렇다면 채권은행을 만들어 국내에서 자금을 조달해서 장기자금으로 쓰면 되겠다는 움직임을 보였다.

김봉은 사장과 다이아몬드 국장은 정부에 대한 사전정지 작업을 바탕으로 당국자의 책임 있는 답변을 얻어내기 위해서 당시 부총리 겸 경제기획원 장관이었던 김원기(金元基) 씨를 방문했다. 그 자리에서 두 사람은 한국개발금융에 대한 국제금융공사의 입장과 국내 재원의 개발 필요성을 집중적으로 역설했다. 더불어 이제 우리나라도 장기신용은행 제도를 도입할 때가 되었으며 우리 회사를 은행으로 전환할 수 있도록 근거법을 마련해줄 것을 요청했다. 김 사장과 다이아몬드 국장의 설득은 주효했다. 김 부총리가 긍정적으로 검토하겠다고 약속한 것이다.

그후에는 은행 전환에 필요한 모든 일이 일사천리로 진행되었다. 정부가 장기신용은행법 제정을 추진하는 과정에서 그동안 우리 회사가 연구해온 일본 장기신용은행의 법제와 운용실태 등에 대한 자료를 전부 넘겨주었고 여러 차례에 걸쳐 의견을 교환했다. 정부는 이를 참고로 장기신용은행법의 초안을 마련했고, 1979년 12월 28일 마침내 장기신용은행법이 제정, 공포되기에 이르렀다. 그에 앞서 1979년 11월, 회사 내에 장기신용은행 전환 준비위원회를 발족시키고 은행 설립에 필요한 준비를 해나갔다. 드디어 1980년 6월 2일 한국개발금융 주식회사가 한국장기신용은행으로 새로 태어났다.

한국장기신용은행이 태어나는 이 역동적인 과정에서 한국의 역사 또한 거대하게 소용돌이치고 있었다. 1979년 10월의 부마사태(釜馬

한국장기신용은행과 한국투자금융 시절 : 금융의 새 장에 동참하다

事態), 박정희 대통령의 시해, 전두환 장군의 쿠데타, 1980년 군부의 비상계엄 전국 확대 조치 그리고 이에 대한 국민의 저항은 광주사태 (光州事態)라는 비등점을 향해서 수직상승하고 있었다. 갈등과 혼란의 결과가 무엇일까를 누구도 알 수 없는 6개월의 시간이었다. 그러나 내일을 알 수 없는 그런 사회적 환경 속에서도 한국개발금융의 경영진은 경제관료들의 지원 하에서 은행 전환을 위한 노력을 계속했던 것이다. 극도의 불안 속에서 그래도 경제는 앞으로 나아가고 있었다.

장기신용은행 탄생 이후 많은 경제적 환경변화가 있었는데, 가장 큰 변화는 원화자금 취급과 관련된 금리변동 문제라고 할 수 있다. 그동안은 세계은행 등에서 차입하는 외화자금의 조달금리에 큰 변동이 없었기 때문에 그에 대한 대응도 별로 어렵지 않았다. 그러나 시장금리로 조달하는 원화자금은 정부의 금리정책과 시장 상황에 따라 진폭이 컸기 때문에 새로운 대응법이 필요했다. 적자생존(適者生存)의 문제에 관한 한 한국개발금융 시절부터 풍부한 경험을 쌓아왔고 다양한 응용력을 길러왔기 때문에 우리는 기존 채권시장의 관행과 고정관념을 뒤집는 여러 가지 신상품을 내놓았다. 대표적인 것이 복리채(複利債)인 장은채(長銀債)였다.

당시 국내에서 발행되는 채권은 이자지급 방식에 따라 크게 할인채(割引債)와 이표채(利票債) 두 종류가 있었는데, 할인채란 채권을 팔 때 지급할 이자만큼을 미리 할인해서 파는 채권을 말한다. 이표채는 액면가대로 채권을 판 뒤 3개월마다 이자를 지급하는 형식의 채권이었다. 반면 우리가 내놓은 복리채는 분기별 이자를 자동으로 다시 채권에 투자해주는 개념이었다. 고객 입장에서는 재투자에 따른 번거로움을 더는 한편 금리를 복리로 받을 수 있게 되어 좋고, 채권발행자는 매분기마다 되풀이되는 이자지급 업무를 생략할 수 있게 되어 좋은 것이 바로 복리채였다.

1980년 9월, 금리 24%의 장은채를 최초로 발행하던 날에는 사람들이 줄을 설 정도로 폭발적인 인기를 끌었다. 이때 내가 여신담당이었는데, 고금리로 한꺼번에 몰린 엄청난 돈을 대출하기 위해서 여기저기 자금수요처를 찾아 뛰어다녀야 했다. 수신담당자는 은행으로 몰려드는 돈을 가만히 앉아서 받고 여신담당자는 서서 빌려주는 형국이 벌어지자 직원들이 협동정신을 발휘했다. 24%의 금리를 조금 낮춰서 채권을 적게 팔고 대신 낮아진 금리로 대출을 늘려 서로의 어려움을 들어주었던 것이다.

장은채의 성공으로 국내의 다른 은행들도 복리채를 발행하기 시작했고, 심지어 일본의 채권은행들까지 복리채 제도를 도입하기에 이르렀다. 장기신용은행 제도는 일본을 벤치마킹했지만, 우리가 선보인 복리채 제도는 일본으로 역수출된 것이다. 장기신용은행이 남다른 창의력을 발휘할 수 있었던 것은 한국개발금융 시절부터 모든 금융제도를 고객의 입장에서 생각하는 오랜 전통을 가지고 있었고 그러한 저력이 기업문화로 확고하게 뿌리내린 결과라고 할 수 있다.

돌이켜보면 장기신용은행의 뿌리인 한국개발금융은 법과 제도에도 없는 일을 많이 시도했다. 국제금융기구와 합작을 추진하면서 외자도입법에도 없는 조세감면 혜택을 얻어냈는가 하면, 주식공모 방식으로 회사를 설립하기도 했다. 한국 최초로 단자회사인 한국투자금융을 설립하여 단기금융시장을 개척했고 심지어 단기금융업법의 산파역할까지 해냈다. 법과 제도를 앞서 나간 시도는 하나같이 성공을 거두었다.

그 모든 것들이 가능했던 것은 한국개발금융이 실물경제, 특히 기업의 발전을 위해서라면 기존의 금융관행과 제도를 과감히 갈아엎고 새로운 시스템을 설계하는 창조적 파괴정신이 충만했기 때문이다. 법과 제도를 다루는 정부관료들 또한 우리의 이런 정신과 열정을 잘 이해해주었다. 나아가 '장기신용은행으로의 전환'이라는 희망의 빛을 얻은 우리 구성원들은 금융을 통한 경제발전을 목표로 한 그동안의 노력이 헛되지 않았다는 희열을 온몸으로 느끼며 가슴 가득 성취감을 맛볼 수 있었다.

1979년 제정, 공포된 장기신용은행법은 원래 제2, 제3의 장기신용은행 설립을 염두에 둔 것이었다. 그러나 새로운 장기신용은행은 끝내 출현하지 못했고 민간에 의한 유일한 설비금융 전담은행이었던 한국장기신용은행마저 훗날 IMF 외환위기의 파도에 휩쓸려 국민은행에 흡수합병되는 비운을 맞은 것은 내게는 참으로 안타까운 일이었다.

2. 모난 돌이 정을 맞지 않는 것도 복이다

한국개발금융주식회사가 한국장기신용은행으로 전환되면서 나는 부사장에서 상무이사로 직책이 바뀌었다. 은행 전환에 앞서 사장으로 부임한 김봉은 씨는 새로운 은행의 초대 행장이 되었다. 김 행장은 공선후사(公先後私)에 철저하여 모든 일에 항상 공을 앞세우고 개인적인 일은 뒤에 둔 분이었다. 그런 김 행장에게 대출건으로 내가 따지고 들었던 일이 있다.

어느 날 김 행장이 외출에서 돌아오더니 말을 꺼냈다. 요지는 자신이 과거 다른 곳에서 은행장을 할 때 잘 알던 한 전직 은행장이 대출을 요청해왔다는 것이다. 은행장인 친구에게 대출을 부탁하는 일은 얼마든지 있을 수 있다. 문제는 아랫사람인 우리가 볼 때 김 행장에게 대출을 부탁한 사람이 은행장을 지냈기는 했지만, 신용 면에서는 좀 문제가 있어 선뜻 대출을 해주기가 마땅치 않았다. 그렇다고 김 행장에게 이런저런 이유로 대출이 불가능하다고 대놓고 말할 수도 없고 입장이 난처해서 일을 미루고 있었다. 그런 사이에 김 행장은 몇 차례 더 이 문제를 내게 상기시켰다.

일이 해결될 기미를 보이지 않자 참다못한 김 행장이 어느 날 나를 불러 대뜸 "이 은행의 은행장이 누구요?" 하고 물었다. 아닌 밤중에

홍두깨 격이라 나는 "아니, 은행장이야 지금 행장님 아니십니까?"라고 대꾸했다. 김 행장은 그제야 속내를 드러내고 "근데 은행장이 말한 일이 왜 아직까지 시행되지 않고 있어요?" 하고 물었다.

더 이상 어물쩍 넘어갈 수 있는 상황이 아닌 것 같아 자초지종을 설명했다. "저의 짧은 경험이지만 대부분 실패한 대출은 그 원인을 심사단계에서 이미 알 수 있습니다. 심사과정에 참여한 사람들이 당해 대출건의 약점을 다 지적하고, 그런 문제에 대비한 합리적인 대책이 마련될 때 비로소 승인이 나도록 되어 있습니다. 그럼에도 왜 부도가 나느냐 하면 대출할 때 제기된 문제를 승인 시에 마련한 대책대로 사후 관리를 해야 하는데, 그런 관리를 철저하게 하지 못하기 때문입니다. 이번의 대출건에 대해선 심사에 참여한 모든 사람들이 불가하다고 생각하고 있어 추진하기가 곤란한 상황입니다."

김 행장은 기분이 좋을 리가 없었지만, 계속해서 나는 얘기를 이어갔다. "행장님은 상업은행장과 외환은행장을 지내셨지만, 저희 은행에서는 은행장 임기가 끝나면 회장직을 맡게 됩니다. 모두 반대하는 것을 무리하게 대출해줬다가 나중에 회장님이 되신 후에 그 대출에 사고가 발생하면 그땐 입장이 난처해지지 않겠습니까?"

결국 대출건은 없던 일이 되었고 그 뒤로 김 행장도 더 이상 아무 말을 하지 않았다.

내가 장기신용은행에서 한국투자금융으로 자리를 옮긴 뒤에 김 행장이 추천한 그 대출건이 성사되었다. 과거 대출 반대 이유로 거론되었던 문제점이 해결되어 대출이 이루어졌는데, 나중에 결국 문제를 일으켰다. 김 행장과 얽힌 일화가 기억에 남은 것은 사건 그 자체 때문이 아니다. 내가 면전에서 조목조목 따지자 김 행장이 더 이상 자기 주장을 강요하지 않고 순순히 내 말에 수긍하고 일체 뒷말을 하지 않았던 점이 인상 깊게 남았기 때문이다. 김 행장하고는 2, 3년 정도 함께 일했지만, 오히려 그 일을 계기로 내게 대한 신뢰가 깊어졌고 항상 따뜻하게 나를 배려했다. 후에 김 행장이 회장이 되었고 장기신용은행이 초창기의 하나은행 주주였기 때문에 나는 그분이 돌아가실 때까지 친분 관계를 유지하게 되었다.

사회생활에서 '모난 돌이 정 맞는다'는 말을 금과옥조처럼 여기던 시절을 그래도 내가 무사히 살아온 것은 순전히 주위의 좋은 분들 덕이다. 나는 그만큼 좋은 사람들 틈에서 살았다는 얘기다. 만약 직장이든 어디든 주변에 옳지 않은 사람들이 적지 않아 내 행동과 말을 고깝게 받아들였다면, 무사히 사회생활을 해올 수 없었을 것이다.

소년시절 나는 의협심과 정의감 같은 것이 강했다. 나보다 덩치가 큰 아이라도 친구들을 부당하게 심히 괴롭히거나 하면 참지 못하고 욱해서 덤벼들기도 했다. 어릴 적 집 마당에 큰 감나무가 한 그루 있었는데 겨울이 다가와 발갛게 홍시가 익으면 어머니가 그 홍시를 따서 누나들 몰래 나만 불러 먹였다. 어린 마음에 그게 무척 싫었다. 골고루 나눠주면 될 걸 어머니가 왜 저럴까 싶었던 것이다. 넉넉지 못한 살림살이라 귀한 아들을 먼저 생각한 어머니 마음을 그땐 미처 헤아릴 수 없었던 것이다.

굉장히 무뚝뚝하고 엄했던 나의 아버지는 집안사람들이 모두 무서워하고 어려워했다. 그런 아버지에게 고등학생 때 내가 크게 한 번 대든 적이 있다. 삼강오륜(三綱五倫)의 의식과 관념이 지배적이었던 당시의 농촌에서 자식이 아버지에게 드러나게 반항한다는 것은 생각하기조차 어려웠다. 집안 형수가 몸이 아파 오래 병석에 누워 있었는데, 백방으로 애를 써도 병이 낫지 않자 어느 날 어머니는 무당을 불러 굿을 했다. 아버지는 굿이든 점이든 미신을 일절 가까이 하지 못하게 했기 때문에 집안사람들이 전부 굿하는 것을 감추고 몰래 했는데, 결국 들통이 나서 불호령이 떨어졌다. 누구도 감히 아버지에게 대꾸할 엄두를 못 냈는데, 내가 불쑥 나서서 말했다. "아버지, 굿을 한다고 병이 낫는 건 아니지만 그래도 병은 마음가짐에 따라 상태가 달라질 수도 있으니 형수님께 좋다면 굿을 한들 뭐가 그리 나쁘겠습니까?" 아버지의 시퍼런 서슬에 맏아들인 우리 형님도 잠자코 있었는데, 어린 내가 불쑥 나섰으니 집안 사람들이 놀란 것은 당연했다.

성격 탓으로 돌려 말하기에는 조금 민망한 기억이 있다. 첫 아내인 김정숙과 결혼할 때 형편이 어려웠기 때문에 우리 집안은 세태에 맞게 혼수를 준비해서 보낼 수 있는 처지가 아니었다. 그렇다고 취직한 지 얼마 안 된 내 수중에 큰돈이 있을 리도 없었다. 어머니의 걱정이 이만저만이 아니었다. 나는 고심 끝에 "어머니, 걱정할 것 없습니다. 형편 닿는 대로 준비해주시면 제가 처가에 가서 양해를 구하겠습니다" 하고 어머니를 안심시켰다.

얼마 뒤 나는 어머니가 준비한 혼수가방을 챙겨들고 기장면에 있는 정숙의 집에 갔다. 장차 사위될 사람이 혼수가방을 직접 들고 나타났으니 당시 풍습으로 그런 파격이 없었다. 얼결에 사윗감한테 혼수를 받고 난감해하던 정숙의 할머니와 어머니 모습이 지금도 눈에 선하다.

서로 어울려 살아가는 사회에서는 경우에 따라 지켜야 할 법도와

예절이 있다. 최소한 그것들을 지키면서 개성 있게 살아가면 인간관계의 조화와 균형이 유지될 수 있다. 나는 간혹 직원들이 좀 당돌하다 싶어도 별로 서운해 하거나 야단치지 않는다. 그리고 아랫사람에게는 인기가 많고 윗사람에게는 인기가 별로 없는 사람들을 좋아한다. 어쨌든 당당하고 자신 있는 모습의 젊은 친구들이 나는 좋다.

돌이켜보면 나는 여복(女福)이 참 많다는 것도 새삼 깨닫는다. 첫 아내와는 단칸방에서 신혼살림을 차렸는데, 내가 직장을 그만두고 고시공부를 하겠다고 나서자 군말 없이 그녀는 집안 생계를 맡아주었다. 지금의 아내는 수년간의 내 병 수발과 치매 시어머니를 돌아가실 때까지 돌본 것은 물론이고 네 아이까지 모두 반듯하게 키워냈다.

사회생활에서 나는 지금까지 40여 년간을 여성 개인비서들의 도움을 받았다. 그 여성들 중 누구 하나 나무랄 데 없이 일을 잘해 나는 항상 남의 부러움을 샀다. 그중에서도 하나은행과 우리금융에서 나를 조력한 조용숙(趙容淑) 씨와 FP 활동 13년 동안 지금도 같이 있으면서 도움을 준 유혜숙(俞惠淑) 씨가 없었다면, 나는 많이 불편했을 것이다. 어떤 표현으로 나의 고마운 마음을 보여줄 수 있을까?

3. 마부가 되어 새 둥지를 틀다

1982년 2월, 나는 장기신용은행 상무에서 자회사인 한국투자금융 주식회사 전무로 자리를 옮기게 되었다. 그 과정에 우여곡절이 좀 있었는데, 나의 50여 년 금융계 생활 중에서 거취 문제를 두고 가장 힘들었고 심적 갈등이 컸던 때가 이 시기였다.

한국투자금융으로 내가 자리를 옮길 무렵 국내에는 7개 단자회사가 있었다. 그중 역사가 가장 오래된 곳이 바로 한국투자금융이었다. 하지만 당시의 한국투자금융의 실적은 단자회사 가운데 4위를 기록하고 있었다. 처음부터 원치 않았던 그곳으로 갑자기 자리를 옮기게 된 배경에는 당시 우리나라의 정치적 혼란이 자리하고 있었다.

1979년 12.12 사태로 전두환(全斗煥) 장군의 신군부(新軍部)가 집권하자 이듬해 국내 금융기관들은 서둘러 이에 대비하는 조치를 취했다. 장기신용은행도 은행장 나이가 좀 많아 전무를 새 은행장으로 추대하면서 젊은 세대가 경영 전면에 나서게 되었다. 전무의 빈자리는 서열상으로 상무였던 내가 승진하는 것으로 인사구상이 짜여 있었다. 그런데 신군부 세력이 느닷없이 단자회사 사장을 전부 교체하라고 지시하는 바람에 그룹 전체의 인사구상이 헝클어져버렸다.

신군부 세력은 공무원 사회를 일대 쇄신한다는 명분하에서 마음대

금융은 사람이다

로 금융기관 인사권까지 휘둘렀던 것이다. 그때 한국장기신용은행은 한국투자금융과 함께 한국개발리스를 자회사로 두고 있었다. 우리는 이미 모회사인 장기신용은행장을 교체했기 때문에 자회사 사장은 그대로 두는 것으로 방침을 정했지만, 신군부가 단자회사 사장을 전부 바꾸라니 별 수 없이 따르게 되었다.

장기신용은행과 한국투자금융 회장직에 있었던 김진형 씨를 비롯하여 최고경영진이 황급히 한국투자금융 사장을 물색했지만, 사정이 여의치 않아 부사장을 사장으로 내부 승진시켰다. 그와 함께 내게 한국투자금융 전무 자리를 제안했다. 이미 모회사인 장기신용은행에서 전무로 승진이 예정되어 있던 상황에서 자회사인 한국투자금융 전무로 가라고 하니, 누가 봐도 바람직한 전출의 모양새가 아니었다.

회사 돌아가는 사정이야 잘 알고 있었지만, 개인적으로 젊은 혈기에 억울하기도 해서 몹시 기분이 상해 한 달 동안 완강히 버티며 고민과 갈등을 거듭했다. 그 과정에서 김진형 회장은 회사운영에 많은 권한을 내게 주겠다는 제의를 했다. 김 회장이 이렇게까지 나를 설득하자 더 이상 버틸 수가 없어 "이왕 갈 거면 마부(馬夫)로서 철저히 사장을 보필하겠습니다"며 나는 한국투자금융 전출을 받아들였다.

당시 한국투자금융 신임 사장으로 내정된 분은 지금은 고인(故人)이 된 변공수 씨인데, 한국개발금융 창립 때부터 나와 같이 일했고 서로 호의를 가지고 있었던 사이였기 때문에, 자리를 옮기기로 결심한 것이다. 어찌 보면 이때가 나의 사회생활의 커다란 전환점이었으며, 그후의 삶을 돌아보면 오히려 잘된 전출이었다. 이 과정을 겪으면서 나는 인생을 참 많이 알게 되었다.

1971년 6월 25일 창립한 한국투자금융주식회사는 1991년 하나은행으로 전환될 때까지 20년 정도 지속되었다. 우리나라 최초의 단자회사인 한국투자금융이 탄생한 데는 특별한 배경이 있었다. 당시 선진국에서는 은행업이 하나의 산업으로 발전하여 자율적으로 운영되고 있었다. 그런데 우리나라는 정부가 고도성장이라는 목표 아래 국민들의 저축을 모아 그 자금을 산업계에 대출하려다 보니, 다시 말해 정부의 경제정책에 따라서 산업을 육성, 발전시키려고 자금 조달 창구인 은행에 대해서 직간접적으로 규제를 하게 된 것이다. 그렇게 영향력을 행사하려고 하여 사람도 정부에서 내려보내곤 했다.

17세기부터 영국을 포함한 유럽의 은행들은 역사적으로 개인에 의해서 만들어지고 발전했다. 반면 우리나라는 일본의 은행정책을 모델로 했기 때문에 정부가 은행에 깊숙이 관여하게 되었다. 19세기 후반 메이지 유신(明治維新) 이후 일본은 산업화를 추진하면서 국민들의 저축을 좀더 효율적으로 산업화에 쓸 수 없을까 하여 서양의 은행제도를 정부가 주도하여 도입하고, 운영을 산업정책 지원에 맞춤으로써 정부가 간섭하게 된 것이다. 이런 관행이 우리나라에 그대로 이식되어 관치금융의 긴 역사가 시작되어 깊고 넓게 뿌리를 내리게 되었다.

은행은 자체적으로 예금금리를 자유롭게 결정하고 예금금리에 따라서 대출금리 역시 자유롭게 결정해야 하는데, 그런 것을 정부에서 자꾸 간섭하니 시중에는 사채(私債) 자금이 늘어나고 그 시장이 활황을 구가할 수밖에 없었다. 1960년대는 국가가 주도한 경제개발계획의 성공을 위해서는 하나라도 더 많은 생산시설을 건설하는 일이 시급했다. 그래서 한국개발금융은 기업 시설자금 재원을 외화로 조달했는데,

운영자금으로 지원할 원화자금은 제한되어 있었기 때문에 부득이하게 운전에 필요한 자금의 대부분은 시중 상업은행에서 조달하는 계획을 세웠다. 그러나 운영자금 지원을 기대했던 시중의 상업은행들은 여러 가지 면에서 커다란 제약에 부딪쳤다. 단기적인 상업금융 업무만 담당해왔던 상업은행들이 시설자금을 취급하면서 단기 운영자금 공급기능이 크게 위축된 것이다. 따라서 급전이 필요한 기업들은 사채시장을 기웃거리지 않을 수 없었다.

1960년대 초반 예금금리 규제와 높은 인플레로 번창했던 사채시장이 1965년 금리현실화 조치로 그 기세가 한풀 수그러드는 듯했다. 그런데 60년대 후반 또다시 인플레가 찾아왔고 은행금리와 사채금리의 격차가 벌어지면서 시중의 돈이 사채시장으로 몰렸다. 거기다 기업들의 급전수요가 겹치면서 사채시장 규모는 날로 커져가는 실정이었다. 팽창하는 사채시장을 제어하기 위해서는 정부가 은행에 대한 규제를 풀면 문제가 해결될 수 있었으나, 그렇게 되면 정부가 구상한 경제개발계획을 제대로 추진하기가 어려워지는 상황이 되었다. 정부의 계획대로 각종 산업에 자금을 배분하고 투입해야 하는데, 은행규제를 풀면 정부 의도대로 할 수가 없었던 것이다.

기업의 운영자금 조달난과 사채시장의 높은 금리는 한국개발금융의 앞날에 위협적인 요소가 되었다. 기업들이 우리가 빌려준 시설자금으로 공장을 짓더라도 제대로 가동시킬 운영자금이 부족하여 높은 금리의 사채를 빌려 쓰고 그것이 경영을 압박하는 요인이 된다면, 시설자금으로 빌려준 투-융자금의 회수를 낙관할 수 없었기 때문이다.

당시 사채시장 금리는 가수요가 가세함으로써 거품이 잔뜩 끼어 있었다. 수요가 공급을 압도하고 있었기 때문에 기업은 1억 원이 필요하더라도 1억5천만 원을 빌려달라고 하니 가수요가 발생하는 구조였다. 한편으로 비싼 사채이자 부담을 줄이기 위해서 기업들은 여유자금만 생기면 당장 사채부터 갚았다. 사채업자들은 기업들이 예상보다 빨리 돈을 갚자 그에 따른 기회이자 수익이 줄어들 것을 염려하여 더 높은 금리를 요구했다. 게다가 돈을 떼일 것까지 감안했기 때문에 사채금리는 더욱 높아질 수밖에 없었다.

경제개발을 목표로 한 정부의 은행규제는 어떻게 할 수 없었으므로, 사채시장으로 가는 개인자금을 산업자금으로 끌어오는 문제를 해결하기 위해서 한국개발금융은 초창기부터 김진형 사장 이하 간부들이 고심을 거듭했다. 기업의 존립을 위협하는 사채 의존 문제를 효과적으로 타개할 수 있는 방안은 무엇인지, 시중에 만연하고 있는 사채시장 자금을 어떻게 효과적으로 기업금융에 연결시키느냐 하는 것이 바로 정부의 정책과제이자 한국개발금융이 당면한 커다란 고민거리였다.

한국개발금융은 이 문제를 풀기 위해서 먼저 국내외의 저명한 학자들에게 한국의 단기화폐시장 현황을 면밀히 조사연구토록 하여 보고서를 발간하게 했다. 그리고 이를 토대로 세미나를 열어 단기금융시장 활성화의 필요성을 널리 알렸다. 그런 다음 미국의 투자은행이 행하는 어음거래를 통하여 사채자금의 산업자금화를 시도하기 위해서 정책당국을 설득하기 시작했다. 이 과정에서 당시의 재무부장관 남덕우(南德祐) 씨의 역할이 컸다. 남 장관은 금융의 증권화를 통해서 자금의 수요와 공급자를 직접 연결해주는 미국 투자은행의 역할을 잘 알고 있었기 때문에 우리의 민간금융 중개기관 설립 제의에 매우 호

나의 아버님과 어머님.

하청고등학교 졸업식.
1956년.

무원 김기호 선생님과
내게 써주신 좌우명.

우리 아이들. 혜경, 혜원, 재영, 혜준(좌로부터 시계방향). 1975년.

재영, 혜준과 함께 설악산에서. 1980년.

우리 가족.
2010년.

우리 내외. 2008년.

미국 메세나 어워드 행사에
참석하던 길, 아내와 함께.
1998년.

희수를 맞은 어머님과
우리 내외. 1974년.

한국개발금융 투자 약정식. 1968년.
최명진 부사장, 김진형 사상(좌로부터).

한국개발금융 직원 야유회. 1968년.
김진형 사장, 최명진 부사장, 김안재
부사장(좌로부터).

한국개발금융 임원들과 함께.
1973년.

한국투자금융 임원들과 함께. 1982년 3월.
변공수, 김진형, 허유, 김승유 그리고 나(좌로부터).

한국투자금융 사옥 준공기념식(좌). 참석 내빈과 함께(우). 1983년.

하나은행 개업 임원들과 함께. 1991년. 윤교중, 안명수, 나, 김승유, 김경태, 천진석(좌로부터).

하나은행 개업식.
1991년 7월.

하나은행 회장(나) 및 은행장(김승유) 취임식. 1997년 3월.

하나은행 회장 시절.
김승유 은행장과 함께. 1997년.

국립발레단 단원들과 함께. 1994년.

국립발레단의 공연 「해적」에 출연한 나. 1994년.

국립발레단 후원회 발기 협의회 모임에서. 1993년.
당시 이수정 문화부 장관, 김혜식 국립발레단 단장과 함께.

우리금융지주회사 뉴욕 증시 상장 타종식. 2003년 9월.

우리금융그룹
출범 당시.
2001년.

우리금융지주회사
이사진과 함께,
2002년.

미국 CFP보드와
업무협약 기념.
2000년.

FPSB 본부로부터
감사패를 받던 날.
2010년.

FP 콘퍼런스
개막인사.
2006년.

FPSB 서울 총회에 참석한 각국 대표들과 함께. 2010년 10월.

사회복지공동모금회 행사 중 임직원들과 함께. 2010년.

사회복지공동모금회
나눔문화 대축제에서.
2010년.

한국기업메세나협의회
임원들과 함께.
2005년.

김주인, 이채오 등
고향 선후배와 함께.
1993년 5월.

환갑을 맞아 친구들과
함께한 캐나다 여행에서.
1996년.

동락회원과 함께. 1995년 3월. 박종대, 이상철, 나,
정영의, 나응찬, 원철희(좌로부터)

의적인 반응을 보였다. 뿐만 아니라 한국개발금융의 경영이 건실하게 이루어져온 점 등을 고려하여 일반 상법에 따라서 자금 중개기관을 시험적으로 설립하여 운영해보는 것이 좋겠다는 자신의 의사를 밝히기도 했다.

사채(私債)라는 것은 개인이 중간에서 기업에 자금을 연결해주는 것인데, 만약 기업과 자금원 양자간에 신뢰할 수 있는 금융회사가 있어 효과적으로 거래를 주선한다면, 사채에 대한 가수요와 사채업자들의 기회비용 상실을 우려함으로써 생기게 되는 금리의 거품 문제도 해결할 수 있을 것이라는 것이 당시의 우리의 생각이었다. 그런 과정을 거쳐 1971년 6월에 탄생한 것이 바로 단자회사인 한국투자금융이다.

정부가 모든 경제정책과 제도를 일사분란하게 설계하고 집행하던 시절. 한국개발금융과 민간의 금융전문가들이 용감하게 앞장서서 새로운 금융시스템의 도입을 생각해내고, 민간금융 중개기관인 한국투자금융의 설립을 제안할 수 있었던 것은 매우 이례적이고 '간 큰 행동'이었다. 민간이 선의를 가지고 제안한 일이라도 오해를 사게 되면 관료사회로부터 미운 털이 박히기 십상이었던 때에 이런 제안을 할 수 있었던 것은 국내 최초의 민간금융회사로서 자주성을 가지고 금융 및 자본시장의 발전에 적극 이바지하겠다는 정신과 치밀한 준비가 있었기 때문이었다. 더욱이 10년 후 대형 금융사고가 이어져 한국의 금융이 어려움을 겪게 되었던 것을 생각해보면, 그때 우리가 금융전문가로서 얼마나 소명의식을 가지고 미래를 준비했는지 다행스러움과 자부심을 새삼 느끼게 된다. 이러한 정신은 훗날 '자주정신'이라는 이름으로 면면히 이어져서 오늘날의 하나금융그룹이 높이 설 수 있는 정신적

한국장기신용은행과 한국투자금융 시절 : 금융의 새 장에 동참하다

바탕이 되어왔다.

한국투자금융 설립 후에도 사채시장이 진정될 기미를 보이지 않자 급기야 정부는 1972년 8.3사채동결조치라는 극약처방을 내렸다. 그동안 기업과 사채권자가 맺어온 채권-채무계약을 8월 3일자로 모두 무효화하고, 정부가 정한 새로운 계약으로 대체한다는 것이 사채동결조치의 골자였다.

8.3조치로 그동안 한국 경제에서 엄청난 비중을 차지하던 사채시장이 꽁꽁 얼어붙게 되어 경제가 제대로 굴러가지 않았다. 그래서 한국투자금융 형태의 단기금융회사들을 좀더 만들 요량으로 뒤에 언급하듯이 1972년 8월 단기금융업법을 만들고 이 법에 따라서 1970-80년대에 10여 개의 단자회사들이 더 생겼다.

단자회사는 어음을 취급했는데, 1982년 5월에 한계기업들 가운데 돈이 급한 기업들이 일명 '이철희-장영자(李哲熙-張玲子) 사건'에 휘말려 세상을 떠들썩하게 만들었다. 당시 사채시장의 큰손이었던 장영자는 돈이 급한 건설회사들에게 접근하여 유리한 조건으로 자금을 빌려주고, 대신 그 돈의 몇 배에 이르는 어음을 받았다. 그 과정에서 단자회사에 압력을 넣어 거액의 어음 할인을 하도록 만들어 이 자금을 토대로 같은 수법으로 규모를 늘려 장 씨는 이 어음들을 사채시장에서 할인하여 무려 7,000억 원 어치의 어음을 유통시켰다.

건국 이후 최대 규모의 금융 사건이었다. 연일 일간지는 톱 기사로 지면을 도배했다. 당시의 절대권력자와의 권력 유착설이 분분했고, 조흥은행장 등 관련자 32명이 구속되었다. 여당인 민주정의당 사무총장이 물러나고 법무부장관이 2번이나 교체되었다. 급기야 국무총리까지 사퇴할 정도로 심각한 후유증을 남기는 충격을 던졌다.

희대의 사건이 일단락되자 정부는 사태수습에 나섰다. 한국의 경우, 경제발전을 위한 자본축적이 우선 중요했다. 따라서 저축을 장려하기 위해서 예금주의 비밀을 보장해주는 무기명, 차명, 가명 등을 이용한 금융거래가 용인되었다. 그러나 금융비리 사건과 정치인, 관료가 연루된 부정부패 사건이 빈발하자 자금출처 조사 등을 위한 금융실명제(金融實名制) 요구가 대두되었다. 특히 1982년 사채시장의 성장에 따른 금융시장의 비정상적인 형태가 극단적으로 드러난 장영자 사건의 혼란을 긴급 처방하기 위해서 정부는 일체의 금융자산 거래에 대해서 실명제를 도입한다는 "7.3조치"를 발표했다. 그러나 금융실명제의 명실상부한 법제화와 시행은 먼 훗날 김영삼 대통령의 1993년 대통령 긴급명령을 기다려야 했다(그 실시를 약속한 1983년 7월에 제정된 "금융실명제에 관한 법률"은 종합과세제도와 자금출처 조사를 명문화하지 않았고 금융거래에서 실명을 의무화하는 시기도 1986년 이후로 연기했다. 이와 같은 정책적, 제도적 후퇴는 사리사욕을 앞세우는 부패한 절대권력과 기득권세력의 합작의 필연적인 결과였다. 그 후 부동산 투기, 저축의 감소, 제2금융권의 비정상적인 성장 등의 부작용이 나타나면서 이 제도는 뼈만 남게 되었다).

사건 발단이 사채는 빌리기가 더 쉽고, 쓰려는 사람도 더 많은 현실에서 비롯되었다고 진단한 정부는 단자회사를 더 많이 만드는 것으로 기업의 자금조달에 숨통을 틔어주려고 했다. 그렇게 해서 지방에까지 단자회사들이 속속 생기게 되었던 것이다.

이러한 한국 금융의 변화의 소용돌이 속에서 한국투자금융이 우리나라 금융 역사와 관련법에 남긴 발자취도 결코 간과할 수 없다. 우리나라 최초의 단기금융업법이 확정, 공포된 것은 1972년 8월 17일이다. 그에 앞서 한국투자금융은 금융중개업을 효율적으로 수행하기 위해서 회사운영과 투-융자업무 등에 대한 기본적인 지침을 마련했다. 미국 연방준비제도이사회의 전문가들을 초청하여 자문을 구하는 등 그들의 도움을 받아 "단기금융회사 설립과 운용상의 문제"라는 보고서를 만들었고, 그 보고서를 토대로 한국투자금융의 "투자 및 운영방침"이라는 지침서를 작성했다. 단기금융업 수행에 필요한 핵심적인 내용을 담고 있는 지침서는 1971년 6월 한국투자금융 출범과 함께 공식적인 회사 업무지침서로 채택되었다. 바로 이 지침서가 우리나라 최초로 제정된 단기금융업법의 골격이 되었다.

민간회사가 제의한 금융방안, 다시 말해 한국개발금융의 단자회사 설립 제의를 정부가 제도로 받아들이고 나아가 민간기업이 마련한 업무지침서를 국가 법률의 모태로 삼은 것은 한국의 입법 역사에서 그 유래를 찾아보기 힘들다. 뿐만 아니라 한국투자금융의 단기금융시장 개척은 우리나라 민간금융 및 기업금융 발전의 새로운 전기가 되었다는 점에서 우리나라 금융사에 중요하게 기록될 일이다.

한국개발금융에 이은 한국투자금융과 장기신용은행에 이르기까지, 정부가 아닌 민간에서 새로운 금융제도를 창안하고 그것을 실현시키는 것은 결코 쉽지 않은 일이었다. 그럼에도 한국개발금융의 임직원들은 우리나라 경제가 발전하려면 꼭 필요한 이런 금융기관이 있어야 한다는 확고한 신념 아래 민간의 힘으로 어려운 일들을 직접 해냈다. 그 모든 과정에 직접 참여할 수 있었던 나는 참으로 행운아이다.

4. 개혁 바람을 몰고 온 '독일병정'

내가 1982년 한국투자금융의 전무로 부임한 것은 이철희-장영자 부부 사건이 터지기 3개월 전이었다. 그때 한국투자금융은 국내 7개 단자회사 가운데 실적이 4위에 불과했는데, 여러 가지 경영여건과 환경이 좋아 모든 단자회사들의 장사가 매우 잘되고 있었다. 단자회사는 시중은행보다 높은 예금금리를 주었기 때문에 돈 있는 사람들이 계를 조직하여 목돈을 만들어 들고 올 정도로 호황을 누렸다. 그러나 이 사건이 터지면서 많은 단자회사들이 하루아침에 어려움에 처하게 되었다. 부실어음에 휘말렸기 때문이다.

다행히 한국투자금융은 이 사건에 휘말리지 않았다. 나중에 들은 바에 따르면 내가 부임하기 전 한국투자금융도 여러 차례 장 씨로부터 거래 제의를 받았지만 거절했다. 만약 그때 임직원들 중에서 장 씨의 제의에 휩쓸려 사심(私心)을 가진 사람이 있었더라면, 장 씨의 제의를 거절하기가 어려웠을 것이다.

전무로 부임한 첫날의 느낌은 직원들이 자율적인 분위기에서 일하고 있다는 것이었다. 우선 직원들의 모습에서 권위주의의 흔적이 전혀 눈에 띄지 않았다. 경영진이 일방적으로 제시한 목표를 채우느라 동분서주(東奔西走)하는 모습이나 위계질서에 얽매여 쓸데없는 형식을 차리느라 시간을 낭비하는 모습도 보이지 않았다.

한편으로 직원들이 안일하고 소극적인 자세로 일하는 모습도 읽을 수 있었다. 다른 단자회사들이 적극적으로 예금유치 활동을 할 때 한국투자금융 직원들은 가만히 앉아서도 장사가 잘되니까 뒷짐을 지고 있었다. 좋게 보면 자금 중개기관이라는 단자회사 본래의 목적과 원리원칙에 충실했던 것인데, 그렇게 소극적으로 회사를 운영해도 안정적으로 잘 굴러갔기 때문이다. 더구나 한국투자금융은 국제금융공사가 출자한 외국과의 합작회사였기 때문에 정부로부터 세금 혜택을 받아 단기수익이 좋았다. 그러다 보니 다른 단자회사들이 활황을 구가하던 건설회사와 거래하며 많은 수익을 올릴 때도 한국투자금융은 손을 놓고 있었다. '건설업은 반짝 경기이기 때문에 위험하다'는 이유로 거래하지 않았던 것이다.

현실에 안주하여 적당히 수익을 올리는 데에 만족하는 업무태도는 한편으로 큰 위험을 사전에 예방하는 효과가 있었지만, 다른 면에서는 보다 많은 수익을 포기하는 것이었다. 따라서 시장상황을 도외시한 지나친 보수 성향과 어떤 위험도 감수하지 않으려는 안전제일주의는 결코 바람직하지 않은 태도였다.

1980년을 전후하여 여러 학자들이 한 목소리로 '정부가 계속해서 금리를 규제해서는 곤란하다'는 의견을 쏟아냈다. 그런 분위기에 대해서 다른 단자회사들은 장사가 잘되니까 이래도 좋고 저래도 좋다는 식으로 반응했지만, 한국투자금융은 민감하게 받아들였다. 그것은 한국개발금융 시절부터 이어져온 자주적이고 진취적인 사고와 함께 변화에 민감한 조직문화를 가졌기 때문이었다. 그때 우리는 '지금은 단자회사가 장사가 잘되고 있지만 향후 정부 규제가 없어져서 금리가 자유화된다면, 지금처럼 계속 잘나갈 수 있겠느냐' 하는 점을 우려했다. 가령 단자회사에 자금이 아무리 많아도 법에 의해서 지점을 한 개밖에 가질 수 없다면, 충분히 장사가 잘 되겠느냐 하는 걱정을 다른 단자회사보다 한발 앞서 했던 것이다.

김진형 회장을 비롯한 모회사 경영진이 굳이 나를 설득하여 자회사인 한국투자금융 전무로 보낸 것도 당시 단자회사를 둘러싼 변화 조짐과 무관치 않았다. 한국투자금융이 너무나 소극적이고 현실에 안주하고 있다고 믿었던 모회사의 경영진은 이를 타개해보자는 생각으로 내 등을 떠밀었던 것이다. 때문에 부임 직후부터 열정적이고 적극적으로 회사 일에 나섰다. 그 과정에서 '독일병정'이라는, 젊은이들에게는 비호감적인 별명도 얻게 되었다.

새로 부임한 회사에 적응하면서 차츰 시간이 지나자 나는 아쉬움이 느껴졌다. '지금처럼 자율적인 회사 분위기에 직원들의 적극적인 목표의식과 활동력이 곁들여진다면 회사가 훨씬 더 빨리 성장할 수 있을 텐데……' 그동안 지켜져왔던 자율적이고 화합적인 분위기를 해치지 않으면서 회사 분위기를 좀더 적극적이고 활동적으로 만들어야겠다는 결정을 내리고 새로 구성된 경영팀들과 목표실현을 위해서 많은 노력을 기울였다. 우선 새로운 문화를 만들고 영업규모를 확대하기 위해서 직원들을 강하게 압박했다.

가장 먼저 한 일은 타성에 젖은 직원들에게 드넓은 세상을 보게 하는 것이었다. 모든 직원이 최소 한 번씩은 해외경험을 할 수 있게 했다. 그때는 국가적으로 해외여행자유화가 실시되기 전이었고, 요즘처

한국장기신용은행과 한국투자금융 시절 : 금융의 새 장에 동참하다

럼 유학이니 해외연수니 하는 것들이 흔치 않던 시절이라 해외경험을 한 직원들이 극소수였다. 새롭게 정해진 방침에 따라서 전무인 내가 직접 제1진 7명의 직원과 함께 일주일간의 동남아시아 여행길에 올랐다. 여행 목적은 현지 문화체험과 더불어 각국 은행 관계자들과의 만남을 통해서 해외 금융시장을 파악하는 일이었다. 일정 중에 맨 먼저 도착한 곳이 홍콩이었는데, 그곳의 금융문화가 우리와 어떻게 다른지를 직접 보고 느낄 수 있도록 직원들로 하여금 하루 종일 보고 듣고 배우게 했다.

홍콩의 은행 임원들과 함께 식사하며 대화를 나누는 자리에서 난처한 일이 벌어졌다. 고급 서양 레스토랑에서 식사한 경험이 없었던 직원들이 자기 앞에 놓인 여러 개의 포크와 나이프, 컵들을 어떻게 사용해야 할지 몰라 몹시 당황해 했던 것이다. 나는 편안한 자리에서 자유롭게 대화하며 홍콩 금융상황에 대해서 공부할 수 있기를 바랐지만, 대화는 둘째 치고 식사 자체가 직원들에게 곤혹스런 일이 되어버렸다. 나는 평소 양복을 입어본 사람이 양복을 잘 만들 수 있지 한복만 입던 사람이 양복을 잘 만들 수 없다는 것을 이때 깨달았다. 어떤 일을 알고 잘 못하는 것과 몰라서 못하는 것은 다르다. 무엇이든 알아야 어떤 상황에서든 제대로 대처할 수 있고 다른 일도 잘할 수 있다는 생각에 제2진은 철저하게 준비를 시켰다. 출국에 앞서 테이블 매너 강사를 회사로 초빙하여 서양의 식사 에티켓을 가르치고, 특급호텔 양식당에서 식사를 직원들이 함께 하는 기회도 마련했다. 한차례 현장실습을 시킨 것이다.

해외여행을 앞둔 직원들에게 "자네들은 외국에 나갈 때 절대로 '한국 안경'을 끼고 가서는 안 돼"라는 신신당부도 잊지 않았다. 동남아시아에서는 우리나라보다 날씨가 아주 덥기 때문에 택시기사들이 낮 12시만 되면 차를 세워놓고 시에스타라는 낮잠을 즐겼다. 그러고도 제대로 생활을 꾸릴 수 있을까 싶어 물어보면, 보통 부인이 두세 명이라는 대답이 돌아왔다. 우리 눈으로 보면 그곳 택시기사들은 제정신이 아니었다. 한창 영업할 시간에 두 시간씩 낮잠을 자면서 어떻게 두세 명의 부인과 아이들을 먹여 살릴 수 있는지 이해하기 힘든 것이 당연했다. 하지만 무더운 날씨에도 불구하고 그 사람들이 만약 우리처럼 일했다간 건강이 배겨나지 못할 것이다. 나라마다 처한 환경이 다름에도 불구하고 우리는 동남아시아 사람들을 가리켜 못 살고 게으른 사람들이라며 손가락질하는데, 우리 기준과 우리 눈이 아닌, 다시 말해서 '한국 안경'을 벗고 다른 나라들을 보아야 제대로 볼 수 있다는 것을 직원들에게 강조했다.

산 사람이라고 해도 아무 생각 없이 산다면 죽은 것이나 마찬가지이다. 나는 직원들에게도 항상 생각을 가지고 일하도록 당부했다. 어떤 조직이든 구성원의 정신이 늘 깨어 있도록 격려하고 이끌어갈 때 그 조직은 비로소 활력이 넘치고 구성원 개인의 능력도 최대한 발휘시킬 수 있다. 나는 이 세상에 사람이 이루어놓은 모든 일은 그것을 이룩한 사람의 마음에서 비롯된다고 믿는다. 사람을 움직이는 일은 곧 그 사람의 마음을 움직이는 일이다.

그런 생각을 바탕으로 직원들에게 "적어도 남에게 폐가 되는 사람은 되지 맙시다" 하는 말을 자주 했다. "만약 어떤 사람이 일할 수 있는 건강이 있음에도 불구하고 일하지 않고 게으름을 피워 남의 신세를 진다면, 여러분은 그 사람을 경멸할 것입니다. 마찬가지로 여러분이 다른 사람들보다 조금 적게 일하고 쉽게 살아가면서 열심히 일하며 사는 사람들과 똑같은 대우를 받기를 원한다면, 그것 또한 여러분이 우리 사회에 폐를 끼치는 것입니다."

그 외에도 직원들에게 자주 한 말이 있다. 한 사람의 삶에서 진정한 성공은 자아실현을 성취하는 일이며, 그것이야말로 우리에게 진정한 행복을 가져다준다는 것이다. 나는 진심으로 직원들이 열심히 일하면서 성취감을 맛보기를 원했고 그 과정을 통해서 회사도 발전하기를 기대했다. 그래서 같은 시기에 입사했어도 능력이 뛰어난 직원은 먼저 승진할 수 있는 기회를 주었다. 반면 승진 연한이 되어도 능력이 안 되면 승진에서 제외시켰다. 능력이 뛰어난 직원이 합당한 대우를 받는 것이 공정한 일이고 건전한 경쟁심을 유발하여 조직의 발전에도 도움이 될 것이라고 생각했다.

한편 영업과 아무 관련이 없는 부서까지 수신목표를 주면서 다소 무리하다 싶을 정도로 직원들을 압박했다. 어느 날 총무부장이 나에게 와서 "이럴 바엔 차라리 저를 영업부로 보내주십시오" 하고 항의했다. 그동안의 업무 영역에서 벗어나서 갑작스레 영업활동에 나설 수밖에 없게 되자 화를 참지 못했던 것이다. 그럼에도 내 생각은 흔들리지 않았다. 단자회사는 고객이 맡긴 돈을 필요로 하는 기업이 유익하게 쓸 수 있도록 중간다리 역할을 하는 곳이기 때문이다. 회사의 존재이유에 충실하려면 우선 고객의 돈을 많이 확보하여 수신고를 늘려야 했다. 금융기관에서 일하는 사람이라면 부서에 관계없이 동일한 목표와 목적을 위해서 노력하는 것이 너무나 당연하다는 것이 내 생각이었다.

모회사에서 나를 전무로 선임할 때 기대한 것이 있었기 때문에, 나는 더욱 적극적으로 영업을 활성화하고 회사문화를 바꾸려고 노력했다. 직원들을 좀 강하게 압박한 데는 내 나름의 계산도 있었다. 회사 분위기에 조금만 변화를 주고, 개선하면 국내 최초의 순수 민간 단자회사라는 위상을 가진 우리 회사를 4위에서 1위로 끌어올릴 수 있을 것이라는 희망을 가지고 있었다. 사실 모회사인 장기신용은행에 있을 때 자회사인 한국투자금융에 대해서 안타까운 점이 있었다. 국내 단자회사 가운데 가장 역사가 오래된 한국투자금융이 왜 4위에 머물러야 하는가 하는 의문이었다. 기왕 이곳의 전무가 되었으니 어떻게든 회사 위상에 걸맞은 성과를 내야 했고 그러자면 대대적인 개선이 필요했다. 그 과정에서 모회사에서 온 '총독'이니 '독일병정'이니 하는 말까지 들었던 것이다.

직원들이 나를 '총독(總督)'이라는 부정적인 시선으로 본 데에는 그럴 만한 사정이 있었다. 사실 장기신용은행과 한국투자금융과의 관계는 신뢰와 협력의 관계이기에 앞서 모(母)-자(子) 사이라는 인식이 강했다. 특히 장기신용은행은 자신이 모회사임을 강조했기 때문에 두 회사의 관계는 갈수록 나빠졌다. 그런데 한국투자금융이 하는 일은 모회사인 장기신용은행과 전혀 달랐고 시장 자체도 달랐다. 단자회사인 한국투자금융은 그 시장에 맞게 운영되는 것이 마땅했지만, 모회사와의 관계 때문에 여의치 않았다.

그 가운데 하나를 예로 들면 대우 문제였다. 당시는 단자회사가 활황을 구가하던 시절이라 대체로 직원들의 급료가 후했다. 하지만 모회사인 장기신용은행은 자회사인 한국투자금융 직원들이 자신의 직

한국장기신용은행과 한국투자금융 시절: 금융의 새 장에 동참하다

원들보다 월급을 더 적게 받아야 한다고 생각했다. 그 때문에 다른 단자회사에 비해 정당한 대우를 받지 못했던 한국투자금융 직원들은 피해의식이 컸다. 이런저런 이유로 초창기 한국투자금융 직원들은 장기신용은행에서 온 나를 모회사에서 파견한 '총독'이라며 색안경을 끼고 본 것이다.

우선 당장 시급한 직원들 대우 문제를 해결하기 위해서 장기신용은행의 수뇌부를 찾았다. "아무리 모회사와 자회사 관계라고 해도 두 회사는 업(業)이 다르고 경쟁하는 시장이 다르지 않습니까? 그 경쟁시장에서 우리가 이기려면 경쟁시장 병사들이 같은 탄환과 무기로 싸우게 해야지 주인인 모회사에 맞춰야 한다면 우리 직원들은 경쟁시장에서 질 수밖에 없습니다. 그러니 단자회사 종사자는 그 시장에 맞게 급료를 조정해야 하지 않을까요?" 나는 이와 같이 강력히 주장했다. 그 결과 한국투자금융은 자율적으로 급료를 책정할 수 있게 되었다.

깊은 잠에 빠진 사람을 깨우려면 시간이 걸리듯이 직원들을 향한 설득도 시간이 지나고서야 조금씩 효과를 발휘하기 시작했다. 내 생각에 공감한 사람들이 하나둘씩 늘어나자 회사 분위기도 차츰 바뀌어갔다. 처음에는 '지금처럼 해도 먹고 살 수 있는데……'라는 생각으로 괜히 자신들을 못살게 군다고 여기던 직원들도 어느새 달라졌다. 할 수 있는 만큼을 요구하고 스스로 알아서 일하도록 했기 때문에 그 방식이 자신들에게 나쁘지 않다는 것을 깨달았기 때문이다. 윗선에서 의식적으로 뭔가를 자꾸 강요하고 그런 방식이 오래 가면 아랫사람들은 위선적이 되기 쉽다. 나는 그런 모습을 보이는 것이 싫어서 직원들을 독려하는 한편 직접 솔선수범했다.

나는 회사 안에서는 직원들의 말처럼 독일병정 식으로 그들을 몰아 붙인 면이 없지 않았지만, 밖에 나가면 칭찬을 아끼지 않았다. 예를 들어 100미터 달리기를 하는데 12초를 목표로 삼으면 절대 12초에 뛸 수 없고, 11초를 목표로 해야 12초에 들어올 수 있다. 마찬가지로 13 초짜리 직원을 향해 "당신이 제일 잘한다"고 칭찬함으로써 11초로 기록을 끌어올렸던 것이다. 실력이 좀 모자라도 상사의 말과 목표에 나쁜 의도가 없다는 것을 알면, 직원들은 거기에 맞추려고 노력하게 된다. 무엇이든 열심히 노력하면 목표와 희망이 이루어진다는 것이 내 생각이다.

나의 전무 부임 첫해의 실적보고에서는 소수점 이하를 끊어낼 것인가 절상할 것인가를 두고 고민하는 정도로 미미한 차이의 효과만 있었다. 그러나 날이 갈수록 실적이 빠르게 좋아져 2년이 지나자 눈에 띄는 결과를 얻을 수 있었다. 특히 1982년 전무 부임 첫해에 3,000억 원이었던 수신규모가 1985년 사장 승진과 함께 5,000억 원의 벽을 돌파하며 다른 단자회사들을 제치고 1위로 뛰어올랐다. 무엇보다 감격스러웠던 것은 명실상부한 우리나라 최고의 단자회사를 만들겠다던 나의 희망이 현실이 되었다는 점이다.

그동안 업계 사람들은 우리를 보고 "독야청청(獨也靑靑)한다"고 빈정댔다. 하지만 금융여건은 나라별로 국내 정세와 시장상황에 따라서 달라진다. 어떤 시장에 가면 그 시장 룰에 맞게 장사를 해야지 내 마음대로 하면 룰이 깨진다. 그래서 우리는 기업을 평가할 때 국제적인 수준에 맞추어 엄격하게 심사했다. 사실 80년대 초반의 우리나라 기업 상황은 국제적인 평가기준을 적용하기가 어려운 실정이었다. 무엇보다 한국에서 영업을 하면서 미국처럼 원리원칙에 따라 일처리를 하니 국내시장 사정을 고려하지 않는다고 업계에서는 생각했던 것이다. 모회사인 장기신용은행의 주주인 대기업들이 자신들을 좀 도와줬으면 하고 우리에게 손을 내밀 때도 주주로서의 특혜를 일절 감안하지 않았을 정도로 우리는 원칙에 충실했다. 지나고 나니 그 부분은 좀 안타까운 면이 없지 않았다는 생각도 하게 된다.

내가 한 달간 버티다가 한국투자금융으로 올 때 장기신용은행의 김진형 회장을 비롯한 경영진이 3년만 열심히 일하면 좋은 일이 있을 것이라고 위로하고 격려했다. 그러나 그동안의 열의와 노력에도 불구하고 회사의 실적에 변화가 없고 오히려 더 나빠졌다면 어떻게 되었을까? 결국 누가 뭐라고 하든 상관없이 매사에 스스로 최선을 다할 때 긍정적인 결과가 나타날 수밖에 없다. 그동안 현실에 안주하여 소극적이었던 회사의 분위기가 보다 적극적으로 바뀌게 된 모습을 평가했는지, 나는 1985년 3월 한국투자금융주식회사 주주총회에서 사장으로 선임되었다. 나는 48세의 적당한 나이에, 금융업에 입문한 지 25여 년 만에, 한 금융회사의 최고경영자가 되었다.

5. 머슴과 프로페셔널

1985년 내가 한국투자금융주식회사를 이끌게 되면서 직원들에게 가장 먼저 강조한 것이 자존심과 프로페셔널리즘을 바탕으로 하는 주인정신, 참여경영 이 세 가지이다. 직원들의 의식을 새롭게 일깨우고 마음가짐을 올곧게 하도록 하기 위해서였다.

우선 사람은 무엇보다 자존심이 있어야 한다. 그래야 맡은 일에 최선을 다하고 당당해질 수 있다. "여러분이 이 회사에 근무하는 동안 열심히 일해서 100을 벌었다면, 그중 80을 자신이 가지고 나머지 20은 회사에 남길 수 있어야 회사와 여러분이 같이 발전하고 잘 운영될 수 있습니다. 열심히 일해서 회사에 20을 남김으로써 회사 성장에 기여할 수 있는 직원이 되어 스스로 떳떳함과 자존심을 지킵시다."

두 번째로 강조한 것은 프로페셔널이다. 주인정신은 진정한 프로페셔널리즘에서 비롯된다는 것이 내 생각이다. 속담에 "병든 주인이 머슴 열 명 몫을 한다"는 말이 있다. 스스로 주인의식이 있으면, 그저 시키는 대로 일하는 머슴보다 훨씬 많은 역할을 할 수 있고 더 많은 성과를 낼 수 있다는 의미다. 이처럼 각자의 마음가짐과 정신자세는 그 사람이 얼마나 대단한 능력을 발휘할 수 있을 것인가를 좌우하는 중요한 요소가 된다. 아무리 조직에 소속된 월급쟁이라고 하더라도,

스스로 주인의식을 가질 수 있다면 누구보다 뛰어난 능력을 발휘할 수 있다. "성공으로 가는 지름길은 주인의식입니다. 조직의 구성원 모두가 자신이 바로 이 회사의 주인이라는 생각을 가지고 일할 때 회사는 물론이고 본인도 가장 빨리 성공의 길에 이를 수 있습니다. 주인의식은 마음가짐에서 출발합니다. 사회제도나 주변 환경이 아무리 자신을 주인으로 보장한다고 해도, 스스로 주인이라는 생각을 가지지 못한다면, 당신은 결코 주인이 될 수 없습니다. 부자 아버지가 아들에게 자신의 모든 재산이 '네 것'이라고 해도 아들이 그 많은 재산의 주인이 되는 길은 한 가지 뿐입니다. 아버지의 재산을 자신의 것으로 생각하고 올바르게 활용할 수 있는 방안을 찾아냈을 때 비로소 그 재산의 주인이 되는 것입니다. 다양한 사람들이 모여 있는 기업이라는 조직도 마찬가지입니다. 구성원 각자가 주인이라는 생각을 가지지 않는다면, 기업과 개인은 도저히 발전을 기약할 수 없습니다."

직원들에게 프로페셔널리즘을 강조할 때 내가 즐겨 드는 예가 있다. 일명 '머슴론'이다. 가난한 농부는 자기 논이 없어 먹고 살기 위해서는 부잣집에 머슴으로 들어가기도 한다. 머슴살이를 하면 보통 일년 동안의 연봉(年俸), 즉 새경[私耕]을 미리 정하고, 추수가 끝나면 정해진 그 몫을 받는다. 그런데 새경이 얼마인지를 떠나 비록 남의집 머슴으로 일하고 있지만 자신은 어디까지나 농사꾼이 천직이라는 생각으로 열심히 풀도 베고 거름을 주면서 지극정성으로 농사를 짓는 농사꾼 머슴이 있을 것이고, 반면 처음부터 자신은 머슴이고 새경도 이미 정해져 있으니 그저 몸 편하게 적당히 일하면 되겠지 하는 마음으로 게으름을 부리다가 주인이 다그치면 마지못해 일하는 시늉만 하는 머슴도 있을 것이다. 농사꾼이라는 프로 정신을 가진 머슴과, 대충 일하고 정해진 새경이나 받자고 생각한 머슴의 차이는 나중에 어떻게 다를까. 땅은 정직하다. 농사꾼을 천직으로 여긴 머슴의 수확이 많은 것은 자명하다.

나는 프로페셔널로서의 성취욕이 주인의식보다 어떤 면에서 더 큰 힘을 가진다고 생각한다. 반드시 내 것이어야만 주인의식을 가질 수 있는 것은 아니다. 전문가로서의 성취욕이 주인의식으로 발현되어 모든 어려움을 이겨낼 때 보람은 물론이고 합당한 과실도 따라올 것이다. '언제나 내 것이어야 한다'는 못난 소유의식을 과감히 버리고 전문가로서 자신의 분야에서만큼은 누구에게도 뒤지지 않겠다는 철저한 프로페셔널리즘으로 무장할 때 진정한 주인의식의 보람된 삶과 일터를 만들 수 있다. 요즘처럼 개개인의 다양한 능력과 잠재력을 발굴하여 사회에 기여할 수 있게 하는 전문화된 사회에서는 각 부문의 전문가들이 주인의식을 가질 수 있는 분위기만 만들어준다면, 참으로 능력 있는 인재들이 발굴되고 활발히 활동할 수 있을 것이다.

기업은 많은 직원들이 어울려서 일하는 곳이기 때문에 한사람 한사람이 제몫을 다하는 것도 중요하지만, 서로 협조해서 상승효과를 내는 것도 그에 못지않게 중요하다. 그리고 어느 기업이건 사업의 목표를 세워서 그것을 달성하도록 동기를 부여하는 데에 경영자의 관심이 집중되어야 한다. 똑같은 일을 하더라도 남이 시켜서 하는 것과 스스로 목표를 세워 추진하는 것은 다르다. 경영진이 일방적으로 영업계획을 세워 직원들에게 따라오기를 강요하는 것은 지속적인 효과를 거둘 수 없기 때문이다.

한국투자금융주식회사는 직원들의 자발적 경영참여를 유도하기 위해서 내가 전무 시절인 1984년부터 '경영계획 워크숍'이라는 독특한 제도를 도입했다. 참여경영을 직원들이 몸소 실천할 수 있도록 행동의 장을 만든 것이다. 나는 첫해 워크숍이 열렸을 때 직원들의 의욕을 고취시키는 데에 초점을 맞춘 인사말을 준비했다. "남자들은 대학을 졸업하고 군대 갔다 와서 회사에 취직하면 나이가 벌써 20대 후반이 됩니다. 이승만 대통령은 6.25전쟁 당시 30대 초반의 정일권 장군이나 백선엽 장군을 참모총장으로 기용했습니다. 이처럼 여러분은 지금 수십만 대군을 지휘할 수 있는 나이입니다. 금융이라는 것은 숫자로 하는 사업이기 때문에 숫자를 보면 다 알 수 있는 일입니다. 여러분 모두 대학공부를 했으니 대차대조표를 비롯한 재무제표를 잘 읽고 분석할 수 있으리라고 믿습니다. 그리고 여러분에게 공개한 경영환경에 대한 자료도 다 이해할 수 있을 것이라고 생각합니다. 우리 모두 오늘 하루 경영자의 입장에서 내년 우리의 영업환경이 어떻게 변화할 것인지 그리고 그에 대비하여 우리의 영업전략을 어떻게 세워야 하며 내년도 우리의 영업목표를 어느 정도로 잡는 것이 좋을지 토론해봅시다. 이것은 단순히 시험 삼아 경영계획을 세우는 것이 아니라 실제로 우리 회사의 내년 계획을 세우는 기초 작업입니다. 여러분 한사람 한사람이 경영을 맡았다고 생각하고 최선을 다해주기 바랍니다."

경영계획 워크숍은 해마다 10월 하순 무렵 1박 2일 동안 직원들이 참석하여 이듬해 영업계획을 함께 세우도록 한 제도다. 워크숍은 위에서부터 상무−부장−차장−과장−대리 등 종적으로 5−7개 팀을 구성하여 각 팀별로 A주식회사, B주식회사로 명칭을 붙이게 했다. 모든 직원이 참여하는 1박 2일간의 워크숍에 돌입하기 전 한 달 정도 준비 기간을 가지도록 했는데, 이때 팀마다 경영계획서의 초안을 만들도록 했다. 기획부는 각 팀에 회사 경영정보 등 필요한 자료들을 모두 제공 했다.

1박 2일간의 본격적인 워크숍이 열리면 밤샘 토론을 거쳐 팀마다 경영계획을 확정짓고 다음날 임직원 모두가 참석한 가운데 각 팀에서 마련한 경영계획을 발표하고 격렬한 토론을 통해서 세부적인 영업전 략을 마련하는 방식으로 진행했다. 이 워크숍에 의해서 과거 예산편 성 부서에서 일방적으로 예산을 편성하면 집행부서에서 그것을 그대 로 집행하던 관행을 깨고 모든 직원이 직접 경영계획을 세우는 전통 을 만들었다.

무슨 일이든 첫 술에 배부를 수가 없듯이 워크숍 시행 초기에는 어 려움이 많았다. 처음 하는 일이었으므로 형식적인 면으로 흐른 점도 없지 않았다. 초기에는 현실과 동떨어진 결론을 내리기 일쑤여서 예 산편성 부서에서 예산을 세우는 작업을 처음부터 다시 해야 하는 번 거로움도 있었다. 그러나 2-3년 정도 지나자 회사 차원에서 경영계획 을 짤 필요가 없어질 만큼 훌륭한 성과를 얻게 되었다. 각 팀별로 낸 경영계획서를 전부 합쳐 종합적으로 검토하면 실제로 이듬해 경영계 획이 자연스레 수립되는 정도까지 도달했던 것이다.

직원들이 자신의 손으로 직접 경영계획을 세웠으므로, 다음해는 어 느 정도 영업실적을 올리겠다고 한 목표를 무난히 달성하는 성과를 거뒀다. 이 전통은 하나은행으로 전환한 이후에도 그대로 이어졌는데, 은행에서도 3년 정도 시행했더니 워크숍을 토대로 만든 경영계획대로 모든 일이 진행될 수 있었다. 신기한 것은 매해 공식적으로 발표한 목표치를 거의 초과달성했다는 점이다. 나는 초창기 하나은행의 빼놓을 수 없는 연례행사로 자리 잡은 경영계획 워크숍이 오늘날의 하나은행을 만든 힘의 원천이라고 믿는다. 그것은 하나은행만의 독특한 문화가 되었다.

참여경영은 경영계획 워크숍과 같은 제도를 통해서 실천이 가능하지만, 일상적인 일이라도 보는 관점을 달리함으로써 또 다른 효과를 얻을 수 있었다. 예를 들면 보통 고객이 은행에 가면 직원들은 "우리 예금 좀 들어주십시오" 하고 실적을 올리려고 애쓴다. 그런데 한국투자금융 당시 나는 직원들이 "오늘 1억 원을 유치했습니다"라는 식으로 실적을 자랑하기보다는 유치된 그 자금이 운영되어 얼마를 벌 수 있는지를 계산하게 하여 "오늘 20만 원을 벌었습니다"라는 식으로 영업성과를 생각하도록 했다. 예금유치로 회사에 돈이 얼마 들어왔다는 것과 그 돈을 토대로 얼마를 벌어들였다는 것은 결과는 같지만, 후자는 참여경영 마인드를 강조한 것이다. 언뜻 보기에 사소한 차이 같지만, 직원들이 자신의 일을 대하는 태도에서 둘은 확연한 차이를 가져오게 된다. 그것이 바로 참여경영의 힘이라고 할 수 있다.

나는 수십 년을 금융인으로 살아오면서 남들이 가지 않은 길을, 때로는 새길을 만들어서까지 가려고 했다. 한국투자금융을 하나은행으로 전환한 후에도 국내 33번째인 후발주자가 기존 은행들을 따라하면 '33번째'라는 꼬리표를 뗄 수 없다고 생각했다. 다시 말해 남들이 하는 대로 따라한다면 그들을 뛰어넘을 수 없다고 생각한 것이다. 남들에게 뒤진 순위를 따라잡으려면 그들과 달라야 한다는 것이 내 경영철학이었고, 지금도 그 생각에는 변함이 없다. 어찌 보면 경영계획 워크숍이라는, 당시로서는 획기적인 참여경영 방식을 도입한 것도 4위의 단자회사를 1위로 끌어올리기 위해서 '남들과 다르게'라는 경영마인드를 실천한 것이었고, 결과는 1위로 돌아왔다.

한국투자금융이 하나은행으로 전환한 뒤 나는 연속해서 6년간 은행장을 맡았다. 그때까지 이어진 경영계획 워크숍에서 실적 체크를할 때 직원들 스스로가 정한 목표를 달성했는지 각자 자신을 되돌아볼 수 있도록 독려했다.

"사람은 자신이 한 약속을 최선을 다해 지켜야 합니다. 모든 직원들앞에서 내년도 달성목표를 발표해놓고 못 지킨다면 다른 직원들 눈에어떻게 비치겠습니까? 나는 나와 함께 일하는 사람들이 하는 일이 자신에게도 도움이 되어야지 남한테만 도움이 되고 자신에게 전혀 도움이 안 된다면 함께 일하고 싶지 않습니다. 나아가 회사 일을 하는 데본인에게는 도움이 안 되고 회사에만 도움이 되어서도 안 될 것입니다. 해마다 여러분이 직접 회사 경영계획을 세우기 때문에 어떻게 하면 목표달성이 가능한지 여러분 자신이 가장 잘 알 것입니다. 그리고여러분 머릿속에 든 정책수립이라든가 경영계획은 회사 것만 아니고바로 여러분의 것이기 때문에 누가 훔쳐갈 수도 없습니다. 따라서 스스로 계획한 대로 열심히 일한다고 해서 여러분에게 손해날 일은 없습니다. 직접 계획을 세우고 일하면서 어떤 게 더 능률적이고 효율적인지를 배우고 깨닫는 것 아니겠습니까? 물론 성과에 대한 보답도 여러분 자신에게 돌아갈 것입니다. 회사와 보조를 같이 하면서 여러분각자가 정한 목표를 향해 나아갈 때 우리 회사에 도움이 되겠지만,

한국장기신용은행과 한국투자금융 시절 : 금융의 새 장에 동참하다

회사를 그만둬도 그동안 터득한 지식과 경험은 영원히 여러분의 것입니다. 그 실력을 발휘한다면 어디를 가든 여러분은 남들과 다를 것입니다. 회사뿐만 아니라 여러분 자신의 성취를 함께 이룰 수 있도록 일하는 게 나는 좋습니다. 여러분은 어떻게 하고 싶습니까?"

나와 함께 혹은 회사와 더불어 직원들 개개인의 성취도 이루기를 바라는 내 진심에 직원들은 곧바로 성과로 보답했다. 나는 경영자가 아닌 한 개인으로서도 당시의 우리 직원들에게 무척 고맙게 생각한다.

한국투자금융 때와 마찬가지로 요즘 내가 가장 하고 싶은 일은 우리 사회에서 능력 있는 사람들이 좋은 일을 많이 하게 만드는 것이다. 내 일을 하기보다 여러 사람이 함께 할 수 있는 어떤 일을 만들어서 정말 능력 있는 사람들을 많이 참여시키고, 그 일을 계속 해나갈 수 있도록 하는 것이 내가 이 사회에 조금이라도 기여하는 길이 아닐까?

6. 도전정신으로 새 판을 펼치다

1982년 한국투자금융 전무로 자리를 옮긴 뒤 맨 처음 눈에 띈 것이 북새통을 이루는 영업부 창구였다. 하루 종일 사람들로 붐비는 데다 특히 마감시간이 임박한 오후 서너 시가 되면 각 기업의 자금담당자들이 몰려와 마치 바겐세일에 들어간 백화점 매장을 방불케 했다.

당시만 해도 우리나라 금융시장은 예금자보다 돈을 빌리려는 고객이 훨씬 더 많아 몸살을 앓았는데, 우리 회사 입장에서 가장 중요한 고객은 어음을 사가는 수신고객이었다. 그러나 회사는 이들에게 특별한 대접을 해주지 못하고 있었다. 수신고객이 사들인 어음은 2-3개월이 지나야 만기가 돌아오고 그때가 되어서야 한번쯤 우리 회사 창구를 찾게 되는데, 그곳이 발 디딜 틈 없이 붐비니 대접받아야 할 고객들이 오히려 불편한 형국이었다. 창구의 텔러(teller)도 자칫하면 그들을 홀대하기 일쑤였다.

어떻게 하면 주요 고객들이 우리 회사를 좀더 편하게 이용하게 할 수 있을까 고민한 결과 고객에 대한 서비스마인드를 무장시키기 위해서 회사조직을 바꾸어야 한다는 결론에 이르렀다. 우선 영업부를 수신고객을 담당하는 영업부와 여신고객을 담당하는 기업금융부로 분리했다. 한국투자금융은 중요 고객을 별도로 맞이하는 프라이빗 뱅킹

215

(PB) 서비스 개념을 이때 벌써 적용한 것이다.

10년 동안 유지되어온 회사조직을 과감히 바꾼 데는 나름의 이유가 있었다. 경영에서 조직은 목적을 가장 효과적으로 수행하기 위한 수단에 불과하다. 때문에 고객에게 더 많은 편의를 제공하기 위해서 조직체계를 바꾸는 것은 당연한 일이다. 그럼에도 불구하고 우리 회사가 고객의 입장에서 그들의 편의를 먼저 생각하고 그 생각에 맞추어 조직을 바꾼 것은 당시로서는 파격적이었다. 그때는 어느 기업이든 회사조직이 일하는 사람 중심의 기능별 조직으로 되어 있었기 때문이다. 고객 입장에서 그들을 만족시킬 수 있는 방향으로 조직을 과감히 변화시킬 당시 한국투자금융의 조직 모델은 그후 국내 단자업계에서 보편화되었다. 매우 보람된 일이었다.

한편 1982년까지만 해도 모든 투자금융회사의 영업조직은 여신과 수신을 집행하는 영업부와 여신기업의 신용을 분석하고 관리하는 심사부로 나뉘어져 있었다. 우리 회사는 기업과 거래할 때 세 단계로 나누어서 일을 처리했다. 수신은 영업부, 여신은 기업금융부, 여신을 위한 기업 신용평가는 심사부에서 담당했다. 이러한 분업주의 방식의 일처리는 회사로서는 편리할지 모르지만, 고객인 기업 입장에서 볼 때 매우 불편하고 번거로운 것이었다. 대출과 예금을 각각 다른 부서에서 취급하니 우선 번거롭고 복잡한 결재단계를 거쳐야 했으므로, 일처리에도 시간이 걸릴 수밖에 없었다. 이러한 고객의 불편함을 개선하기 위해서 1983년부터 기업고객전담제도를 도입했다. 단자회사의 기존 업무처리 관행을 획기적으로 혁신한 것이다.

기업고객전담제도(account manager system)는 기업고객의 여신과 수신 업무를 하나의 팀에서 모두 처리함으로써 고객의 편의성과 업무 효율성을 극대화시킨 제도다. 업무처리를 회사 편의대로 하는 방식은 고객을 감동시킬 수 없고 다른 단자회사와의 차별화도 어렵다는 결론 끝에 만든 제도다. 우선 기업고객을 여러 그룹으로 나누고 각 그룹별로 전담팀을 두어 그 팀에서 여신과 수신 업무를 한꺼번에 처리하게 했다. 고객이 하나의 창구에서 모든 일을 보는 이른바 원스톱 뱅킹(one-stop banking) 개념을 국내 금융 역사상 최초로 도입한 것이다.

나는 기업고객과 은행은 금슬 좋은 부부의 모습과 같아야 한다고 생각한다. 남편인 기업이 부가가치를 만드는 적극적인 일을 한다면, 아내인 은행은 그 수입을 받아 잘 관리하면서 필요할 때 자금을 조달하는 혹은 뒷바라지하는 일을 하기 때문이다.

막상 새로운 방식으로 업무를 보게 하니 직원들 불평불만이 적지 않았다. 한 팀에서 두 가지 일을 한꺼번에 처리해야 했기 때문에 힘이 들었던 것이다. 게다가 다른 단자회사들의 반응도 싸늘했다. 지금도 단자회사는 장사가 잘 되고 있는데 한국투자금융이 또 엉뚱한 일을 벌여서 우리까지 피곤하게 만든다는 반응이었다. 직원들의 불만을 해소시키기 위해서 김승유 상무가 기업고객전담제도를 담당할 직원들과 함께 미국행 비행기를 탔다. 금융회사의 조직체계를 고객중심으로 편성하는 것은 당시 미국에서는 일반화된 추세였다. 선진 금융회사의 현실을 눈으로 직접 확인하고 돌아온 직원들은 이후 별다른 불평을 하지 않았다. 오히려 자신이 남들보다 한발 더 앞서 그들이 하지 못하는 일을 하고 있다는 자긍심으로 맡은 일을 더욱 열심히 했다.

기업고객전담제도는 고객들로부터 매우 좋은 호응을 이끌어냈을 뿐만 아니라 회사 입장에서 여러 가지 이점이 있었다. 우선 고객기업의 금융거래 내용과 재무상황을 한눈에 파악할 수 있어 업무 효율성을 크게 높였다. 또 각 팀마다 자신이 전담하는 기업이 생기면서 기업고객의 모든 내용을 속속들이 꿰고 있었기 때문에 이전보다 훨씬 더 빨리 정확하고 자세하게 기업신용을 평가하는 일이 가능해졌다. 새로운 제도도입은 직원들의 업무부담을 좀 늘렸지만, 그야말로 누이 좋고 매부 좋은 이중의 효과를 거두게 했다.

1971년 출범한 한국투자금융은 1979년 1,000억 원을 기록한 수신 규모가 82년 3,000억 원, 85년 5,000억 원으로 뛰어올랐다. 회사가 급성장한 배경에는 우선 한국 최초의 단자회사로서 기업어음 시장과 회사채 시장을 개척한 선발주자라는 이점이 있었다. 하지만 그보다 더욱 결정적인 역할을 한 것이 기존의 제도와 관행에 머무르지 않는 진취적이고 도전적인 정신이었다.

모기업인 한국개발금융이 그랬듯이 한국투자금융도 기업과 고객이 필요로 하는 신상품과 서비스를 끊임없이 개발했다. 대표적인 예가 회사채에 대한 이자지급 방식을 과감히 바꾼 일이다. 1978년 금성사가 무보증사채 50억 원을 발행할 때의 일이다. 그때까지 회사채는 통상 3년 만기에 3개월마다 이자를 지급하는 것이 관행처럼 굳어 있었다. 그러나 한국투자금융은 금성사의 회사채발행 주간사로 참여하여 발행조건을 완전히 바꾸어버렸다. 일 년 만기물의 경우 일 년치 이자를 미리 지급하는 조건으로 회사채를 발행토록 한 것이다. 투자회사로서는 회사채를 사자마자 수익을 손에 쥘 수 있었으므로 금성사 회사채는 발행 당일 모두 팔려나갈 정도로 폭발적인 인기를 끌었다. 이 일이 있은 후 다른 단자회사들도 서둘러 선이자 지급제도를 도입했는데, 그만큼 한국투자금융은 회사채 발행시장에 큰 반향을 일으켰다.

그뿐만이 아니었다. 기업이 발행한 회사채의 원리금 지급을 한국투자금융이 대행해주는 서비스를 개발하여 또 한 번 업계를 놀라게 했다. 국내 회사채 시장은 1972년부터 활성화되기 시작하여 이후 급속하게 성장했다. 1980년대에 들어서는 회사채 발행을 통한 기업의 직접 자금 조달 실적이 증시 자금조달 총액의 80%에 이를 만큼 비약적인 발전을 했다. 그 과정에서 한국투자금융이 한 역할은 결코 작지 않았다.

한편 시중의 사채자금을 산업자금화하기 위해서 설립된 한국투자금융은 다양한 금융제도를 선보임으로써 사금융을 제도권으로 끌어들이는 데에 큰 공헌을 했다. 일반인들에게는 중요한 저축수단을 제공하는 역할을 했다. 그럼에도 고객의 요구에 충분히 부응하지 못한 것 또한 사실이다. 1970년대 초반 한동안 잠잠했던 사채시장이 중-후반을 넘어서면서 다시 세력을 확산하기 시작한 것은 그때까지 단자회사들이 고객을 만족시키지 못한 측면이 많다는 것을 뜻했다.

그 때문에 내가 전무로 부임한 이듬해부터 회사는 투자금액에 상관없이 단 며칠이라도 자금을 맡기면 금리를 주는 방안을 연구하기 시작했다. 당시는 단자회사라고 해도 적어도 3개월 이상 자금을 맡기는 고객이라야 금리를 제대로 받을 수 있었다. 자금을 한 달만 맡기면 투자자의 수익률은 연 2% 정도에 불과했고 일주일 이하는 아예 이자가 없었다. 번성하는 사채시장에 맞서 단자회사가 제 역할을 다 하기 위해서는 그런 점을 개선하지 않으면 안 되었다.

우리는 먼저 외국의 사례를 살피기로 했다. 김승유 상무와 다섯 명의 직원을 미국과 홍콩, 싱가포르 등 단기금융시장이 발달한 나라에 파견하여 그곳의 금융상품 구조와 서비스 제도를 샅샅이 살피도록 한 것은 이미 얘기한 바가 있다. 해외시장을 발로 뛰어 아이디어를 구한 끝에 탄생한 것이 바로 어음관리계좌(CMA)였다. 어음관리계좌는 고객이 맡긴 자금을 증권과 채권, 콜 거래 등으로 운용하여 단 하루를 맡겨도 금리를 주는 획기적인 상품이었다. 뿐만 아니라 시장의 금리 상황에 따라서 운용성과가 결정되면, 그 성과를 투자자들에게 돌려주는 우리나라 최초의 시장금리 연동 상품이었다. 통장으로 거래되기 때문에 어음을 실물로 보관해야 하는 번거로움이 없었고, 예탁기간도 자유로웠다. 금융상품 경쟁력의 핵심인 편의성과 환금성, 수익성을 골고루 갖추고 있었기 때문에, 1984년 어음관리계좌가 판매되자마자 폭발적인 인기를 누렸다. 그해 한 해만 한국투자금융 전체 수신의 6.8%를 차지할 정도로 대단한 히트 상품이 되었다.

회사의 효자상품이자 히트 상품을 둘러싼 우여곡절도 없지 않았다. 어음관리계좌는 우리가 개발하고 설계한 상품이었기 때문에, 당연히 정부 당국에 독자적인 판매를 허용해줄 것을 요청했다. 그러나 상품 허가 업무를 담당하던 당시의 재무부는 특정 상품에 대한 특정 회사의 독점판매권 인정은 곤란하다고 거부했다. 결국 우리의 권리를 인정받지 못한 채 그후에는 우리를 따라 한 다른 단자회사들과 함께 똑같은 상품을 팔아야 했다. 지금은 지적재산권에 대한 개념과 권리가 확립되어 있어 금융회사가 독자적으로 개발한 상품에 대해서 창의성의 정도에 따라서 일정기간 독점판매 기간을 인정하는 추세다. 격세지감(隔世之感)이지만, 나는 이제 세계화 시대의 국경 없는 경제전쟁,

그리고 거역할 수 없는 대세이자 보편적 가치가 된 시장주의의 확산은 세상을 참으로 많이 바꾸어놓았다고 생각한다.

내가 한국투자금융에서 사장으로 일한 기간은 6년이다. 전무 시절까지 보태면 9년 남짓한 기간을 몸담았고 그 기간 동안 직원들과 함께 우리 금융의 역사에 남을 일들을 하기도 했지만, 항상 보람 있고 좋은 날들만이 있었던 것은 아니다. 그 가운데 말 한마디가 천금(千金)이라는 사실을 새삼 뼈저리게 느끼게 한 사건도 있었다.

1987년 7월 말경이었다. 세미나에 참석하기 위해서 제주도에 머물고 있는데, 총무부장이 다급한 목소리로 전화를 걸어왔다. "사장님, 직원들이 기어코 노조를 만들었습니다." 그 순간 나는 차분한 목소리로 대꾸했다. "이미 만들어진 노조를 어쩌겠어요. 필요하니까 만들었겠지. 한번 지켜보도록 합시다."

1987년은 우리나라에 민주화 바람이 거세게 불 때였다. 1980년대 말기의 한국은 1985－1987년의 저달러, 저금리, 저유가의 3저(三低)를 기반으로 하는 호황도 끝나감으로써 경제적, 사회적 모순이 첨예화되던 시기였다. 계층 간의 갈등은 유신체제 연장선상에 있던 제5공화국 헌법의 개정운동과 중첩되어 발화되기 시작했다. 집권세력의 4.13 호헌조치를 계기로 폭발한 것이 1987년의 6월 민주화항쟁이었다. 그 결과로 민주화운동과 노동운동은 탄력을 얻어 전국화하기에 이르렀고, 기업마다 노조 결성 붐이 일었는데, 당시 기업주들은 어떻게든 노조 결성을 저지시키려고 애썼다. 반면 내 생각은 다른 기업주들과는 좀 달랐다. 그때만 해도 나는 속으로 '우리 직원들은 다르다. 주인의식이 강하기 때문에 이치에 맞지 않는 주장은 하지 않을 것이다. 노조가 회사발전을 위해서 적극적으로 경영에 참여한다면 나쁘게 없지 않은가'라고 생각했다. 노조가 설립 때에 밝힌 발기문의 내용도 내 생각과 일치하고 있어 크게 불안해하거나 걱정하지 않았다. 그런데 노조 결성 이듬해 7월 사장 재임 임기 시작을 눈앞에 두고 최악의 사태라고 할 만한 일이 벌어졌다. 노조에서 "윤병철 사장은 독단적으로 경영권을 행사하고 있다"고 비난하더니 급기야 노조원들을 중심으로 사장 유임 거부와 함께 퇴진을 요구하기에 이른 것이다.

표면적 이유는 사장의 독단적 경영권 행사에 있었지만, 궁극적으로는 복리후생을 비롯한 대우를 좀더 잘해달라는 것과 내가 부임 후 도입했던 여러 행태의 경쟁체제 도입에 대한 거부감이었다. 복리후생의 문제는 결국 비용의 문제이기 때문에 경영자 입장에서는 노조 요구와 경영 상황 사이에서 밸런스를 유지할 수밖에 없는데, 노조는 투쟁을 통해서 더 많은 것을 얻어내려고 이런저런 꼬투리를 잡았다. 또한 예전에는 시간만 지나면 모두가 함께 당연히 승진하던 체제를 모든 부장들이 투표로 직원들의 능력을 평가해서 필요한 인원만큼만 승진시키는 제도를 처음으로 도입하자 관련된 직원들이 노조를 통해서 집단적으로 거부감을 표시했던 것이다. 나중에 노조와의 갈등이 해결된 뒤 알게 된 사실이지만, 평소 직원들에게 한 말 한마디가 나를 비난하는 빌미가 되었다는 것을 알고 몹시 놀랐다. 직원들이 사장실로 결재를 받으러 오면 함께 머리를 맞대고 서류를 들여다보면서 "이 부분은 이러저러한 글로 표현하면 더 좋겠다"고 친절하게 설명해주곤 했다. 그 과정에서 어느 날 "한국투자금융 대리라면 이 정도는 해야지"라는 말을 무심코 덧붙였는데, 노조가 "사장이 직원들의 인격을 모독했다"

고 비난한 것이다. "한국투자금융 대리"를 들먹인 것은 자긍심과 자부심을 부추기는 의미로 스스럼없이 한 말이었는데, 그것이 문제가 될 줄은 몰랐던 것이다.

그 일을 겪으면서 옛날 생각이 머리를 스쳤다. 첫 직장이었던 농업은행에서 처음 만나 인연을 맺었던 고향 선배가 후에 우리 고향 지역의 국회의원으로 출마하게 되었다. 마침 내가 부산에서 대학을 나왔고 거제에 터를 잡은 우리 윤씨 집안사람들이 많아 선배의 선거운동을 돕기 위해서 부산으로 거제로 다니면서 열심히 뛰었다. 내 형님도 당시 거제 지역에서 두 개 면의 면장을 거쳤기 때문에, 인맥이 든든하여 적극적으로 선거운동에 뛰어들었다. 고생한 보람이 있었는지 선배는 국회의원이 되었고, 후에 그를 찾아가서 도움을 요청한 일이 있었다. 거제 지역에서 면장을 하던 형님이 하필 우리 집이 있는 연초면에서는 면장을 하지 못했기 때문에 어떻게 자리를 좀 옮겨줄 수 없는지 부탁했던 것이다. 그 순간 선배는 "내 선거운동을 자네 형님만 했어?" 하고 핀잔을 주었다.

그때 이후로 그 선배와의 관계가 소원해졌는데, 그는 자신이 한 말을 기억하지 못할 것이다. 나 역시 인격모독을 했다는 노조의 지적을 받기 전까지 내가 한 말을 까마득히 잊고 있었다. 내가 선배에게 당한 순간의 감정이나 내게 당한 직원의 감정이 별로 다르지 않을 것이라는 생각이 들자 말 한마디가 참으로 중요하다는 것을 새삼 깨달았다. 말이라는 것은 내 의도와 상관없이 상대가 어떻게 받아들이느냐에 달려 있는 것이다. 사람은 죽을 때까지 배워야 한다는 말을 나는 언제나 되새기게 되었다.

7. 미래를 외치는 '양치기 소년'

　인생살이든, 직장일이든 잘나갈 때 미래에 대해서 생각지 않고 그 저 단맛에 취해 그 자리에 머물다가는 자신도 모르게 도태되고 만다. 한국투자금융 직원들의 적지 않은 불평과 반발을 감수하면서까지 고 삐를 늦추지 않고 혁신을 밀어붙였던 것은 우리나라 금융시장 환경이 머지않아 크게 변화하리라는 예측과 판단이 섰기 때문이다.

　한국투자금융 같은 단자회사는 사실 기업들이 자금을 구하기 어렵 던 시절 사채시장으로 몰리는 뭉칫돈을 제도금융권으로 끌어들이기 위한 방편으로 설립된 과도기적 금융회사라고 할 수 있다. 예를 들어 돈을 물이라고 치면 물처럼 자연스럽게 놓아둘 때 수평을 이루며 한 군데로 모일 것이다. 60-70년대 우리나라는 시중의 돈이 그렇게 하 나의 덩어리로 한 곳에 고여 있으면 정부가 기업들을 특별하게 도와 줄 수 없어 물에 칸막이를 쳤다. 인위적으로 칸막이를 쳐서 여기는 이자를 좀 낮게 책정한 은행, 저기는 이자를 좀 높게 주는 단자회사 하는 식으로 만든 것이다. 그 상황에서 단자회사 이자가 은행보다 좀 높으니까 돈 많은 사람들이 몰려와서 단자회사들의 수익이 좋았다. 그런데 만약 금리자유화로 은행이나 단자회사의 칸막이가 사라지고 금리가 같아진다면, 한국투자금융은 어떻게 될까 하는 우려가 그곳에 발을 들여놓으면서부터 내 머리 속을 맴돌았다. 정부가 인위적으로 칸막이를 쳐서 막아놓은 물은 결국 언젠가 자유화될 것이라는 것이 내 판단이었고, 그 부분에 대해서 직원들을 끊임없이 일깨웠다.

1980년대 초 단자회사는 은행과 달리 법에 의해서 지점을 낼 수 없도록 되어 있었다. 만약 그 상태에서 금융계의 칸막이가 사라지고 금리자유화 시대가 온다면, 단일 점포를 가진 단자회사는 아무리 장사를 잘한들 경쟁력을 가질 수 있겠느냐 하는 문제를 안고 있었다. 그때가 되면 단자회사들은 너나할 것 없이 금융업의 전통적 영역인 은행이나 증권회사로 전환하려고 할 것이 틀림없었다. 그런 상황이 오면 돈 많고 연줄 있는 사람이 경영권을 행사하는 일부 단자회사들이 앞장서서 자신들에게 유리한 방향으로 정부방침이 결정되도록 치열하게 로비전을 펼칠 것은 불 보듯 뻔했다. 그에 비해 한국투자금융은 장기신용은행이 30% 이상의 지분을 가지고 있는 대주주였는데, 장기신용은행은 특별한 대주주가 없이 다수의 주주들에게 주식이 분산되어 있던 형편이었기 때문에 여느 단자회사들처럼 대주주의 막강한 역할을 기대할 수 있는 처지가 아니었다.

어떻게 보면 우리가 대정부 로비력에서 밀리는 상황이었지만, 솔직히 대주주들의 이권을 앞세운 로비는 정당하지도 바람직하지도 않다고 나는 평소에 생각해왔다. 그런데 내 생각과 달리 금융시장 개편 논의가 본격적으로 오가던 초기에 로비력 부족 같은 문제로 우리 회사가 불리한 상황에 처해지는 분위기가 감돌았다. 1991년 금융시장 개편의 신호탄인 "금융기관의 합병 및 전환에 관한 법률"이 공표되기 직전 그런 조짐이 나타났다.

한국장기신용은행과 한국투자금융 시절 : 금융의 새 장에 동참하다

금융시장 개편 논의가 본격적으로 오가자 과연 어느 단자회사가 합병이나 전환의 대상이 될 것인지에 대해서 시중의 관심이 온통 쏠렸다. 그런 분위기에서 당시 은행감독원의 김영상(金榮常) 기획국장이 고맙게도 내게 귀띔을 해왔다. "정확하게는 잘 모릅니다만, 우리 감독원을 출입하는 기자들 사이에 오가는 얘기를 들어보니 한국투자금융은 은행이 될 수 없다고 합니다." 나는 벌써 오래전부터 한국투자금융이 은행으로 전환할 것이라고 얘기해왔기 때문에 김 국장의 말에 의문을 표시했다. 그러자 그는 "은행 전환과 같은 큰일을 추진하려면 당연히 로비스트가 있어야 하는데, 한국투자금융은 로비를 할 만한 대주주가 없지 않습니까? 다른 회사들은 대주주들이 나서서 로비를 하는데, 한국투자금융만 손놓고 있는 상황이니 어떻게 은행이 될 거라고 기대할 수 있겠습니까?" 하고 반문했다. 그는 적극적인 대응방법이 없었던 우리의 처지를 딱하게 여겼던 것이다.

당시 금융계 안팎에서는 은행으로 전환하려면 청와대에까지 로비를 해야 한다는 소문이 공공연하게 떠돌았다. 나는 소문의 진위 여부를 직접 확인할 수 없었지만, 그때 상황에서 로비를 할 만한 대주주가 우리에게 없다는 사실은 남들이 보기에 결정적인 약점으로 비칠 만했다. 그럼에도 나는 김 국장에게 자신 있게 나의 진심을 말했다. "고맙습니다. 그러나 우리는 오히려 로비스트가 없기 때문에 은행으로 전환할 수 있을 것입니다."

결코 낙관적일 수 없는 상황에서 은행 전환의 비전을 더욱 명확하게 하기 위해서 오래전부터 직원들에게 강조하고 마음의 준비를 다져오게 한 것이 나의 '국민학교 반장론'이었다. 당시 국민학교에서는 학급반장을 아이들이 직접 선출하지 않고 담임이 결정하는 경우가 많았다. 그 상황에서 한 반 60여 명의 아이들 중에서 공부도, 운동도 제일 잘하고 모든 것이 1등인 아이가 있고, 집안은 부유한데 2등인 아이가 있다고 가정하자. 매사 1등인 아이는 집이 가난해서 어머니가 행상을 하기 때문에 한 번도 담임을 찾아온 적이 없는 반면, 부자인 2등 아이의 어머니는 수시로 학교에 찾아와서 담임을 만나 학급의 일을 돕고 지원을 아끼지 않는다면, 반장 임명권을 쥔 담임은 2등 하는 아이에게 반장의 기회를 주려면 어떻게 하는 것이 현명할까? 우선 1등인 아이를 첫 학기에 먼저 반장을 시켜주고, 2학기에 2등인 아이를 반장을 시켜주면 별 탈이 없을 것이다. 하지만 그와 반대로 2등인 유복한 아이를 먼저 반장을 시켜준다면, 반 아이들이 볼 때 선생님이 공정하고 객관적이지 못하다고 판단할 것이다.

당시 한국투자금융은 다른 단자회사들에 비해 두 가지 면에서 앞서고 있었다. 국내 단자회사 역사상 연륜이 가장 오래되었다는 것과 주식이 잘 공개되어 있다는 점이었다. 거기에 실적 면에서 타의추종을 불허하는 1등이라는 장점을 보탠다면, 누가 봐도 우리 회사가 앞서는데 정부가 은행 전환에서 우리를 제외시키기는 어려울 것이다. 만약 정부가 우리를 제외시킨다면, 국민학교 반장 임명처럼 시장여론은 분명히 정부가 로비 따위에 휘말려 잘못된 판단을 했다는 평가를 내릴 것이라고 확신했다. 그래서 직원들을 향해서 "정부나 시장이 군소리 못하도록 만듭시다. 그건 우리의 노력에 달렸으니까 노력하면 얼마든지 할 수 있습니다. 만약 우리가 그렇게 노력하고 기다린다면 우리 회사가 은행으로 전환될 가능성이 있지 않겠습니까?" 하고 설득했다.

나는 그런 의미의 설득을 한 번하는 데 그치지 않고 기회 있을 때마다 했고, 수시로 회사를 둘러싼 상황을 설명해주면서 조금만 더 열심히 하자고 당부했다. "우리가 단자 업계에서 어느 누구도 넘보지 못할 정도로 실력을 갖춘다면, 정부가 특정 업체에 특혜를 주었다는 잡음을 없애기 위해서라도 우리 회사를 가장 먼저 은행으로 전환시켜줄 것입니다. 그러기 위해서는 우선 우리 회사가 제1의 단자회사로 누구에게나 인정받을 수 있을 만큼 실력을 갖춰야 합니다."

내가 은행 전환을 염두에 두고 직원들의 인식 전환과 분발을 본격적으로 촉구한 것은 1985년 사장이 되고서부터였다. 해마다 연초에 가지는 시무식 때마다 지금 이대로는 안 된다는 것을 강조하고 기회가 있을 때마다 비슷한 얘기를 반복했는데, 여러 해가 지나는 동안 금융시장 변동은 일어나지 않았다. 그러자 직원들 사이에서 "금융시장은 아무런 변동도 없고 지금도 우리는 잘하고 있는데 괜히 사장이 우리를 겁주려고 저런다"는 불평이 터져나왔다. 그런 와중에도 나는 1987년 가을, 향후 한국투자금융의 미래를 이야기하기 위한 '임직원 워크숍'을 개최하여 직원들의 공감대를 이끌어내고 방향을 전환하는 데에 상당한 효과를 거두었다.

당시 직원들은 4그룹, 즉 (1) 은행전환 그룹 (2) 종금전환 그룹 (3) 증권전환 그룹 (4) 현행 유지 그룹으로 나누어 밤새 토론을 하게 하고 다음 날 그룹 간에 배틀(battle) 방식으로 토론하게 했는데, 다수의 결론은 "앞으로의 금융은 은행이 중심이 될 것이다. 따라서 하루바삐 은행전환에 대한 준비를 서둘러야 한다"는 것이었다.

그러나 그때까지 정부나 관계기관에서는 전혀 은행전환에 관한 논의가 없었을 때였기 때문에, 나는 본의 아니게 늑대가 왔다고 여러 차례 거짓말을 한 '양치기 소년'이 되어버렸다. 독일병정에 이어 새로운 별명이 또 하나 생긴 것이다.

그러나 이미 1989년이 되면서 상황이 바뀌는 기미가 보이기 시작했다. 미국 시티은행이 우리나라에 은행시장 개방을 요구하면서 23개 지점을 열 수 있게 해달라고 압력을 넣었다. 그러자 국회에서 외국 사람들은 국내에서 은행업을 하게 해주고 국내 투자자에게는 은행 진입을 막을 수 없다는 원론적인 문제를 제기했다. 바로 우리가 오랫동안 예측하고 기대해왔던 상황이 벌어지기 시작한 것이다.

인생이든 사업이든 미리 준비한 사람만이 기회가 왔을 때 자신이 원하는 것을 가질 수 있다. 다행히 우리 임직원들은 수년 동안 사장인 나의 비전에 잘 따라주었고 결국 주변의 우려를 떨쳐내고 은행 전환의 성공적인 결과를 함께 이루어낼 수 있었다. 그 과정에서 숱한 어려운 고비들을 넘겼는데, 최종 관문인 은행허가통지서를 받기 위해서 금융통화위원회 위원들을 설득하는 것도 쉽지 않았다.

당시는 단자회사를 은행으로 전환하는 데에 필요한 법률이 없어 정부는 1991년 3월 "금융기관 합병 및 전환에 관한 법률"을 새로 제정했다. 그 법률에 따라 우리 회사가 전환허가를 받아 은행으로 전환하기 위해서는 최종적으로 금융통화위원회 승인에 의한 은행허가통지서를 받아야 했다. 그런데 금융통화위원회의 심사과정에서 반대에 부딪쳤다. 반대 요지는 은행 영업을 하려면 규모가 어느 정도 커야 하는데 지금까지 단자회사였던 일개 회사를 그대로 은행으로 전환하도록 한다는 것은 있을 수 없다는 것이었다. 그때만 해도 금융통화위원회는 우리나라에 은행 수가 많을 뿐만 아니라 전반적으로 규모가 작고 취약하다는 평가를 내리고 있었다. 그런 상황에서 또 다시 고만고만한 은행들을 만들면 되겠느냐는 얘기들이 위원들 사이에서 오갔던 것이다.

전환허가통지서까지 받은 터라 자연적으로 은행허가 승인이 날 줄 알았는데, 뜻밖의 반대에 부딪치자 손 놓고 가만히 있을 수가 없었다. 개별적으로 금융통화위원회 위원들의 사무실을 일일이 찾아다니며 직접 설득에 나섰다.

'금융회사는 자산을 가지고 하는 것이라기보다 사람들 능력을 가지고 하는 것인데 무조건 은행 크기만 고려하여 몇몇 금융회사를 합병시키려고 들면 결코 바람직하지 않다. 합병이란 남녀가 결혼하는 것과 마찬가지인데 부부가 한 방에 든다고 무조건 훌륭한 결혼이 되는 것은 아니다. 부부가 화합이 되어야 아이도 낳을 수 있는데, 다투기만 하면 어떻게 되겠느냐. 우리 금융계에도 이미 합병 부작용의 예가 있지 않느냐. 크든 작든 새로운 은행이 탄생하면 능력을 발휘하는 것이 중요하다. 그리고 지금까지 정부 규제를 많이 받아왔던 은행들은 사고 자체가 매우 수동적이다. 시티은행 같은 곳이 수퍼신탁이라는 새로운 상품으로 시장에 침투하여 빠르게 영역을 확장해가고 있는 상황 속에서 지금 우리나라 은행들 중에 당당하게 경쟁할 만 곳이 있는가? 우리에게 기회가 주어진다면 수퍼신탁을 이길 자신이 있다.'

금융통화위원회 위원들도 나름대로 자신의 이론을 내세워 반대했기 때문에 그들을 일일이 설득해서 우리의 입장을 이해시키고 동의를 구하는 일은 쉽지 않았다. 그럼에도 불구하고 내 일념은 한국투자금융이 무조건 은행으로 전환해야 한다는 것이었고, 나는 수차례 위원들을 찾아가서 규모보다 사람이 더 중요하다는 점을 끈기 있게 설명하고 설득했다.

은행 전환을 위한 정부와의 교섭 못지않게 모회사인 장기신용은행과의 교섭에서도 어려운 고비가 많았다. 한국투자금융이 은행으로 전환하려면, 대주주인 장기신용은행의 결단이 필요했다. 그래서 "장기신용은행은 장기신용은행법에 의한 은행이고, 한국투자금융을 은행으로 전환하면 은행법에 의한 상업은행이 되는 것이니 두 개 업종의 라이센스를 가질 수 있다"고 설득하면서 나는 은행 전환을 준비했다. 장기신용은행 고위 간부들과 구체적인 얘기가 오가면서 은행 전환 문제가 현실로 대두되자 장기신용은행 노조가 저항하기 시작했다. 한국투자금융이 은행으로 전환되면 경영상 독립이 되어 떨어져나가 모회사로서 영향력을 행사하기 어려워지고 협력관계도 소원해질 것이라는 것이 반대 이유였다.

나는 모회사와 자회사 관계를 떠나 전체 회사발전을 위한 당위성을 끈기 있게 설명했다. 그러자 이번에는 한국투자금융의 자회사였던 한국투자증권의 지분을 넘기라고 요구했다. 당시 그 회사의 회장직까지 겸임하고 있었던 나는 증권회사를 공동 경영하여 장기신용은행-상업은행-증권회사를 아우르는 그룹으로 서로 협조하면서 발전을 꾀하자고 설득했지만, 실패했다. 별 수 없이 한국투자증권의 소유 주식 전부를 넘기는 조건으로 장기신용은행의 동의를 받을 수 있었다. 만약 이때 한국투자금융과 협력하여 장기신용은행이 한국투자증권을 계속 운용했더라면, 더욱 다양한 발전을 꾀할 수 있었을 텐데 하는 아쉬움이 지금도 크다.

한국장기신용은행이 IMF 사태 이후 국민은행과 합병되면서 역사의 뒤안길로 사라진 것은 어찌 보면 이때의 잘못된 판단에서 비롯된 측면이 크다. 한국투자증권 역시 1999년에 퇴출되었는데, 방만경영의 결과였다. 그것은 장기신용은행이 그 회사를 독자적으로 소유한 뒤에 관리를 제대로 못했기 때문이다. 결과적으로 우리나라에서 좋은 금융 그룹 하나가 사라져버린 것이다.

나는 이때 경험으로 모든 공인은 중대 결정을 앞두고 자신을 먼저 생각하기보다 자신이 속한 조직에 어떤 영향을 미치는지를 판단기준으로 삼아 결정을 내려야 한다는 것을 새삼 절실히 느꼈다. 조직의 구성원들이 어떤 일을 결정할 때 자신에게 좋은 것이 회사에도 좋다는 식으로 생각하면 그 조직은 존속하기 어려울 것이다. 구성원들 모두가 어떻게 하면 회사가 잘될 것인지를 먼저 생각하는 조직이라야 잘 운영될 수 있다.

지금까지 나는 "사람이 모든 것을 좌우한다"고 믿고 그렇게 주장해 왔다. 한국투자금융의 은행 전환을 앞두고 정부 관계자들을 설득하기 위해서 은행은 자산이 많고 규모가 크다고 해서 결코 완전할 수 없으며 사람이 모든 문제를 해결해야 한다고 끊임없이 주장한 내 신념은 지금도 변화가 없다. 나를 포함한 한국투자금융 직원들은 후에 하나은행에서 그것을 몸소 입증했다.

8. 잊을 수 없는 인연 6 : 정영의 장관

　한국투자금융의 은행 전환 문제로 밤낮없이 골몰하고 있을 때 만난 사람들 중 기억에 남는 두 분이 있다. 우리 회사의 은행 전환에 대해서 처음 반대 의견을 내비쳤던 금융통화위원회의 배수곤(裵秀坤), 이석주(李錫珠) 위원이다. 하지만 무엇보다 큰 힘이 되었던 사람은 나의 절친한 친구이자 당시 재무부 수장에 오른 정영의(鄭永儀) 장관이었다.

　1989년 금융시장 개방문제가 첨예한 이슈로 떠올랐고 한국투자금융도 이번이 처음이자 마지막으로 은행으로 전환할 수 있는 기회라고 판단하고 비장한 각오를 다지던 시점에서 금융시장 개방문제의 열쇠를 쥐고 있던 재무부장관이 교체되었다. 금융계 안팎의 부정적 시각에도 불구하고 은행 전환을 열망하던 한국투자금융으로서는 다행스럽게도 그 키를 쥔 주인공이 바로 나와 오랜 인연을 가진 친구였다.

　1990년 3월, 증권감독원장으로 있다가 재무부장관으로 발탁된 정영의 씨는 오랫동안 재무부에 근무하면서 이재국장과 차관을 거쳤고 산업은행 총재를 역임하며 금융의 모든 부분을 소상히 꿰뚫고 있었을 뿐만 아니라 합리적인 일처리로 정평이 나있었다. 정 장관과의 인연은 내가 금융계에 첫발을 디딘 농업은행 시절로 거슬러올라간다.

　경남 하동(河東)에서 태어나서 서울대 정치학과를 나온 정 장관은 나와 동년배였고, 농업은행 입행동기로 처음 만났다. 우리는 신입사원 연수시절부터 친하게 지냈는데, 후에 국민은행장을 지낸 이상철 씨와 함께 자주 어울렸다. 입행동기 가운데 우리는 가장 먼저 농업은행을 떠나 제각기 자기의 길을 가게 되었는데, 맨 처음 그만둔 사람이 정영의 씨였다. 두 번째로 내가 한국경제인협회로, 그리고 마지막으로 이상철 씨가 국민은행으로 자리를 옮겼다.

정 장관이 은행입사 일 년을 못 채우고 떠난 이유는 고시준비 때문이었다. 1961년 행정과 고등고시에 합격한 정 장관은 재무부 사무관으로 근무했다. 그 무렵 나는 전경련의 전신인 한국경제인협회에 몸담고 있으면서 한국개발금융 설립을 위한 준비위원회에서 일하고 있었다. 그곳에서 해외견학차 생애 최초로 외국여행길에 올랐는데, 마침 동행한 다섯 명의 일행 중 한 사람이 정영의 씨였다는 것은 이미 얘기한 대로다.

농업은행에서 한솥밥을 먹고 지낸 기간은 비록 짧았지만, 우리 세 사람은 그 은행을 떠난 뒤에도 자주 만나는 사이가 되었다. 정영의 씨와는 인간적으로 친한 친구였지만, 그는 일에 있어서만큼은 예나 지금이나 철두철미한 원칙주의자다. 그래서 우리는 친구 사이임에도 업무적으로는 원칙을 벗어나는 일에 대해서는 서로 조심하며 삼갔다.

재무부 외에도 대통령비서실과 경제기획원을 두루 거친 정영의 씨가 마침내 재무부 수장이 되었을 때 가장 먼저 해결해야 할 과제로 떠오른 것이 당시 현안이 된 단자업계의 과잉경쟁 문제와 금융시장 개방 문제였다. 정 장관의 당면과제는 한국투자금융의 미래와도 직결된 문제였는데, 무엇보다 다행스러웠던 것은 그 부분에 대해서는 정

장관과 허심탄회하게 토론하고 거리낌 없이 내 의견을 제시할 수 있었다는 점이다. 매사에 공과 사를 너무도 분명하게 구분하는 정 장관이었지만, 당시 정책현안에 대해서는 누구에게나 귀를 열어두고 있었다.

정 장관이 재무부장관이 된 지 얼마 지나지 않아 장관 취임을 축하하는 자리에 참석하게 되었다. 그 자리에서 나는 정 장관에게 넌지시 농담하듯이 물었다. "정 장관은 한 나라의 금융정책을 담당하는 장관 자리에 오르게 됐는데 이제 더 큰 자리 욕심은 없겠지?" 정 장관은 담담하게 대답했다. "더 이상의 욕심은 없어. 다만 재무부장관으로 정말 나라를 위해서 꼭 필요한 일을 해보고 싶네." 그의 대답에 나는 주저 없이 "내가 친구로서 정 장관이 당면한 단자업계 정리문제와 미국의 금융시장 개방압력을 해결할 수 있는 방안을 내 나름으로 가감 없이 개진해도 괜찮겠지?" 하고 말했다.

당시 나는 국내 단자업계 대표를 맡고 있었을 뿐만 아니라 우리나라 금융시장의 미래에 대해서 누구보다 일찍이 공부하고 고민해왔기 때문에 내 의견이 일정 부분 정 장관에게 도움을 줄 수 있을 것이라고 판단했다. 원칙주의자인 정 장관의 성격을 누구보다 잘 알던 터라 나는 친구로서 오직 정 장관에게 도움이 될 수 있도록 객관적이고 정확하게 조언하려고 노력했다.

당시 국내 대기업들의 은행과 증권업 진출에 대한 의욕은 정말 대단했다. 30대 재벌기업은 물론이고 중견 대기업들까지 금융업을 미래의 성장산업으로 지목하고 저마다 호시탐탐 진출기회를 엿보고 있었다. 거기다 은행업과 증권입에는 오랫동안 진입장벽이 설치되어 두 업종에 대한 프리미엄은 최고에 이른 상태였다. 그런 환경에서 단자회사와 같은 기존 금융회사의 업종전환을 허용하지 않고 신규로 은행 설립을 허가하게 된다면, 의혹과 말썽이 꼬리를 물게 될 것이란 점은 너무나 자명했다. 뿐만 아니라 만약 신규 은행 설립을 허가한다면, 단 자업계 정리라는 숙제는 그대로 남을 수밖에 없게 된다. 따라서 난립 되어 있는 단자회사 몇 개를 은행으로 전환하고, 몇 개는 증권회사로 전환하는 방식으로 정리하는 것이 정도(正道)일 것이라고 정 장관에 게 조언했던 것이다.

내 말을 귀담아 듣던 정 장관은 공감을 표시했고 그뒤 얼마 지나지 않아 금융산업 개편이라는 역사적인 일을 시작했다. 우선 재무부는 금융시장을 바람직한 방향으로 개편하기 위해서 각계각층의 의견을 청취하면서 연구를 진행시켰다. 그 과정에서 그는 한국투자금융에도 금융시장 개편에 대한 의견을 물어왔는데, 우리는 회사의 이해가 걸 려 있는 문제인 만큼 각종 자료를 제시하고 나름대로 옳다고 생각하 는 바를 건의했다.

재무부는 오랜 연구와 고심 끝에 1990년 10월 18일 "금융기관 합병 및 전환에 관한 법률안"을 발표했다. 새로운 법을 토대로 공을 들인 끝에 마침내 한국투자금융은 독자적으로 하나은행으로 전환하는 데 에 성공했다. 나머지 단자회사들은 합병을 통해 은행 한 곳과 세 개 증권회사로 전환되었다. 수많은 대기업까지 가세하여 은행과 증권업 진출을 노릴 만큼 열기가 뜨겁던 상황이라 자칫 말썽이 날 소지가 매 우 많았던 개편 작업이었지만, 정 장관은 그렇게 큰일을 뒷말이나 잡 음 하나 없이 깔끔하게 정리했다. 나는 정 장관이 정말로 사심 없는 훌륭한 경제 관료였기 때문에 국가의 중추인 금융산업 개편처럼 힘들고 복잡한 일을 잡음 없이 성공적으로 마무리할 수 있었다고 지금도 믿는다.

새로운 법을 만들어 그 법에 따라서 금융회사가 은행으로 전환한 것은 국내에서 한국투자금융이 처음이었다. 어느 날 외부에서 일을 보고 사무실로 돌아오니 책상에 전환허가통지서가 놓여 있었다. 직원들에게 '양치기 소년'이라는 말까지 들어가며 오랫동안 준비하고 공들인 일이 마침내 결실을 맺었고 더구나 친구 손을 거쳐 그 결과를 내 손으로 받아들게 된 것이 나는 무엇보다 감격스러웠다.

지금도 당시의 기억이 생생하다. 책상에서 은행전환허가통지서를 발견한 순간 마치 눈앞에 스크린 같은 것이 착 내려오면서 "그것은 네가 한 것이 아니다"는 말이 선명하게 들려왔다. 신의 계시나 신의 목소리를 들은 느낌이었다. 잠시 멍한 상태로 있다가 정신을 차리자 '이렇게 큰일은 사람이 이루는 게 아니고 사람은 그저 뭔가를 이루려고 최선을 다해 노력할 뿐인 존재다'는 생각이 불현듯 스쳤다.

그 뒤 좀더 시간이 흐르자 노력을 다한 후에 하늘의 뜻을 기다리는 진인사대천명(盡人事待天命)의 내 생각이 옳았음이 더욱 명확해졌다. 우리가 한창 은행 전환을 준비할 때 정영의 씨가 재무부장관이 되었는데, 은행 전환 뒤에 이용만(李龍萬) 씨가 정 장관의 후임 재무장관으로 취임했다. 선후배의 순서를 따지면 이용만 씨가 먼저 장관을 하고 그 뒤에 정영의 씨가 장관이 될 수도 있었는데, 뒤바뀐 것이다. 공교롭게도 이 장관은 금융산업 개편 문제에서 정 장관이나 나와는 생각이 달랐다. 그는 평소 단자회사 한 곳을 은행으로 진환하는 것은 규모가 너무 작으므로 전부를 하나로 합쳐 은행으로 만들든지,

아니면 새로 은행을 만들어야 한다는 생각을 가진 사람이었다. 만약 이 장관이 먼저 재무부 수장 자리에 올랐다면, 한국투자금융이 독자적으로 은행이 될 수 없었을지 모른다. 그때 두 장관의 순서가 뒤바뀐 것을 사람들은 우연이라고 할 수 있겠지만, 내게는 하늘의 뜻이었다. 사람은 이루고자 하는 일에 그저 지성을 다하면 되고 성사여부는 자신의 손을 떠나 있다는 것을 나는 이때 절실히 깨달았다.

정 장관은 아주 보수적이고 그에 비하면 나는 리버럴한 편에 속한다. 이러한 차이에도 불구하고 우리는 서로에 대해서 너무 잘 알기 때문에 지금까지 의견차이로 불편한 마음을 가진 일은 없었다.

나는 친구들이 뭔가 의논을 해오면 내 생각을 비교적 솔직히 얘기해주는 편인데, 반대로 내가 친구들한테 뭔가를 의논하려고 하면 '자신의 일은 자신이 가장 잘 안다'는 말을 들을 때가 많다. 그럴 때마다 속으로 내가 드라이하거나 인간적인 면에서 부족해서 그런 것이 아닌가 하고 돌아보게 된다.

제 5 부

하나은행 시절 :
33번째 은행을 만들다

1. 꿈을 이룬 축포소리

1991년 3월, 재무부로부터 은행 전환 인가를 받았다. 단자회사인 한국투자금융주식회사가 하나은행이 되었고, 나는 주주총회에서 초대 은행장으로 선임되었다. 그후 4개월이 지난 1991년 7월 15일, 요란한 세 발의 축포소리가 서울특별시의 중심부 을지로의 분주한 아침 출근길을 뒤흔들었다. 나를 비롯하여 전체 임직원 수백 명의 기쁨과 열망을 담은 은행 개업 축포소리였다. 내 나이도 지천명(知天命)의 중반기에 접어들고 있었으나, 얼굴에 웃음이 넘치는 것은 어쩔 수 없었다.

개업식 전날 밤 나는 평소와 다름없이 11시에 잠자리에 들었다. 지나온 날들이 머릿속을 스치며 이런저런 생각들이 밀려왔다. 우선 내일 개업식과 함께 은행 전환의 1단계는 이루어진 셈이다. 자신의 생(生)의 앞을 지나가는 기회를 붙잡는 것이 성공이라고 한다면, 내가 내 생의 앞에서 펼쳐지는 금융계의 큰 흐름을 놓치지 않고 포착하여 한 단자회사를 은행으로 바꾼 것은 내 생에서 가장 큰 성공이라고 할 수 있을 것이다. 한창 장사가 잘되던 단자회사를 미래를 위해서 은행으로 바꾸어야 한다며 직원들을 설득하여 함께 준비하고 애쓴 결과로 마침내 은행업 시장의 무대에 데뷔하게 되었다. 그렇다면 다음 단계는 그 무대에서 하나은행이 자신이 맡은 역을 훌륭하게 소화하여 관객들의 진정한 박수갈채를 받는 일일 것이다.

정부가 여느 단자회사들과 달리 한국투자금융을 독자적으로 은행으로 전환시키면서 기대한 것은 '또하나의' 은행이 아니라 '하나의' 은행이 되어 시장이라는 무대에서 적극적으로 노력하는 모습을 보여주어, 다른 은행들의 타성에 젖은 분위기를 깨고 새로운 바람을 불러일으켜달라는 것이었다. 나는 그 기대가 어긋나지 않도록, 지금까지 어려움을 견디며 자신의 몫을 다해온 직원들과 함께 정말 훌륭한 '하나의' 은행을 만들자는 의욕이 저 가슴 밑바닥에서 뜨겁게 솟아올랐다.

개업식 당일 아침 일찍 집을 나설 때 마음은 의외로 홀가분하고 담담했다. 수 개월 전부터 은행 운영에 필요한 구상을 머릿속으로 미리 점검하여 정리를 마쳤기 때문이다. 우리가 이전에 없던 전혀 새로운 하나의 은행이 되고자 한다면 현재 우리가 가진 최고의 장점은 무엇이냐 하는 것, 또 이를 어떻게 활용해야 할 것인가 하는 계획이었다. 후발주자의 신선함을 유지하는 동시에 빠른 시일에 시장에 안착하기 위해서 가장 중요시해야 할 것은 단 하나였다. '새로움.' 우리는 기존의 통념을 깨고 하나에서 열까지 남들과 달라야 한다는 것이었다.

이른 아침 난데없는 축포소리가 을지로 사거리를 진동시키자 인근 파출소 경찰관들이 무슨 일인가 하고 달려왔다. 직원들이 자초지종을 설명하고 양해를 구하느라 진땀을 흘렸지만, 결국 유쾌한 해프닝으로 모두 웃어넘길 수 있었다. 사실 은행 개업식에서 축포를 쏜 것은 처음 있는 일이었다. 축포를 쏘고 오색 꽃종이를 눈처럼 날린 개업식은 그동안의 여느 은행 개업식에서 볼 수 없었던 진풍경이었다. 독특한 개업식이 탄생한 배경에는 색다른 행사를 만들어보자고 의기투합한 젊은 직원들의 반짝이는 아이디어와 열의가 있었다.

대개의 은행 개업식이 테이프를 끊고 나면 리셉션을 하고 행사에 초청된 유명인사들의 치사(致辭)를 듣는 식으로 중후한 분위기에서 진행되어왔던 관례에 따르면, 임원들이 이런 축제방식의 개업식을 반대한 것은 당연했다. 그러나 기획팀의 젊은 직원들은 임원들의 거센 거부 반응에도 전혀 주눅들지 않고 자신들이 준비한 기획안에서 한 발짝도 물러서지 않았다. "하나은행의 남다른 탄생을 세상에 알리고 앞날을 축복하기 위해서는 지금까지 기존 은행들이 관행적으로 해왔던 것과는 다른 방법이 필요합니다. 은행 탄생을 경축하기 위해 축포를 쏘는 것은 조금도 결례가 되지 않는다고 생각합니다."

내 생각도 젊은 직원들과 같았다. 새로운 생각은 새로운 사람에게서 나온다는 것이 평소 내 지론이었기 때문에 일부러 기획팀의 개업 이벤트 준비에 일절 관여하지 않고 전적으로 맡겨두었고 결과는 만족스러웠다. 젊은 직원들은 자신들이 새롭게 뭔가를 하려고 노력하고 있다는 것을 보여주기 위해서 애쓴 결과가 기획안에 고스란히 담겨 있었기 때문에 나는 자신들이 생각한 대로 한번 해보라며 흔쾌히 찬성했다. 대신 불만스러워하는 임원들에게는 "젊은 사람들이 하자는 대로 한번 해봅시다. 일회성 이벤트에 무슨 사고가 생길 것도 아니고 기왕이면 젊은 직원들이 기분 좋도록 다 같이 응원해주는 게 뭐 그리 어려운 일이겠소" 하고 설득했다.

은행 개업식이라고 하면 으레 금융계 사람들이 모여 공식적으로 가지는 기념식이라고 생각하는 기존의 통념을 깨고 우리는 한발 더 나아가 미래의 고객이 될 일반인들에게도 하나은행의 탄생을 널리 알리려고 축포를 터뜨리고 꽃종이를 날렸던 것이다. 덕분에 그날 주변 사람들의 눈길을 끄는 데에 성공했고 적지 않은 홍보효과를 거두었다.

사실 개업식 전까지 은행 이름을 짓고 심벌을 디자인하고 배지를 만드는 것 같은 창의적인 일들이 많았다. 그때도 각 부서별로 임원들이 나서서 코멘트를 하기 전에 나는 가장 아랫사람부터 윗사람 순으로 다시 말해 밑에서부터 단계적으로 위로 올라가면서 자유롭게 의견을 코멘트할 수 있도록 유도했다. 내 본심은 상하의 모든 직원이 은행 일에 적극적으로 참여하면서 스스로를 자랑스럽게 생각하도록 만드는 것이었다.

은행 이름을 새로 짓기로 결정한 뒤 사내 공모를 통해서 직원들의 아이디어를 모은 것도 자신들이 만든 이름에 대한 애착심을 기대했기 때문이다. 공모 결과 보람, 모아모아, 아카시아, 상아 등 매우 다양한 이름들이 추천되었지만, 가장 많이 나온 단어는 '우리'였다. 그래서 '우리'를 은행이름으로 사용하려고 했지만, 재무부에 의해서 제동이 걸려 포기해야 했다. 다시 직원들이 머리를 맞대고 아이디어를 모은 것이 '하나'였는데, 하필 그때 육군 장교들의 사조직인 '하나회' 사건으로 세상이 떠들썩하던 와중이라 논의 대상에서 제외되었다. 최종 토론 결과는 '상아'였지만, 나를 비롯하여 탐탁지 않게 생각하는 직원들이 많아 그냥 '하나'로 하자는 의견이 강력히 다시 대두되었고 최종적으로 '하나은행'으로 결정되었다. 그뒤 나는 사전을 펼쳐놓고 그 의미를 찾아보았다. 으뜸, 출발, 기초, 유일하다는 뜻과 함께 '더불어 한다'는 좋은 의미도 있었다. 새 출발하는 은행 이미지에 잘 어울리는 좋은 의미의 이름을 찾아낸 셈이었다. 애초에 거론 대상에서조차 제외되었던 이름이 결국 채택되었으니, 거듭 생각해보아도 참 각별하고 재미있는 일이다.

사람들의 보는 눈과 생각은 서로 비슷비슷하다. 다만 그 생각을 어떻게 받아들이느냐의 문제가 남는다. 평소 나는 늘 '인사(人事)라는 것은 자고로 정실(情實)'이라는 생각을 하면서 살아왔다. 왜냐하면 인사는 사람을 모르고선 할 수 없기 때문이다. 인사를 하는 사람은 상대방을 잘 알아야 한다. 그래서 회사에 새로운 사람을 뽑는다든가 구할 때면, 나는 항상 임원들한테 미스 코리아 선발하듯이 하면 될 것이라고 강조했다.

미스 코리아를 선발할 때, 가령 10명의 심사위원이 있다고 치면, 물론 그들 개개인의 미에 대한 개념이 있겠지만, 여러 후보들 중에서 진(眞)이 될 만한 사람은 심사위원 10명 중 9명이 당연히 좋다고 할 수 있는 자질을 가지고 있어야 한다. 그처럼 사람을 보는 눈과 생각은 서로 비슷하다. 마찬가지로 인사를 할 때 미스 진을 뽑듯이 하면 거의 틀림없이 괜찮은 선택이 될 수 있다. 인사는 기본적으로 신망이 있어야 한다. 내부에서 볼 때나 밖에서 볼 때나 될 만한 사람이 되었다고 인정할 수 있어야 신뢰를 담보할 수 있을 것이다.

인사뿐만이 아니라 많은 일이 그렇다. 그래서 나는 늘 한 사람의 머리보다 두 사람의 머리가 낫고, 많은 사람의 의견을 정말 잘 개발시켜서 그들의 중의(衆意)를 따르는 것이 매우 중요하다고 생각한다. 다만 중의를 모으려면 그만큼 시간이 필요한데, 촉박한 사안의 경우는 책임자가 홀로 직접 결정해야 한다. 만약 책임자가 객관성과 중의의 중요성을 인식하고 그러한 모든 프로세스에 대해서 평소에 준비를 갖추어 놓는다면, 급박한 순간에도 실수 없이 훌륭한 결과를 도출할 수 있을 것이다.

개업식 행사를 두고 설왕설래한 것과 마찬가지로 지금 쓰고 있는 하나은행 심벌도 처음에는 직원들이 모두 반대했다. 하나은행의 첫 글자 가운데 자음 'ㅎ'을 사람 모양으로 형상화하는 한편 마치 사람이 원을 그리며 춤추는 것과 같은 이미지가 제안되었다. 그러나 그전까지의 은행 심벌들은 대체로 딱딱하고 보수적인 형상이었기 때문에 전혀 분위기가 다른 심벌은 직원들의 반대에 부딪칠 수밖에 없었다. 반대 의견을 종합했더니 가장 많이 나온 단어들이 '낯설다', '못 보던 형태다', '은행답지 않다', '너무 자유롭다' 등등이었다. 처음에는 기존 은행 심벌과는 너무 다른 자유분방한 형태라서 나 또한 확신이 서지 않았다. 그러나 시간을 가지고 곰곰이 생각해보니 바로 이러한 느낌은 우리가 만들고자 하는 은행의 이미지와 상통했다. 그것은 전에 보지 못했던 신선한 은행, '은행 같지 않은' 새로운 은행, 아직 경험하지 못한 서비스를 제공할 수 있는 은행이었다. 나는 직원들에게 마침 내 자리 옆에 놓여 있던 닥종이 작가 김영희 씨의 작품 「귀로」를 가리키며, "시장 다녀오는 어머니를 두 팔 벌려 뛰어나오며 반갑게 맞이하는 저 아이의 마음처럼, 우리는 저 심벌을 하나의 얼굴로 삼아 춤을 추며 기쁘게 손님을 맞이하는 상징으로 삼아 사람들에게 알립시다"라고 설득했다. 김영희 씨의 그 작품은 현재 하나은행의 연수원인 '하나빌' 로비에 전시되어 있어서 연수원을 오가는 내외의 사람들이 눈여겨보는 명물이 되었다.

임원들의 우려와는 달리 독특한 형식의 개업식은 그날 참석한 많은 사람들에게 즐거움을 선사했다. 행사장에 모인 사람들은 오색 꽃송이를 맞으며 자연스럽고 편안한 분위기 속에서 하나은행의 탄생을 축하해주었다.

틀을 깨고 상식을 뒤엎은 개업식 행사는 성공적이었다. 하나은행의 젊은 패기, 새로운 것을 추구하는 개성과 집념이 없었다면, 그렇게 멋진 개업식 축하행사는 불가능했을 것이다. 그뒤 우리의 개업식 행사가 많은 개업식 행사 모델로 활용되었다는 얘기를 다른 사람들로부터 전해 듣고 나는 뿌듯한 마음을 감출 수 없었다.

개업식에 이은 첫날 영업도 대성황이었다. "하나라는 의미가 무엇이냐?" "심벌 마크가 왜 그렇게 생겼느냐?" "하나은행이 자신 있게 내놓을 수 있는 상품이 무엇이냐?" 쉴 새 없이 질문을 던지며 호기심 어린 눈빛으로 은행의 이모저모를 살피던 첫날 고객들의 모습을 나는 지금도 잊을 수 없다.

하나은행 시절 : 33번째 은행을 만들다

2. 꽁무니만 따라가서는 선두가 될 수 없다

하나은행은 국내 은행 가운데 33번째로 출발했다. 후발주자인 만큼 남들과 달라야 하며, 그렇지 못하면 절대 그들을 따라잡을 수도, 앞설 수도 없었다. 은행인가통지서를 받은 후부터 줄곧 내 머릿속을 맴돌던 화두였다. 그래서 은행업무에서도 '새로운 일'을 많이 했다. 스카이뱅크가 하나의 예였다. '남들과 다르게'란 경영 마인드가 속속 실천되었고 좋은 성과를 올렸다.

1990년대 초반, 당시의 은행은 거의 모든 영업점이 대로변이나 큰 빌딩의 1층에 자리 잡고 있었다. 모두가 그렇게 해왔기 때문에 은행의 영업점은 대로변 1층이라는 것은 상식이었다. 그러나 우리는 다시 한번 생각해보았다. 고객의 입장에서 볼 때 가장 편리한 위치가 어디일까? 조금 구석진 자리라도 고객이 접근하기에 편리한 장소를 물색하기 시작했다. 예컨대 아파트가 밀집한 지역에서는 상가나 아파트 단지 안에, 시장이 있는 곳에서는 시장 어귀에, 기업들이 몰려 있는 빌딩에서는 중간층이나 꼭대기 층에 점포를 내기로 했다.

처음에는 "하나은행이 어디에 '박혀' 있는지 모르겠다"고 불평하는 사람들도 적지 않았다. 그러나 아파트 단지 안에 있는 영업점은 주민들이 산책하는 기분으로 은행을 드나들 수 있어서 편리했다. 빌딩의 중간층에 있는 영업점에서는 사람들이 붐비지 않는 조용한 분위기 속에서 법인고객들이 업무를 볼 수 있어서 반응이 매우 좋았다. 지금은 어느 은행에서나 볼 수 있지만, 영업점에 나이든 고객을 위해서 돋보기를 마련해놓거나, 카운터에 사탕을 놓아둔 것도 모두 하나은행 임직원들의 창의적인 발상에서 나온 것이다.

신선한 충격으로 눈길을 끌었던 개업식 축포 얘기를 그 뒤에 입사한 직원들에게 틈날 때마다 들려주며 "은행 지점이라는 것은 한 커뮤니티의 센터 역할을 하는 곳"이라고 강조한 것도 참신한 고객 서비스를 이끌어내기 위해서였다. 외국의 경우 흔히 주택가에 공원이 자리잡고 있는데, 주말이면 그곳에서 작은 음악회나 발표회 같은 행사가 자주 열린다. 동네에 피아노를 잘 치는 사람이 있으면, 그 연주자를 초대하여 동네 공원에서 연주를 들려줄 수 있도록 무대를 꾸미고 주민들을 초대한다. 은행 지점들이 개별적으로 커뮤니티를 위한 서비스 차원에서 행사를 주선하거나 후원하는 것이다.

동네 은행의 음악회 사례에 대해서는 하나은행 출범 한 해가 지났을 무렵 문화자문위원회 회의에서 만난 서울대 곽수일(郭秀一) 교수에게서 처음 들었다. 그동안 하나은행 지점들을 특정 지역의 금융 센터뿐만 아니라 문화사랑방 역할도 할 수 있도록 힘써온 우리로서는 새겨들을 만한 아이디어였다. 직원들에게 곽 교수의 얘기를 들려주자 괜찮은 방법이라며 모두 반색했다.

그로부터 반년 뒤쯤, 드디어 분당 하나은행 주최로 제1회 "하나 자연사랑 푸른 음악회"가 분당 중앙공원에서 열렸다. 우리는 지역 하나은행주의를 표방하여 다른 은행들이 쓰는 '○○은행 분당지점'이라는 명칭 대신 '분당 하나은행'이라는 독자적 명칭을 사용했다. 처음 개최한 푸른 음악회는 서울대 박동규(朴東奎) 교수와 테너 박인수(朴忍洙) 교수, 바리톤 김원경(金元敬) 교수를 초청하여 무대를 꾸몄다. 특히 시인인 박동규 교수는 우리 음악회를 위해서 특별히 지은 시를 직접 들고 나와 낭송했다. 행사 시작 전만 해도 사람들이 많아야 600명쯤 모일 것이라고 예상했는데, 무려 7천여 명의 청중들이 몰려왔고 우리의 첫 시도는 뜨거운 열기와 함께 성황리에 개최되었다. 분당 소식이 직원들 사이에 화제가 되면서 음악회가 전국 영업점으로 퍼져나갔다.

각 지역의 영업점 개점식 때는 그곳 직원들이 하나로 뭉쳐 어떻게 하면 하나은행을 널리 알릴까 궁리하면서 지역주민들의 반상회 방문, 지신밟기와 사물놀이 같은 온갖 행사 아이디어들을 쏟아냈다. 덕분에 하나은행은 지역 영업점을 낼 때마다 많은 화제를 몰고 다녔다. 지역별 개점식 행사를 본부에서 일일이 지시했다면, 틀에 박힌 뻔한 행사들이 속출했을 것이다. 그와 달리 각 지역 특성에 맞게 뭔가 색다르고 독특한 방식으로 할 수 있도록 직원들에게 전적으로 맡겨두었기 때문에 정성과 열성을 다해 다양한 행사들을 만들어낸 것이다. 지금까지 볼 수 없었던 은행 개점식 행사를 재미있게 자꾸 벌이다 보니 사람들이 "하나은행은 별난 은행"이라며 화제를 삼았다. 입소문 마케팅의 효과를 톡톡히 본 것이다.

비단 개점식 행사뿐만 아니라 모든 면에서 우리 직원들은 모두가 한마음으로 마치 자신의 일처럼 열정과 창의력을 발휘하여 오늘날의 하나은행을 만들었다. 언론에서 숱한 화제를 뿌렸던 뱅크 카트나 파라솔 은행 같은 고객을 찾아가는 은행 말고도 스카이 뱅크와 모닝 뱅크 같은 이색적이고 독특한 서비스를 만들어 국내 은행문화에 신선한 충격을 던졌다.

나는 항상 직원들에게 강조했다. "남을 따라가기만 하면 우리는 영원히 2등일 수밖에 없다. 늘 새로운 것을 생각합시다"라고. 그 말은 하나은행 최고경영자로서의 나의 경영철학이기도 했다. 방카슈랑스 (Bancassurance)가 도입되기 전 일반인들은 은행을 고정적으로 예금이나 받고 대출하는 곳으로 여겼다. 금융계는 정부에서 정하는 금리대로 예금을 받으면 된다는 식으로 안이하게 생각했다. 그에 비해 하나은행은 결코 그렇게 하면 안 된다고 생각했다. 가령 아무리 정부가 규제를 해도 시장에서 요구하는 것이라면 법의 울타리 내에서 고객을 위한 방법을 강구해야 한다고 생각한 것이다. 후발주자인 하나은행이 다양한 신상품을 출시하여 고객들을 끌어들이고 단시일에 선두권으로 올라설 수 있었던 것도 고객 서비스와 '남과 다른 것의 추구'가 합쳐진 결과였다.

처음 하나은행을 만들었을 때 금융계는 우리를 향해서 '하나마나한 은행'이라고 수군거렸다고 한다. 대체로 은행을 만들면 3년 안에 망하는 경우가 많았기 때문이다. 우리는 얼마 지나지 않아 사람들의 비아냥거림을 보기 좋게 잠재웠다. 언론들도 금융계에 새바람을 몰고 온 하나은행의 파격과 성과를 주목했다. 1995년 12월 26일자 조선일보는 하나은행이 30대 대리를 영업점장으로 임명하여 인사파괴를 선도하고 전자결재 방식을 도입하여 금융가에서 서류결재를 추방하고 있다고 소개했다. "하나은행이 도전적인 기업문화를 일구는 데는 윤병철 행장의 역할이 컸다는 게 주변의 평가. 그는 금융계에서 알아주는 경영 컨설턴트이기도 하다"는 내용도 덧붙였다. 그보다 앞서 국세청이 발표한 '납세 100대 법인' 중 하나은행이 5위를 기록했다는 내용도 신문에 소개되었다.

'하나마나한' 은행으로 무시당하던 우리가 단기간에 금융계 안팎에서 주목을 끌었던 이유는 '고객이 없으면 은행도 없다'는 근본 철학에서 출발했다. 고객을 최우선으로 두고 "고객의 기쁨 그 하나를 위해"라는 캐치프레이즈 아래 우리만의 방식을 찾다 보니 새롭고 다양한 시도들이 나왔고, 그 시도들이 결실을 맺은 것이다. 우리는 이미 하나은행의 전신인 한국투자금융 시절부터 고객이 원하는 것이 무엇인가를 찾아서 그것을 만족시킬 수 있는 방향으로 조직을 변화시키려고 노력해왔던 것이다. 고객들의 편의를 먼저 생각하고 회사조직을 파격적으로 개편한 것이 대표적인 예이다.

나는 항상 기존의 틀을 깨는 사고를 하려고 노력해왔다. 은행원이 은행원같이만 보이고 법조인이 법조인같이만 보인다면, 그는 멋없는 사람이다. 기존의 격을 깰 때 사람은 한층 젊어 보이고 유연하고 멋있게 보이는 법이다.

어느 날 전주 지점에 들렀다. 은행장이 지방에 가서 저녁을 사면 보통 직원들을 빼고 간부들만 참석하곤 하는데, 그날은 직원들을 전부 모아서 같이 식사를 했다. 화기애애한 분위기가 무르익자 한 직원이 "요즘 젊은 사람들은 디스코텍에 잘 갑니다" 하며 젊은이들의 문화를 얘기했다. 나는 그 말에 장난삼아 맞장구를 쳤다. "그래? 우리도 디스코텍 한번 갈까?" 식사를 마치고 나오자 한 여직원이 내 팔을 잡더니 "행장님, 디스코텍에 가고 싶어요"라며 잡아끌었다. 내 말이 씨가 되었으니 달리 빠져나갈 도리가 없었다. 그것이 소문이 나서 다른 지점을 방문할 때마다 직원들이 "왜 우리하고는 디스코텍에 안 가셔요?" 하고 볼멘소리를 해서 본의 아니게 한동안 나는 디스코텍을 드나들게 되었다.

일단 디스코텍에 들어서면, 나는 나이를 잊고 젊은 직원들과 어울려 열심히 춤을 추었다. 그때마다 행장인 내 존재에는 개의치 않고 스스럼없이 잘 웃고 잘 놀던 직원들의 모습이 무척 좋아 보였다. 디스코텍이 마냥 편한 장소는 아니었지만, 모든 직원들이 신나게 일하도록 하는 것이 은행장인 내가 할 일이라고 여겼기 때문에 거리낌 없이 행동으로 옮겼던 것이다.

'잘 노는 사람이 일도 잘한다.' 내가 전국 디스코텍을 순례하며 얻은 결론이었다. 논다는 것은 굉장한 아이디어를 필요로 한다. 논다는 것은 생활을 재미있게 만드는 것이고, 그것은 아이디어가 없으면 안 되기 때문이다. 그래서 잘 노는 사람은 좋은 아이디어가 있고 그런 사람은 신이 나면 열심히 일도 잘해서 실적도 좋을 수밖에 없다.

나는 하나은행이 출범한 후, 정초가 되어도 결코 상사 집에 세배를 가지 못하도록 했다. 대신 설날 연휴가 끝나고 근무가 다시 시작되는 첫날 저녁에 지점장급 이상의 간부들을 부부동반으로 전부 초대하여 회식을 가졌다. 사실 하나은행은 직원 수나 점포 수에 있어서 다른 선발 은행들과는 비교가 안 될 정도로 규모가 작았다. 반면 직원 1인당 생산성 면에서는 국내 최고 은행과 나란히 선두를 달렸다. 그만큼 직원들이 일을 많이 했기 때문에 밤늦게 퇴근하면 부인들한테서 "당신은 하나은행하고 결혼했어요" 하고 볼멘소리를 듣기 일쑤였다고 한다. 따지고 보면 직원들을 열심히 일에 몰두할 수 있게 만들 수 있는 사람들이야말로 바로 부인들이었다. 그래서 부부동반으로 다 함께 술 마시고 신나게 즐길 수 있도록 정초 회식모임을 마련했던 것이다. 하나은행 설립 이듬해인 1992년, 롯데호텔에서 첫 부부동반 회식모임을 가졌는데, 당시 참석 인원은 700명 정도였다.

그동안 국내 금융계의 관행을 깨고 상식을 파괴하는 일이 많다 보니, '하나은행 사람들은 날마다 요란을 떨고 시끄럽게 군다'고 눈총을 많이 받았다. 관행을 깨는 곳에는 논란이 따르기 마련이다. 그 가운데 하나가 우리가 자체적으로 개발한 솔로몬 신탁 상품에 대한 논란이었다. 1995년 2월 선보인 솔로몬 신탁은 국내 최초로 금융소득 종합과세 대상에 해당되지 않는 상품이었다. 금융소득 종합과세 문제가 사회적으로 뜨거운 이슈가 되었던 시점에서 판매한 솔로몬 신탁은 시중의 뜨거운 반응과 함께 공전의 히트를 기록했다. 그런데 석 달 뒤 재정경제원이 갑자기 솔로몬 신탁에 대해서 판매중지 결정을 내렸다.

솔로몬 신탁 상품을 판매하기 전에 우리는 이미 재정경제원을 통해서 채권만 편입하는 특정 금전신탁을 만들 경우 채권에서 생기는 이자는 금융소득 종합과세 대상이 안 된다는 유권해석을 받은 바 있었다. 그런데 뒤늦게 금융감독원에서 세제상의 문제가 있을 수 있다는 이유로 판매중지를 결정하는 바람에 하나은행이 곤욕을 치르게 되었다. 우여곡절 끝에 솔로몬 신탁은 판매중지 2개월 만에 다시 판매가 허용되었다. 그 사이 우리 고객부 직원들은 금융감독원과 재경원을 수차례 드나들며 우리의 이론에 문제가 없음을 설명하고 또 설명했다. 직원들의 의식의 밑바닥에는 하나은행이 출발점부터 여느 시중은행과 달랐기 때문에 기존의 관행과 제도에 안주하지 않는 열린 사고의 조직 분위기가 자리 잡고 있었다. 이 일로 새삼 조직의 전반적인 분위기가 참으로 중요하다는 것을 느꼈다. 많은 논란을 불러왔던 솔로몬 신탁은 판매된 지 불과 1년 만에 4천억 원의 자금을 모으는 큰 성과를 올렸다. 스스로 옳다고 판단한 것을 끝까지 밀어붙이며 최선을 다한 직원들이 나는 참으로 대견스럽고 뿌듯했다.

1995년 5월에 선보인 하나행운통장 역시 금융가의 상식을 뒤집는 파격적인 상품이었다. 모든 고객을 대상으로 12%의 기본금리 외에 추첨을 통해서 1등에 당첨된 고객에게는 최고 25%까지 보너스 금리를 적용하는 획기적인 적금상품이었다. 우리가 기존의 관행을 깨면서 획기적인 상품을 만들 때마다 관련 부처는 그 상품을 연구, 검토하고 금융계에 미칠 영향을 예측하기 위해서 고심해야 했다.

사실 우리는 단자회사 직원들이 그대로 은행으로 옮겨왔기 때문에 기존의 은행원들하고는 생각과 개념이 좀 달랐다. 그래서 정부규제의 틀 속에 머물지 않고 우리가 가진 특성을 살려 시장이 요구하는 방향으로 여러 가지 상품들을 만들었다. 그 때문에 "은행답지 못하다. 위험한 짓을 한다"는 소리를 들었지만 금융 감독기관과 밀고 당기며 결과적으로 우리의 의견을 관철시킨 경우가 많았다.

어쨌든 후발주자로 시작한 하나은행은 오랫동안 관습에 젖어 있던 우리나라 금융계에 신선한 돌풍을 불러일으키며 단숨에 선도 은행으로 자리 잡았다. 그 뒤에는 한마음으로 하나로 뭉쳐 의욕과 열성을 불태운 수많은 하나 맨들이 있었다.

3. 금융은 사람이다

은행 전환을 앞둔 시점에 한국투자금융에서 일한 직원은 남녀 합쳐 200명 정도였다. 은행 전환에 대비하여 외부에서 영입한 임원은 한국은행에서 온 감사 한 사람이 전부였다. 어느 날 은행감독원에서 연락이 왔다. "은행업무 경험도 없는 조그만 단자회사 직원들만 데리고 어떻게 은행을 운영하려 합니까. 경영진을 비롯하여 은행 경험이 있는 사람들로 새롭게 진용을 짜야 하지 않겠습니까?" 대주주였던 장기신용은행도 은행감독원과 같은 우려를 여러 차례 드러낸 바 있었다.

그러나 내 생각은 단호했다. "은행을 신설한다면 업무 경험이 있는 직원들이 필요하겠지만, 우리가 그동안 단자회사를 가장 잘했으니까, 그 경영능력을 가지고 은행을 경영하여 은행 시장에 기여해달라는 뜻에서 은행으로 전환해준 것 아닙니까? 그렇다면 나이나 경험에 상관없이 지금 젊은 경영진이 그대로 경영을 해야 우리 색깔을 유지할 수 있을 것입니다. 지금까지 단자회사를 잘해온 사람들을 제쳐두고 다른 은행 사람들을 불러들인다면 단자회사를 은행으로 전환할 필요가 없었겠지요."

주주들과 은행감독원에서 부정적인 말들이 자꾸 나오자 하나은행 직원들 사이에서는 '여태까지 우리가 열심히 해서 은행을 만들어놓았는데 외부에서 은행 출신들을 데려와 우리는 뒷전으로 밀려나는 것 아니냐'는 불안감이 감돌았다. 나는 뒤숭숭한 회사 분위기를 가라앉히기 위해서 직원들을 모아놓고 확실하게 못을 박았다. "여러분이 은행업무 경험이 없다는 건 잘 알지만 그동안 단자업무를 잘해왔다는 것도 내가 잘 압니다. 반면 은행원들이 일을 잘한다지만 나는 그 친구들이 얼마나 잘하는지는 모릅니다. 그럼 내가 누구와 같이 일하겠습니까? 여러분은 단자회사 일도 잘했는데 은행이라고 못할 이유가 없다고 나는 믿습니다. 새로운 은행영업을 잘하려면 여러분을 뒷전에 두고 어떻게 잘해나갈 수 있겠습니까?"

은행 경험이 없고 젊다는 이유로 도마 위에 올랐던 경영진들에게도 자극이 필요할 것 같아 따끔한 충고를 건넸다. '시중은행에서 임원으로 승진하려면 실력만 가지고 되지 않는 것 같다. 아마 단자회사를 하던 당신들의 능력으로는 시중은행 임원이 되기 어려울 것이다. 그런데 운 좋게도 우리가 은행으로 전환되는 바람에 당신들은 자동적으로 은행의 임원이 되었다. 그러니까 지금까지 한 것처럼 은행 일을 자기 일처럼 열심히 해야 한다.'

최고경영자가 되었든, 임직원이 되었든 '금융도 결국은 사람'이라는 생각이 지난 20년간 금융계 최고경영자로 있으면서 얻은 결론이다. 그렇다면 사람, 즉 구성원을 유능하고 훌륭한 인재로 만드는 최적의 경영자는 어떤 사람이어야 할까? 먼저 탁월한 비전을 만들어 조직원에게 꿈을 심어주고 영감과 감동으로 이를 실현하려는 열의를 불러일으켜야 한다. 언제나 깊고 넓은 통찰력으로 환경을 분석하고 추세를 파악하여 구성원들이 스스로 무엇을 할 것인가를 알고 행동하도록 소통한다면, 조직은 자율적으로 가장 높은 능률을 발휘할 것이다.

마찬가지로 은행도 사람이 제일 중요하다. 나는 그 점에서 우리 직원들을 믿었다. 하지만 단자회사 직원 200명을 이끌고 은행을 경영하기에는 그 수가 턱없이 부족했다. 당시 일반 시중은행에 비추어볼 때 적어도 1,000명 정도는 되어야 했지만, 당장 500명이라도 충원해야 했다. 무엇보다 유능한 사람들을 시급히 확보하는 것이 중요했다. 우선 우리 직원들의 인맥을 최대한 활용하기로 하고, 시중 은행에서 가장 좋은 사람들을 지목하여 리스트를 만들도록 했다. 금융계에서는 어느 은행의 누가 신망이 있고 일을 잘하는지 공통적으로 꼽히는 사람들이 있기 마련이다. 그렇게 다수로부터 인정받는 사람들을 모아 내부에서 작성한 리스트에 첨가했다. 리스트가 완성되자 개별적으로 접촉을 시도하여 은밀하게 스카우트에 나섰다. 그 과정에서 우리는 정말 우리에게 필요한 사람들을 설득하느라고 어려움을 겪기도 했다.

다행히 스카우트 과정에서 경쟁사와 갈등을 겪거나 하는 문제는 발생하지 않았지만, 대신 씁쓸한 기분을 맛봐야 했다. 하나은행으로 자리를 옮기게 된 사람들이 다니던 은행에 사표를 내자 상사들이 "하나은행에 뭣 하러 가지요? 2, 3년만 있으면 합병되어 없어질 하나마나한 은행인데"라고 했던 것이다.

어렵게 경력자를 충원하는 한편 대학 졸업생 50명을 신입사원으로 뽑았다. 나중에 합격자들 학벌을 보니 대부분이 요즘 흔히 말하는 SKY 출신이었다. 신입사원 연수를 앞두고 '이 친구들에게 은행장으로서 어떤 말을 해야 우리 은행의 파워 인재가 될 수 있을 것인가' 하고 고심했다. 그때 나는 이제 우리 사회도 전문가를 필요로 하는 시대가 되었다는 생각을 굳히게 되었다.

연수원 강당에 모인 신입사원들을 보자 나는 흐뭇했다. 이들이 장차 하나은행을 이끌어갈 대들보가 될 것이기 때문이었다. 은행장 인사말 순서에서 나는 준비한 대로 이렇게 시작했다. "여러분은 오늘부터 절대로 하나은행만을 위해서 일하지 말고 먼저 여러분 자신을 위해서 그 분야에서 가장 경쟁력 있는 전문가가 되도록 노력하세요."

내 말을 한마디라도 놓칠 새라 긴장한 채 듣고 있던 신입사원들의 눈이 일제히 휘둥그레졌다. 그리고 '이게 무슨 소린가' 하는 웅성거림이 일었다. 대학을 졸업하고 은행에 취직되어 좋아하며 연수를 받으러 왔는데, 은행장이라는 사람이 은행을 위해서 일하지 말라니까 황당하고 기가 막혔을 것이다.

계속해서 나는 말을 이어갔다. "여러분 중에 고교를 졸업하고 의과대학에 가고 싶었는데 주위에서 상과대학에 가라고 해서 간 사람은 손들어보세요. 상과대학에 가면 회계학과 생산관리학, 마케팅 같은 과목을 배웁니다. 그중에 마케팅이 좋아 대기업에 가서 국제적으로 마케팅 일을 하고 싶었는데, 외국 가면 안 된다고 주위에서 말려서 여기 온 사람은 손들어보세요. 하나은행은 국내에서 33번째로 새로 생긴 은행이라 지금은 꼴찌인데, 여기서 열심히 일해서 불쌍한 하나은행을 내 손으로 키우고 그래서 직원들 월급도 올려주고 은행장 월급도 올려줘야겠다고 생각하고 온 사람은 손들어보세요. 지금까지 아무도 손든 사람이 없는데, 그것은 여러분이 자신을 중심에 두고 자신만을 생각하고 있다는 증거입니다. 그렇다면, 여러분은 하나은행의 은행원이 아니라 좋은 은행원이 되고 싶어서 온 것 아닙니까? 자신을 위해서 노력하는 사람은 결국 좋은 은행원이 되겠지요. 그렇다면 여러분은 좋은 은행원이 되기 위해서 지금부터 노력해야 할 것입니다.”

신입사원들 각자가 좋은 은행원이 되려고 열심히 노력해서 정말로 좋은 은행원이 된다면, 그 사람은 유능하다고 소문이 날 것이다. 그렇게 되면 다른 은행에서 “월급을 더 올려주겠다. 직급도 올려주겠다”는 말로 회유하며 스카우트하려고 들 것이다. 그것은 프로 야구선수들의 경우를 생각하면 이해가 더 쉬울 것이다. 프로 야구선수는 자신의 성적과 능력에 따라서 더 많은 연봉과 좋은 환경을 제시하며 자신을 스카우트하려는 구단으로 이적할 수 있다. 만약 자신의 은행의 한 행원이 다른 금융기관의 스카우트 대상이 된다면, 은행장이 할 일은 분명해진다. 스카우트 제의를 받은 직원을 붙잡아두기 위해서 월급과 직급을 올려주고 대우를 더 잘해주는 것, 그게 내 몫이었던 것이다. 마지막으로 신입사원들에게 약속했다. “금융분야는 능력 있는 사람들이 활동할 수 있는 칸막이가 없는 드넓은 무대입니다. 나는 여러분에게 무대를 만들어주는 극장주인입니다. 여러분은 열심히 일해서 좋은 은행원이 되고 나는 그런 무대를 만들어주기 위해서 노력하겠습니다.”

두 번에 걸쳐 6년간 재임한 은행장 자리를 김승유 전무에게 물려주고 회장으로 있을 때 IMF 외환위기가 왔다. 어느 날 노조위원장이 내 방으로 와서 푸념을 늘어놓았다. “신입사원이 들어올 때마다 회장님이 하나은행만을 위해서 일하지 말라고 얘기해서 그런지 요즘 많은 직원들이 하나은행을 떠나고 있습니다.” 당시 직원들 중에는 유능한 프라이빗 뱅커가 많았는데, 외환위기가 오자 외국계 은행들이 앞 다투어 PB센터를 만들면서 우리 직원들을 속속 빼가고 있었던 것이다.

나는 노조위원장의 하소연을 듣고 그에게 연봉이 얼마인지 물었다. 직급이 대리인 그는 6천만 원을 받고 있었다. 그래서 그에게 누가 1억 2천만 원을 준다면 딴 곳으로 가겠느냐고 물었다. 한참 생각하던 그가 가겠다고 대답했다. 그 말을 받아 나는 충고했다. "노상 깃대 들고 하나은행 위한다고 앞장선 당신도 돈에 혹해서 딴 데로 가겠다면서 다른 직원들이 대우가 더 좋은 곳으로 옮기겠다는데, 뭐가 잘못되었어요? 빈자리가 생겨서 우리한테 사람이 필요하면, 다른 곳보다 돈을 더 많이 주고 더 좋은 사람을 데려오면 될 것 아니오? 그러려면 당신들이 하나은행을 더 크고 좋게 만들어야 해요. 앞으로 우리 사회는 능력만큼 대우받게 될 것이고 그에 따라 기회도 많아질 것이야. 그러니 불평 말고 유능한 은행원이 되도록 항상 준비하면 될 것이오."

금융에서는 무엇보다 '사람'이 중요하다. 특히 금융은 하나의 목적을 위해서 여러 사람들이 협력하여 결과를 만드는 사업이므로 개인의 역량과 능력발휘도 중요하지만, 그에 못지않게 팀이나 회사의 실적을 높이기 위해서 보다 협력하고 헌신할 때 그 사람의 진가가 발휘된다. 창의를 가장 높이 평가하는 GE의 잭 웰치(Jack Welch) 회장도 이 점을 강조했다. 그는 "직원들은 각자 실적을 올리려고 노력하고 경쟁하는데, 사람에 따라 개인 실적만 앞세우고 부서나 회사 전체의 실적을 생각하지 않는 사람이 있는가 하면 그 반대인 사람도 있다. 조직에 필요한 사람은 전자가 아닌 후자이기 때문에 승진평가를 할 때 전체 조직을 위해서 일하는 직원에게 가산점(加算點)을 주어야 한다"고 말했다. 나는 기회가 있을 때마다 직원들에게 팀워크를 강조하며 잭 웰치 회장의 얘기를 들려주었다. 모든 일에는 협조와 조화가 중요하다.

마찬가지로 균형 잡힌 인격을 가진 사람이 똑똑하기만 한 사람보다 모든 면에서 훌륭하다는 것을. 그것은 단순히 '사람'이 아니라 '사람됨'이 중요하다는 것을 강조한다. 공자(孔子)가 춘추시대(春秋時代) 열국(列國)의 각축 속에서 나라와 집안이 유지되고 강력해지기 위해서는 '군주는 군주답고, 신하는 신하답고, 아버지는 아버지답고, 자식은 자식다울 때, 곧 나라가 바로서고 집안이 바로설 수 있다'고 한 그 문맥과 상통한다. 그렇다면 현대의 금융인이 금융인다우려면 나의 이 소견도 핵심이 될 수 있다. 그것이야말로 금융인의 정체성(identity)이다.

하나은행을 떠난 지 13여 년이 되었지만, 지금도 후배들을 만나면 빼놓지 않고 하는 얘기가 있다. "나한테는 하나은행과 함께 당신들이 백이오. 당신들이 잘못하면 안 돼요. 당신들의 빛이야말로 나의 빛이기 때문이오." 하나은행은 나와는 평생 떼려야 뗄 수 없는 한 몸과 같기 때문에 그만큼 나의 애정도 깊다. 그런데 내 귀에 가끔 들려오는 어떤 말들은 아쉬움을 느끼게 한다. 그중 잊혀지지 않는 것이 있다.

하나은행에 부정적인 시각을 가진 한 전직 장관을 만난 적이 있었다. 그의 얘기의 요지는, 정부가 큰 틀에서 어떤 일을 추진하려고 하면 개별 은행들이 좀 양보를 해줘야 할 때가 있는데, 하나은행은 절대로 그런 일은 안 하려고 하면서 자신들한테 플러스되는 일만 하려고 한다는 것이었다. 내가 우리금융지주회사 회장으로 재직할 당시인 2003년 11월부터 이듬해에 걸쳐 LG카드 사태가 돌출했다. 다급해진 정부가 수습책을 마련하고 여러 은행에 추가자금 지원을 요청했지만, 당시 한 은행과 하나은행이 순순히 정부 말을 따르지 않았는데, 아마 그런 일들을 염두에 두고 꺼낸 얘기 같았다.

그 자리에서 나는 말했다. "하나은행 후배들이 잘못하는 건 내 탓도 큽니다. 그런데 정부가 시키더라도 무조건 따라가지 않는 그런 은행이 우리나라에도 하나쯤은 있어야 되지 않겠어요? 그 덕에 외환위기 후에 시중은행이 전부 정부의 공적자금을 받을 때 하나은행은 한푼도 안 받고 지금까지 잘하고 있습니다. 이해해주기 바랍니다." 말은 그렇게 했지만, 나의 마음은 결코 가볍지 않았다.

어떤 면에서 금융이라는 것은 어느 정도 사회적 위험을 서로 나누어 관리함으로써 그 위험을 회피하게 해주면서 돈을 버는 일이다. 은행들이 국가경제 전체를 고려하여 정부에 협조해야 할 경우가 간혹 있는데, 자기들만 생각해서 몸을 사리는 풍토라면, 기업들이 위험성은 가졌지만 장차 국가경제에 꼭 필요한 사업을 벌일 수가 없다. 은행의 가치는 국민의 저축을 모아 가장 효과적으로 우리 사회에 더 큰 가치를 만드는 곳을 찾아 자금을 배분하는 것이다. 이런 사실을 외면하고 은행의 이익만 좇아 대출이자를 많이 주는 곳에만 국민의 예금을 투자한다면, 자기 이득만 노리는 전당포와 다를 바 없다.

국가와 사회 전체를 생각하는 소위 기업시민운동도 결국은 사람이 해야 하는 것이다. 하나은행이 그동안 문화, 봉사 등을 통해서 사회적 기업이 되려고 노력했지만, 기업시민운동 측면에서 좀 부족한 점이 있었던 것은 내가 잘못한 탓이라는 생각이 들었다. 요즘 하나은행의 후배들을 만나면 "과거에 비해 하나은행이 엄청나게 커진 만큼 그에 상응하는 자세를 가져야 하겠지요. 국가 전체를 놓고 은행이 할 일이 무엇인지에 대해서도 관심을 기울여야 합니다"고 열심히 당부한다.

4. 한마음으로 뭉친 하나정신

　신입사원 모집과 외부 스카우트 방식으로 직원 수를 한꺼번에 늘리려다 보니 기존 직원들의 도움이 절실했다. 한국투자금융을 비롯한 국내 단자회사의 급료가 시중은행에 비해 매우 높았는데, 은행 전환 후에도 그 수준을 그대로 둔 채 다른 은행과 경쟁하기란 불가능했다. 당시 일반 시중은행과 비슷한 수준으로 급료를 맞추려면, 기존 직원들의 월급을 적어도 30% 이상 삭감해야 했다. 다행히 고통분담 차원에서 노사가 합의하여 월급을 20% 깎고 보너스도 400%나 삭감했다.

　은행 전환에 따라 전 임직원이 고통분담에 동참하긴 했지만, 금전적으로 큰 손실을 보게 된 사람들 가운데 불평이 없지 않았다. 심지어 나를 두고 "사장이 단자회사가 아닌 은행장을 하고 싶은 욕심에 은행을 만들어놓고 우리를 이렇게 괴롭힌다"는 소리도 들렸다. 왜냐하면 그때까지 단자회사로 남은 다른 곳은 직원들의 월급도 깎지 않았고, 장사도 그런 대로 잘하고 있었기 때문이다.

　그로부터 몇 년 뒤 IMF 외환위기가 닥치자 그때까지 남아 있던 단자회사가 모두 망하고 아예 흔적도 없이 사라져버렸다. 예상치 못한 충격적인 상황이 벌어지자 그동안 불평을 일삼던 직원들 입에서 "우리가 은행으로 전환하지 않았으면 지금쯤 어떻게 되었을까?" 하는 안

264
금융은 사람이다

도의 한숨도 흘러나왔다. 인생사는 새옹지마(塞翁之馬)이다. 만약 외환위기라는 변수가 없었다면, 나는 어떤 사람들에게는 계속해서 '은행장이 하고 싶어서 은행을 만든 사람'으로 남았을 것이다.

직원들의 협조로 인력충원 계획은 순조롭게 진행되었지만, 또 다른 어려움이 있었다. 조직 규모가 커진 데 따른 것이었다. 작은 조직이 목표달성을 위해서 한마음으로 뭉치기란 비교적 쉽지만, 조직이 커질수록 더 어려워진다. 인수합병으로 인한 구성원들의 갈등으로 진통을 겪는 기업들을 수없이 보아왔듯이 이질적인 조직문화를 가진 사람들을 섞어놓으면 잡음이 없을 수 없다. 물론 하나은행은 자발적으로 선택한 외부 사람들이 섞였다는 점에서 여느 기업의 인수합병과는 비교할 수 없지만, 그래도 기존 직원과 새로 합류한 사람들이 처음부터 부드럽게 융화하기란 어려운 일이었다.

구성원들의 융화 문제와 후발은행이라는 불리한 여건을 이겨내기 위해서 우여곡절 끝에 은행 전환을 자신의 손으로 일궈낸 임직원들의 충천한 사기를 조직발전의 에너지로 사용하기 위해서라도 나는 하나은행의 공동체 문화를 새롭게 정립할 필요가 있었다. 은행 전환 이듬해 3월부터 전 직원을 대상으로 '한마음교육'이라는 프로그램을 실시했다. 전 직원을 직급별로 나눠 차례로 2박 3일의 합숙훈련을 가지도록 한 것이다.

한마음교육은 매년 봄마다 전 직원을 대상으로 3년에 걸쳐 실시했는데, 그때마다 나는 연수원을 찾아 직원들을 대상으로 직접 강연을 했다. 하나은행의 역사적 배경과 조직정신 그리고 하나은행이 추구하는 가치체계를 설명하고 모든 직원이 주인이 되어줄 것을 당부했다.

교육이 진행되는 동안 직원들끼리 자연스런 스킨십을 통해 친밀감을 가질 수 있도록 각종 게임 프로그램을 마련했다. 밤이 되면 술자리를 마련하여 서로 허심탄회하게 소통하며 이해할 수 있도록 했다. 이렇게 만들어진 조직과 그런 노력들이 오늘날까지 하나은행을 이끌어 온 밑바탕이 되었다.

한마음교육과 함께 직원들에게 고취시킨 것은 자주(自主), 자율(自律), 진취(進取)라는 세 가지 '하나정신'이다. 하나정신의 뿌리는 오래전으로 거슬러 올라간다. 1967년 한국개발금융이 설립되고 여러 가지 금융환경이 바뀌자 그 속에서 지속적인 회사 발전을 위해서 창업선배들이 이룩해놓은 이념과 정신을 하나정신으로 정리하여 계승할 수 있도록 했다. 60년대 한국개발금융의 기업문화는 다른 기업들과 확실히 다르고 독특한 면이 많았다. 그런 가치 있는 정신을 먼 훗날까지 계승시키려면, 그 정신을 담아둘 그릇이 필요했다. 아무리 훌륭한 문화라도 담아놓을 그릇이 없다면, 계속 이어지기 어려울 것이다.

자주는 주인정신에서 출발한다. 모든 기업에는 소유주가 있는데, 한국개발금융의 경우 국내외 여러 기업들이 투자하여 만든 회사였다. 당시 김진형 사장 같은 분들을 창업선배라고 할 수 있었다. 그 선배들이 비록 남의 돈을 모아 만든 금융회사였지만, 누구에게도 속하지 않도록 자주적으로 '우리가 주인'이라는 정신을 발전시켜왔다. 하나은행도 주주가 있지만, 특별히 누가 주인이라고 할 수 없다. 다른 사람이 하나은행을 만들어준 것이 아니라 구성원 모두가 주인의식을 가지고 노력하여 스스로 만든 은행이기 때문이다. 기본적으로 하나은행이 자주정신을 구현하고 있는 것이다. 자주는 우연히 이루어지지 않는다.

모든 일에 주인노릇을 하려면, 스스로 책임의식을 가지고 통제하는 규율과 자율적인 사고가 없으면 안 되기 때문이다.

앞에서 얘기한 회사 이익의 주주 배당과 직원의 봉급 인상에 대한 김진형 사장의 말과 행동에 담긴 스스로 절제할 줄 아는 정신, 그것이 바로 자율이었다. 김 사장을 비롯한 창업선배들은 조직의 발전을 추구하면서 금융계의 발전뿐만 아니라 항상 전체 사회의 균형 있는 발전을 잊지 않았는데, 그 또한 자율정신에서 비롯되었다.

자율이 자기 마음대로 해도 된다는 것을 의미하는 것은 결코 아니다. 사람에게 많은 것을 맡기면 그는 더 무거운 책임감을 가지게 된다. 작은 것을 맡기면 소극적이고 수동적인 자세를 갖게 되어 자신은 조금만 일하고 결과에 책임을 지려고 하지 않는다. "당신이 시킨 대로 했으니까"라는 핑계도 댄다. 반대로 처음부터 끝까지 많은 것을 모두 맡기면 자신을 돌아보고 채찍질하며 책임을 다하게 된다.

진취는 사고든 행동이든 모든 면에서 앞서가는 것을 말한다. 예를 들어 기업을 할 때 스스로 규율을 지키면서 철저히 운영해야 정부든 주주든 그들의 간섭을 피할 수 있다. 그렇게 될 때 비로소 주인이 되는 것이다. 주인이 되기 위해서는 사회가 필요로 하는 일을 항상 남보다 자신이 먼저 앞서서 해야 한다는 진취적인 자세가 필요하다. 항상 시대의 변화를 주시하고 준비한다면, 예상하는 변화가 왔을 때 변화를 이용하여 기회를 만들 수 있다.

애타게 기다리던 은행전환통지서를 받고 잠시 멍한 상태가 되었던 일이 마치 엊그제 같은데, 벌써 하나은행의 역사가 20년을 넘어섰다. 1991년 하나은행이 출범하면서 나에게 노조원들이 했던 첫마디는 지금도 잊혀지지 않는다. "이제부터 선배님으로 모시겠습니다."

사실 한국투자금융 사장 재임을 앞두고 노조가 심하게 반대하며 나의 퇴진을 요구했던 일이 있었다는 것은 이미 얘기한 바 있다. 일찍이 은행 전환을 염두에 두고 쉼 없이 개혁을 밀어붙이니 독단이다 뭐다 해서 물러나라고 내게 종용했던 것이다. 외부에 공개되진 않았지만, 나의 재임 찬반을 묻는 투표결과에서 무려 97%의 노조원이 반대표를 던졌다. 그런 우여곡절을 거쳐 마침내 하나은행장에 오르자 그때서야 노조원들이 나를 찾아와 선배로 모시겠다며 깍듯이 인사했다. 말하자면 그전까지 나는 자신들의 선배가 아닌, 한국투자금융의 모회사인 장기신용은행에서 파견된 '총독'이자 '점령군'이었던 것이다.

당시 노조위원장이 나의 재임을 반대하여 단식을 할 정도로 노조조직이 강성이었는데, 당시의 노조간부 출신들은 뒤에 하나은행의 임원이 되기도 했다. 결국 회사조직은 조직대로 관성이 있고, 노조는 노조대로 자신들이 할 역할이 있다는 것을 알 수 있다. 그럼에도 한국투자금융 때나, 하나은행 때나 노조원들 모두가 결국 은행이 잘 되도록 하기 위해서 애쓴 것이란 것을 지금도 나는 느낀다. 그렇기 때문에 노조원들 가운데 훌륭한 리더십을 발휘한 사람들도 나온 것이다.

그때를 곰곰이 생각해보면, 나는 지금 다시 옛날로 돌아간다고 해도 미래를 위해서 도움이 된다면 기꺼이 악역을 맡을 것이다. 어려운 시기를 지나 직원들이 다들 열심히 일한 덕분에 나는 하나은행을 성장시켰고 다른 사람들의 자리까지 만들어주었던 것이다.

민간이 사회 각 분야에서 독립적으로 그 역할을 다함으로써 정부와 사회를 지탱할 수 있어야 진정한 선진사회가 될 수 있다. 민간의 힘이 결국 국가의 힘을 키우는 밑거름이 된다는 것이 나의 확고한 신념이다. 만약 우리가 옛날의 단자회사에 머물렀다면, 이미 회사가 없어졌을 것이고 지금 하나은행장이나 회장 같은 사람들이 오늘날 그 자리에 있을 수 없을 것이다. 앞으로도 나는 하나은행의 구성원들이 면면히 이어온 선배들의 기업문화인 '하나정신'을 끊임없이 되새기고 더불어 발전해나가기를 기원한다.

그리고 하나은행 행장 재임 중에 나는 한 금융인으로서 일생에 잊을 수 없는 일들 중의 하나를 경험하게 되었다. 김영삼 대통령이 단행한 금융실명제 시행은 내게 상당한 충격이었다. 금융실명제는 앞에서 썼던 것처럼 1983년에 장영자 사건 수습을 위해서 시행하려고 했으나 기득권층의 반발로 불발에 그쳤었다. 그 뒤 금융실명제 연기로 인한 여러 폐단들이 노골화되자 1988년 말 노태우 대통령은 1991년부터 금융실명제를 전면적으로 시행하는 계획을 세웠으나, 3저 호황이 마감되고 불황이 시작되자 다시 연기되었다. 이러한 10년 경력의 금융실명제를 김영삼 대통령이 1993년 8월 12일에 내린 대통령 긴급재정경제명령 제16호에 의거하여 그날 20시를 기점으로 시행했다. 이와 같은 전격적인 시행은 혼란과 부작용을 최소화하기 위한 것이었다.

금융실명제는 건전하고 투명한 경제발전을 위해서 필수적인 제도이다. 그것은 경제 민주화와 경제 정의를 위한 초석이다. 나는 김 대통령의 전광석화와 같은 '작전'이 아니었더라면, 기득권 세력의 방해와 반격에 의해서 금융실명제의 운명을 알 수 없었으리라고 생각한다.

5. 별 볼일 없는 기업은 사장실이 붐빈다

　금융계 경력직원을 채용할 때 항상 내 첫 질문은 "자네 영업점의 계수(係數)가 얼마지?"였다. 그럴 때마다 현재 근무하는 은행에서 자신이 일하는 부서의 영업계수도 모르는 사람이 적지 않았다. 또 자기가 일하는 지점의 예금규모가 얼마인지 모르는 경우도 많았다. 그 정도라면 아마 그곳 직원들 중 다수는 자신이 다니는 은행에 대한 자부심도, 관심도 별로 없었을 것이다. 하나은행의 직원들은 그들과 달랐다. 내가 똑같은 질문을 던지면 자신의 계수는 물론이고 자기가 속한 지점의 영업실적이나 예금규모 같은 세세한 상황까지 훤히 꿰뚫고 있는 경우가 많았다. 그만큼 자기 은행에 대한 관심이 컸던 것이다.

　그럼에도 불구하고 지점을 방문할 때면 아쉬운 점이 간혹 눈에 띄었다. 어느 날 개점한 지 얼마 안 된 지점을 둘러볼 때였다. 자세히 살펴보니 직원들이 전부 자기 일을 하느라 정신이 팔려 손님이 들어와도 보는 둥 마는 둥 했다. 우리 직원들뿐만 아니라 어느 은행을 가든 고객들이 흔히 당하는 일이었다. 하지만 그냥 지나칠 수 없어 직원들을 불러 당부했다. '사람은 어떻게 만나느냐? 사람은 눈으로 만나는 것이다. 길거리를 지날 때도 서로 눈이 마주치지 않은 이상 그 사람을 만났다고 할 수 없다. 우리가 점포를 열어놓고 하는 일이 뭐냐? 손님을 기다리는 것이다. 그런데 손님이 들어왔는데 한 사람도 인사를 안 하고 눈을 안 마주친다면, 손님들이 얼마나 무안하겠느냐. 앞으로는 항상 손님을 눈으로 맞이하기 바란다.'

지점을 방문하는 손님들 중에는 은행에서 손에 꼽을 정도로 아주 중요한 고객이 있기 마련이다. 그런 고객이 지점에 들렀을 때 직원이 얼른 얼굴을 알아보는 것과 몰라보는 것에는 큰 차이가 있다. 그래서 직원들에게 "당신은 지점 고객 중에서 상위 1등부터 10등까지 고객을 잘 알고 있어요?" 하고 물었더니 모른다고 대답했다. "지점의 중요 고객이 여러분 각자한테 얼마나 소중한 사람인지를 제대로 안다면 스스로 알아서 잘 대접하게 될 것이다. 하나은행에 들러서 직원들한테 1등 대접을 받은 고객은 우리를 1등으로 만들어줄 것이다." 새로운 지점이 영업을 시작하면 며칠 뒤 일부러 시간을 내어 둘러보고 직원들에게 항상 고객을 맞이하는 제대로 된 자세를 가질 것을 주문했다.

어느 기업이든 구성원들의 시선은 항상 고객을 향해 있어야 하고 그들을 바라보며 그들이 원하는 것을 줄 수 있어야 발전할 수 있다. 그와 반대로 구성원들의 모든 시선이 오직 상사를 향한다면 또 사장을 향한다면, 그 기업은 발전을 기대하기 어렵다.

하나은행장으로 재직할 때 시중은행장들의 회의가 많았는데, 그 자리에 참석할 때마다 이상하게 여긴 점이 있었다. 대화를 나누다 보면 어떤 은행장들은 나와 달리 자기 은행이나 은행권 전체에서 벌어지는 사소한 일까지 전부 다 꿰고 있었던 것이다. 회의를 마치고 돌아와서 우리 직원들한테 "오늘 회의에 갔더니 은행장들 사이에서 이런 얘기가 돌았어요" 하면 대부분의 경우 "그 건(件)은 우리가 이미 다 처리했습니다"라는 대답이 돌아왔다. 그들에게 만약 내가 "그럼 일처리를 하기 전에 은행장인 나한테 진작 얘기를 했어야지" 하고 꾸짖는다면, 직원들은 다음부터 일처리에 앞서 반드시 내게 먼저 얘기하려고 할 것이다. 적어도 제대로 된 리더라면 아랫사람들의 눈과 귀를 온통 자신에게 묶어두게 해서는 안 된다. 어떤 기업이든 사장실이 붐비면 그회사경영은 별 볼일 없다고 보면 틀림없다.

　조직원들이 최고경영자가 아닌 고객을 보고 일하도록 하려면, 최고경영자는 우선 회사의 디테일한 부분들을 알고 있어야 한다. 알아야 경영을 할 수 있기 때문이다. 최고경영자는 알긴 다 알되 직원들 앞에서는 모른 척해야 한다. 그러나 회사 일에 대해서 많이 알고 있는 사장일수록 모른 척하기가 쉽지 않다. 아는 게 많을수록 잔소리할 일도 많아지기 때문이다. 그러나 훌륭한 최고경영자라면 자신이 구상하고 세워놓은 큰 울타리 안에서 직원들이 자율적으로 일할 수 있도록 배려해야 한다. 일일이 간섭하지 않고 뒤로 물러나 있으면 오히려 직원들이 알아서 열심히 일을 잘할 수 있는데, 사장이 "무슨 일이든 나한테 보고하라"고 하면 직원들은 만사 제쳐놓고 사장실로 달려가게 된다. 결재다 뭐다 해서 바쁘다고 하는 사장은 결코 좋은 경영자가 아니다.

　1997년에 접어들면서 자본과 노동 등 요소투자에 의해서 압축성장을 해오던 한국경제는 중대한 위기를 맞았다. 시장의 글로벌화로 아시아 신흥시장에 모여들었던 국제 금융세력의 자금이 동남아 시장에서 철수하면서 발생한 외환위기가 우리나라에도 파급되었다. 대기업의 연쇄부도, 금융회사의 부실화, 원화가치의 하락으로 외환보유고가 고갈되어 국가부도 위기에 내몰렸다. IMF의 구제금융으로 위기는 모면했으나, 그 대가로 IMF가 요구하는 엄격한 구조조정을 수용해야 했다. 은행들이 많은 기업들에 제공했던 대출의 부실이 현실화되었다. 국내 모 자동차회사에서 부실이 났는데, 그때 하나은행도 그 회사와 거래하고 있었다. 무려 7천억 원을 대출해준 상태였다. 그럼에도 우리는 손실을 보지 않고 그 부실을 무사히 피해갈 수 있었다. 우리 직원들이 대출금을 그대로 두면 부실이 된다는 것을 먼저 알아채고 방법을 서둘러 강구했기 때문이다. 보통 자동차회사는 고객들에게 차를 팔 때 장기간의 할부로 파는 경우가 많은데, 바로 그 할부금을 우리가 대출해준 7천억 원과 맞바꾸기로 한 것이다. 돈을 좀더 대출해주는 대신 자동차 할부금을 받는 것으로 협상에 성공했던 것이다.

자동차 할부금과 대출금을 맞바꾼 협상은 김승유 행장이 지시한 것이 아니었다. 직원들이 알아서 대책을 미리 강구하고 빠르게 움직인 결과였다. 만약 평소 직원들이 CEO만을 쳐다보았다면, 급박한 상황에서 남들보다 신속하게 대처하지 못했을 것이다. 직원들이 최고경영자를 쳐다보지 않고 자율적으로 소신껏 일한 사례는 그 외에도 수없이 많다. 주인의식에 투철한 직원들의 자율적이고 진취적인 자세는 하나은행의 저력이 되어 IMF의 위기를 되레 기회로 만드는 힘이 되었다. 모든 금융회사들이 위기에 휩쓸릴 때 하나은행은 의연하게 보람은행을 합병하고 충청은행을 인수하여 도약의 디딤돌을 만들 수 있었다.

은행이 지점을 개설하면 입지문제를 놓고 이해관계가 발생한다. 건물주들이 좋은 자리에 빌딩을 지어놓고 그곳에 어느 은행이 되었든 지점을 하나 입점시키면 빌딩의 평가가 올라간다는 얘기가 많았다. 그러다보니 건물주는 어떻게든 은행 지점을 입점시키려고 하게 되어,

은행장부터 고위임원들까지 이권개입의 유혹을 받게 된다. 하나은행은 나부터 임원들까지 지점을 개설할 때 위치선정에 일절 개입하지 않았다. 담당부서 직원들이 독자적으로 책임지고 현장에 가서 상권을 철저히 분석하고 객관적으로 평가해서 특정 지역에 지점이 들어갈 것이냐 아니냐를 판단했던 것이다. 어떤 일이든 직원들에게 전적으로 맡긴 이유는 그래야 일을 한 뒤의 결과에 대해서 스스로 책임질 수 있기 때문이다. 만약 윗선에서 지점 자리를 결정해주면, 나중에 그 지점의 실적이 나쁘게 나왔을 때 직원들은 지점 입지가 나빠서 고객이 별로 없고 실적도 오르지 않는다고 핑계를 댈 것이다.

경영에서 가장 중요한 것은 누가 감독을 하든 말든 모든 직원들이 최선을 다해 자기 일을 하도록 만드는 것이다. 예를 들어 직원들을 감독하려면 새 자리를 따로 하나 만들고 월급도 주어야 한다. 그러나 감독과 상관없이 직원들이 알아서 일하면 그만큼 코스트가 줄어든다. 따라서 제일 좋은 방법은 경영자가 감독 없이도 일할 수 있도록 회사 분위기를 만드는 것이다. 그런 점을 나는 직원들에게 늘 주문했다. 그런 경영상태를 유지하려면, 직원 각자가 리더가 되어 자신이 할 일이 무엇인지 스스로 살피고 찾아야 한다. 항상 적절한 시점에 무엇을 할 것인지를 찾아내는 사람이 리더라면, 시키는 일을 어떻게 잘할까 연구하는 사람은 관리인이다. 관리인은 '어떻게'를 생각하는 사람이고, 리더는 '무엇'을 생각하는 사람이다. 어느 조직이든지 직원들이 리더처럼 일하도록 해야 한다는 것이 내 경영철학이다. 하나은행은 모든 직원의 리더십 마인드가 어느 은행이나 기업보다 더 강했다. 그것이 하나정신과 더불어 하나은행의 성공비결이라고 할 수 있다.

제6부

우리금융지주 시절 :
한국 최초의 금융지주 선장이 되다

1. 들러리가 신부 되다

2001년 2월 22일 아침, 나는 한국FP협회 회장 자격으로 미국 애틀랜타에서 열리는 국제CFP평의회 전략회의에 참석하기 위해서 짐을 꾸리고 있었다. 이때 그동안 별다른 연락이 없었던 생명보험협회의 배찬병(裴贊柄) 회장으로부터 전화가 걸려왔다. 내용인즉, 요즘 금융지주회사 인선위원회에서 일하고 있는데, 지주회사 운영에 대해서 금융계 원로로부터 고견을 들었으면 하니 한번 시간을 내주었으면 좋겠다는 얘기였다.

나는 정부가 한빛은행을 비롯한 몇몇 부실 은행과 지방은행, 그리고 1990년대 후반 단자회사 정리 때 생긴 몇 개 종합금융회사를 한데 묶은 금융지주회사를 만들겠다는 계획을 발표한 사실을 이미 알고 있었다. 금융지주회사를 맡을 대표를 선임하려고 한다는 얘기도 들은 참이었다. 그 즈음에 전화로 배 회장의 요청을 받았던 터라 흔쾌히 승낙했다. 오랫동안 금융에 종사해온 한 사람으로서 정부 주도의 금융지주회사 운영에 도움이 된다면 당연히 도와야 한다고 생각했기 때문이다.

그러나 미국 출장 때문에 당장은 시간을 낼 수가 없었다. "해외출장을 떠나게 되어 지금 막 공항에 나가려던 참입니다." 내 말에 배 회장이 당황한 어투로 "그럼 언제까지 국내에서 연락이 가능합니까?" 하고 물었다. 다급한 일도 아닌데 왜 그러나 싶어 별 생각 없이 나는 한두 시간 후면 출국할 것이라고 대답했다.

배 회장과의 통화가 끝나자, 이번에는 금융감독위원회의 이근영(李瑾榮) 위원장으로부터 전화가 걸려왔다. "해외출장을 가신다면서요? 지금 정부가 추진하고 있는 지주회사를 맡을 분은 아무래도 금융계 원로가 되어야 하는데, 윤 회장도 그 중 한 분으로 추천되었습니다. 출장을 그만둘 수 없겠습니까?"

금융계 원로로 내 의견을 듣고 싶다던 배 회장의 전화에 이어 잠깐 사이에 후보자 중 한 명으로 추천되어 있다니 뭐가 어떻게 돌아가는 영문인지 도무지 알 수 없었다. 일단 이 위원장에게 국제회의에 참석하는 일이라 출장 취소가 곤란하다고 했더니, 이번에는 언제 돌아오느냐고 물었다. 내가 3월 1일경에 돌아올 예정이라고 하자 그는 좀더 빨리 올 수 없느냐고 재촉하듯이 물었다.

그때서야 나는 인선과정의 절차를 위해서 필요한 일 때문일 것이라고 직감했다. 이 위원장은 하나은행 때부터 많은 관심과 호의를 보여주어서 평소 내가 호감을 가지고 있던 분이었다. 그런 분이 나의 도움을 필요로 한다면, 의당 도와주어야 한다는 생각에 가능한 한 출장에서 빨리 돌아오도록 애써보겠다고 했다. 그러자 이번에는 언제까지 돌아올 수 있느냐고 구체적인 날짜까지 확인했다. 2월 28일까지 돌아오도록 노력해보겠다는 나의 대답에 이 위원장은 그렇게 늦으면 곤란하니 26일까지 돌아왔으면 좋겠다고 당부했다. 나는 그렇게 하겠다는 대답을 하고 가까스로 통화를 끝낼 수 있었다.

그때까지만 해도 나는 내가 한국 최초의 금융지주회사 대표를 맡게 될 줄은 꿈에도 몰랐다. 정부가 주도하는 큰 프로젝트는 사전에 여러 가지를 기획해서 어느 정도 구상을 갖추고 추진하기 때문에 그 뒤에 인선을 한다는 것은 일종의 형식적인 절차라고 여겼기 때문이다. 그래서 내가 지주회사 대표 후보자 중 한 사람으로 추천되었다는 이 위원장의 말도 단순히 후보자 리스트에 내 이름 석자가 필요한가 보다 하는 정도로만 생각했다. 다시 말해서 구색 맞추기에 필요하여 정부가 내 이름을 좀 빌려달라고 하는데, 그것까지 거절할 이유는 없었던 것이다.

이근영 위원장과의 통화가 끝나자 다시 배찬병 회장에게서 전화가 왔다. 2월 26일에 출장에서 돌아오면, 그날 아침에 인선위원들과 형식적으로라도 조찬을 한번 했으면 한다고 했다. 출장 스케줄을 체크해 보니 아무리 빨리 돌아오더라도 26일 늦게나 서울 도착이 가능하여 27일 아침으로 조찬 시간을 잡았다.

미국 출장에서 돌아온 다음 날 아침 인선위원들과 조찬을 가졌다. 위원장 이규성(李揆成) 전 재무장관을 비롯하여 학계 인사들과 식사를 하면서 하나은행의 경영 경험에 대해서 몇 가지 이야기를 나누고 헤어졌다. 내게는 그 과정이 형식을 위한 절차쯤으로 여겨졌다. 그동안 신문에서 몇몇 후보자들의 실명이 거론되어왔고 이미 누가 금융지주회사 대표로 정해졌다느니 하는 얘기들이 있었기 때문에, 나는 그냥 들러리를 서는 것이려니 여겼다.

인선위원들과 조찬을 마치고 하나은행으로 출근하자 김승유 행장이 인사차 내 방에 들러 "회장님, 어떻게 예정보다 출장에서 일찍 돌아오셨습니까?" 하고 물었다. 김 행장은 자초지종을 알아야 할 것 같아 그간의 경위를 설명하고 "지금 인선위원들과 조찬을 하고 오는 길"이라고 했다.

김 행장이 놀란 표정으로 만약 금융지주회사 대표로 선임되면, 그 자리에 갈 것인지를 물었다. 이때만 해도 여러 가지 정황으로 봐서 내가 그 자리에 갈 일은 없을 것이며, 그 사람들이 평소 하나은행에 많은 관심을 가졌는데 부탁을 해오니까 그냥 나는 이름만 빌려준 것이라고 대수롭지 않게 대꾸했다. 김 행장이 재차 99.9% 안 된다고 하더라도, 혹시 0.1%의 가능성으로 선임이 된다면 그땐 어떻게 하겠느냐고 물었다. 그제서야 나는 정신이 번쩍 들었다. "만약 그렇다면, 그냥 운명이라 여기고 받아들여야 하지 않을까……."

그로부터 이틀 뒤인 2월 29일 오후, 지인 댁의 문상을 마치고 돌아오는 차 안에서 금융감독위원회의 정건용(鄭健溶) 부위원장의 전화를 받았다. 이날 오후 6시에 내가 금융지주회사 최고경영자로 내정되었다는 사실을 보도진에게 발표하겠다고 알려온 것이다. 0.1% 가능성이 현실이 되는 순간이었다. 도리 없이 담담하게 결과를 받아들이고 최선을 다하기로 마음을 다졌다. 다음날 일제히 일간지에 나의 내정 사실이 보도되었다.

당장 직면한 것은 하나은행 회장직을 그만두는 문제였다. 급히 이사들을 초치하여 간담회를 열고 그동안의 경위와 내 의중을 밝혔다. "정부 일에 협조하는 차원으로 단순하게 생각했는데, 결과가 이렇게 되었습니다. 어쩔 수 없이 내가 회장직에서 물러나야 하는데, 여러분에게 부탁할 것이 있습니다. 현재 은행 이사들 중에 누구든 회장을 할 수 있겠지만, 하나은행의 제도는 은행장을 지낸 사람이 회장을 한다는 관례가 있으니까, 그런 경영체제를 앞으로도 일관성 있게 유지하기 위해서 임시로 내 후임을 지금 은행장이 겸해서 할 수 있도록 해주십시오. 그리고 이후 은행장을 그만두면 그가 회장으로 취임하여 현행 체제를 유지토록 해주십시오" 하고 부탁하고 양해를 구했다. 그렇게 하나은행장과 회장 승계체계를 확실히 한 뒤에 사표를 냈다.

은행을 그만둘 때 많은 후배들이 다른 곳도 많은데 왜 하필 금융지주회사인가 하고 의아해했다. 지주회사를 맡아 정상화에 실패하면 이름에 누가 되지 않을까 하는 우려에서였다. 나이 차이가 20년이 넘지만, 나와는 오랫동안 친구처럼 지낸 매일경제신문의 손현덕 부장조차 훗날 기사를 통해서 다음과 같이 쓰기도 했다.

2006년 11월 매경 이코노미에 그는 이렇게 썼다. "하나은행 회장을 마치고 우리금융으로 간 것은 '윤병철스러운' 행동은 아닙니다. 어찌 보면 하나은행에 대한 배신일지 모릅니다. 그의 인생에 금융기관 CEO로 3년의 경력을 더 보탠들 무슨 큰 의미가 있겠습니까.……우리금융의 윤병철은 결코 '실패'는 아닙니다. 스펀지 같은 마음으로 웃으면서 지냈습니다. 그러나 '자율'의 세계에서 살던 그가 '타율'의 세계에서 겪은 마음고생을 생각하면 안타깝기도 합니다. 정말 '친구로서 한마디 했어야 했는데'라는 생각이 듭니다."

어떤 사람들은 "은행 회장까지 한 처지에 자리에 욕심이 있어서 저런다"고 오해하기도 했다. 나는 그런 반응에 일일이 설명을 덧붙일 수도 없는 노릇이었다. 만약 내가 잘못해서 욕을 하면 당연히 받아들이겠지만, 그렇지도 않은 상황이라 욕을 하든 말든 상관하지 않기로 했다. 나는 정부가 나에게 금융지주회사를 맡겼으니 명예를 걸고 최선을 다하겠다고 결심했다.

주위의 우려와 오해에도 불구하고 금융지주회사를 맡기로 결정한 것은 30여 년 전 금융계 선배들이 가르쳐준 소명의식 때문이다. 1997년 이후 경제위기로 표면화된 부실에 대해서 금융계가 져야 했던 책임은 너무나 컸다. 그 부실 때문에 국민의 부담이 될 공적자금으로 금융시스템을 지탱해야 하는 지경에 이르게 된 것은 금융계에 종사해온 사람들에게 큰 심적 부담을 주었다. 나는 금융계 선배의 한 사람으로서 우리들이 만든 결과적 책임을 한 몸에 지고 어려운 시련을 겪고 있는 금융계 후배들에게 작은 힘이라도 보태어 하루속히 금융을 정상화하는 데에 작은 도움이라도 주어야겠다고 생각했다.

1997년 초 한보 사태를 시작으로 한국경제는 진로, 기아 등 대기업이 잇달아 무너지면서 IMF 사태와 함께 경제위기와 금융공황 상태를 초래했다. '국가부도 위기'라는 심각한 상황이 전개되자 전국적으로 금 모으기 운동이 벌어졌고, 정부는 2년에 걸쳐 1차 공적자금을 투입하면서 금융업계 구조조정을 급박하게 진행했다. 하지만 1999년 하반기 대우계열사 부도로 인한 손실이 다시 금융기관에 영향을 미치면서 공적자금을 추가로 조성하고 2단계 금융구조조정 추진을 마무리했다. 그 과정에서 서울, 제일, 상업 은행을 비롯하여 한국투신과 대한투신 등 수많은 금융기관에 공적자금이 투입되었다. 그 과정에서 국내 금융기관 수가 약 37% 줄었고, 전체 종사자 가운데 약 42%가 감원되었다. 나는 늘 세상에 태어나서 은행 일에 종사하면서 많은 혜택을 받았다고 생각해왔기 때문에 금융계 선배로서 큰 희생을 치른 후배들을 조금이라도 도와야 한다는 책임의식을 버릴 수 없었다.

금융지주회사는 경쟁력 있는 서로 다른 금융기관들을 통합하여 겸업화, 대형화를 통해 원스톱(one-stop) 서비스를 실현함으로써 시너지 효과를 얻을 수 있는 제도다. 선진국에서는 1980년대부터 금융의 겸업화 추세로 나아가다가 90년대 들어 본격적으로 합병을 통한 금융지주회사들이 속속 설립되었다. 한국은 그동안 금융 분업화를 유지해오다가 외환위기를 계기로 금융지주회사 제도를 도입한 것이다.

외환위기로 부실 금융기관이 속출하자 정부는 자본잠식으로 더 이상 존립이 불가능한 은행들을 서둘러 팔았고, 그나마 자기자본비율이 국제기준인 8%에 못 미치는 은행들은 공적자금을 투입하여 국제기준을 맞추어주는 대신 합병하도록 했다. 그렇게 해서 상업은행과 한일은행을 통합한 한빛은행이 1999년 1월 6일에 탄생했다. 한차례 구조조정을 한 뒤에 숨을 돌린 정부는 향후 은행산업이 겸업화로 가는 것이 바람직하다는 결론을 내리고 금융지주회사 설립을 결정했다.

1980년대부터 나는 우리나라 금융이 겸업화로 가야 하고 앞으로 그렇게 될 수밖에 없다고 주장해왔고, 그런 내용의 강연을 많이 했다. 나는 금융 겸업화의 형태는 여러 가지가 있겠지만, 결국 우리나라 법체계에서는 지주회사 제도로 갈 수밖에 없지 않겠느냐는 생각도 했다. 만약 지주회사 제도로 간다면, 어떻게 효율적으로 할 것인가에 대해서 오랫동안 여러 가지 자료를 모으고 공부를 했다. 최고경영자 내정 과정이야 어찌 되었든 나는 정부의 은행산업 겸업화나 지주회사 제도에 동의하는 부분이 있었기 때문에 시주회사를 맡기로 한 것이다.

공적자금이 투입된 한빛, 평화, 광주, 경남 은행과, 5개 부실 종합금융회사들을 통합하여 만든 하나로종금을 자회사로 거느리게 된 금융지주회사에 대해서 언론과 정치권은 물론이고 학계 일각에서도 결코 성공하기 어려운 시도라느니 부실덩어리를 더 큰 부실덩어리로 키우는 꼴이라는 부정적 평가들을 쏟아냈다. 2001년 4월 2일 우리금융지주회사가 정식으로 출범한 뒤에까지도 세간의 평가는 별로 달라진 것이 없었다. 그럼에도 불구하고 나는 꿋꿋하게 내 할일을 제대로 하리라고 결심했다.

나는 그동안 살아오면서 교통사고로 첫 아내를 잃는 슬픔과 고통도 겪었고 예기치 않은 질병으로 생사를 걱정해야 하는 등 적지 않은 삶의 굴곡을 경험했다. 그러나 나는 그때마다 주저앉지 않았다.

나는 몇 년 전 매일경제신문의 손현덕 부장이 쓴 기사 말미에서 나를 두고 "들러리를 섰다가 신부(新婦)가 된 꼴"이라고 표현한 문장을 발견하고 크게 웃었던 기억이 있다. 들러리라 여기고 이름을 빌려주었다가 털컥 금융지주회사를 맡게 되었으니 손 부장 표현이 정확했다. 나중에 들은 얘기지만, 들러리가 주인공이 되어버린 사연에는 숨겨진 내막이 있었다.

정부가 금융부문의 구조조정을 위해서 지주회사 같은 큰 조직을 설립할 때는 조직을 맡길 경영자를 정부 차원에서 염두에 두고 일을 진행시켜온 것이 그동안의 관례였다. 당시 언론에서는 이를 경계하여 새로운 금융지주회사의 경영은 금융계 경험이 많은 민간 인사가 맡아야 한다고 주장했다. 그런데 최종 추천 후보를 조정하는 날이 되자 처음에는 관례대로 당초 예정된 인사를 낙점하려고 했다. 그러자 재경부 젊은 관리들이 "당초 예정된 인사를 낙점하면 다음날 신문에 우려한 대로 관주도 인사를 했다는 비난 여론이 나돌 것"이라고 우려했다. 결국 정부가 금융지주회사를 만들어 정부 사람들의 자리를 만들어주려고 한다는 세간의 오해를 불식시키기 위해서 내가 선택된 것이다. 들러리가 신부가 된 것은 어떻게 보면 우연이었다.

2. 해도(海圖)도, 나침반도 없는 출항

내가 나의 소임을 다하고 우리금융지주회사를 떠나던 날, 직원들 앞에서 했던 이임사 첫마디가 아직도 기억에 생생하다. "3년 전 망망한 바다에 해도(海圖) 한 장 없이 오직 과거의 실패를 가득 싣고 금융인의 자존심을 되찾아보겠다는 의욕으로 뭉쳐서 우리는 이 땅에 아무도 해보지 않은 금융지주회사라는 배를 띄웠습니다."

지주회사의 회장 선임 통보를 받은 다음 날, 나는 해도도, 나침반도 없이 출항채비를 하는 배를 둘러보는 심정으로 지주회사 설립준비사무국으로부터 그동안 진전된 사항을 보고 받았다. 나는 최고경영자로 내정되기 직전까지도 내정을 예상하지 못했기 때문에 내가 맡을 지주회사의 자세한 사정을 모르고 있었다. 보고를 받으면서 한빛은행의 전신인 상업은행과 한일은행이 합병될 때 투입된 공적자금까지 포함하여 지주회사 전체에 12조7,663억 원이 투입되었다는 것을 알았다.

며칠 뒤 나는 컨설팅을 맡던 맥킨지(McKinsey)의 담당자를 만났다. 그는 "우리가 조사한 바로는 지금까지 투입한 12조7천여억 원의 공적자금으로는 결코 경영 정상화가 되지 않습니다. 지금 상황에서는 당장 최소 1조5천억 원이 추가로 더 있어야 정상화가 순조로울 것"이라고 했다. 한마디로 지금 상태로 가면 죽도 밥도 안 된다는 얘기였다.

나는 금융지주회사가 정식으로 출범하기 전에 정부로부터 두 가지 약속만큼은 반드시 받아내야겠다고 마음먹었다. 진념(陳稔) 경제부총리를 직접 만나 요구사항을 말했다. 첫 번째는 '지주회사 프로젝트는 100% 정부가 돈을 대서 하는 사업이니 지주회사는 정부의 소유이고 정부의 금융기관이다. 따라서 정부도 물론 우리에게 관심을 갖겠지만, 국회나 국민도 우리에 대한 관심을 정부에 주문할 것이다. 그러면 그 주문이 결국 부총리에게 전달되지 않겠느냐. 하지만 지주회사도 기업이고 결과적으로 지주회사 프로젝트를 정리하고 담당하는 사람은 나니까 국회와 국민의 관심과 주문이 있다면 정부는 그것을 우리에게 알려만 주고 모든 결정은 최종적으로 내가 할 수 있게 해 달라'는 것이었다. 정부 일을 하다보면 정치권에 휘둘리든 여론에 휩쓸리든 다른 어떤 이유에서든 간섭이 들어올 수 있기 때문에 그 부분에서만큼은 내게 맡겨달라고 확실히 못을 박았다.

두 번째는 '정부가 은행을 살리기 위해서 12조7천여억 원의 공적자금을 넣었는데 그것은 넓은 의미에서 투자이다. 공장을 짓기 위해서 투자했을 때에는 운영이 제대로 되도록 돈을 충분히 넣어야 한다. 운영자금이 부족하면 공장을 제대로 가동하지 못해서 결국 투자한 돈마저 날릴 수 있다. 10의 투자가 필요할 때 7만 넣어 실패하기보다는 3을 더 넣어 성공하는 게 낫다. 지주회사의 자세한 상황을 재검토해서 만약 내가 추가로 돈이 좀더 필요하다고 하면 그때 더 지원해 달라'는 요구였다.

내 말이 끝나자 진념 부총리가 명확히 대답했다. '첫 번째는 요구조건대로 모든 권한을 당신에게 맡기겠다. 당신이 지주회사를 맡고 있는 동안은 절대 간섭하지 않겠으니 알아서 하라. 두 번째는 당신이 장사를 잘한다고 해서 지주회사를 맡겼다. 장사를 잘하는 사람이라면 돈을 적게 들이고도 할 수 있어야 한다. 돈은 추가로 더 줄 수 없다.' 결국 나의 임기 동안 추가 투자는 없었고, 간섭하지 않겠다는 약속은 지켜졌다.

당시 야당인 한나라당이나 언론이나 전부 금융지주회사가 실패할 것이라고 비판하는 상황이었다. 분명히 더 큰 부실을 만들어서 종국에는 금융권의 골칫덩이로 남을 것이라는 예단도 서슴지 않았다. 그 와중에 정부가 시시콜콜 간섭해서 금융지주회사가 잘 된다면 칭찬을 받겠지만, 만에 하나 잘못되면 기다렸다는 듯이 일제히 정부 탓을 할 것이 명백했다. 어찌 보면 정부가 처한 상황이 금융지주회사에 대한 정부의 적극 개입이나 간섭을 막은 측면이 있었다.

애초부터 더 이상의 정부투자는 기대할 수 없는 상황이 되었다. 그 때부터 나를 포함한 지주회사의 전체 구성원이 책임지고 국내 최초의 금융지주회사를 보란 듯이 성공시켜야 했다. 엄청난 국민의 돈이 투입되었으니 우리들의 책임감과 사명감은 실로 막중했다. 그런데 최초라는 말 그대로 금융지주회사 운영에 본보기가 될 만한 대상도, 참고할 만한 어떤 전략도, 실행수단도 국내에서는 찾을 수 없었다.

정부는 외환위기로 부실화된 금융회사들에 우선적으로 공적자금을 투입해야 했으므로, 일단 부실화된 한빛, 평화, 광주, 경남 은행과 하나로종금 등 5개 기관을 지주회사에 편입한다는 방침만 정한 상태에서 설립추진위원회를 만들었다. 각각의 부실 회사에 공적자금을 투입하면서 향후 어떻게 정리한다는 조건들만 있었을 뿐, 부실 금융회사들을 미리 통합한 상태도 아니었다. 지주회사에 편입시키기로 한 5개 부실기관을 빠른 시일 내에 어떻게 정상화시킬 것인지, 장기적으로는 어떻게 할 것인지에 대한 방침도 없었다. 허허벌판에 어떤 건물을 세울지 설계도부터 만들어야 하는 상황이었다.

　내 구상은 첫째로 지주회사의 비전을 만드는 데에서 출발했다. 큰 틀에서 종합금융 솔루션을 제공하는 금융 그룹, 시장을 선도하는 금융 그룹, 건전하고 날렵한 금융 그룹이라는 비전 아래 가장 먼저 해야 할 일로 자회사 편입작업을 잡았다. 두 번째는 전략적 지주회사가 되어 업무를 수행한다는 목표 아래 지주회사가 그룹의 전략을 세우고, 자회사 대표와 지주회사 회장단이 협의하여 최종 결정한 전략을 수행하는 체제를 만드는 것이었다. 세 번째는 그룹의 구조개편을 목표로 삼았다. 지주회사에 편입된 각각의 자회사를 기능별로 정리하여 시너지를 극대화하는 방안을 모색했다. 우선 은행부문을 구조개편한 뒤에 전산과 카드사 통합을 통해서 기능통합을 하고, 후선(後線) 업무통합으로는 물류와 구매통합을 잡았다. 그룹 구조개편 마지막 순서에 지방은행의 구조개편을 계획했다. 최종 목표는 금융지주회사의 국내시장과 국제시장에서의 상장을 통해서 부실정리를 완결하고 정상화를 공인(公認)받는 것이었다.

　이처럼 큰 줄기를 세운 중요한 제목마다에 번호를 매기고 세부사항까지 자세히 나열한 그때의 기록을 지금 살펴보면서 나는 새삼 그날의 각오가 떠올랐다.

　'경영이란 조직에 혼백(魂魄)을 불어넣는 작업이다. 경영자원을 조직하고 규제하는 일이 땅의 논리인 백(魄)이라면, 그 조직에 창의와 꿈 그리고 용기를 불어넣는 일을 혼(魂)이라고 할 수 있다. 지나치게 조직과 시스템을 강조하면 사람들이 스스로 꿈을 갖고 자기실현을 성취하려는 열의를 간과하는 폐단이 생긴다. 그런 점에서 경영자는 조화를 이루려는 밸런스 감각을 지녀야 한다. 조직은 사람이고 사람은 마음이다. 자, 이제 혼백을 불어 넣는 일을 시작하자.'

금융의 겸업화는 여러 가지 형태가 있다. 유니버설 뱅킹은 한 은행이 여러 가지 일을 할 수 있도록 하는 방법이고, 지주회사를 통해서 은행, 증권, 보험 업무를 모두 할 수 있도록 하는 형태도 있다. 2000년 10월 제정된 금융지주회사법에 따르면 우리가 할 수 있는 것과 할 수 없는 것이 있었다. 따라서 내가 맡은 지주회사는 소속 회사들을 하나의 비즈니스 그룹으로 묶어 통합적인 시너지를 낼 수 있는 전략을 세우고, 이를 소속 회사들과 협조하여 실천하는 전략적 지주회사 체제로 갈 수밖에 없었다.

나는 지주회사 체제에서 각 기관을 어떻게 전략적으로 통합하는 것이 효율적이고 시너지를 가장 잘 낼 수 있을지를 직원들과 머리를 맞대고 연구했다. 제일 먼저 은행은 은행끼리, 카드 부문은 카드 부문끼리 공통적인 부분을 통합하기로 결정했다. 직원들과 함께 나는 금융지주회사법을 일일이 검토하고 상의하면서 처음부터 하나하나 문제를 해결해나갔다. 국내에서 벤치마킹할 곳이 없었으므로, 설립추진위원회의 역량만으로 당장 필요한 지주회사 전체 설계도를 만들어야 했다.

마침내 큰 줄기의 사업구조개편안을 수립했다. 첫 번째는 평화은행을 구조조정한 뒤에 한빛은행에 합병시키고, 두 번째는 각 은행에 흩어져 있는 카드 부문 혹은 카드사를 분리하여 별도의 카드사로 통합한다는 계획이었다. 세 번째는 각 기관들의 전산통합이었다. 마지막으로 지방은행인 광주은행과 경남은행의 기능개편을 목표로 잡았다. 지방은행의 기능개편은 우선 합병 은행의 지점과 중복되는 지방은행의 지점을 통폐합하는 것이었다. 그리고 최종적으로는 지방은행까지 합병 은행에 통합하여 하나의 은행을 만든다는 방침을 세웠다.

그보다 더 시급히 해결해야 할 과제는 금융지주회사에 편입된 5개 기관을 지주회사 자회사로 만들어 지배구조를 정리하는 문제였다. 그일은 쉽지 않았다. 부실화된 은행들은 긴급하게 공적자금을 받을 때에는 지주회사 편입을 약속했지만, 편입이 막상 현실로 닥치자 격렬하게 반대했다. 지금까지 독자적으로 운영되어온 조직이 지주회사에 편입되면 독립성을 잃을 것을 우려하고 통합은 물론 자회사 편입까지도 완강히 거부하고 종래대로 독자적인 경영체제로 운영되기를 원했다. 지주회사라는 '옥상옥(屋上屋)'을 두어 종속되지 않겠다는 속셈이었다. 대신 '지주회사는 일반 투자자처럼 가만히 있다가 우리한테 배당만 받으면 된다. 간섭하지 말라'는 식이었다.

반면 정부와 설립추진위원회의 생각은 달랐다. 설립추진위원회는 금융지주회사가 기업지주회사처럼 자회사의 경영에 직간접적으로 간섭하지는 않되, 그룹 전체의 견인력을 극대화할 수 있는 전략을 세워 이 전략을 자회사와 협력하여 실천시켜나가야 했다. 지주회사가 전체를 이끌면서 효율성을 극대화시켜 하루빨리 부실 은행들을 정상화시키고 지주회사 체제의 토대를 탄탄하게 다져야 했기 때문에 은행들을 각각 따로 가게 할 수는 없었다.

이때 가장 중요한 것은 금융지주회사가 기능을 제대로 발휘하고 효율적인 경영을 하기 위해서는 법적 뒷받침이 되어야 한다는 것이다. 그러나 당시의 금융지주회사법은 불완전했고 지주회사의 자회사에 대한 통제권도 미약했다. 그리고 내가 우리금융의 CEO로 내정되었을 때는 이미 자회사들의 경영진의 진용이 거의 구성되어 있었고, 내가 행사할 수 있는 인사권은 두어 자리밖에 없었다. 금융지주회사법에 대한 숙지(熟知)나 지주회사의 설립추진 실상에 대한 파악을 사전에 철저하게 하지 못한 것은 나의 일말의 불찰이기도 했다. 사명감이 너무 앞섰던 것이다.

본격적인 구조개편에 돌입하자 그때부터 사사건건 마찰이 시작되었고 쉬운 일은 하나도 없었다. 자회사 편입과 통합의 필요성을 잘 알고 있던 은행장들도 평소의 얘기와는 달리 막상 자신의 자리가 문제가 되자 입장을 바꾸기도 했다. 심지어 교묘한 방법으로 통합 등의 구조조정을 지연시키는 은행장도 있었다. 뿐만 아니라 각 은행 별로 노조들도 전부 반기를 들었다.

2001년 3월 12일, 우여곡절 끝에 5개 기관 주주총회가 열려 주식교환과 임원선임 절차를 끝마치고 우리금융지주회사가 정식으로 설립되었다. 이 자리에서 나는 정식으로 대표이사 회장으로 선임되었다. 그후로도 구조조정이 진행되는 동안 지주회사 회장인 내가 자회사 사무실에도 못 들어갈 정도로 각 기관 노조들의 반발이 거셌다. 한국의 기업문화 속에서 공공성을 가진 사업이 정부의 소유 하에 있을 때 구성원들 간의 자율적인 협조로 화합을 이루면서 일사불란하게 하나의 목적을 만들어내는 것은 여간 어려운 일이 아니었다. 많은 사람들이 걱정했던 것도 이런 점에 있는 것 같았다. 하지만 모든 일을 원칙에 입각하여 단호하게 밀고 나가야 한다는 것이 나에게 주어진 메시지였다.

자회사 편입을 앞두고 정부에 의해서 지주회사에 묶이게 된 각 기관들의 분위기는 몹시 뒤숭숭했다. 인력과 사업개편, 합병 같은 구조조정이 남아 있었기 때문이다. 자회사 분위기는 한마디로 '복지안동(伏地眼動)'의 형국이었다. 다들 약속이나 한 듯이 일처리를 미루고 회사가 어떻게 될 것인가 하는 데에만 관심을 집중시켰다. 대출요청이 들어와도 미적거리며 심사를 미루었다. 지주회사의 자회사로 편입되면 대출 심사기준이 어떻게 바뀔지 모르는 상황에서 혹시 자신들의 기준대로 심사했다가 나중에 문제가 되면 절차를 거쳐 여러 군데 보고서를 올려야 하는 일이 발생할 수 있었으므로 책임을 면하기 위해서 소극적으로 일했던 것이다. 각 기관들이 업무를 자꾸 지연시켰으므로 지주회사 역시 일을 제대로 할 수가 없었다.

민감한 시기에 손을 놓고 있는 것이 문제를 만드는 것보다 백번 낫다고 생각하고 엎드려 있는 직원들의 분위기를 바꾸기 위해서 나는 회장 취임식 날 직원들을 모아놓고 다음과 같은 취지를 강조했다.

'어떻게 보면 금융업에 종사한 전(前) 세대 사람들, 특히 우리 같은 간부들이 좀더 잘했더라면 여러분들이 지금 당하는 일은 없었을지 모른다. 어찌 됐든 국민이 은행에 맡긴 돈을 빌려갔던 기업이 망해서 은행도 망하게 되니까 국민은 은행들이 잘못해서 외환위기가 왔고 모든 것이 은행 탓이라며 "은행놈들"이라고 욕을 하지 않는가? 거기다 자꾸 은행 구조조정을 하니까 여러분이 소위 패배의식에 젖어 복지안동하고 있는데, 그러면 지금보다 실적이 더 나빠지게 되고 또다시 사람들을 내보내야 한다. 우리가 생각과 행동을 바꿔서 적극적인 자세

우리금융지주 시절 : 한국 최초의 금융지주 선장이 되다

로 하루빨리 이 어려움을 극복하면, 지금까지 우리를 욕하던 국민도 은행사람들이 잘 하는구나 하고 다시 볼 것이다. 내가 가진 그동안의 경험이나 능력을 전부 여러분을 위해서 쏟을 것이다. 여러분도 나와 함께 이 위기를 빨리 극복하도록 노력하자.'

나는 회장 취임 후 처음으로 회현동 한빛은행 본점에 마련된 사무실에 들렀다. 19층에 있는 설립준비사무국에 먼저 들러 직원들이 일하는 모습을 둘러본 뒤 23층으로 향했다. 전에 은행장실이었던 사무실을 회장실이라고 꾸며놓았는데, 전체 층의 절반을 차지할 정도로 엄청난 크기였다. 직원들이 애써 준비한 것에 대해서 뭐라고 할 수도 없었지만, 그 크기와 장중함이 금융지주회사가 처한 현실과는 전혀 어울리지 않는 느낌이라서 불편했다.

내가 하나은행 재임 시절 임원들에게 종종 다음과 같은 뜻을 전했다. '당신들에게 왜 독립된 방을 주는지 아는가. 전세로 따져도 한 평에 몇 백만 원짜리 방을 주는 건데 그건 당신이 호사를 누리라고 주는 게 아니다. 넓은 장소를 차지한 사람은 그 크기와 값만큼 생각을 하라는 것이다.' 은행장실이니까 무조건 호화롭고 커야 한다는 생각은 일종의 권위주의에서 나온 사고방식이다. 전 세계의 돈을 끌어모으는 미국 월스트리트의 금융회사에 가도 직함을 불문하고 개인 사무실은 별로 크지 않다.

지나치게 큰 회장실을 줄여 접객실을 여러 개 만들고 싶었지만, 가구들이 전부 붙박이로 되어 있어 구조를 바꾸는 것도 쉽지 않았다. 별 수 없이 3년 임기 내내 그대로 사용했는데, 늘 마음은 편치 않았다. 그나마 지주회사가 그 건물에 쉽게 들어간 것도 아니었다. 한바탕 우여곡절을 겪은 후에야 겨우 들어갈 수 있었던 것이다.

　지주회사 직원들이 본점 건물에 사무실을 차리려고 하자 한빛은행 노조원들이 머리띠를 두른 채 건물 입구를 봉쇄하고 "왜 꼭 우리 건물에 들어오려고 하느냐? 지주회사는 우리와는 별도 회사다"며 출입을 막았다. 한마디로 시어머니를 옆에 두기 싫으니 자리를 못 내주겠다는 얘기였다. 지주회사는 자회사들 중에서 가장 비중이 큰 한빛은행과 가까이에서 일을 해야 했기 때문에 반드시 한빛은행 본점 건물 안에 사무실을 마련해야 했다. 지주회사가 밖에 따로 세를 얻어 나가 있는 것도 우스운 모양새였다. 오랜 실랑이 끝에 어렵게 노조와 타협하고 한빛은행과 한 지붕 아래 동거를 시작할 수 있었다. 나는 사무실 문제로 불거진 갈등을 겪으면서 앞으로 사업구조개편이 본격적으로 추진되면 얼마나 더 험난한 폭풍우의 바다를 건너야 할지 미리부터 그 고난이 짐작되고도 남았다.

우리금융지주 시절 : 한국 최초의 금융지주 선장이 되다

3. 은행 이름을 둘러싼 소동

'우리은행'이라는 이름이 문제가 되어 2004년에 시작된 법정소송이 몇 해 전 대법원에서 마무리되었다는 기사를 신문에서 읽었다. 소송에 휘말리게 된 것은 내가 금융지주회사 회장으로 재직할 때 회사 이름을 '우리금융지주회사(金融持株會社)'라고 지으면서부터였다.

지주회사 출범 전 설립준비사무국은 회사 이름부터 결정해야 했다. 사무실 직원 여러 명이 머리를 맞댔지만, 무릎을 칠 만한 좋은 이름이 쉽게 나오지 않았다. 가장 쉬운 방법은 새로 출범할 금융지주회사에서 가장 큰 비중을 차지하고 있는 한빛은행 이름을 따서 한빛금융지주회사로 하는 것이었다. 그런데 상업은행과 한일은행이 합병되면서 공적자금이 투입된 한빛은행은 이후에 더 부실이 커진 상태였다. 부실 은행이라는 부정적 이미지를 가진 은행 이름을 따서 금융지주회사에 붙일 수는 없었다. 그런 이유로 '한빛'은 일찌감치 후보에서 제외되었다.

사실 사람과 마찬가지로 회사 이름도 그 기업의 아이덴티티, 곧 정체성(正體性)을 상징한다. 그러다 보니 불과 두 자의 단어를 놓고 직원들이 골머리를 싸맨 것이다. 어떤 직원은 한라산과 백두산을 합친 '한백'으로 하자고 했고, 차라리 그냥 쉽고 친근하게 '한라'로 하자는 사람도 있었다. 오죽 답답했으면 서울시를 상징하는 '하이, 서울'처럼 친근하게 인사말 '하이(Hi)'로 하자는 말도 나왔다.

의견만 분분한 채 쉽게 결론을 내리지 못하는 직원들을 지켜보던 내가 "우리라는 이름이 어떨까요?" 하고 물었다. 하나은행을 만들 때 직원들을 상대로 은행 이름 공모를 한 적이 있었는데, 그때 가장 많이 나온 단어가 '우리'였다. 그래서 그 명칭을 은행 이름으로 사용하려고 했지만, 당시 재무부가 제동을 걸어 실제 사용에는 실패했다는 것은 앞에서 얘기한 바가 있다. 그런 경험이 있어 "하나은행 때와 달리 요즘은 우리자동차도 있고 우리라는 상호를 쓰는 곳도 많아요. 그냥 '우리'라고 한번 해봅시다"라고 했더니 직원들도 좋다고 찬성했다.

다행히 과거와는 달리 금융감독위원회에서 지주회사 명칭이므로 괜찮을 것 같다는 반응이 와서 우리금융지주회사라는 상호를 쓸 수 있었다. 물론 일부에서 '우리'라는 명칭에 대해서 반대가 없었던 것은 아니지만, 당시 나와 친분이 있던 은행연합회의 류시열(柳時烈) 회장이 "요즘 우리라는 상호를 쓰는 곳이 한두 군데가 아닌데 뭐가 문제가 되겠어요?" 해서 문제를 삼지 않아 그냥 넘어갈 수 있었다.

'우리'라는 지주회사의 명칭은 별 문제 없이 넘어갔는데, 일 년쯤 뒤 우리금융지주회사를 주식시장에 상장할 무렵에 한빛은행 상호를 우리은행으로 변경하면서 금융계와 일부 언론에서 뒷말이 나왔다. 사실 그때 '우리은행'으로 이름을 바꾸겠다고 하자 금융감독원은 보통명사인 '우리'를 금융회사 이름으로 인정하기가 어렵다고 난색을 표했다. 그런데 금융감독위원회가 중재에 나서 사용해도 상관없다는 결론을 내렸기 때문에 한빛은행을 우리은행으로 변경할 수 있었다.

그것을 두고 일부에서 정부가 주도한 금융지주회사라서 보통명사인 '우리'라는 이름을 은행에 쓸 수 있도록 특혜를 준 것이라며 비판했다. 내 생각에는 아마 그때 정부가 주도한 금융지주회사를 빨리 정상화시켜야 하니까 급한 김에 우리은행이라는 이름을 그냥 쓰도록 한 것 같다. 어쨌든 금융지주회사 명칭만 '우리'를 사용했더라면 문제가 없었을 텐데, 고객을 직접 상대하는 시중은행이 '우리'라는 명칭을 쓰자 뒤늦게 논란이 되었던 것이다.

그러나 한빛은행이 정식으로 우리은행으로 상호를 변경하기 전에 은행 이름을 둘러싸고 정작 더 시끄러웠던 곳은 은행 내부였다. 우리금융지주로 지주회사 명칭이 확정된 뒤의 다음 수순은 한빛은행의 이름을 바꾸는 것이었다. 우리금융지주회사에서 가장 큰 비중을 차지하는 한빛은행이 모회사와 같은 이름을 사용해야 전체 회사 분위기를 새롭게 바꾸는 의미가 있었다. 그 전에 하나로종금은 이미 우리종금으로 상호를 변경한 상태였다.

그런데 한빛은행은 상호 변경에 결사적으로 반대했다. 당시 노조가 얼마나 막강한지 금융지주회사 자체를 용납하지 않고 있는 마당에 이름을 바꾸자고 하니 씨도 안 먹혔다. 한빛은행이 어차피 우리금융지주회사 자회사로 출발하는 만큼 새로운 아이덴티티를 가지면 좋겠다는 것이 내 생각이었다. 하지만 노조는 "저 사람이 하나은행 때 '우리'라고 못 썼던 한풀이를 지금 우리한테 하려고 한다"며 들고 일어났다.

기업이나 은행이 합병할 때 회사명을 두고 논란이 벌어지는 것은 어제오늘의 일이 아니다. 흡수합병이면 크게 문제가 되지 않지만, 엇비슷한 상대끼리 합병하면 이름을 놓고 소위 기 싸움을 벌이거나 신경전을 펼치는 경우가 적지 않다. 어떻게 보면 조직 구성원들끼리 자신들의 아이덴티티를 유지하고 싶은 욕구 때문인데, 그것은 개인도 마찬가지이다. 어떤 사람이 독립해서 혼자 생활해오다가 부모와 함께 살라고 하면 싫은 것처럼 조직 구성원들 역시 자율성이나 독립성, 정체성이 희석되는 것을 싫어한다. 그것은 자연적인 현상이라고 할 수 있다. 어찌 보면 상호 변경에 대한 격렬한 반대는 일종의 자신들만의 감성에서 우러난 행동으로 볼 수도 있다. 그 때문에 기업이 되었든, 은행이 되었든 상호를 바꾸는 일은 매우 어렵다.

한빛은행 노조가 상호 변경을 반대하면서 겉으로 내세운 이유는 돈이 많이 들어간다는 것이었다. 은행 이름을 바꾸게 되면 전국에 흩어져 있는 지점들까지 전부 간판을 바꿔 달아야 하는데, 당시 우리가 계산한 바로 약 300-400억 원이 필요한 것으로 계산되었다. 노조의 반대 외에도 공적자금이 투입된 부실 은행에 또다시 그런 큰돈을 들여서는 곤란하다는 의견들이 나왔는데, 사실 옳은 말이었다.

한빛은행의 상호 변경이 마무리되지 못하고 지지부진한 가운데 1년이라는 시간이 흘렀다. 그런데 그때 마침 은행 간판을 교체해야 하는 상황이 벌어졌다. 한빛은행 출범 당시 상호와 간판을 새로 교체하면서 붉은색을 3분의 2가량 간판 바탕 색깔로 사용했는데, 1999년 말 '옥외관리물 등 광고법' 조례가 바뀌면서 간판 바탕 색깔로 붉은 색을 50% 이상 사용하지 못하도록 규정했기 때문이다. 그 때문에 서울시청으로부터 간판을 교체하라는 시정요구가 들어왔다. 그래서 한빛은행 노조를 다시 설득했다. "어차피 간판을 바꿔달아야 하니 기왕 돈을 들일 거면 이참에 상호도 함께 바꿉시다." 많은 우여곡절이 있었지만 새로운 로고를 만들지 않고 한빛은행 로고를 색상과 모양만 일부 변

우리금융지주 시절 : 한국 최초의 금융지주 선장이 되다

경하여 쓰는 조건으로 마침내 '우리은행'으로 간판을 달 수 있었다.

사실 '우리'라는 이름은 은행권에서는 긴 사연을 가지고 있었다. 하나은행은 물론이고 그 뒤에 한빛은행이 탄생할 당시에도 '우리은행' 사용을 타진했다가 거부당했던 것이다. 한빛은행 출범 전 직원들을 대상으로 은행 이름을 내부공모에 부쳤을 때도 '우리'가 가장 많은 표를 얻었다. 그래서 한빛은행은 다른 은행들이 '우리은행'이라는 상호를 쓰지 못하도록 가등록을 해두고 있었다. 그런 사연 때문에 직원들에게 나는 "하나은행 때는 못 썼는데, 여러분들이 운이 좋고 복이 많아서 지금 우리은행이라는 상호를 쓸 수 있습니다"라고 했다.

내가 우리금융지주에 몸담고 있는 동안은 '우리'라는 상호 사용에 별 문제가 없었는데, 그곳을 떠난 뒤 2004년 다른 은행들이 "우리은행 때문에 직원들이 자기 은행을 우리 은행이라고 부를 수 없다"고 소송을 했던 것이다. 예를 들어 은행들이 회의를 하거나 홍보 같은 것을 하다보면 자연스럽게 "우리 은행은"이라거나 "우리 은행의 금년도 목표는"이라는 표현을 쓸 수밖에 없다. 그러다 보니 헷갈리고 불편한 점도 있었을 것이다. 일부 은행 사람들은 우리은행의 영어 스펠링 'woori'에 빗대 '워리은행,' '걱정거리 은행'이라고 부르며 못마땅해했다.

나는 금융계에 있으면서 두 개 시중은행의 이름을 직접 짓고 사용하다 보니 본의 아니게 은행 이름을 둘러싼 해프닝의 주인공이 되기도 했다. 하나은행 시절 자율과 자주정신을 살린다며 '지역 하나은행 운동'을 전개했다. 그 일환으로 전국 각 지역의 하나은행 지점 간판을 일반 관행처럼 '하나은행 ○○지점'이라고 하지 않고 지역 이름을 앞세웠다. 예를 들면 '광주 하나은행'이라고 한 것이다.

어느 날 금융감독원 원장이 내게 전화를 걸어와 왜 광주지점을 광주하나은행이라고 했는지 그 이유를 물었다. 나는 그동안 별 말이 없다가 뒤늦게 왜 이름을 문제 삼는지 영문을 알 수 없었다. 알고 봤더니 당시 송병순(宋炳循) 광주은행장이 금융감독원에 '우리 광주에 광주은행 말고 새로운 은행을 허가했느냐? 하나은행이 광주에서 "광주하나은행"이라고 하니 그런 은행을 허가해주었느냐?'는 취지로 따진 것이다. 송 행장의 입장에서는 광주에 새로운 은행이 생겼다는 오해를 할 법도 했다. 어떻게 보면 생각의 차이일 수 있지만, 이 일로 금융감독원이 난처해하는 바람에 간판을 다시 '하나은행 광주지점'으로 바꾸어 다는 소동을 겪었다.

사실 문제의 광주지점 간판을 사용하게 된 데는 그만한 이유가 있었다. 1990년대 당시만 해도 서울에 본부를 둔 은행들이 지방에서 지점을 열면, 그곳 사람들은 시골 지점 돈을 뽑아다가 서울 본부로 가져가서 서울의 큰 기업들만 도와준다고 불만이 많았다. 그래서 광주지점을 열 때에도 "여러분이 맡긴 돈은 전부 여러분들한테 돌아가도록 하겠습니다"고 약속했고, 그 약속에 대한 상징으로 '광주 하나은행'이라는 간판을 달았던 것이다.

어쨌든 수 년 동안 이어졌던 우리은행 상호를 둘러싼 법정소송이 대법원 판결로 일단락된 점은 무척 다행스럽다. 비록 상표등록은 무효가 되어 우리은행이 그 이름을 독점적으로 사용할 수는 없지만, 우리은행이라는 상호는 계속 쓸 수 있게 되었다는 점이 무엇보다 다행이다. 길거리에서 우리은행 이름이 사라지게 되었더라면, 다른 누구보다도 은행 이름을 지은 내가 서운할 뻔했다.

4. 밭을 갈려고 해도 소가 꿈쩍 않다

2001년 4월 2일 오전 10시, 우리금융지주회사의 출범식이 열렸다. 100조 원이 넘는 총자산 규모에 5개 금융기관을 거느린 국내 최초의 금융지주회사의 탄생을 알리는 순간이었다. 그런데 하필 출범식 날 새벽에 소동이 벌어졌다. 행사 때 공개하기 위해서 세워둔 '우리금융 그룹'이라는 대리석 입간판을 교체하느라 직원들이 부산을 떨었던 것이다.

심상찮은 조짐은 며칠 전부터 있었다. 지주회사가 둥지를 튼 한빛은행 본점 건물 앞에 대리석 입간판을 설치하려고 하자 은행 노조가 격렬히 반대했다. 기존에 세워져 있던 한빛은행 입간판보다 조금 위쪽에 지주회사 입간판을 설치하려고 하자 노조가 시비를 걸었다. 왜 우리 간판이 지주회사 것보다 아래에 있어야 하는가? 딴 곳으로 옮길 것을 요구하며 설치공사를 막고 나섰다.

어렵게 공사를 진행하여 겨우 입간판을 설치했지만, 그 뒤로도 노조 측과 철거하라느니 못한다느니 하며 팽팽한 기(氣)싸움이 벌어졌다. 결국 출범식 이틀을 남겨두고 노조 측이 밤에 몰래 쇠망치로 대리석 입간판을 깨부수는 일이 발생했다. 현장을 발견한 우리 직원들이 부랴부랴 업자를 수소문하여 밤샘 작업을 시킨 끝에 같은 모양의 입간판을 겨우 새로 만들어 무사히 출범식 행사를 마칠 수 있었다.

지주회사 출범 후에도 은행 노조는 '점령군이 왔다'며 사무실 앞에서 하루 종일 꽹과리를 치고 난리를 피웠다. 지주회사에 대한 피해의식과 반감이 극심한 가운데 5개 기관을 일단 편입시켜놓았으나, 앞으로 헤쳐나길 길은 만만치 않았다.

지주회사 출범 후 본격적인 사업구조 개편작업에 착수했다. 부실화된 금융회사들을 모아놓았으니 가장 먼저 부실정리가 초미의 과제로 떠올랐지만, 작업과정이 쉽지 않았다. 금융지주회사는 자회사에 투자하여 지배주식을 보유하고 있는 만큼 자회사가 부실정리에 적극적으로 협조해야 하는데, 현실은 그렇지 않았다. 부실을 정리하게 되면 개별 자회사의 잠재적 부실이 표면화되기 때문에 이런저런 이유로 적극적으로 협조하기를 거부했던 것이다.

이러한 상황을 타개하기 위해서 지주회사가 가진 기채한도(起債限度)를 지렛대로 활용할 수밖에 없었다. 하지만 당시 금융계나 언론 등에서 부실화된 금융회사들을 모아놓은 지주회사를 부정적인 시각으로 바라보았기 때문에 기채조차 쉽지 않았다. 이때 지주회사에는 CFO였던 민유성(閔裕聖) 부회장과 함께 재무팀에 합류한 외국투자은행 출신들이 옛 연고를 활용하여 UBS(Union Bank Switzerland)로부터 최초로 9억 달러를 기채하는 성과를 올림으로써 돌파구를 마련했다.

확보된 자금을 활용하여 지주회사가 자회사의 부실자산을 사도록하되, 자회사의 경영자율을 위해서 먼저 자회사가 부실자산을 팔고 그렇지 못할 때에는 지주회사에 팔도록 했다. 이와 같은 거래방식으로 부실정리의 길을 열고, 후에 국제금융위기로 사라진 리먼 브러더스와 합작으로 부실채권정리회사를 만들어 부실정리를 서둘렀다. 그 당시 만들었던 부실채권정리회사는 우리나라 최초의 Bad Bank로서 우리금융지주 계열사들의 부실을 조기에 정리하는 데에 크게 기여했다. 뿐만 아니라 외국계 금융회사들이 떠나면서 생긴 부실채권정리 시장의 공백을 메우는 역할을 톡톡히 해냈다. 그 회사가 바로 우리금융 민영화의 일환으로 4,400억 원대의 가격으로 지금 매각이 진행되고 있는 '우리에프앤아이'이다.

다음은 지주회사에 편입된 서울과 지방의 4개 은행을 부문별로 통합하여 시너지 효과를 내야 했다. 지주회사 편입 당시 한빛과 평화은행, 광주은행과 경남은행은 각각 카드 사업을 하고 있었다. 그 부분을 따로 떼어내어 묶은 다음 하나의 플랫폼으로 영업하게 되면 비용이 절감되는 것은 물론이고 영업 시너지도 낼 수 있었다. 그래서 별도 법인을 만들어 카드 부문을 통합하기로 했다.

통합에서 또 다른 중요한 부분이 전산통합이었다. 현대의 금융업은 어떻게 보면 전산장치산업이다. 각 은행별 전산부문을 따로 모아 하나의 플랫폼으로 통합함으로써 카드사와 마찬가지로 비용을 절감하고 시너지 효과도 기대했다. 당시는 전산통합이 보편적이지 않았지만, 지금은 모든 금융지주회사가 통합 IT 체제를 구축하고 있다.

사업구조 개편에서 가장 민감했던 이슈는 지방은행의 기능개편이었다. 광주와 경남 두 은행에도 공적자금이 투입되었는데, 엄밀히 따지면 이들 역시 자산부채이전 방식으로 우량 은행에 자산부채를 넘겨주고 문을 닫아야 했지만, 경남과 호남을 대표하는 지방은행이라는 특수성 때문에 지주회사 밑에 편입시켰던 것이다.

정부는 지주회사에 지방은행 기능개편을 2년 내에 마무리하라는 시한을 주었다. 외부 전문가에게 컨설팅을 받아 그 결과에 따라 기능개편을 한다는 약속을 정부와 노동계가 사전에 했기 때문이다. 말이 기능개편일 뿐, 정부가 당초 원했던 것은 두 은행을 합병 은행인 우리은행과 통합하는 것이었다. 우리은행이 경남과 광주 지역에 지점을 가지고 있었으므로 굳이 세 은행이 따로 나뉘어 있을 이유가 없었다. 우리은행과 두 지방은행이 통합되면, 전산부문도 자동으로 통합되기 때문에 비용절감과 함께 인력구조조정도 어느 정도 가능했다.

은행 외에 유일하게 지주회사에 편입된 금융회사가 우리종금이었는데, 지주회사에 편입될 당시 빚을 잔뜩 떠안고 있었을 뿐만 아니라 그때는 종금사 시장 자체가 붕괴되다시피 해서 영업이 어려운 상황이었다. 따라서 매각이든, 합병이든 청산이 불가피했다.

큰 줄기로 가닥이 잡힌 사업구조 개편에서 먼저 평화은행 구조조정 작업에 착수했다. 우선 카드 사업부를 별도로 떼어내 카드 법인을 만들고 은행부문은 한빛은행에 흡수합병하는 방향으로 가닥을 잡았다. 새로 카드 법인을 만들면 나머지 은행의 카드 부문을 각각 떼어내 한꺼번에 카드 법인에 통합시키기로 했다. 그렇게 되면 평화은행 카드 사업부가 존속 법인으로 남게 되어 평화은행이 합병되더라도 직원들의 반발이 덜할 것으로 예상했다.

구조조정 작업은 처음부터 쉽지 않았다. 은행이 흡수합병되면 피합병은행은 구조조정의 대상이 되어 부장 위의 임원진은 당장에 자리가 없어지게 되고 직원들 역시 감원을 당하는 등 생존권이 위협받는 문제였기 때문에 모두 격렬하게 반발했다. 더구나 평화은행 구조조정은 노조를 포함한 은행의 문제만이 아니라 금융노련은 물론 한국노총까지 연결되어 있었기 때문에 한 발도 쉽게 내딛을 수 없었다. 평화은행은 1992년 11월 한국노총 산하 금융노련에서 설립한 은행으로 노총 산하 각 산별노조와 근로자들이 투자한 '근로자의 은행'이었다. 외환위기 때 완전 감자(減資)로 형식적으로는 출자관계가 종결되었지만, 이런 설립 인연으로 여전히 그들과는 끈끈한 유대관계를 서로 이어가고 있었다. 특히 평화은행 노조는 구조조정을 앞두고 금융노련과 한국노총의 힘을 최대한 이용하려고 했다.

일찍이 나는 그들의 특수 관계를 파악하고 지주회사 회장에 취임하자마자 한국노총을 방문하여 협조를 당부했다. 당시 한국노총의 이남순(李南淳) 위원장은 원래 은행 출신으로 평화은행의 구조조정이 필요하다는 것을 잘 이해하고 있었으므로 우리에게 협조를 많이 했다. 당시 금융노련 양병민(梁炳珉) 부위원장에게도 이런 회사 입장을 설명했다. 그 일에 우리 전략기획 담당 전광우(全光宇) 부회장, 손태호(孫泰浩) 상무가 많이 노력했는데, 새벽에 한국노총 본부가 있는 여의도로 찾아가서 순댓국에 술을 같이 들면서 설득하기도 했다. 그렇게 사전정지작업을 하느라 몇 개월을 정신없이 바쁘게 보냈다.

그 과정에서 평화은행 노조는 구조조정은 최소화하면서 얻어낼 것은 최대한 얻어내 실리를 챙겨야 했으므로 엄청나게 실랑이가 벌어졌다. 경영진과 협상이 좀 될 듯하면 노조에서 틀고, 노조와 뭔가 일이 되어간다 싶으면 경영진에서 트는 일들이 수없이 반복되었다. 심지어 임원들 중 어떤 임원은 합병이 성사될 기미가 보일 때는 우리 쪽에 "붙었다가" 틀어질 것 같으면 노조에 "붙었다가" 하면서 자기 이익을 저울질했다. 우리지주 쪽에도 노조를 열심히 설득하는 척하면서 뒤로 그들을 부추겨 더 많은 것을 받아내도록 조종하는 사람도 있었다.

평화은행의 은행부문을 한빛은행에 통합시키는 결정이 어렵게 성사되자 두 은행의 카드 사업부를 떼어내 별도 카드 법인을 만드는 문제를 해결해야 했다. 한빛은행은 평화은행 카드 사업부가 존속 법인으로 만들어진다고 하자 강력하게 반대했다. 한빛은행 카드 부문 규모에 비해 평화은행 카드 사업부는 턱도 없이 작은데, 그렇다면 우리를 평화은행에 붙일 이유가 없다는 것이었다. 노조뿐만 아니라 한빛은행 경영진도 카드 부문을 떼어내는 것에 반대했다. 카드 사업부 분할 반대는 평화은행 쪽도 마찬가지였다. 카드 사업은 은행의 핵심 돈벌이인 캐시카우이기 때문이다.

한빛은행을 어렵게 설득하여 겨우 카드 사업을 분리하기로 합의했다. 당시 한빛은행 카드 사업 본부장은 은행 출신이 아닌 외부 사람이었는데, 그도 카드사가 분리되기를 원했다. 그는 부하직원들을 설득하여 지주회사에 협조했다. 카드 사업 분리 찬반부터 보상비용 협상, 거기다 신설되는 카드 법인 직원 수를 몇 명으로 할 것인지를 놓고도 사사건건 양쪽 은행 경영진과 노조를 상대해야 하니 산 넘어 산이었다. 나중에는 한빛은행 노조와 평화은행 노조 간에 카드 법인에 충원할 인원을 놓고 충돌이 벌어졌고, 그 과정에서 아예 서로 만나지도 않는 지경에 이르니 협상 자체가 난망이었다.

노-노 갈등이 첨예화되는 바람에 지주회사가 중재에 나서야 했다. 우여곡절 끝에 양쪽 인원수를 한빛은행 150명, 평화은행 100명으로 합의했다. 규모면에서 평화은행 카드 사업부가 한빛은행의 10분 1 정도였지만, 그나마 평화은행 카드 사업부가 존속 법인으로 살아남았기 때문에 그 정도 선에서 협상이 이루어진 것이다. 양쪽의 은행부문을 합칠 때도 똑같은 일이 벌어졌다. 서로 상대 쪽 제안을 받느니 못 받느니 실랑이를 벌이는 통에 자고나면 협상이 뒤집어지기 일쑤였다.

우리금융지주회사에 발을 들여놓을 때부터 예상 못했던 바는 아니지만, 막상 현장에서 사사건건 부딪치는 사람들을 보고 있으려니 답답했다. 밭을 갈아야 하는데, 소가 꿈쩍도 안 하는 꼴이었다. 결국 농사를 못 지으면 밭주인이나 소나 굶주리긴 마찬가지인데, 그런 것은 아랑곳하지 않는 모습이 몹시 안타까웠다.

지주회사 실무진이 양쪽을 수없이 오가며 설득한 끝에 2001년 12월이 되자 합병하는 쪽으로 대충 상황이 마무리되어갔다. 그 과정에서 평화은행 노조가 몇 가지 조건을 내걸었다. 합병되는 평화은행의 직원 급여를 한빛은행 수준으로 올려주고, 평화은행이 없어지므로 추가 위로금을 달라는 것이었다. 지주회사 측이 문서로 약속을 해주었는데, 나중에 그 문서가 공개되는 바람에 소동이 벌어졌다. 평화은행 노조위원장이 노조원들을 설득하면서 어쩔 수 없이 지주회사 측과 합의된 사항을 확인시켜주는 과정에서 문제가 시작된 것이다.

2001년 12월에 전체 그룹의 내년도 경영전략을 짜기 위해서 원주시 문막에 위치한 오크벨리에서 1박 2일간 회의를 가졌다. 그 자리에서 그동안 합의된 은행부문 합병안과 카드사 통합안을 놓고 최종 사인을 하기로 했는데, 이덕훈(李德勳) 한빛은행장이 자리를 박차고 나갔다. 지주회사와 평화은행 노조와의 합의서 때문에 사인을 못하겠다는 것이었다. 한빛은행장의 반응을 본 평화은행 노조는 은행합병은 절대 불가하다고 강경한 자세로 돌아서버렸다. 무려 1년여에 걸친 노력이 물거품이 될 뻔한 순간이었다. 전광우 부회장과 실무진들이 밤을 꼬박 새워 노조를 무마하고 이덕훈 행장도 한 발 물러서는 등 우여곡절 끝에 양쪽 은행장이 최종적으로 합병합의서에 사인을 했지만, 그때 기억은 지금도 떠올리고 싶지 않다. 평화은행은 이와 같은 길고 험난한 개편과정에서 흡수합병을 당해야 하는 형편이었지만, 황석희(黃錫熙) 행장의 대의를 위한 노력과 협조가 첫 단계의 은행 구조조정을 성사시킬 수 있는 토대가 되었다.

한국의 소통 문화 속에서 공공성을 지닌 사업이 정부 소유 하에 있을 때 구성원과 자율적인 협조로 화합을 이루면서 일사불란하게 하나의 목적을 이루어낸다는 것은 여간 어려운 일이 아니었다. 개인사업이라면 주인이 키를 쥐고 해나가면 되는데, 지주회사가 정부 소유이다 보니 그 밑의 편입 기관들까지 마치 오징어 머리는 하나인데 열개 다리가 전부 제각각 따로 노는 형국이었다. 어느 누구 할 것 없이 본질적인 문제를 고민하기보다 '모 아니면 도' 식으로 막무가내로 밀어붙여 도무지 제대로 된 토론과 소통이 이루어지지 않는 점이 가장 답답하고 안타까웠다.

구조조정을 하면서 느낀 또 다른 것은 소위 전문가라는 사람들도 답답하기는 마찬가지라는 점이다. 한빛은행의 카드 사업을 분리할 때 카드 부문의 가치평가를 위해서 지주회사 측과 한빛은행 측이 각각 국내 최고랄 수 있는 두 회계법인에 실사와 평가 작업을 맡겼다. 결과를 발표하는 날 양쪽 남남 회계법인 사람들이 나와서 보고를 하는데, 두 기관이 도출한 가격차이가 무려 다섯 배에 달했다. 회계법인은 전문가 집단인데 아무리 의뢰한 회사가 다르다고 해도, 나는 어떻게 그렇게 엄청난 결과가 나올 수 있는지 도무지 이해하기 어려웠다. 양쪽의 차이가 그 지경이니 결국 어느 한쪽도 객관적이라고 할 수 없는 상황이 되었다. 시간과 돈을 들여 맡겨놓은 엄청나게 중요한 작업이 아무런 의미가 없게 되어버렸으니, 나는 도저히 참을 수가 없었다. 자리에서 벌떡 일어나서 "아니 도대체 어떻게 이런 일이 생길 수 있어요? 당신들 같은 전문가집단이 이런 식으로 발표를 하면 어떡하느냐. 당신들 전문가 맞아요?" 하고 소리쳤다. 결국 지주회사 재무 담당 민유성 부회장이 은행 측과 협상을 거듭한 끝에 최종 가격 6천억 원으로 타결을 매듭짓고, 2002년 1월 카드 법인을 출범시켰다.

5. 자고나면 뒤집히는 합의

　우리금융지주회사 출범 전, 정부와 2개 지방은행 사이에 2002년 3월까지 지방은행 기능개편을 위한 컨설팅 작업을 끝내고 6월 말까지 기능개편을 완료한다는 합의를 하고 공적자금이 투입되었다. 시한을 정해두었기 때문에 평화은행 구조조정을 마치자마자 서둘러 광주은행과 경남은행의 기능개편 작업에 착수했다. 지방은행의 기능개편은 원래 정부가 두 은행을 한빛은행에 합병시키려다가 노조 반발로 무산되자 노정(勞政)합의를 통해서 컨설팅 후 개편한다는 식으로 어정쩡하게 합의한 뒤 지주회사로 떠넘겼다. 때문에 그 과정이 쉽지 않을 것임은 어느 정도 예상하고 있었다.

　2002년에 TF팀을 구성하고 한 외국계 회사에 컨설팅을 의뢰했다. 3월 말경에 결과가 나왔는데, '원뱅크(one-bank)'로 통합하라는 것이었다. 당장 합병이 어려우면 우선 카드 부문과 지점 같은 중복기능부터 먼저 통합하여 최대한 단기간에 통합시너지를 내야 한다는 결과였다. 컨설팅 결과를 발표하기 위해서 지주회사 본부가 있는 우리은행 본부 건물 5층 회의실에 사람들을 불러 모았다. 나를 비롯한 지주회사의 두 부회장, 이덕훈(李德勳) 한빛은행상, 강신철(姜信哲) 경남은행장, 엄종대(嚴鐘大) 광주은행장 등이 참석했다.

이날 두 지방은행에서 올라온 수십 명의 노조원들이 회의실 문 앞에 진을 치고 발표장 안으로 들어오겠다며 소란을 피웠다. 그러나 노조가 참석할 자리가 아니었다. 지주회사 직원이 밖에서 기다리라고 했지만 막무가내였다. 실랑이 끝에 두 지방은행 노조부위원장급 간부 한 명씩만 대표로 들어오기로 하고 대신 결코 소란을 피우지 않겠다는 약속을 하게 했다. 발표가 중간쯤에 이르자 경남은행 노조부위원장이 막말을 해대며 난동을 부렸다. 은행장 한 사람이 "뭐하는 짓이냐"고 고함을 질렀지만, 소용이 없었다. 회의장은 순식간에 아수라장이 되었고 결국 발표가 중단되고 말았다.

그 뒤로 광주은행과 경남은행 노조들은 '한빛은행과 절대 합병 못한다. 비상투쟁위원회를 결성해서 독자생존을 모색하겠다'며 모든 업무 협조를 거부했다. 노조는 물론이고 경영진들까지 가세하여 반대했다. 두 지방은행장에게 나는 "은행장이 각자 책임지고 협조해서 하루속히 기능개편이 되도록 합시다"고 말해봤지만, 꿈적도 하지 않았다.

심지어 지방 상공회의소 주관으로 합병 반대투쟁 야외행진이 벌어졌고, 은행장들이 '독자생존'이라고 쓴 어깨띠를 두르고 앞장설 정도였다. 지방은행 은행장들은 지주회사에 와서는 열심히 애쓰고 있는데 노조원들이 말을 듣지 않는다. 그러나 지방에 내려가면 서울에서 보여주었던 의지를 관철하지 못하고 어떻게 된 영문인지 알 수 없지만 반대에 적극 동참하기도 했던 것이다. 지방은행 노조는 지역 신문에 탄원서를 내고 광고를 싣는 방법으로 동원 가능한 모든 수단을 앞세워 기능개편을 방해했다.

합병을 통한 원뱅크가 바람직하다는 컨설팅 결과에 대해서 두 지방은행 노조의 반발은 익히 예상했던 일이고 한편으로 그들의 입장에서 심정적으로 이해되는 부분도 있었다. 그러나 경영책임을 맡은 은행장들이 보여준 언행(言行)은 내가 이해하지 못할 부분도 있었다. 은행 부실경영에 직접적인 책임이 없었다고 할지라도, 지주회사에 소속된 자회사의 경영자로서 노조의 이해관계에 동조하는 것은 이해할 수 없는 일이었다.

두 지방은행에 공적자금이 투입됨으로써 기존 주주들의 주식은 전액 감자(減資)되어 이해관계가 있는 주주는 없어졌지만, 직원들뿐만 아니라 지역사람들 전부가 지방은행을 자기 은행이라고 여기는 관념이 아주 강했다. 그 때문에 자신들이 만들고 자신들을 위해서 일해온 자신들의 은행이 합병과 함께 사라지는 것을 몹시 걱정했다. 말하자면 단순히 두 지방은행의 합병을 넘어 그 지역 전체 사람들의 일이 되어버린 형국이었다.

이 때문에 지방은행의 기능재편 문제가 이슈가 되기 전부터 두 지방은행의 지주회사에 대한 반발은 극심했다. 2001년 6월 정부는 지주회사 경영체제를 조속히 정립하고 자회사들의 구조조정을 원활하게 하기 위한 목적으로 지주회사와 자회사 간 '경영정상화 이행약정(MOU)'을 체결하도록 했다. 지주회사의 역할과 자회사의 협조 의무 등을 명시한 내용이었다. 경남은행과 광주은행의 노조는 그 약정이 지방은행의 경영자율성을 침해하는 내용이라는 이유에서 격렬하게 반발했다. 이를 빌미로 무슨 일로든 지주회사 임직원이 지방에 내려갈 때마다 노조의 반발로 인한 크고 작은 소동이 끊이지 않았다.

지역유지들 가운데는 자신들의 지역을 각각 근거지로 하는 광주은행과 경남은행에 투자한 사람들이 많았는데, 감자를 당함으로써 자신들의 주식이 휴지조각이 되었다. 지주회사는 신주인수권부사채(BW, Bond with Warrant)를 발행함으로써 감자로 손해를 본 두 지방은행 투자자들을 위로하는 차원에서 그들에게 유리하고 좋은 조건으로 팔기로 했다. 지방은행 노조들과 MOU 체결 문제로 한치의 양보도 없이 대립하고 있는 시기였지만, 지주회사는 2001년 7월 BW 발행을 위한 투자설명회를 광주와 창원에서 차례로 열기로 했다. 창원에서 투자설명회를 개최했을 때 노조원들이 호텔 회의장까지 쳐들어와서 난장판을 만들었다. 주식이 휴지조각이 된 경남은행 투자자들에게 지주회사 상황을 알리고 보상방법 같은 것도 설명해야 하는데, 노조가 방해하는 바람에 참석한 투자자들까지 덩달아 합세했다.

광주 투자설명회 때는 예순 살이 훨씬 넘은 노인 한 분이 자리에서 벌떡 일어나더니 "거기 지금 회장인지 부회장인지 당신들은 손해본 일이 없고 워낙 스케일이 커서 몇 조가 어떻고 하는 모양인데 나는 알토란같은 내 돈 수천만 원을 광주은행에 넣었다가 알거지가 됐소. 그 때문에 화병까지 생겼소" 하며 분노했다. 사람들이 동요하면서 분위기는 엉망이 되었다. 그런데 불과 2, 3년 사이에 이 BW에 투자했던 사람들은 두 배 이상의 수익을 올렸다. 결과적으로 당초 우리가 주식으로 손해를 본 두 지방은행 투자자들에게 조금이라도 손해를 덜게 해주자고 계획했던 것이 성공한 것이었다.

2001년 7월 4일, 광주 지역 BW 발행을 위한 기업설명회에 참석하기 위해서 저녁 8시가 다 되어 나는 자동차로 출발했는데, 자정이 넘어서 그곳 호텔에 도착했다. 그런데 호텔 입구에서 지주회사 직원들과 엄종대 광주은행장이 노조간부들에게 둘러싸여 있었다. 인사를 나누고 내가 은행장을 앞세워 안으로 들어가려는데, 노조간부들이 엄종대 은행장만 못 들어가도록 막았다. 하도 막무가내여서 어쩔 수 없이 나 혼자 들어가서 이유를 물었더니 그동안 말썽이 된 MOU에 은행장이 서명을 할까봐 걱정이 되어서라고 했다. 기가 막히는 노릇이었다. 그 정도로 상호불신이 깊어진 것을 보니 앞날이 더욱 걱정스러웠다.

이튿날 기업설명회 장소인 광주은행 강당으로 갔더니 문을 들어서자마자 노조원들이 야유를 보냈다. 분위기를 진정시키려고 애썼지만, 소용이 없었고 마이크까지 꺼버렸다. 별 수 없이 설명회를 포기하고 은행장실로 올라갔는데, 소파에 앉자마자 언제 뒤따라왔는지 노조간부들이 행장실로 밀고 들어왔다. 그들은 MOU에 대한 태도를 분명히 해달라며 은행장을 압박했다. 한쪽에서는 화분을 던지고 컵을 깨며 살벌한 분위기를 만들었다. 나는 그 바람에 네 시간 동안 화장실도 못 가고 꼼짝없이 갇혀 있다가 가까스로 풀려났다.

지방은행의 기능 개편 문제는 노조 측의 반발에 지방 상공회의소와 언론까지 가세하면서 일이 점점 더 시끄럽게 꼬여만 갔다. 정부와 국회에서도 걱정하는 전화를 걸어오는 지경이 되었지만, 사태는 도무지 진정될 기미를 보이지 않았다. 협상이 완전히 교착상태에 빠진 상황에서 새로운 돌파구를 마련하여 2002년 7월 말 지리산 미팅을 열기로 했다. 그전에 지주회사 내부적으로 지방은행을 중앙에 통합시키는 원뱅크로 합병하는 것은 무리가 있다고 판단했다. 따라서 두 지방은행의 독자적인 생존을 보장해주는 대신 중복기능을 포함한 기능개편에서는 협조를 받기로 하고 지리산에서 만나 매듭을 짓기로 한 것이다.

그 일을 추진하느라고 전광우 부회장이 실무진을 이끌고 무던히 노력했다.

7월 27일 저녁 6시 반경, 나는 전광우 부회장과 함께 전남 구례 화엄사의 한화호텔에서 강신철 경남은행장, 엄종대 광주은행장 그리고 두 은행의 노조 대표와 함께 한자리에 모여 새벽 2시까지 폭탄주를 돌리며 회의를 이어갔다. 64세의 나이에, 그것도 술을 즐기지 않는 내게는 참으로 고역의 시간이었다. 양해각서 체결과 전산통합 문제에 대한 의견 차이를 좁히고 회의를 끝내자 밖은 비가 억수같이 쏟아졌다. 지리산 미팅을 계기로 은행 통합을 제외한 기능개편을 추진할 돌파구가 마련되었다. 전산과 카드 부문 통합에 기본적인 합의를 이룰 수 있었다.

지리산 미팅 이후 기능개편추진위원회를 만들어 지주회사 실무진이 노조와 협의를 시작했다. 위원회는 무슨 특별한 의제가 없더라도 정기적으로 회의를 개최하여 자주 소통하면서 서로 신뢰를 쌓는 것이 중요하다고 생각했다. 그때 금융감독위원회 쪽에서는 전산부문이라도 빨리 통합시키라고 재촉했다. 그래서 우리은행과 경남은행, 광주은행 세 곳의 전산부문을 동시에 통합하면 비용이 절감되기 때문에 그렇게 하기로 했는데, 두 은행이 또 못하겠다고 버텼다. 전산이 통합되면 은행 정보가 전부 공개되고 결과적으로 은행이 없어진다는 것이다.

전산부문 통합문제로 노조와 한창 밀고 당기기를 하며 골머리를 앓고 있는데, 느닷없이 지주회사에서 노조를 만들려는 움직임이 나타났다. 지주회사 회장직에 오른 이래로 수도 없이 노조에 시달렸던 터라 우선 직원들의 설득에 나섰다. 그래서 먼저 지주회사 기능상 직원 모두가 회장을 비롯한 경영진을 보좌하는 역할을 수행한다는 속성에 비춰볼 때 노조는 결코 허용될 수 없으며, 설사 법으로 허용된다고 해도 직원 수가 적어 궁극적으로 참여할 수 있는 사람이 몇 명 되지 않을 것이라는 사실을 상기시켰다. 그들이 노조를 원하는 이유는 결국 복지와 대우 문제였다. 그래서 노조 대신 노사협의회를 상설하여 복지와 대우 문제를 해결하는 것이 더욱 실효성이 있다는 점을 강조하여 가까스로 노조설립 신고 전에 문제가 해결되었다.

전산부문 통합 문제와 관련하여 고(故) 노무현 대통령과 나와의 일화가 있다. 당시는 그가 해양수산부장관을 그만둔 시점이었는데, 어느 날 펀드회사를 운영 중인 김탄일(金誕一) 사장으로부터 전화가 걸려왔다. 뒤에 노 대통령 시절 국정상황실에서 근무했던 김 사장은 "노무현 전 장관이 한번 만났으면 좋겠다고 합니다"고 했다. 이후 노 전 장관이 직접 전화를 걸어와 약속을 한 뒤에 잠실 롯데호텔에서 만났다. 그는 정치인으로서 사회적인 문제의 해결에 협력하여 좋은 결과를 도출하는 것이 정치적인 기반을 확보하는 일이라고 생각하고 이번 두 지방은행의 문제에 관심을 가지게 되었다고 솔직하게 얘기했다.

나는 금융지주회사를 만들 때 정부 관련기관과 노사가 이미 다 합의한 것이라 기준에 따라 일을 진행시키고 있다고 운을 뗀 뒤에 두 지방은행과 관련한 그간의 상황을 간략하게 설명했다. 처음 만나서 대화를 나누는데 생각보다 말을 사근사근하게 하고 얘기가 잘 통했다. 이런저런 얘기 끝에 내가 두 지방은행의 독자생존 문제는 이미 정해진 일정에 따라 협의해서 결정해 나가겠지만, 지주회사가 발족하여 추진해야 할 시급한 다른 문제를 노조가 독자생존 문제와 연계시켜 진행하지 못하도록 해서야 되겠느냐고 했더니 그는 시급히 처리해야 할 문제가 무엇이냐고 물었다. 내가 전산통합을 해야 하는데, 지방은행 노조의 반대가 심각하다고 대답했다. 그는 그 문제는 자신이 도와주겠다고 흔쾌히 말했는데, 그후 두 은행의 노조가 다소 유연한 자세를 보여주었던 기억이 난다. 아무튼 그날은 즐겁게 얘기를 마치고 협조를 당부했는데, 공교롭게도 지주회사 회장 임기 동안 내게 가장 힘들었던 일이 전산부문 통합 문제였다.

우여곡절 끝에 우리금융정보시스템(현 우리에프아이에스)을 지주회사의 자회사로 만들어 두 지방은행 전산을 그곳으로 통합시킨다는 합의를 다시 하게 되었다. 우리금융정보시스템은 원래 한빛은행 시스템이었는데, 우리은행의 전산을 담당했던 작은 규모의 회사였다. 그 회사를 모체로 새 회사를 만들었던 것이다. 그 뒤로도 두 지방은행 전산통합을 놓고 기능개편추진위원회를 통해서 지주회사 실무진과 노조가 수없이 토론했다. 지주회사가 독자생존 법인을 유지하는 대신 기능개편에는 다 합의하지 않았느냐고 압박하면, 노조가 전산을 통합시키면 우리은행에 종속되어 독자경영이 안 된다고 했다.

2002년 12월 말경에 가까스로 통합에 합의했지만, 또다시 직원 이동과 급여 문제가 불거져 인력통합은 뒤로 미루기로 하고 하드웨어만 먼저 통합하기로 했다. 하드웨어만 통합하여 공동으로 운용해도 비용이 줄어들기 때문이다. 지난한 과정을 거쳐 경남은행과 광주은행의 전산부문이 부분적으로 통합되었다.

남은 문제는 카드 부문을 우리카드에 통합하는 것이었는데, 2002년 10월에 광주은행 카드 부문만 먼저 통합하고 경남은행은 하지 못했다. 그해 말 카드 대란 사태가 터졌던 것이다. 그때는 지주회사뿐만 아니라 다른 카드사들도 하나같이 어려움에 처한 상황이었기 때문에, 경남은행 카드 부문 통합논의는 물 건너가게 되었다. 그후 우리카드는 우리은행, 평화은행, 광주은행의 카드사업 부문을 통합하여 독립 카드회사로 경영을 해왔지만, 2003년 카드 사태가 터지면서 경영이 극도로 악화되었다. 지주회사에서는 지주회사 직원과 우리은행 직원들로 구성된 비상대책반을 만들어 카드사에 상주시키면서 경영을 정상화시키려고 노력했지만 역부족이었다. 결국 우리카드는 금감원과 협의한 결과 적기에 시정조치를 받지 않으려면 적극적인 자구행위를 한다는 전제하에 적어도 6천억 원 이상을 출자해야 하는 상황이 되었다. 독자적으로 정상화시키느냐 다시 우리은행에 통합시키느냐는 문제를 놓고 고민하다가 통합시키는 쪽으로 결단을 내렸다. 그것밖에는 해답이 없어 그저 답답할 뿐이었다.

우리금융지주 시절 : 한국 최초의 금융지주 선장이 되다

6. 세계 금융의 중심에 서다

　우여곡절 끝에 마침내 뉴욕 증시 상장이라는 꿈이 현실이 되는 순간을 맞았다. 상장을 하루 앞둔 날, 뉴욕의 한 호텔 방에서 밤새 뒤척이며 나는 잠을 쉽게 이루지 못했다. 2년 반 전, 들러리를 섰다가 신부가 되어버린 것처럼 금융지주회사를 맡았을 때 회의에 찬 눈으로 걱정해주던 많은 사람들의 눈길을 떠올리고 잠시 뒤에 있을 뉴욕 증시 상장을 생각하니 만감이 교차했다. 뉴욕 증시 상장을 준비할 때 '미친 짓'이라고 한 사람들의 빈축을 귓전으로 흘리고 나는 앞만 보고 달렸다. 이제 세계 자본시장의 본산인 뉴욕 증권시장 상장을 눈앞에 두고 있으니 그저 꿈결처럼 느껴졌다.

　2003년 9월 29일 현지 시각으로 오전 9시 30분, 뉴욕 증시의 개장을 알리는 벨이 힘차게 울렸다. 그것은 증시 개장과 함께 우리금융지주의 상장을 알리는 신호였다. 그동안 고생한 우리 임원들도 그 자리에 함께 섰는데, 누구랄 것 없이 모두가 감격스러운 표정이었다. 벨링과 함께 거래가 시작되었고, 제일 먼저 내가 주식 10주를 매입했다. 우리금융지주의 뉴욕 증시 상장은 당시 국내 금융회사 가운데 세 번째였다. 이날 국내 일간지와 경제지는 일제히 우리금융지주의 뉴욕 증시 상장을 주요 뉴스로 보도했다. 20년간 최고경영자로 지낸 그 어

금융은 사람이다

느 때보다도 더 뿌듯하고 보람을 느낀 순간이었다.

우리금융지주를 맡아 맨 처음 큰 틀의 밑그림을 구상할 때 나는 뉴욕 증시 상장을 최종 목표로 세웠다. 엄청난 공적자금이 투입된 지주회사에 대한 시중의 불신과 의혹을 씻기 위해서는 무슨 일이 있더라도 뉴욕 증시 상장이라는 어려운 고지에 올라야 했다. 나는 그 길만이 공적자금 투입이라는 국민 부담과 지주회사에 대한 부정적인 시각을 한꺼번에 해결할 수 있다고 단단히 결심했다.

"뉴욕 증시 상장을 추진했다간 분명히 망신만 당할 테니 안하는 게 좋겠다." "미친 짓이다." 이런 회사 안팎의 비웃음을 뒤로 한 채 꿋꿋이 목표를 향해 가는 내게는 엄청난 용기와 노력이 필요했다. 하지만 '용기 없는 자는 경영자가 되지 말라'는 평소의 소신대로 망설임 없이 목표를 향해서 직원들을 독려하며 나아간 것이 결국 성공한 것이다.

나는 인간의 덕성 중에서 가장 중요한 것이 용기라고 생각한다. 용기가 없으면, 행동이 일어나지 않기 때문이다. 가령 은행이 투자를 할 때 일단 자신의 판단을 믿고 행동으로 옮기지 않으면 경영이 이루어질 수 없다. 결과적으로 어떤 시점이 되면 결단을 내려야 하는데, 결단은 바로 용기에서 나오는 것이다. 널리 알려진 일화지만, 정주영(鄭周永) 회장은 조선소 도크도 없이 거북선이 인쇄된 지폐 한 장을 들고 해외에 나가 선박 수주에 성공했다. 아마 그 일이 성사되지 않았다면, 정 회장은 '미친 사람'이라는 소리를 들었을 것이다. 마찬가지로 이병철(李秉喆) 회장은 10년 앞을 내다보고 반도체 시장에 진출하여 오늘날의 삼성신화를 일궈냈다. 두 분 모두 대단한 용기가 없었다면, 결단도 결과도 없었을 것이다.

우리금융지주 시절 : 한국 최초의 금융지주 선장이 되다

우리금융지주의 뉴욕 증시 상장은 두 가지 큰 의미가 있었다. 우선 부실화된 금융기관들의 통합에 의해서 출발한 회사가 엄격한 상장심사를 통과함으로써 재무건전성이나 회계투명성 등을 국제적으로 공인받았다는 점이다. 나아가 세계 제일의 금융시장인 뉴욕 증시에서 주식이 거래되는 길을 열어놓게 되어 정부가 보유지분을 팔려고 할 때, 대거 국내시장에 유입됨으로써 초래될 물량압박에 대한 우려를 완전히 떨쳐버릴 수 있게 되었다는 점도 중요한 의미로 꼽을 수 있다.

뉴욕 증시 상장은 재무건전성과 회계투명성에 대한 엄격한 상장심사를 통과해야 하므로 간단하지도, 쉽지도 않은 일이다. 감사비, 변호사비, 자문비, 발행 수수료 등 총 600만 달러가 드는 큰 작업이었다. 국내 회계 관련 전문가들은 한결같이 리스크를 바꾸는 것이 쉽지 않다는 이유로 우리금융지주의 뉴욕 증시 상장이 불가능하다고 했다. 부실자산을 털어내는 것도 쉽지 않고 그 방대한 작업이 3년 만에 가능하겠느냐고 회의적인 시각을 내비쳤다.

심지어 "공적자금이 들어간 금융기관에서 괜한 비용을 낭비한다. 불가능할 건데 왜 시작하느냐. 시작했다가 상장도 못하고 중도에 주저앉게 되면 오히려 더 가망 없는 곳이라는 평가를 받게 된다. 증시 상장을 시도했다가 오죽하면 중도에 포기할 정도의 재무제표 상태가 되었겠느냐는 소리들이 나오면 회사에 부정적인 충격이 훨씬 더 클 것 아닌가? 애초 시작을 안 했으면 그래도 면피는 하고 갈 텐데" 하는 얘기들이 분분했다. 국내 유명 회계법인 대표나 금융계 원로들도 내게 "뉴욕 증시 상장은 아예 안하는 게 좋다. 분명히 창피당한다"고까지 비판했다.

그럼에도 포기하지 않았던 이유가 있다. 우리금융지주는 부실이 난 기관들을 모아놓은 곳이었고, 부실자산이 차지하는 비율이 전체 자산의 25%에 달했다. 국내의 대표적인 은행 두 곳을 합병하고 거기에 지방은행 두 곳을 합쳐 정리하는 것이 지주회사의 프로젝트였다. 그 때까지 그 많은 부실자산을 안고 있는 회사에 기업고객이나 일반고객이 찾아오는 것을 기대하기는 어려웠다. 고객들이 '저긴 부실금융기관이니까 예금을 맡겼다가 또 망가지면 나한테 얼마나 피해가 클 것인가?'하는 우려를 떨칠 수 없기 때문이다. 그래서 무엇보다 부실금융기관이라는 꼬리표를 떼는 것이 중요했다.

부실꼬리표를 떼는 방법은 확실하게 믿을 만한 근거를 보여주는 것이었다. 우리가 목표한 프로젝트를 달성했다고 해도 기본이 제대로 갖춰졌는지를 증명하는 자료를 제대로 주고 설명하더라도 역부족이라고 생각했다. 보다 확실한 방법으로 시장의 인정을 받아야 했다.

증시상장이라는 것은 투자자들로 하여금 수많은 회사들 가운데 그 회사주식을 믿고 거래할 수 있도록 만든다는 것을 의미한다. 상장이 가능하려면 심사기준을 통과해야 하는데, 그 기준을 통과하면 자격을 얻게 되는 것이다. 우리금융지주는 내부적으로 부실자산을 정리해서 처리한 뒤에 국내상장을 하는 것도 중요하지만, 기왕이면 국내시장에 머물지 말고 글로벌 시대인 만큼 세계에서 가장 크고 까다롭기로 정평이 난 뉴욕 증시에 상장을 하기로 결정했던 것이다. 만약 성공한다면, 그 자체로 우리금융지주의 정상화와 건전성을 입증할 수 있었다. 다시 말해 한국 최초의 금융지주회사이자 대표 금융그룹이 국제시장에서 인정할 정도로 정상화되었다는 것을 확인시키는 것이 중요했다.

우리금융지주 시절 : 한국 최초의 금융지주 선장이 되다

사실 뉴욕 증시에 상장하는 일은 쉽지 않다. 왜냐하면 상장 전 까다로운 심사절차를 밟아야 하는데, 그렇게 되면 자산구조나 모든 것이 글로벌 스탠더드를 충족시켜야 하는 것은 물론이고 미국 회계원칙에 맞추어 과거의 회계자료들을 전부 다시 정리해야 하기 때문이다. 그것을 전부 연결재무제표로 만들어야 했으므로, 당시 우리금융지주의 다섯 개 자회사가 각기 미국 회계원칙에 입각한 재무제표를 새로 만들었다. 뿐만 아니라 과거 3년 치를 연결재무제표로 해서 문서를 만드는데 그 작업을 하기 위해서 과거 10년 치 회계자료를 전부 살펴야 했다. 한마디로 모든 절차가 굉장히 어려운 프로젝트였다.

온갖 어려움을 무릅쓰고 뉴욕 증시에 상장하기로 한 또 다른 이유가 있었다. 첫 번째는 미국 회계원칙에 따른 회계방식으로 우리 내부를 바꿈으로서 회계개념이 좀더 글로벌 스탠더드에 가깝게 바뀔 수 있기 때문에 회사 전체 분위기가 그런 방향으로 변화해갈 것이라는 기대가 있었다. 한국 회계원칙과 미국 회계원칙이 다른 점은 회계 시스템을 새로 바꾸어 뉴욕 증시에 상장하게 되면, 매년 그 기준에 맞추어 업데이트를 해야 한다. 어떻게 보면 번거로운 일 같지만, 2011년부터 한국도 국제회계기준을 적용할 계획이었기 때문에 우리금융지주는 뉴욕 증시 상장과 동시에 회계부분에서 한국의 다른 금융기관들보다 한발 앞서 훨씬 투명한 글로벌 스탠더드로 갈 수 있는 기회가 될 것으로 생각했다.

두 번째는 글로벌 스탠더드에 맞춘 미국의 회계원칙으로 지주회사의 회계 시스템을 바꾸면, 신용평가를 받는 데에 매우 유리해진다는 것이다. 무디스(Moody's Corporation)나 피치(Fitch) 같은 글로벌 신용평가사들이 한국의 회계기준에 맞추어 처리한 숫자보다 미국 회계원칙에 입각하여 처리한 숫자를 가지고 신용평가를 하면 편하고 쉽게 작업할 수 있기 때문이다. 사실 선진국은 소위 '한국 회계기준'이라고 해서 우리나라의 회계원칙이 자신들에 비해 투명하지 못하고 평가 자체가 느슨하다고 본다. 따라서 미국 회계기준에 맞추면 선입견 없이 정확한 평가를 받을 수 있게 된다.

세 번째는 미국 회계원칙으로 처리하면 우리금융지주의 주가가 국내외에서 올라갈 것으로 예상했다. 지금까지 다른 기업의 경우를 보더라도 미국 회계원칙으로 변경하여 뉴욕 증시에 상장한 뒤부터 대부분 주가가 올랐다. 왜냐하면 투자회사들이 볼 때 회계와 관련된 숫자에 훨씬 신빙성이 있고 신용평가사가 자료를 보는 데도 도움이 되기 때문이다.

우리금융지주회사가 출범과 함께 본격적인 업무에 나서자 가장 크게 문제된 것이 편입 기관들의 부실자산이었다. 부실자산을 빨리 정리해서 팔아 현금화시켜야 하는데, 자회사들은 부실자산을 털고 나면 장부상으로 손실이 드러나므로 싫어했다. 실적이 나빠지면 직원들의 월급조정 같은 여러 가지 문제가 불거질 것이 뻔하고, 예산에도 제약을 받기 때문에 은행장들이 후폭풍을 원치 않았던 것이다.

어쨌든 미국 같은 경우, 기업이 부실자산을 안고 있으면 계속 손실이 나기 때문에 이를 떼어내고 장부상의 손해를 메우기 위해서 증자(增資)를 한다. 그렇게 되면 엄격하게 책임을 묻기 때문에 마땅히 경영진들이 사표를 내고 책임을 진다. 그에 비해 우리나라나 일본은 부실자산을 가급적 드러내지 않고 덮고 가려고 한다. 그러다 보니 속으

우리금융지주 시절 : 한국 최초의 금융지주 선장이 되다

로 서서히 썩어가고 있는 것을 모르는 경우가 많다. 그런 면에서 우리나라는 기업부문이든 금융부문이든 특히 외국 투자자들이 볼 때 신뢰하기가 어렵다. 숨겨진 부실이 더 있을지 모른다고 의심하기 때문이다. 불신이 쌓이면 기업 상황은 더 어려워질 수밖에 없다.

우리금융지주는 뉴욕 증시 상장을 목표로 그룹 전체의 부실자산들을 모두 처리했다. 리먼 브러더스가 8억 달러 정도 투자해서 우리금융지주와 합작으로 부실자산을 사들였는데, 8억 달러는 전체 부실자산의 70%에 해당하는 금액이었다. 우리금융지주가 장부가치로 사들인 전체 부실자산은 11억5천만 달러 정도였다. 그 액수는 상각(償却)을 굉장히 많이 한 것이기 때문에 실제 가치는 평균적으로 그것의 4–5배 정도가 되었다. 그렇게 해서 큰 부실자산들을 처리할 수 있었다. 은행들이 가진 나머지 부실자산은 우리자산관리라는 합작 벤처를 만들어 그곳으로 넘기도록 하고 처리시한을 정해주었다. 그 과정을 거쳐 부실자산의 상당부분을 정리했는데, 이 일이 가능했기 때문에 그 다음 프로세스인 국내 증시 상장과 뉴욕 증시 상장이 가능했던 것이다. 부실 금융회사가 뉴욕 증시 상장이라는 프로세스의 벽을 통과하기는 매우 어렵다. 상장 덕분에 우리금융지주가 더 이상 부실 금융기관이 아니라는 긍정적인 이미지를 만들 수 있었다.

뉴욕 증시 상장을 전후하여 가장 힘들었던 것이 카드사 부실 문제와 우리은행의 회계처리 문제였다. 우선 지주회사의 자회사에서 부실 문제가 불거지면, 증시 상장이 매우 어려워질 뿐만 아니라 상장 후에도 문제가 될 수 있었다. 그래서 카드사는 우리은행과 통합하는 것으로 결론을 내렸다.

우리은행이 문제가 된 것은 쉽게 말해 부실자산이 있는 데도 부실이 아닌 척함으로써 그만큼 이익을 부풀렸던 데에 있었다. 우리은행은 자신들의 방식이 옳다고 주장했지만, 회계원칙으로 따져봤을 때에는 그렇지가 않았다. 그럼에도 우리은행은 금융 감독기관이나 언론을 동원하여 소위 언론 플레이를 하는 등 별의별 수단을 강구했다. 그러다 보니 나중에는 지주회사가 마치 쓸데없는 부분을 꼬투리 잡아 문제를 삼는 것처럼 비쳐졌다. 말썽이 커지자 지주회사는 금융감독원과 예금보험공사에 우리은행의 회계처리가 부적절하다고 보고했고, 두 기관이 사실 확인 작업에 나섰다. 그러나 문제가 흐지부지 봉합되었고 명확한 조치는 없었다.

다만 지주회사 입장에서 우리은행장에 대해서 '엄중주의' 조치를 하고 회계처리에 관여한 부행장 두 명은 정직 상당의 중징계를 결정했는데, 그럴 수밖에 없었던 이유들이 있었다. 특히 우리은행 문제를 심각하게 생각했던 이유는 미국이 2002년 엔론(Enron Co.) 사태를 겪으면서 샤베인스─옥슬리 법(Sarbanes-Oxley)을 제정하고 과거에 비해 회계관리기준을 훨씬 엄격하게 적용하는 추세였기 때문이다.

새로 제정된 이 법은 2004년 11월부터 적용되었지만, 어쨌든 엔론 사태 이후 회계기준이 엄격해진 상태에서 뉴욕 증시에 상장되어야 하는 우리금융지주회사는 자회사인 우리은행의 느슨한 회계기준을 바로잡지 않을 수 없었다. 우리금융지주회사는 투명성을 인증받기 위해서 어려운 절차를 거쳐 미국 회계원칙을 준수하고 2년간 공을 들여 뉴욕 증시 상장을 마쳤고 한 단계의 성취를 이루었다. 그런데 회계처리의 투명수준을 놓고 금융계 종사자들이 서로 이견을 보인 참으로 답답한 사태가 발생했다. 이처럼 어렵고 복잡한 문제를 안고서도 우리금융지주회사를 뉴욕 증권거래소에 상장시킬 수 있었던 것은 CFO였던 민유성 부회장의 열정적이고 철저한 일처리와 헌신적인 추진력이 있었기 때문에 가능했다.

어쨌든 "정부가 하는 거니까 보나마나 지주회사라는 것을 만들어 그 속에 부실 금융기관들을 몰아넣고 적당히 체면치레로 돈을 좀 주고서 마치 뭔가 하는 것 같은 시늉만하다가 마는 것 아닐까?" 하는 비아냥을 듣던 국내 최초의 금융지주회사를 구조조정과 업무조정, 통합을 통해서 금융지주회사의 경영체제를 만들어 부실을 정리하여 뉴욕 증시에 상장시킴으로써 정상화할 수 있었던 것은 그룹의 전 구성원들이 각자의 위치에서 주장할 것은 주장하면서도 서로의 입장을 이해하고 협력하는 데에 최선을 다한 결과라고 믿는다. 무엇보다 지주회사의 전략을 세우고 구조조정과 통합작업을 그룹 차원에서 추진한 전광우 부회장의 사명감과 투철한 노력이 큰 동력이 되었다. 그 실천을 일선에서 이끌어온 이덕훈 우리은행장, 강신철 경남은행장, 황석희 평화은행장(뒤에 우리카드 사장), 엄종대 광주은행장, 이준호(李俊浩) 우리종금 사장 등의 이해와 협조가 크게 뒷받침되었다. 특히 능력 있고 사명감이 강한 전광우, 민유성 두 부회장과 함께 일할 수 있었던 것은 내게 큰 행운이었다. 나는 그들의 덕을 많이 보았다.

이후에도 두 사람을 포함한 당시 지주회사 임원들과는 이목회(二木會)를 만들어 한 달에 한 번쯤 만나며 가끔 예전 일을 회고하며 우의를 다진다. "그때 고생 많이 했나 봐요." 언젠가 이목회 부부동반 모임에서 나의 아내가 그렇게 얘기했다. 그래도 그때 우리는 고생한다는 생각은 하지 않았다. 어떻게 하든 문제를 해결해야 한다는 일념뿐이었다.

12조7,663억 원의 공적자금이 투입된 국내 최초의 금융지주회사가 불과 3년이라는 짧은 기간 동안 적지 않은 성과를 이루었다. 총 12조7천억 원의 영업수익을 올려 그중 57%인 7조2천억 원을 부실자산의 정리와 건전화에 썼다. 충당금과 유가증권 감액손을 제외하고도 1조3천억 원의 순이익을 올렸던 것이다. 그 결과 3천억 원의 증자분을 포함하여 당초 4조1천억 원의 자기자본을 5조5천억 원으로 늘렸고, 총자산 역시 30조 원 가까이 늘어났다. 무엇보다 지주회사는 물론이고 우리금융그룹의 모든 구성원들이 혼신의 노력으로 애쓴 결과였다.

우리금융지주 시절 : 한국 최초의 금융지주 선장이 되다

7. 평생의 화두, 금융자율화와 인재 양성

금융산업은 경제정책 수행과 직접적인 관련이 있기 때문에 법적, 제도적 규제라는 울타리 안에서 이루어진다. 그런 울타리는 누구나 쉽게 금융업에 뛰어들 수 없도록 하는 배타적 역할을 해주기도 하지만, 외부의 간섭과 보호라는 굴레는 수동성과 무사안일주의에 젖게 되는 역작용의 파도로 되돌아오기 쉬운 것 또한 사실이다. 따라서 금융산업이 법적, 제도적 규제를 스스로 지키면서 창의적이고 독립적으로 발전하기 위해서는 끊임없이 변화하고 새롭게 태어나고자 하는 자율성을 발휘하지 않으면 안 된다.

인간은 주어진 신체와 능력이라는 조건을 안고 태어나지만, 끊임없이 그 잠재력을 개발하고 스스로 능동적으로 변화하느냐, 그렇지 못하느냐에 따라서 훗날 엄청난 격차를 만들게 된다. 금융산업 또한 그렇다. 주어진 조건과 한계 속에서도 무한한 창의력을 발휘할 수 있는 금융산업과 인간의 유사성에 나는 큰 흥미를 느꼈고, '사람을 통한 금융산업의 발전'은 평생을 품어온 나의 화두가 되었다. 그래서 나는 '금융은 사람이다'라는 말을 즐겨 쓴다. 비록 금융산업이 규제와 보호라는 굴레를 쓰고 있지만, 이를 창의적 변화의 발판으로 만들려면 금융의 자율성을 최대한 살려야 하며, 그런 자율성과 창의성을 가진 인재를 육성하는 것은 금융산업의 가장 중요한 투자라는 것이 나의 신념이다.

내가 금융자율화에 대해서 깊이 생각하게 된 것은 한국개발금융주식회사의 설립 작업에 참여하면서부터다. 한국개발금융은 세계은행의 자금을 들여와 국내 산업체에 외자를 공급하는 국내 최초의 순수 민간 금융회사였다. 모든 금융기업이 정부에 의해서 운영되던 1960년대 당시 민간이 자율적으로 투자하고 외국금융회사와 합작하여 순수 민간 금융회사를 설립한 것은 참으로 획기적이고 도전적인 일이었다.

한국은행 총재를 역임한 김진형 사장과 국내의 민간투자자들 및 외국인 투자자들은 공적 기관의 힘을 빌리지 않는 간섭 없는 경영의 자유를 확보하기 위해서 온갖 어려움을 극복했으며, 동시에 시장이 요구하는 서비스 개발에 힘을 쏟았다. 금융기업의 자율성을 지키고 자유로운 금융의 역할을 극대화시키는 노력을 펼친 끝에 훌륭한 성과를 거둔 당시의 소중한 경험은 금융자율성에 대한 내 의지의 중요한 토대가 되었다. 또한 금융 초년생이었던 나에게 선배들의 정신과 업적을 계승하여 한국금융의 지속적인 발전에 기여하리라는 다짐을 하게 해주었다.

이후 경영인으로 성장하여 회사를 이끌면서 가장 역점을 둔 것도 조직의 자율성을 살려 조직원이 창의성을 최대한 발휘하게 하는 것이었다. 국내 최초의 단기금융회사인 한국투자금융주식회사 설립에 참여하고, 업계 최초로 업종전환에 도전하여 하나은행을 탄생시킨 일, 시중은행들 가운데 막내로 태어난 하나은행이 갖가지 새로운 시도를 통해서 출범 10년 만에 4대 시중은행으로 발돋움하고 오늘날 국내 금융의 정상을 다투는 금융그룹으로 성장한 사례도 금융의 자율성을 최우선의 덕목으로 두고 힘을 하나로 모은 구성원들의 헌신과 노력의 산물이다. 또한 내가 우리금융지주회사 회장을 맡아 12조7천여억 원의 공적자금이 투입된 금융지주회사를 3년 만에 정상화시키고 국내 증시는 물론 뉴욕 증시에 상장시킨 경험 또한 자율성을 바탕으로 한 조직원의 역량 결집이 원동력으로 작용한 결과였다.

이렇듯 금융회사의 자율적인 역량은 이를 구성하는 개개인의 자율성이 모여서 분출된다. 조직의 창의성은 구성원의 능동적인 사고를 얼마만큼 자유롭게 발휘하게 할 수 있느냐에 달려 있으며, 구성원의 상상력과 집념이 금융상품 및 서비스의 다양성과 품질을 결정한다. 구성원 스스로가 주인이라는 생각에 도달할 때 자율적 기강이 세워지고 지켜질 수 있으며, 위험을 관리하면서 경쟁하고 끊임없이 성장하는 동력이 생긴다. 금융업의 역량은 결국 사람에게 달려 있는 것이다. 금융 한길을 걸으면서 절실하게 느낀 '사람의 힘'은 은퇴 후 나의 새로운 길을 선택하는 데에 나침반이 되었다.

오랜 숙원이었던 금융 인재양성을 위한 시도는 2000년에 한국FP협회(Korea Financial Planner Association)를 설립하여 미국에서 탄생한 CFP(Certified Financial Planner, 국제공인재무설계사) 자격과 파이낸셜 플래닝(Financial Planning, 재무설계) 제도를 도입하는 일을 함으로써 시작되었다. 금융인으로서 기본이 되는 역량을 끊임없이 키워 신뢰할 수 있는 수준 높은 금융전문인력을 양성하는 일은 금융산업의 필요를 떠나서 국민경제의 근간인 가정경제의 안정을 돕고 금융소비자를 보호할 수 있는 어렵지만, 그러나 매우 중요한 일이다. 사회에 대한 나의 마지막 의무이자 봉사라고 생각하고 이 일을 시작한 지 벌써 13년이 되었다.

봄이면 끊임없이 새 잎을 틔우는 나무들은 스스로 사계절의 변화를 준비하여 열매를 맺고 숲을 넓혀 나간다. 끊임없이 배우고 스스로 정진하는 금융인들에게 국제수준의 배움의 무대를 제공하고, 수많은 가정의 재무적 부담을 덜어줄 수 있는 시스템을 활성화시키기 위해서 오늘도 나는 뜻을 함께하는 동료들과 같이 하나의 묘목에 물을 주는 마음으로 이 일에 참여하고 있다. 어린 묘목이 이 사회에 없어서는 안 될 숲으로 자라나기를 기대하면서.

제 7 부

재무설계와 메세나 운동 :
나의 마지막 의무와 봉사

.

1. 변화의 바람

2013년 11월 30일, 서울 삼성동 코엑스. 토요일인데도 아침부터 인 파가 몰려들었다. 은행, 증권사, 보험사, 독립 FP회사 등에 종사하는 전국 각지의 재무설계사들이 12월 1일까지 이틀간 계속되는 FP콘퍼런 스에 참가하기 위해서였다. 특히 올해는 미국에서 신개념 은퇴설계의 대가로 손꼽히는 미치 앤서니(Mitch Anthony) 씨가 콘퍼런스의 기조 연설을 하기 때문에 금융전문가들의 관심은 어느 때보다 더 높았다.

한국FP협회는 재무설계사들이 업무 수행에 필요한 시장정보를 공 유하고 이에 필요한 핵심역량과 윤리의식을 고취시키기 위해서 해마 다 코엑스에서 FP콘퍼런스를 개최한다. 1,200여 명에 이르는 금융인 들은 기조 및 주제 강연과 함께 30여 개에 이르는 전문 강좌를 통해서 스스로 필요한 전문성을 보완하고 연수하며 상호간의 정보교환과 유 대를 강화하고 있다. 아울러 행사장 내에서는 국내 유수의 금융회사 들이 재무설계에 관한 기술과 서비스와 정보 등을 제공하고 있어 콘 퍼런스는 FP 교육의 장소이자 박람회로 자리 잡아가고 있다.

협회 창립 10주년인 지난 2009년 콘퍼런스에 참석했던 윤증현 당 시 금융위원장은 매우 많은 금융인들이 전문성과 윤리성 강화를 위해 서 땀을 흘리고 있다는 사실에 놀라워하며 2007년의 글로벌 금융 위기도 따지고 보면 금융소비자 보호기능이 미흡했기 때문이고, 금융소비자 보호는 정부가 해야 할 일인데 민간단체인 한국FP협회가 선도적인 역할을 하고 있는 것을 치하했다.

나는 윤 장관의 치사가 아니더라도 CFP양성과 재무설계의 보급이 금융계는 물론 우리 사회의 곳곳에 파급력을 미치고 변화의 바람을 몰고오는 모습을 지켜보며 흐뭇한 보람을 느낀다.

변화의 바람은 재무설계 전문가 교육에서 시작되었다. CFP(Certified Financial Planner, 국제공인재무설계사) 또는 AFP(Associate Financial Planner, 개인재무설계사) 자격은 교육(Education), 시험(Examination), 경험(Experience), 윤리(Ethics)라는 4개의 기둥(4E)을 바탕으로 하고 있어, 먼저 재무설계에 필요한 전문지식을 교육받아야 한다. 2013년까지 금융권에서 재무설계사 양성과정을 통해서 투자, 보험, 세무 등의 전문교육을 이수한 사람들은 총 22만 명에 이른다. 보험설계사 32만 명을 포함한 금융계 종사자 61만 명의 3분의 1가량이 재무설계 전문가 교육을 받게 된 셈이다.

재무설계 교육은 대학으로도 확산되고 있다. 2013년 말 현재 서울대, 성균관대, 영남대 등 30여 개 대학이 AFP 교육과정을 정식 교과목으로 채택하여 가르치고 있고, 국민대, 상명대, 경북대 대학원 등 6개 대학원은 CFP교육과정을 개설하여 교육하고 있다. 재무설계에 대한 대학생들의 향학열은 금융계 취업을 희망하는 경력 쌓기와도 관계가 있지만, 미래에 사회인으로서 살아가는 데에 필요한 가계의 안정과 그 관리의 중요성에 대한 인식이 확산되고 있다는 것을 의미하며 참으로 뜻있는 일이다.

금융은 사람이다

2013년까지 소정의 교육을 통해서 자격시험에 합격한 사람은 CFP 9,400여 명, AFP 8만5,000여 명이지만 그렇지 못한 교육이수자들도 교육을 통해서 익힌 재무설계 전문지식을 현장에서 활용함으로써 금융 서비스의 품질을 높이고 금융소비자의 이익을 보호하는 등 금융문화 선진화에 많은 기여를 하고 있다.

특히 은행, 증권, 보험 등 금융회사들이 PB센터나 FP센터를 개설하여 거액 자산가의 충성고객화를 위해서 재무설계 서비스를 강화하면서 직원들에게 CFP자격을 의무화하고, 유자격자들에게 승진평가 때 가산점을 주거나 대리승진 시험 대신에 AFP자격을 취득하도록 하는 등 재무설계의 활용도를 높이고 있는 것은 바람직스러운 변화다.

뿐만 아니라 기업들도 종업원의 가정경제 안정이 복지증진의 실효를 높이고 생산성 향상과 노사관계의 원활화에 기여한다는 인식 하에 독립계 FP회사 등과 재무교육 및 재무설계 제공에 대한 협약을 맺고 임직원들의 은퇴를 비롯한 각종 인생계획에 관련된 재무적 준비와 실천을 돕고 있다. 임직원들에게 재무설계 서비스를 제공하는 한 기업인은 "노사가 안정된 기업, 활력이 넘치는 기업은 돈만으로 만들 수 없습니다. 아무리 임금을 많이 줘도 임직원들이 지출관리와 자산운용에 미숙하거나 체계적인 실천계획이 없다면, 가정경제가 재무적 안정을 찾을 수 없고 일과 돈과 삶 사이에서 균형을 잡기 어렵습니다. 그런 점에서 임직원들로 하여금 자신의 인생계획을 한번 정리해보도록 하고 차분하게 미래를 준비하도록 하는 재무설계는 노사관계의 안정과 활력이 넘치는 기업을 만드는 일에 훌륭한 윤활유 역할을 합니다"라고 말했다. 이런 얘기를 들으면서 나는 재무설계의 진정한 가치를 새삼

재무설계와 메세나 운동 : 나의 마지막 의무와 봉사

확인하게 되며 우리나라 산업계에 보다 널리 확산되기를 염원한다.

재무설계 및 재무교육이 중요한 사회안전망의 하나로 인식되고 있는 것도 큰 변화이다. 일찍이 2008년의 금융위기를 예언했으며 2013년에는 노벨 경제학상을 수상한 예일 대학의 로버트 실러(Robert Shiller) 교수는 "의료상담과 재무상담은 지속적으로 받아야 하며, 재무적 건강이든 신체적 건강이든 어느 하나가 탈이 나면 사회 전체가 그 비용을 부담하게 된다. 따라서 정부는 모든 시민이 독립적이고 종합적인 재무상담을 받을 수 있도록 보조금을 지급해야 한다"고 강조했다. 개인의 재무적 안정을 각자의 책임에 맡겨두어서는 건강성을 유지하기 어려우므로 전문가의 도움을 받을 수 있도록 국가가 노력해야 한다는 것이다.

이런 인식이 확산되면서 2000년대 들어 미국, 영국 등은 재무교육과 재무상담을 국가전략 차원에서 추진하고 있다. 미국은 2006년부터 국민적 재무교육을 위한 장기 국가전략을 수립하여 추진하고 있다. 영국도 2006년부터 5개년 국가전략을 수립하여 자국민에 대한 재무교육에 매년 예산을 배정하고 있으며, 국민에게 부채상환, 소득증대, 주택문제 등을 상담해주는 일종의 재무주치의 제도를 운영하고 있다. OECD(Organization for Economic Cooperation and Development, 경제협력개발기구) 또한 회원국들에게 '대국민 재무교육을 평생교육으로 추진할 것'을 권고했다.

우리 사회도 저성장 및 저금리 경제, 인구의 고령화에 따라서 복지수요가 급증하고 있어 취약한 사회안전망을 보강해야 할 필요성이 날로 높아가고 있다. 여러 문제들을 한꺼번에 풀 수 있는 묘책이야 없겠지만, 개인과 가계의 재무적 건강성을 높여 나간다면, 문제해결에 상당한 도움이 될 것이다. 재무설계의 기능과 역할에 대한 민간의 인식은 물론이고 정부의 관심이 보다 높아져 우리나라도 이를 국가전략으로 추진하고, 우리 국민이 안고 있는 걱정을 조금이라도 덜어주는 날이 하루빨리 와야 할 것이다.

재무설계와 메세나 운동 : 나의 마지막 의무와 봉사

2. 한국FP협회, 금융 전문가를 기르다

세상에는 수많은 직업이 있고, 사람은 태어나서 죽을 때까지 여러 가지 일을 한다. 애초부터 자신이 원하는 일에 발을 들여놓고 열성적으로 매진하여 그 분야의 정상에 오르는 것은 개인의 운이나 능력과 상관없이 사회로부터 커다란 혜택을 받은 것이라고 할 수 있다. 1960년 나는 농업은행 입사와 함께 사회에 첫 발을 내디딘 후 50년 넘게 금융계에 몸담으면서 최고경영자에까지 오를 수 있었던 것도 사회로부터 받은 큰 혜택이라고 생각한다.

나는 1997년 하나은행의 행장 자리를 물러나면서 곰곰이 생각했다. 앞으로 무슨 일을 하든 스스로를 위해서 돈을 벌거나 취직은 하지 않겠다고. 그뒤 우리금융지주회사를 떠날 즈음 몇 군데서 스카우트 제의를 받았지만, 거절했다. 남은 인생은 그동안 살아오면서 우리 사회와 주위로부터 받은 혜택을 되돌려주어야 한다는 것이 평소의 나의 생각이었기 때문이다. 무엇을 어떻게 우리사회에 되돌려줄 수 있을까? 심사숙고 끝에 내가 결정한 계획은 두 가지였는데, 그중 하나가 우리 금융계에 뭔가 도움이 되는 일을 하는 것이고, 다른 하나는 기업이 문화를 지원하는 메세나 운동을 돕는 일이었다.

나는 금융계에 도움이 될 만한 일을 구체적으로 고민하다가 우리나라가 금융선진화를 이룩하기 위해서는 필요하고 시급한 것이 금융전문가를 길러내는 인재교육임을 깨달았다. IMF 외환위기 때까지 우리나라는 금융의 분업주의가 이루어지고 있었다. 때문에 고객이 보험을 들기 위해서는 보험회사에 가고, 예금을 위해서는 은행에 가고, 주식투자를 위해서는 증권회사에 가야 하는 번거로움이 컸다. 그런데 세계는 이미 금융업들 간에 칸막이를 없애고 겸업주의 추세로 가고 있었다. 한국 금융계가 만약 선진국처럼 금융겸업주의로 가게 된다면, 결국 금융인들에 대한 교육도 달라져야 한다는 생각이 들었다. 금융겸업화가 이루어지면 고객이 한 곳에서 보험도 들고 증권도 사고 예금도 하게 될 것이고, 그렇다면 직원들이 관련업무를 모두 배워서 동시에 여러 가지 일을 할 수 있는 소위 멀티 롤(multi role)이 가능해야 하는 것은 당연했다. 내 예상대로 실제로 우리나라는 2003년부터 은행에서 보험상품을 팔 수 있도록 하는 방카슈랑스를 도입했다.

세상 모든 일이 사람에 의해서 좌우되지만, 금융이야말로 정말 사람이 중요하다. 제품생산을 위한 공정과 그 공정을 실현하기 위한 기계 등의 시설이 있어야 제조업이 가능한 것처럼 금융 역시 시스템과 시설을 모두 갖추고 있더라도 보다 크게 성장하고 성취할 수 있느냐의 여부는 사람에 달렸기 때문이다. 나는 금융전문가를 길러내는 인재교육을 하려면 우선 기존의 교육방법과 시스템을 개선하는 것이 급선무라고 생각했다. 수십 년 동안 체득한 금융계 경험에 비춰보면, 1990년대 말까지만 해도 우리나라 금융회사의 직원연수 방식은 소위 상층 경영자, 중간 관리자, 하급자의 3층 구조로 되어 있었다. 가령 금융계에 새로운 사조(思潮)가 등장하거나 새로운 상품이나 서비스가

재무설계와 메세나 운동 : 나의 마지막 의무와 봉사

유행하면 가장 밑에 있는 행원이나 대리 정도를 외부나 해외 선진국으로 연수 보내서 '가서 잘 배워 오라'는 식이었다.

회사 돈을 써서 말단 직원에게 선진 금융기법을 배워오게 한 뒤에도 실행에 옮기느냐 하면 그것도 아니었다. 변화에 대한 두려움이 적고 의욕이 넘치는 젊은 직원이 해외연수의 경험을 살려서 그 윗선에 올라가서 외국의 상황을 설명하고 우리도 그런 방식으로 바꿨으면 좋겠다는 의견을 제시하면 별로 고민도 해보지 않고 "자네들이 주장한다고 그렇게 되겠어?" 하며 무시한다. 소위 이 중간관리자를 스큐드 클래스(skewed class)라고 할 수 있는데 부정적이고 삐딱한 시선으로 부하직원의 의견을 묵살하는 것이다. 그나마 하급자와 중간층은 실무직원들이라 사무실에서든 회식자리에서든 자주 부딪치기 때문에 서로 얘기를 나눌 기회가 많아 생각을 바꿀 수도 있다. '딴 데도 우리 직원 말처럼 한다는데 중요한 것 같다. 그렇게 한 번 해보자'고 의견을 모아 상층인 경영층에 올라가면 거기서 또 제동이 걸리기 일쑤다.

나는 상층 경영자들을 소위 사일런트 클래스(silent class), 즉 '침묵의 세대'라고 부른다. 이들은 윗사람이 시키는 대로만 일하면 잘나갈 수 있었던 세대이고 또 그렇게 일하는 것이 최선이라는 사고가 몸에 밴 사람들이다. 그래서 중간관리자가 올라와서 "상무님, 이런 게 있다는데 우리도 한번 바꿔볼까요?" 하면 "당신들이 뭘 알아. 위에서 아무 지시도 없는데"라며 단칼에 묵살한다. 그런 과정을 거치며 새로운 변화나 시도는 무산되고 회사 돈을 써가며 젊은 직원들이 어렵게 배워온 선진지식은 무용지물이 된다. 다소 과장되었다고 할지 모르지만, 지금도 금융계 분위기는 과거와 크게 달라진 것 같지 않다.

나는 그간의 경험을 바탕으로 금융계 인재교육을 위한 직원연수는 하급자만을 대상으로 하는 횡적 교육이 아니라 상, 중, 하급자 전체를 대상으로 하는 수직적 방식으로 교육 시스템을 개선해야겠다고 생각했다. 가령 새로운 상품이나 서비스가 나오면 그 분야를 담당할 최고 윗사람부터 중간간부, 말단직원까지 같이 배우고 이해하게 하는 것이다. 그래야 새로운 지식이 사장(死藏)되지 않고 변화와 발전을 위한 구체적 실행으로 연결될 수 있기 때문이다.

금융은 결국 사람이 하는 것이고 사람의 경쟁력이 없으면 우리나라 금융업도 경쟁력이 생길 수 없다. 1980년대 일본이 세계 경제대국으로 한창 기세를 올릴 때, 세계 100대 은행 중 10위권 안에 든 일본의 은행이 6개였다. 그러나 국력을 반영하여 외형은 컸지만, 그 힘을 지탱할 수 있는 인재가 없었기 때문에 일본의 은행 경쟁력은 결국 뒤떨어지고 위기를 맞게 되었다. 마찬가지로 경제규모 세계 15위의 위상에 걸맞은 우리나라의 은행을 만들려면, 결국 훌륭한 금융 인재를 많이 배출해야 한다.

나는 선진 금융기법의 사조를 발 빠르게 받아들일 수 있는 종적(縱的) 연수교육 형태를 개발하고 실현하기 위해서 한국능률협회와 머리를 맞댔다. 나는 하나은행 행장으로 재직할 당시 능률협회 금융분과위원장을 맡았는데, 능률협회는 다양한 직업교육을 실시하는 곳으로 금융기관 종사자들을 대상으로 교육도 실시하고 있었다. 그런데 IMF 외환위기와 함께 금융계에 구조조정 한파가 몰아치면서 새로운 인재 교육방법과 시스템 개선사업은 진척을 보지 못하고 흐지부지되었다.

그즈음 여러 가지 사업을 위해서 일본을 방문한 능률협회 사람들이

재무설계와 메세나 운동 : 나의 마지막 의무와 봉사

그곳의 CFP 제도를 살펴보게 되었고, 그 제도를 통해서 나 역시 미국 CFP 제도의 역사와 자율적인 노력에 감명을 받았다. 미국에서는 개인과 가계의 재무를 상담해오던 전문가들이 자신들의 전문성과 역량을 높이기 위해서 자율적으로 교육기준을 마련하고 그 과정을 이수한 사람을 대상으로 시험을 실시하여 합격자에 한해 윤리서약을 받고 자격을 주는 CFP 제도가 널리 보급되어오고 있었다.

재무설계 기법은 이미 선진국에서 매우 발달해 있었고 새롭게 개발되는 것도 많았다. 개인이나 가계(家計)의 재무관리를 효율적으로 도와주기 위해서는 재무설계사들이 주식 등의 금융상품과 부동산 등의 실물자산에 대한 투자, 위험관리를 위한 보험, 세금, 은퇴설계, 재산상속 등에 대한 전문지식을 가져야 하고 그 업무수행에는 높은 윤리의식이 요구된다. 미국의 CFP 제도는 이러한 부분에 대한 교육을 7개 분야에 걸쳐서 받도록 하여 자격을 주는 제도다. 특히 이 제도는 개인이나 가계가 먼저 스스로 이루고 싶은 목표를 세우고 이를 효율적으로 실현시켜나가도록 도움을 주고자 하는 데에 근본목적을 두고 있다.

재무설계를 할 때 가장 중요한 것은 '왜 사느냐'와 '어떻게 사느냐'다. 우리는 누구나 살아가면서 무엇을 가장 하고 싶은지를 결정하고 이 결정을 실현하기 위해서 자기가 가지고 있는 재산을 어떻게 활용할 것인가를 결정해야 한다. 이처럼 개개인의 삶의 목적과 그 목적에 맞는 미래설계를 실현할 수 있도록 도와주는 사람이 재무설계사다. 오늘이 내일하고 똑같다면, 살아갈 희망과 재미가 없다. 현실과 꿈 사이의 간극을 줄여 최대한 빨리 꿈을 실현시킬 수 있도록 재산을 그에 맞추어 불리고 관리하는 것이다. 이러한 과정을 도와주기 위해서는 금융계 종사자들이 필요한 전문지식을 공부하여 충분한 역량을 갖추어야 한다.

능률협회 측이 일본의 CFP 제도에 대해서 알게 되었을 때는 이미 여러 나라에 CFP 제도가 많이 보급되어 있었다. 늦었지만, 나는 미국의 CFP보드에서 제정한 자격인증 기준을 우리도 서둘러 국내에 도입하여 정착시키고 싶었다. 글로벌 시대에 대비하여 국제자격을 갖춘 금융인을 양성할 수 있는 적합한 제도였기 때문이다.

능률협회 측에서 CFP 제도를 우리나라에 도입하기 위해서 미국 CFP보드와 접촉했다. CFP보드 측이 "한국에서 우리 제도의 도입을 누가 추진하느냐? 금융을 아는 사람이 해야 하지 않겠느냐?"고 물어 능률협회 측은 금융분과위원장을 맡고 있던 나를 추천했다. 곧이어 방한한 CFP보드 사람들과 인터뷰하는 과정에서 "현재 나는 하나은행 회장으로 재직 중이고 은행 종사 경험이 많습니다. CFP 제도의 교육 내용이 좋기 때문에 내가 꼭 도입해야겠어요"하고 강조했다. 그 결과 미국 CFP 제도 도입을 내가 진행하게 되었다. 그 인연으로 한국FP협회 설립을 전후한 초창기에 나는 능률협회의 도움을 많이 받았다.

나는 한국FP협회 설립에 앞서 구체적으로 CFP 제도를 국내에 도입할 수 있는 방안을 고민했다. 미국에서 CFP 자격을 관리하는 곳이 CFP보드인데 우리가 CFP 제도를 도입하려면 추진 주체의 능력과 계획을 제시하여 먼저 CFP보드 내에 있는 국제협의회에 가입해야 했다. 그래서 나는 우선 임의단체인 한국FP협회를 만들어 CFP보드에 가입할 수 있도록 준비했다.

2000년 4월 13일, 마침내 남아프리카공화국 수도 케이프타운에서

재무설계와 메세나 운동 : 나의 마지막 의무와 봉사

개최된 국제CFP협의회(International CFP Council)에서 만장일치로 한국의 정식 가입이 승인되었다. 이 가입 승인으로 미국 CFP보드와의 업무제휴를 통한 CFP 자격제도 도입이 최종적으로 확정되었다. 얼마가 될지 모르지만, 내가 활동하는 한, 금융인재 교육을 위한 사회적 기구를 뚜렷하게 하나 만들어서 세상에 남기고 싶다는 나의 희망이 마침내 현실로 이루어지는 순간이었다.

3. 맨땅에 뿌린 씨앗

한국FP협회는 해마다 콘퍼런스를 개최하기 전날, 국내외 연사와 금융계와 학계 대표들을 모시고 리셉션을 가진다. 2007년 전야제에서 내가 전국은행연합회 류시열 전 회장에게 건배 제의를 부탁하자 류 회장이 옛 기억을 더듬어 소회를 밝혔다. "은행연합회 회장으로 있을 때 윤 회장이 찾아와서 앞으로 은행업을 잘하려면 CFP 제도를 도입해야 한다며 함께 그 일을 추진하자고 했어요. 그때는 속으로 하나은행을 만들고 은행장까지 했으면 되었지 뭘 또 하려고 저러나 싶었고, 은행은 예금을 많이 받고 대출 잘하면 장사가 되는데 새로운 제도가 필요하다는 둥 왜 자꾸 번거로운 일을 벌이려고 하나 싶은 생각도 들었지요. 지금 와서 보니 그 사이에 금융 겸업화가 이루어졌고 그에 따른 고객 서비스를 강화하는 데에 필요한 금융인들의 역량을 높이는 중대한 일을 윤 회장이 해냈구나 하는 것을 오늘 이 자리에서 새삼 느끼게 되었습니다."

한국FP협회 창립을 위한 설립추진사무국은 단출하게 출발했다. 한국능률협회 한쪽 구석의 조그만 방 한 칸을 재임대받아 서너 명의 인원으로 일을 시작했는데, 지금의 FP협회 서동우(徐東祐) 사무국장과 김인호(金仁鎬) 본부장, 뒤에 합류한 임성락(林成洛) 전무가 그때의 멤버들이다. 서동우 국장과 김인호 본부장은 능률협회에서부터 같이 임해온 분들로 특히 서 국장은 사업에 안목이 있어 능률협회에서 일본에 출장을 갔을 때, CFP 제도의 한국 도입과 그 가능성을 확신하고 나와 함께 합류하여 협회 창립과 교재 개발, 시험, 인증 등 모든 준비를 오늘날까지 자기 일처럼 열과 성을 다해 변함없이 헌신하고 있다. 임성락 전무는 장기신용은행 상무를 지내고 국민투신운용 사장을 역임하고 퇴임 인사차 내 방에 들렀다가 내게 설득당하여 초창기에 거마비 정도의 보수를 받고 FP 보급사업에 참여하여 CFP보드와 FPSB 관련 업무를 담당하다가 현재는 회원사업을 관리하고 있다. 최승우 (崔承祐) 전무는 경제학 박사로 제일은행과 제일경제연구소에서 근무하다가 캐나다 몬트리올 은행 근무시절에 CFP 자격을 획득하고 그 중요성을 인식하여 한국에서 그 보급에 참여하려고 우리와 연락이 되어 합류하여 교재 개발 및 국제협력 업무를 담당하고 있다. 그 밖에 언론계 중진인 허정구(許政九) 편집장 및 모든 직원들의 창의적이고 혁신적인 열정이 있어 한국 FPSB와 한국FP협회가 순항하면서 우리 사회와 이웃이 금융의 웰빙을 생활화할 수 있도록 이끌고 있다. 나는 이들과 함께 일함으로써 보람과 행복에 찬 오늘을 살고 있는 것이다.

협회의 창립에는 무엇보다 회원과 협회를 운영할 이사회 멤버가 핵심이기 때문에 이들을 영입하는 일이 몹시 중요했다. 일반인은 물론 금융계조차 생소하게 생각하는 재무설계와 CFP 제도도입을 위한 협회설립에 회원으로 참여하여 이사회 멤버가 되어 달라고 부탁하는 것은 여간 어려운 일이 아니었다. 특히 대표성과 권위를 생각하여 신중하게 인물을 고르고 의사를 타진했다. 그 결과 은행업계에서는 김승유 하나은행장, 김진만(金振晩) 한빛은행장, 보험업계에서는 이강환(李康煥) 전 협회장, 증권업계에서는 백원구(白源九) 전 증권감독원장, 관계에서는 이영탁(李永鐸) 전 교육부 차관이 선뜻 회원 가입을 수락하고 이사 자리를 맡아주었다. 그 외에 윤리 및 자격관리 부분에 변호사가 필요하여 로펌 세종을 대표했던 신영무(辛永茂) 변호사를 초빙했고, 김일섭(金一燮) 한국회계연구원장이 회계 부문 담당으로, 그리고 류시열 전 은행협회 회장이 이사회 멤버에 합류했다. 나를 믿고 내가 하려는 사업을 이해하고 이제까지 성원을 아끼지 않은 그들은 내게 너무나 고마운 사람들이다.

협회 창립과정에서 크고 작은 어려움이 적지 않았다. 그중 사업을 비영리로 추진하려는 데서 비롯된 어려움도 있었다. 비영리로 사업을 하려면 민법상 사단법인을 설립해야 하는데, 그러려면 일정 수준의 회원이 있어야 했다. 주변 사람들에게 협회설립 취지를 설명하고 동참할 것을 제의했지만, 회비부담을 우려해서인지 선뜻 발을 들여놓기를 꺼리는 사람이 적지 않았다. 그러나 앞에서 소개한 이사회 멤버처럼 내가 하는 일이라면 무조건 신뢰하고 성원해준 사람들이 참여하여 지금까지 잘 유지되고 있다.

협회창립과 함께 미국 CFP보드에 가입했지만, 정식으로 CFP 제도를 운영하려면 당장 CFP보드가 정한 수준과 주요 토픽에 맞추어 교재와 시스템을 만들어야 했다. CFP 자격은 교육, 시험, 경험, 윤리 등 네 분야의 요건을 충족시켜야 한다. 금융에 3년 정도 경험이 있는 사람이 재무설계사 직무를 수행하는 데에 필요한 투자일반, 위험관리와 보험, 세금, 부동산, 은퇴설계, 상속, 윤리 등 7개 분야에 대한 교육을 이수하고 자격시험을 통과한 뒤에 CFP보드가 정한 윤리규정의 준수를 서약한 사람을 대상으로 CFP 자격을 부여하도록 되어 있다.

CFP 자격기준 가운데 필요한 역량을 뒷받침할 체계적인 교육이수가 가장 중요한데, 그 수준은 대학 졸업자가 대학원에서 18학점의 교육을 받는 것과 동등한 정도의 교육을 받도록 했다. 때문에 교육과정에 필요한 주요 토픽을 반영한 교재를 개발하는 것이 무엇보다 시급했다. 교재는 우리 임의대로 만들 수 없고 미국 CFP보드에서 정한 국제기준에 적합해야 한다. 당장 교재개발 인재를 구하는 일부터 필요경비 마련까지 어려움이 적지 않았다.

당시 선진국 금융회사들은 자사 직원의 자질을 높이는 데에 CFP 자격이 반드시 필요하다고 생각하여 그 과정에 드는 비용을 회사 차원에서 분담하여 지원하고 있었다. 우리도 선진국 관행을 따르면 되겠지 하는 생각으로 금융 관련 협회와 금융회사 여러 곳을 찾아가 지원을 부탁했지만, 소득을 얻지 못했다. IMF 외환위기 이후 금융계에 강도 높은 구조조정 바람이 불면서 인재개발에까지 신경 쓸 여력이 없었기 때문이다.

당시 CFP 제도가 무엇인지도 잘 모를 뿐만 아니라 시시각각 글로벌화되는 변화에 대비한 인재육성에도 별 의욕이 없는 국내 금융계의 분위기에 나는 적잖이 실망했지만, 혼자서라도 끝까지 선진제도를 도입하여 금융인재 개발에 매진하기로 결심했다. 그러나 맨땅에 씨앗을 뿌려야 하는 현실은 녹록치 않았다. CFP 교재개발에 필요한 인력과 비용, 최소한의 협회 운영비 등 당장 필요한 자금을 마련하는 일이 시급한 터라 하는 수 없이 능률협회에 부탁했다. 능률협회는 우리에 앞서 CFP 제도를 국내에 도입하려고 했던 만큼 취지 설명으로 진을 뺄 필요가 없었다. 대신 협회 운영에 당장 필요한 자금을 지원해주면 나중에 내가 책임지고 그 돈을 다 갚겠다고 설득했다. 그 결과 협회에 필요한 경상비를 지원받을 수 있는 길이 마련되었다.

자금 관련 부분은 일단 한숨을 돌렸지만, 교재개발이라는 난관이 기다리고 있었다. 미국 재무설계대학(College for Financial Planning)에서 사용하는 교재를 벤치마킹하여 그것을 기초로 CFP보드의 표준에 맞추어 우리 교재를 만들어야 하는데, 그 작업을 외국의 개발회사에 맡기자니 돈이 많이 들 뿐만 아니라 상황도 여의치 않았다. 국내로 눈을 돌렸지만, 은행, 보험, 증권 등 금융 전체를 아우르는 외국 교재 내용을 두루 아는 사람이 없어 그 역시 쉽지 않은 상황이었다. 궁리 끝에 생각해낸 방법이 분야별 교재개발자를 선발하여 공동으로 개발하도록 하는 것이었다.

당시 국내 은행과 증권, 보험사에는 직원을 교육하는 젊은 교수 요원들이 많았는데, 그들로부터 도움을 받았다. 나는 미국 CFP 자격 인증자로 아메리칸 익스프레스 한국 지사에서 본부장으로 근무하던 임계희(任癸熙) 씨를 참여시켰다. 일을 하자면 실질적으로 CFP 제도에 대해서 잘 알고 있는 전문가가 필요했지만, 당시만 해도 국내에는 미국 CFP 자격 인증자가 임계희 씨 말고는 한 사람도 없었다. 그래서 교재를 만들 때 임계희 씨가 큰 도움을 주었고 협회 일에 참여하면서 여러 가지로 기여를 많이 했다.

나는 임계희 씨를 필두로 금융 분야별 교육 담당자와 교재개발 전문가 47명을 어렵게 한 자리에 모아놓고 다음과 같은 취지의 말을 했다. '우리나라 금융업 발전에 도움이 되려고 한다. 여러분들이 교재개발에 참여해주면 좋겠다. 교재개발에 성공하고 교육이 시작되면 여러분은 저자로서 명성을 얻게 되고 강의 기회도 많이 생길 것이다. 교재가 팔리는 대로 인세를 지불할 테니 대신 판권을 협회에 주면 CFP 보급사업을 계속하겠다.' 이때 참여한 47명 중에는 교재 원고료와 인세를 합쳐 지금까지 1억 원을 받은 사람도 있다. 금융계의 유능한 인재들이 교재개발 등 협회 일에 적극 참여함으로써 협회는 결과적으로 성공하게 되었다.

협회 설립 3년 만에 재무설계의 보급과 확산을 위해서는 학계의 관련 교육분야에 대한 연구지원을 받기 위한 FP학회의 설립이 필요하다는 것을 절감하고, 이를 위해서 나는 정보를 수집하고 백방으로 사람들을 접촉했다. 금융학회 회장을 만나 FP학회의 필요성을 설득했지만, 별다른 호응이 없었다. 왜냐하면 가계, 기업, 정부는 한 나라의 3대 경제주체인데, 국내에서는 정부와 기업에 대해서 연구하는 전문가들은 많았지만, 아직 가계를 연구한 사람은 거의 없었기 때문이다.

일이 뜻대로 되지 않고 차일피일 미루어지면서 일 년의 시간이 훌쩍 지났다. 그 사이 금융학회 회장이 바뀌어 다시 FP학회 얘기를 꺼냈지만, 이번에는 '금융학회 내에 가계를 연구하는 소위원회나 하나 만들겠다'는 미적지근한 대답이 돌아왔다. 금융학회 소위원회로는 애초의 목적을 달성하는 데 충분치 않아 고민하던 중 우연히 시내 한 호텔 로비에서 고려대학교 지청(池清) 교수를 만났다. 금융통화위원을 역임한 지 교수는 우리나라의 금융학회 및 재무학회에서 매우 영향력이 큰 학자였다.

뜻밖의 장소에서 지 교수를 만난 덕분에 지 교수가 남상구(南尙九), 박상용(朴尙用) 교수 등을 설득하여 이후 열린 금융학회에서는 별도 세션까지 만들어 가계재무와 FP 관련 논문이 발표될 수 있었다. 그 뒤 정운찬(鄭雲燦) 서울대 총장의 소개로 FP협회 이사로 참여한 서울 대 소비자학과의 여정성(余禎星) 교수를 만나게 되었고, 여 교수의 소 개로 서울대 최현자(崔賢子) 교수와 인연을 맺게 되었다. 이후 최 교 수를 중심으로 재무설계의 이론과 실무를 연구하는 일단의 학자들이 주축이 되어서 FP 관련 세미나를 열었다. 이 일을 계기로 작지만 금융 계의 관심도 끌게 되었다. 여러 사람의 도움으로 준비단계를 거쳐 2007년 마침내 서울대 윤계섭(尹桂燮) 교수를 회장으로 한 FP학회가 탄생했다. 재정금융 부문 원로교수와 여성소비자 전문 교수 등이 합 류한 FP학회는 이후 매년 봄과 가을에 학술대회를 개최하고 있다.

미래를 내다보고 사회에 도움이 되자는 생각으로 시작한 일이었지 만, FP협회 구상에서 창립까지 쉽지 않은 과정을 거쳤다. 협회 초창기 만 해도 우리나라 금융회사들은 분업주의 방식으로 운영되었기 때문 에 '지금도 잘 되는데 뭘 금융 겸업까지 걱정하느냐'는 인식이 팽배하 여 CFP 제도에 대해서 별 호응이 없었다. 그러나 IMF 외환위기 여파 로 금융부문에서 강도 높은 개혁이 추진되고 2001년 우리나라도 지주 회사 형태로 금융의 겸업화를 허용하게 되었다.

우리, 신한 등 지주회사가 발족하면서 금융겸업화 추세가 현실로 드러나자 금융겸업화에 대비한 시장전략의 변화와 함께 프라이빗 뱅 킹(PB) 점포의 확장이 시작되었다. 하지만 초기에는 금융회사들이 PB 센터를 개설해놓고도 VIP 고객을 상대로 어떤 서비스를 어떻게 해야

재무설계와 메세나 운동 : 나의 마지막 의무와 봉사

할지 체계를 잡지 못했다. 그런데 우리 협회가 금융인을 상대로 투자이론과 위험관리, 부동산과 세금 등을 종합적으로 교육하여 자격을 준다니까, PB점포의 서비스 강화와 함께 보다 계획적인 보험판매를 위해서 FP 활용을 서두르던 보험회사 등이 CFP 제도에 대해서 관심을 보이기 시작했다. 이때부터 금융회사들은 적극적으로 직원들에게 CFP 자격을 따도록 했다.

몇 차례 CFP 시험을 주관하고 자격자를 배출하면서 조직을 정비해야 할 필요성이 생기게 되어 우리는 2004년 1월 한국FP협회로부터 한국FPSB(Financial Planning Standards Board)를 분리, 독립시켜 자격인증 업무를 수행하도록 했다. 그전까지 CFP 및 AFP 자격인증 업무를 FP협회가 담당해왔지만, 시험 공정성과 인증의 객관성을 높이기 위해서 자격인증 업무는 회원조직으로부터 독립되어야 한다는 국제 FPSB의 권고에 따른 것이었다. 그동안 한국FPSB와 FP협회는 외형의 확대뿐만 아니라 내실 또한 다지면서 성공적으로 자리 잡아 오늘에 이르고 있다.

4. 준비되지 않은 장수는 위험하다

나는 기업인들을 만나면 하는 얘기가 있다. '당신들은 IMF 외환위기 이후 연봉제니 뭐니 해서 직원들의 퇴직금을 안 줘도 되니 좋아졌다고 하는데, 생각해보자. 쉰 살도 못 되어 회사를 떠나는 사람한테 몇 달치 월급만 더 얹어 내보내면 퇴직자들 입장에서 미래가 얼마나 걱정되겠느냐. 그런 걱정을 해야 하는 직원들이 능률적으로 일을 하겠느냐.' 지금 우리나라 퇴직자들 대부분의 사정이 이렇다.

어느 나라 할 것 없이 사람의 수명이 길어지고 있는데, 이는 국가와 사회, 개인을 통틀어 하나의 커다란 리스크다. 우리나라만 해도 지금은 '고령화사회'이지만 갈수록 고령화가 빠르게 심화되어 '고령사회'가 될 날이 멀지 않았다. 반면 국가와 개인 차원의 고령화에 대한 준비는 미흡한 실정이다.

유럽을 비롯한 선진국은 은퇴한 사람들의 노후의 삶을 공적연금(국가), 기업연금(회사), 개인연금(개인) 등 3층 보장체제의 연금이 떠받치고 있으며, OECD에서도 이를 권장하고 있다. 그에 비해 우리나라는 공적연금과 기업연금을 합쳐도 선진국의 공적연금 보장수준을 따라가기에는 턱없이 부족하다.

사정이 이러니 자신의 노후보다 자식 뒷바라지를 먼저 생각하는 우

재무설계와 메세나 운동 : 나의 마지막 의무와 봉사

리나라 부모들의 특성상 노후준비는 현실적으로 쉽지 않다. 눈앞의 현실에 삶의 초점을 맞추면서 노후를 먼 미래의 일로 생각하고 대비에 소홀한 경우가 많다. 삶은 치열한 경쟁이고 전쟁이다. 직장을 떠나 은퇴했다고 삶이 멈추지는 않는다. 때문에 준비되지 않은 장수는 위험한 것이다.

한국FP협회를 만들 때 첫 번째 목표가 금융인재 육성을 위한 교육이었지만, 지금은 '국민계몽운동' 차원에서 FP보급에 힘쓰고 있다. 안정적인 가정경제 설계로 행복한 가정을 이루도록 재무설계에 대한 교육을 확산시켜 나가는 것이다. 그동안 협회를 이끌면서 금융전문가뿐만 아니라 일반인을 대상으로 노후준비를 위한 재무설계에 대해서 교육할 필요가 있음을 절실히 느꼈다. 사람들은 금융에 대해서 잘 안다고 생각하지만, 실은 자산의 운용이나 돈에 대해서 전반적으로 무지한 편이다. 자신의 삶에 정말 필요한 돈에 대한 가르침은 별로 하지 않기 때문이다. 어떻게 돈을 벌고 그 돈을 어떻게 쓰고 관리해야 하는지 제대로 배울 기회가 없는 셈이다.

가정과 학교에서 미처 배우지 못한 돈의 관리에 대해서 FP협회가 앞장서서 교육함으로써 사회 전체의 금융문화가 성숙하고 재무관리에 대한 사람들의 수준이 높아져서 그 결과 자신의 역량에 맞게 안정된 삶을 살도록 돕는다면, FP협회가 우리사회에 기여하는 또 다른 방법이 될 것이다. FP보급 국민운동의 일환으로 FP협회는 회원들을 동원하여 지방자치단체의 문화교실이나 기업체 같은 곳에 가서 무료상담을 해주는 일을 연중 실시하고 있다.

향후에는 한국FPSB를 확대된 교육기관으로 탈바꿈시킬 계획이다.

지금은 CFP와 AFP 자격을 보급하고 금융인 자질을 향상시키는 일에 집중하고 있지만 금융부분에서 다른 자질도 필요하기 때문이다.

2007년엔 한국FPSB 산하에 SIF(Seoul Institute of Finance)를 만들었다. 이곳에서는 금융에 필요한 전문자격과 여러 가지 교재를 개발하고 또 시장이 요구하는 실무를 중심으로 금융전문가 교육을 진행시키고 있다. 또한 2012년엔 한국FPSB 부설 인재개발 전문교육기관인 플림(PLIM : Professional Life Integrated Management) 아카데미를 설립하여 조직원의 업무성과를 높여주는 교육, 전직자 지원 교육, 커리어 컨설턴트 교육 등을 실시하고 있다.

교육이라면 흔히 학교교육이 전부라고 생각하기 쉬운데 이는 21세기 글로벌 시대의 현실과 맞지 않는다. "지금 교육은 콩나물 기르듯이 해야 한다"는 누군가의 말처럼 평생 동안 지속적인 교육이 이루어져야 한다. 콩나물을 계속 자라게 하려면 물이 계속 필요하듯이 교육도 그와 마찬가지다. 이미 습득한 지식의 90%는 시대에 따라 변하기 때문에 그에 맞추어 새롭게 교육을 받아야 최신 지식이 채워지는 것이다. 금융에 필요한 지속적인 교육을 한국FP협회와 한국FPSB가 담당함으로써 사회발전에 기여할 수 있을 것이다.

나는 처음 FP협회를 시작할 때 CFP 자격 관련 교재를 만들고 계속해서 업데이트만 하면 잘 굴러갈 줄 알았다. 그런데 시간이 지날수록 단계별 교육과 전문 교육기관의 필요성을 절감하는 등 끊임없이 다각도로 노력해야 한다는 것을 깨달았다. 그렇게 함으로써 FP협회와 한국FPSB가 활발하게 살아 움직이며 발전하고 더불어 사회에 대한 기여도도 커질 것이다. 현재 한국FPSB는 비영리법인으로 여러 가지 금

재무설계와 메세나 운동 : 나의 마지막 의무와 봉사

융 관련 교육을 하기 위해서 재원을 축적해가는 중이다. 내게 꿈이
있다면, SIF를 실무중심의 재무설계는 물론이고 이와 관련한 금융전
문 교육기관으로 발전시켜 사회에 남기고 싶다.

5. 사람을 키우는 보람

CFP 자격시험을 위한 교육은 온−오프라인을 병행하고 있다. 교육 과정을 마치고 CFP 자격시험을 통과하면 상위 20등까지 초청하여 격려하는 자리를 마련하는데, 이곳에서는 늘 고생담과 함께 보람과 기쁨이 교차한다. 훌륭한 성적으로 자격시험을 통과한 참석자들은 물론이고 나를 비롯한 한국FPSB 관계자들 역시 뿌듯함을 느끼는 순간이다.

언젠가 이 자리에 참석한 초청자가 그동안의 소회를 털어놓은 적이 있었는데, 나는 그 열정과 노력에 놀랐다. 보험회사에 다니는 그 여성은 "우리 가족은 제주도에 살았기 때문에 온라인 교육을 받는데, 몇 차례 자격시험에 떨어졌어요. 꼭 CFP 자격을 따고 싶어서 도저히 이대로는 안 되겠다 싶어 회사에 얘기해 대전으로 발령을 받았습니다. 남편은 제주에 떼어놓고 아이만 데리고 대전으로 와서 직장에 다니며 온−오프라인 교육을 병행했더니 자격시험을 통과할 수 있었습니다" 하며 활짝 웃었다.

기억에 남는 또다른 사람은 충북 제천의 농협 직원이다. 그는 CFP 자격을 위해서 받은 재무설계 교육이 자신의 삶의 설계에 큰 도움이 될 뿐만 아니라 남을 위해서 일할 수 있는 길을 발견하는 데에 도움이 되었다고 뿌듯해했다. 오랫동안 협동조합에 헌신했으나 조합원에게 진정한 도움을 주지 못했으나, 이제는 조합원들에게 그들이 안심하고 살아갈 수 있도록 도움을 줄 수 있게 되었다는 것이다. 금융인의 자질을 높이기 위해서 CFP를 도입했는데, 교육에 참여한 사람들이 자신의 커리어를 높이려는 관심보다 재무설계를 통한 사회기여에 대해서 더 생각하게 된 것이다. 특히 우리나라의 자격제도는 하다못해 공인중개사 자격이 있어야 복덕방을 열 수 있는 것처럼 어떤 영역에서 배타적인 권능을 향유하지만, CFP 자격은 자율적으로 지식과 역량 그리고 높은 윤리기준을 지킴으로써 고객이 그들의 상담과 서비스를 선택하도록 하기 때문에 지속적으로 전문성을 높여나가야 한다. 따라서 언제나 고객이 만족하는 금융인재를 키워나가는 과정이 되기도 한다.

금융인으로서 마지막으로 우리 사회에 뭔가 뜻 깊은 것을 남기고 싶다는 나의 생각에서 시작한 FP협회지만, 처음부터 순조롭지는 않았다. 주변에 내 뜻을 전하면 모두 안 된다고 고개를 저었다. 어떤 사람은 '민간이 자격증을 주는 게 되겠느냐'고 반문했고 심지어 '자격증 장사를 하려고 한다'며 의심의 눈초리를 보내는 경우도 있었다. 그랬던 사람들이 지금은 'FP협회 일은 당신이 하나은행을 만들고 우리금융지주를 성공적으로 이끈 것보다 더 크게 우리사회에 기여할 것'이라고 추켜세운다. 금융계 안팎의 인식변화를 끌어낼 수 있었던 것이 무엇보다 나의 큰 성취이고 보람이다.

남들은 은퇴하고도 남을 나이에 새롭게 일을 벌여 지금까지 끌고 온 나의 목적은 분명하다. 수십 년 동안 사회생활을 하면서 얻은 전문지식을 은퇴와 함께 사장(死藏)시키기보다 그 전문지식을 바탕으로 일함으로써 우리사회의 선진화를 위해서 노력해야 한다는 평소의 나의 생각 때문이다.

저소득 소외계층을 상대로 금융지원을 하는 사회연대은행 같은 조직은 우리 사회에 꼭 필요한 중요한 뜻을 담고 있다. 언젠가 사회연대은행을 맡아달라는 제의를 받은 적이 있는데, FP협회 일 때문에 도저히 수락하기 어려워 다른 사람을 소개시켜주었다. 지혜와 경륜을 쌓은 한 사람 한 사람이 좋은 일을 하면, 우리 사회에 도움이 되고 결국 나라가 더 좋아질 것이라는 기대를 한다. 지금 우리나라는 과거 어느 때보다 선진국 진입에 대한 열망이 높다. 그러나 현재 수준보다 한 단계 더 올라서려면, 더 이상 정부에만 기대서는 안 된다. 사회 각 분야의 민간이 독립성을 가지고 스스로 해야 할 일을 제대로 할 때 그 바탕 위에서 나라가 발전할 수 있고, 그렇게 나아가지 않으면 안 될 것이다.

재무설계와 메세나 운동 : 나의 마지막 의무와 봉사

6. 성공하려면 생각과 목표를 가지고 신나게 일하라

시간이 지나고 보니 FP협회를 만든 것이나 단자회사인 한국투자금융을 하나은행으로 전환한 것 모두 남들보다 좀더 앞을 내다보고 미래를 준비하려는 나의 노력 위에서 가능했던 일이라고 나는 생각한다. 성공하려면 시대의 흐름을 통찰하고 그 속에서 자신이 잘할 수 있는 일을 찾아야 한다. 경험상 남들이 부러워하는 통찰력을 가지려면 끊임없이 호기심을 가지고 정보를 수집해야 된다. 지속적으로 정보를 추적하다 보면 거기서 어떤 흐름을 발견할 수 있다.

대체로 사람들은 새롭게 나타난 현상에 대해서 '그런가 보다' 하고 무심히 넘기지만 내 경우 현재 하고 있는 일과 연관시켜 맥락을 짚는 것이 습관화되어 있다. 항상 깨어 있는 자세로 새로운 정보를 수집하고 맥락을 짚어가다 보면 새로운 형태의 창의적인 생각이 나오는 경우가 많다. 그런 과정에서 주변 사람들은 나를 무슨 굉장한 아이디어맨으로 알고 종종 도움을 구할 때가 있다. 내가 무슨 특별난 아이디어맨이라기보다 평소 정보를 수집하고 맥락을 짚어내는 노력을 게을리하지 않았기 때문에 필요한 때에 새로운 생각, 좋은 생각이 떠오르는 것 같다.

나는 어려서부터 호기심이 많았고, 초, 중, 고등학교를 산길로 혼자

통학할 때, 책은 좋은 길동무가 되었다는 것은 앞에서 잠시 얘기했다. 외국어로 된 책을 읽기 위해서 나는 어릴 때 눈에 익은 일본어는 물론이고 영어 공부도 틈틈이 열심히 했다. 수 년 전부터 중국어 공부에 재미를 붙이고 있다. 이런 공부들은 현실적인 나의 필요에 의한 것이기는 하지만, 그 근본은 끝없는 새로운 것에 대한 나의 열정적인 탐구에 토대를 두고 있다. 사회생활을 시작한 이후 나는 더욱 책을 가까이 하려고 노력했다. 틈이 날 때마다 책을 읽었다. 산길에서의 책읽기는 문학류였으나, 아스팔트 도시에서의 책읽기는 어떤 목적을 위한 실용적인 것이 대부분이 되었다. 이러한 책을 찾아가는 나의 관심은 소년 시절의 호기심의 현재진행형이다.

친구들은 나를 보고 종종 "네가 어떻게 그런 걸 생각했지" 하며 감탄한다. 어떻게 보면 운이라고 할 수 있지만, 운은 눈에 보이지 않는 기회를 어떻게 잡느냐 하는 것이다. 단자회사인 한국투자금융을 하나은행으로 전환시키기까지에는 장장 8년이라는 세월이 걸렸다. 그 기간 동안 '앞으로 우리 금융계가 이러저러하게 변화될 것이므로 우리가 가야 할 길은 이 방향이다'며 숱하게 투자금융의 직원들을 독려하고 준비했기 때문에 은행으로의 전환이 가능했다. 마찬가지로 FP협회도 금융기관 경영일선에서 물러나기 2, 3년 전부터 고민하고 준비한 결과였다.

남들과 똑같은 시각으로 남을 따라가거나, 같이 간다면 절대 그들을 앞설 수 없다. 은행 전환도, FP협회 설립도 다른 사람들이 전혀 관심을 가지지 않을 때 미리 앞을 내다보고 시도했기 때문에 성공한 것이다. 사실 미국 유학을 갔다 와서 선진금융에 대해서 누구보다 해박한 지식을 가진 한 후배조차 FP협회가 잘 안 될 것이라고 말렸다. '민간이 자격제도를 시행하는 것은 실효성이 없다'는 것이 이유였다. 그때 나는 '만약 CFP 자격제도가 제대로 되지 않더라도 금융겸업화가 되면 새로운 교육은 반드시 필요하게 될 것이다. 따라서 교육이라도 해야 한다'고 생각했다. 그런데 내 예상보다 훨씬 더 빨리 우리나라 금융시장의 겸업화가 진행되어 FP협회 일을 지금까지 계속할 수 있었다. 뿐만 아니라 CFP 자격제도도 성공적으로 안착했다.

인생에서 뭔가를 성취하고 남들보다 앞서려면 생각 없이 대충 살아서는 안 된다. 사람은 누구나 똑같이 정해진 하루 24시간을 가지고 태어나지만, 단계별로 목표치를 세워 하루를 48시간처럼 살며 성공하는 사람들이 있는가 하면, 뭘 할지도 모른 채 그저 시간을 흘려보내며 멍하게 사는 사람도 있다. 직원들 중에 간혹 눈이 빨갛게 충혈된 채 출근하는 직원이 있다. 밤새 뭘 했느냐고 물으면 적당히 둘러대는 친구도 있지만, 인터넷으로 게임이나 고스톱을 했다고 솔직히 털어놓는 친구도 있다. "카드나 게임할 때는 밤새 온정신을 쏟으면서 왜 일할 때는 그런 집중력과 투자를 못하느냐"고 농담처럼 내가 핀잔을 주면 대개 멋쩍은 듯 웃고 만다.

게임을 할 때나 놀 때처럼 딱 10년만 신나게 정신없이 일할 수 있다면, 그 인생은 성공할 수 있다. 그래서 나는 직원들에게 "게임하듯이 일을 합시다. 그러면 우선 일이 재미있을 것입니다. 또 게임은 목표를 세워야 하는데 목표가 너무 크거나 높으면 안 되니 자신의 능력에 알맞은 목표치를 세워야 성공할 수 있을 것입니다. 그런 삶을 삽시다" 하고 독려한다.

직원들에게 늘 강조하는 '목표 세우기'는 보험 세일즈맨 폴 마이어 (Paul J. Meyer)의 성공철학을 빌려온 것이다. 폴 마이어는 미국 보험 업계의 전설적인 인물인데, 19세에 보험업계에 뛰어들어 27세에 100만 달러의 판매기록을 세운 '보험판매왕'이다. 보험회사에 첫 발을 디딘 폴 마이어는 동료 보험설계사들이 보험을 팔러 나간 동안 사무실만 지키고 있었다. 의아하게 생각한 윗사람이 왜 보험 팔러 안 나가느냐고 묻자 그는 천연덕스럽게 자신은 지금 회사에 앉아 있는 이 시간이 필요하다고 대꾸했다. 화가 난 상사가 그럴 거면 당장 그만두라고 하자 폴 마이어가 사표를 던지면서 당신은 일생일대의 실수를 하고 있다고 했다. 동료나 상사가 '보험은 무조건 팔러 나가는 것'이라고 생각한 반면, 폴 마이어는 자리에 앉아서 '어떻게 하면 보험을 잘 팔 수 있을까'를 연구했던 것이다. 그 결과 그는 여러 단계의 실행 가능한 목표를 세우고 그 목표를 향해서 차근차근 나아가 성공에 이르렀다. 억만장자인 폴 마이어는 자신의 '성공계획 5단계' 강연으로 명성을 떨치고 있다. 성공계획 5단계는 1) 생각을 명료하게 하라 2) 목표달성의 계획을 세우고 최종 시한을 정하라 3) 꿈을 실현시키겠다는 욕망을 불태워라 4) 자기 능력에 대해서 확신을 가져라 5) 계획을 관철시키겠다는 집요한 결의를 가져라는 것이다.

내가 직원들에게 항상 강조하는 것도 생각과 목표와 실천이다. "출근할 때 오늘은 회사에 가서 뭘 해야겠다고 생각하는 사람이 있는가 하면, 아무런 생각 없이 허겁지겁 나오는 사람도 있을 것이다. 바로 이것이 그 사람의 인생과 가족, 나아가서 그 나라의 위상에 커다란 차이를 만들어낸다. 생각이 명료해질 때에야 자신의 목표를 구체적이고 분명하게 세울 수 있을 것이다. 이상과 꿈을 실현 가능하게 만드는 것이 목표이며, 목표달성은 산을 오르는 것과 같다. 일단 목표를 정했으면, 꿈에 이르는 길을 여러 단계로 만들어 각각의 단계마다 실행 가능한 세부목표를 정하고 매일매일 할 수 있는 구체적인 실현방법을 세운 뒤에 즐거운 마음으로 한걸음 한걸음 전진할 때 마침내 정상에 도달한 자신을 발견할 수 있다."

금융발전과 관련해서 오랫동안 나의 머릿속을 꽉 채우고 있는 생각은 우리나라 금융의 민영화와 글로벌화다. 사실 이 문제는 매우 중요하기 때문에 나는 여러 차례 관련 글도 쓰고 발표도 했다. 지금까지 국내 은행 가운데 민영화되지 않은 은행은 중소기업은행과 산업은행이다. 규모가 큰 두 은행을 민영화한다면, 과연 누가 인수할 것인가? 사실 그동안 국내 은행들은 규모가 커졌지만, 전부 국내에서만 서로 치열하게 경쟁하고 있다. 그에 비해 삼성전자나 현대자동차, LG전자 등 많은 국내 기업들은 세계를 무대로 하여 해외에서 돈을 벌어오고 있다. 국내 은행들은 이렇게 들어온 돈을 가지고 국내에서 처절하게 싸우고 있는 것이다.

이제 우리나라 은행들이 적어도 기업들처럼 세계를 무대로 경쟁하려면, 어떻게 해야 할 것이며 또 누가 앞장설 것인지를 정부나 금융계 차원에서 심각하게 생각할 때가 되었다. 그러자면 결과적으로 규모가 큰 국내 은행에서 실력 있는 지도자가 배출되어 조직을 통합할 수 있는 비전을 확립하고 그 비전 아래에서 전 구성원들이 헌신적으로 은행의 발전과 글로벌화를 안정적으로 이루어나감으로써 은행 스스로가 경영의 자율성을 발휘할 수 있는 제도와 환경을 만들어야 한다.

정권이 바뀔 때마다 성과에 상관없이 은행장 자리가 바뀌는 불합리한 관행은 이제 사라져야 한다. 그럼에도 산업은행의 민영화와 공적자금이 투입된 우리금융 매각에 대한 정부의 시책은 종합적이고 장기적인 금융발전을 고려하기보다는 그때그때 정책편의에 따라 왔다갔다하고 있으니 참으로 안타까운 일이다.

세계를 바라보고 국내 금융계가 선택할 수 있는 길은 두 가지다. 하나는 현재 민영화되어 있는 신한은행과 하나은행, 국민은행 등이 자금을 모아 중소은행들을 사들인 다음에 규모를 키워 해외로 나가면 되는데, 지금까지 그런 기미가 보이지 않는다. 그러다 보니 산업은행 민영화 계획이 다시 국책은행화로 회귀하고 있고, 모처럼 국내 최대 금융그룹으로 발전하고 있는 우리금융의 해체 매각이 추진되고 있다. 그러나 우리은행 지분을 10%만 가지려고 해도 1조 원 가까이 드는데, 그런 거액을 쉽게 투자할 수 있는 국내 산업자본은 없을 것 같다.

이처럼 국내 자본이 인수할 가능성은 거의 없고 외국자본에도 선뜻 팔 수 없다면, 정부 소유의 은행 민영화를 어떻게 할 것인지 고민해야 한다. 만약 주식만 일반인에 팔아 민영화하면, 과거의 예에서 보듯이 경영자의 지배라는 폐해를 불러올 수도 있다. 지금은 사외이사 제도를 두어 이사회 중심으로 경영을 한다지만, 현재 몇몇 금융회사에서 보듯이 사외이사의 역할은 주주들을 만족시키지 못하고 독립성을 지키지도 못하는 실정이다. 따라서 세계적인 거대 금융회사의 소유형태에서 볼 수 있듯이 금융산업에 대한 국내자본 중심의 전문투자펀드를 만들도록 한 뒤에 이 펀드가 국내외에서 유한 투자자들을 모아 민영화를 실현시키고, 능력과 경륜 면에서 사심 없는 사람들이 조직을 이

재무설계와 메세나 운동 : 나의 마지막 의무와 봉사

끌도록 한다면 주주보호와 대리비용을 효율적으로 관리할 수 있을 것이다. 이렇게 한다면 근년에 민영화 금융회사의 경영진 교대에서 나타났던 것과 같은 불미스러운 자율성 훼손 위험도 극복할 수 있을 것이다.

또 하나는 이렇게 규모화와 민영화를 통해서 확립될 수 있는 자율성을 바탕으로 능력 있는 경영진이 글로벌 금융회사를 지향하는 비전을 세워 조직의 역량을 하나로 묶어 단계적으로 실천해나갈 수 있는 체제를 마련해야 한다. 그리고 역량에 맞게 특화된 상품과 서비스로 전문 지역중심에서 글로벌 시장으로 나아갈 채비를 서둘러야 할 것이다.

이상과 같은 구상을 금융 관련 정부기관이나 금융계 사람들에게 여러 차례 설명할 기회를 가졌는데, 반대하는 사람은 없었다. 일단 펀드 관리 그룹을 만들어놓는다면, 우리나라 금융계에 하나의 좋은 계기가 될 것으로 생각한다.

어떤 일을 구상할 때 모든 생각이 한순간에 완벽하게 나오지는 않는다. 그래서 주변 사람들의 견해와 의견을 구하면 내 생각에 동조하는 사람도 있고 반대하는 사람도 있기 마련이다. 그럴 때는 좀더 시간을 두고 구상이 무르익을 때까지 신중하게 생각하고 이를 실현할 수 있는 여건이 되면 설득에 나선다. 어느 유명인이 "인간은 누구나 모든 걸 팔면서 살아간다"고 했다. 서로가 모든 것을 파는 과정에서 교환이 일어나게 된다. 결국 판다는 것은 자신의 아이디어로 남을 설득하는 것이다.

7. 춤추는 은행장이 되다

"국립발레단(단장 金惠植)은 오는 9-14일 국립극장 대극장에서 「해적」을 국내 최초로 전막(3막4장) 공연한다.……특히 국립발레단 후원회(회장 윤병철 하나은행장) 회원 등 각계인사가 우정 출연하는 것도 이 공연의 화젯거리. 윤병철 하나은행장, 강신호(姜信浩) 동아제약회장, 김재기(金在基) 주택은행장, 박종웅(朴鍾雄) 의원(민자당), 오세훈(吳世勳) 변호사 등이 제1막 2장의 노예시장 장면에 출연, 노예상인역을 맡아 간단한 마임 동작을 하루씩 선보인다."

「중앙일보」(1994년 9월 4일) 문화면 기사 내용이다. 이 공연 덕분에 나는 '춤추는 은행장'이란 타이틀을 달게 되었다. 사실 고교 시절 잠깐 연극을 했던 것 말고는 나는 무대와 인연이 없었다. 발레는 더더욱 내 삶과 거리가 먼 귀족예술쯤으로 치부했고, 그동안 살아오면서 기껏해야 「백조의 호수」 공연을 본 것이 전부였다. 그런 내가 졸지에 춤추는 은행장으로 스포트라이트를 받으면서 유명세를 톡톡히 치르게 되었다. 사회로부터 받은 혜택을 돌려주기 위한 첫 번째 구상이 금융계의 전문인력 양성이었다면, 두 번째가 바로 문화계를 돕는 일이었다. 기업이 문화발전을 돕는 메세나 운동의 첫 단추를 발레로 꿴셈이다.

재무설계와 메세나 운동 : 나의 마지막 의무와 봉사

발레와의 인연은 예상치 못한 곳에서 불쑥 시작되었다. 대학졸업 후 첫발을 내디딘 농업은행의 입행동기에 김주익(金周益)이라는 친구가 있었다. 그후 그는 미국 캘리포니아 주립대학교 프레스노 캠퍼스 교수로 있었는데, 그 대학에 한국학연구소를 만들 때 내가 도움을 준 일이 있었다. 그 전에 김 교수 때문에 프레스노와 인연을 맺게 된 나는 1990년부터 8년간 경영학 객원교수로 이름을 올린 적이 있었다. 이런 인연으로 미국에 가면 김 교수와 자주 어울렸는데, 한번은 같이 교내 산책에 나섰다가 부인의 발레 교습실에 들르게 되었다.

김 교수의 부인은 당시 캘리포니아 주립대학교 예술대학 무용과 발레 주임교수로 재직했던 김혜식 씨였는데, 나중에 귀국하여 국립발레단 단장이 되었다. 우리가 온 줄도 모른 채 땀을 뻘뻘 흘리며 학생들을 지도하고 있던 김혜식 씨를 보면서 화려한 무대 뒤의 예술을 향한 뼈를 깎는 노력을 처음으로 실감할 수 있었다. 발레는 몸을 가지고 하는 퍼포밍 아트(performing art)이자 중노동이었다.

그날 저녁, 식사를 마치고 김 교수 집에 들러 이런저런 한담을 나누다가 김혜식 씨에게 대충 이런 말을 했다. '당신은 일찍이 국내 무대에서 명성을 쌓은 우리 무용계 재원이었고, 5.16 장학금을 받아서 영국 로열발레학교에서 공부했다. 힘들게 재능을 닦아서 왜 하필 외국 사람을 가르치느냐. 한국에 와서 후진양성에 이바지하면 좋지 않겠느냐.' 그녀가 농담처럼 '내가 한국에 가면 좀 도와주겠느냐'고 물었다. 나는 '만약 국내로 돌아온다면, 힘닿는 데까지 도와주겠다'고 흔쾌히 대답했다.

그해 말, 30여 년 동안 국립발레단 단장을 맡았던 임성남(林聖男)

씨가 자리에서 물러났다. 당시 문화부 장관이 내가 참 좋아했던 이수정(李秀正) 씨였는데, 글도 잘 쓰고 영국 주재 공보관을 지낸 덕에 국제적 감각과 경력도 있었다. 발레에 관심이 많았던 이 장관이 옛날 방식의 사람들도 그렇고 관료적 분위기도 좀 바꿔야 된다며 임성남 씨의 후임을 물색하던 중 김혜식 씨와 연결되었던 모양이다.

국립발레단 단장 취임을 앞두고 귀국한 김씨 부부가 인사차 나를 보러 왔다. 이 자리에서 김혜식 씨가 미국에서 약속한 대로 도와달라고 청했고, 나는 능력이 닿는 대로 힘껏 돕겠다고 약속했다. 문제는 어떻게 도울 것인가였다. 오랫동안 한국을 떠나 있었던 그녀가 많은 경쟁자를 물리치고 선택된 만큼 단장직을 수행하는 데에 적지 않은 어려움이 따를 것이 분명했다. 나는 고민 끝에 그녀를 좋아하고 도우려는 사람들로 국립발레단 후원회를 결성하기로 작정했다.

후원회 결성 문제를 놓고 문화부와 의논을 시작하자 첫 반응부터 반대에 부딪쳤다. '국립발레단은 말 그대로 나라 것인데 민간으로부터 후원을 받는다는 게 말이 되느냐'고 했다. 당시 정부관리들의 사고로는 국가가 민간으로부터 후원을 받는 것이 이해되지 않았던 것이다. 민간이 예술단체를 후원하는 일은 너무나 당연한 일이다. 그런데 이해할 수 없는 이유로 되느니 안 되느니 실랑이가 벌어진 것을 보면서 나는 관존민비(官尊民卑)의 유령이 21세기가 바로 내일인 오늘도 한낮의 광화문 대로에서 위세를 떨치는 것을 볼 수 있었다. 다행히 이 장관이 영국에도 국립예술단 민간후원회가 있는데, 우리나라에서 후원회를 결성하는 것이 문제가 될 수 없다고 하며 흔쾌히 승낙하여 일이 쉽게 풀렸다.

후원회 결성이 가능해지자 여러 방면으로 후원자 찾기에 나섰다. 당시 동아일보 김상만(金相万) 명예회장이 김혜식 씨를 좋아했는데, 동아무용콩쿠르에서 그녀가 1등으로 입상한 경력이 있기 때문이다. 김 회장을 비롯하여 동아제약 강신호 회장에게도 협조를 구했다. 두 분 외에도 사회 저명인사 여러 명이 후원자로 나서다 보니 일부에서 몇 십억 원을 기금으로 모아서 후원회를 만들자는 의견이 나왔다.

그동안 예술단체 후원회들은 재정적인 후원에만 집중해왔고, 활동 초기에 적극적으로 기금을 모으다가 시간이 지나면 흐지부지되는 경우가 대부분이었다. 그 부분이 항상 마음에 걸려 만약 내가 후원회를 만든다면 지속적이고 다양한 방식으로 후원이 이루어질 수 있도록, 또 후원 목적이 실현될 수 있도록 추진하고 싶었다. 그래서 나는 "후원회라는 것은 마음이 중요합니다. 회원들을 상대로 십시일반(十匙一飯) 연회비를 받아서 지원해야 지속적인 후원이 가능하고 일반인들이 관심도 가지게 됩니다. 수십억 원의 돈으로 시작한다면 나는 그만두겠습니다" 하고 선언했다.

거금(巨金)의 기금 제안에 내가 단호하게 대응했던 또다른 이유가 있었다. 우선 큰돈은 기부받기가 쉽지 않을 뿐더러 그렇게 큰돈을 조성해놓으면 운영하는 데에 뒷말이 따르기 마련이고 그렇게 되면 후원회 본래 기능에도 문제가 생길 수밖에 없었다. 결국 내 뜻대로 연회비를 받는 후원회를 만들게 되었는데, 그 결과 회비를 받아서 국립 공연단체를 지원하는 형태의 후원회가 국내 최초로 탄생했다.

마음 한편으로 후원회 결성에 금융계를 활용하고 싶은 생각도 있었다. 오랫동안 여러 금융회사를 경영하면서 금융계를 포함한 기업의 사회적 책임에 대해서 많이 생각해왔기 때문이다. 그래서 나와 친분이 있던 당시 이상철(李相哲) 국민은행장, 이용성(李勇成) 중소기업은행장, 홍재형(洪在馨) 외환은행장, 김재기 주택은행장에게 연락을 하여 한자리에 모였다. 그 자리에서 평소 생각해오던 얘기를 꺼냈다. "내가 지금 국립발레단을 지원하려고 합니다. 우리도 문화계에 도움되는 일을 좀 합시다."

이날 모임에서 은행장들이 흔쾌히 지원을 약속했고, 2500만 원의 후원금을 모을 수 있었다. 1993년 2월 후원회가 출범하고 이듬해 국립발레단 전속단원 해외연수제도를 국내 국−공립 예술단체로는 처음으로 도입했다. 연수비용은 후원회가 전액 부담하기로 했다. 해외연수제도를 후원한 데는 두 가지 목적이 있었다. 실기훈련이 부족한 우리 무용수들이 외국의 우수 발레단이나 발레 스쿨에서 강도 높은 훈련을 받아 전문 무용수로서의 자질을 높이도록 하는 것이 첫째 목표였다. 둘째는 해외연수를 통해서 국제적 감각과 기량을 갖춘 우수 인재가 국내의 발레 수준을 한 차원 높일 수 있도록 하는 것이었다. 해외연수 지원 외에도 프로그램 제작비용과 팸플릿 제작비용 지원, 단원 격려금 지급, 발레단 비품과 공연 티켓 구입 같은 다양한 방식으로 지원을 아끼지 않았다.

국립발레단의 정기공연「해적」에 우리 회원들이 출연한 것도 국내에서는 처음 있는 후원의 한 방식이었다. 어느 날 김혜식 단장이 "선진국에서는 후원회가 돈도 지원하지만, 배역을 맡아 출연하는 것으로 후원하기도 합니다.「호두까기 인형」은 미국에서 크리스마스 때마다 자주 무대에 올려지는 공연인데, 아버지가 아이와 함께 무대에 오르는 경우가 많습니다. 그들 아버지 대부분이 후원회 멤버입니다"라고 얘기했다. 김 단장의 말에 내가 농담 삼아 "그럼 엑스트라 비용도 절약할 겸 우리가 출연자로 후원하지요" 하고 말했다가 일이 커져 무대 위에까지 오르게 된 것이다.

말은 출연자로 나서겠다고 했지만, 그때만 해도 사회 분위기로 볼 때 시중 은행장이 공연무대에 서는 것은 어색한 일이었다. 나는 속으로 설마 무대에 서는 일이 실제로 벌어지겠느냐고 생각했는데, 김 단장의 적극적인 권유에 강신호 회장이 덜컥 출연 약속을 해버렸다. 강 회장은 학창시절 외국에서 공부하면서 발레 동작을 배운 경험이 있었다. 강 회장이 출연하겠다는 마당에 명색이 후원회장인 내가 뒤로 빠질 수는 없는 노릇이었다. 어쨌든 유명 후원회원들이 무대에 오르면서 공연은 단숨에 장안의 화젯거리가 되었고, '춤추는 은행장'으로 여러 신문에 나에 관한 기사가 실리면서 결과적으로 하나은행 홍보에 도움이 되기도 했다. 얼떨결에 무대에 올라 발레를 하면서 진땀을 뺐지만, 보람 또한 컸다.

가장 큰 보람은 후원회가 국립발레단에 든든한 힘이 되었다는 점이다. 그때는 문화예술 행정을 담당하는 공무원들이 발레단뿐만 아니라 국립극장 소속 공연단체들의 예술감독의 자율성을 크게 존중하지 않는 분위기였다. 청와대나 정부 고위인사가 '이런 걸 좀 하지' 하면 급하게 공연 프로그램 하나가 새로 만들어지는 식이었다. 기관 운영방식이 과거의 군대식이었고, 발레단장은 아트 디렉터인데, 그 단장조차 인정해주지 않는 분위기였다.

전근대적 분위기를 바꾸기 위해서 후원회가 힘을 모아 예술감독의 역할을 지원하고, 발레단 운영에 관료적 입김이 덜 가도록 견제하는 역할도 했다. 나중에는 후원회 추천으로 국립극장의 예술단체 감독을 탄생시키는 일도 이루어냈다. 후원회가 건의서를 내고 애를 써서 김혜식 단장 후임으로 무용가 최태지(崔泰枝) 씨가 선정되도록 한 일은 지금까지 내게는 보람으로 남아 있다.

국립발레단의 활동이 눈에 띄게 활발해지고 좋아지자 다른 공연단체들은 우리 후원회를 몹시 부러워했다. 처음에는 주위 사람들로부터 '발레는 서양무용인데 왜 하필 발레냐. 기왕 지원하려면 국악을 후원하든지 해야지'라는 소리를 많이 들었다. 따지고 보면 맞는 말이기도 해서 그때는 딱히 할 말을 찾지 못했다. 그런데 「해적」 연습을 할 때 만난 국립발레단 자문위원장이자 무용평론가인 이순열(李盾烈) 씨가 내게 답을 찾아주었다.

"행장님, 인간이 서서 다니는 건 결코 우연이 아니에요. 원래 인간도 다른 동물들처럼 네 발로 기어 다녔습니다. 평소 두 발로 걷는 침팬지도 급하면 네 발을 쓰는데, 인간은 절대 그렇지가 않아요. 그 이유는 언제나 높은 곳을 바라보고 거기에 다다르려고 하는 인간만이 가진 상승욕구 때문입니다. 예술은 인간의 꿈을 표현하는 것인데, 발레는 바로 인간이 가진 상승지향적인 꿈을 가장 잘 표현한 예술입니다."

그의 말을 듣고 나는 무릎을 쳤다. 인간의 '상승지향적인 꿈'을 몸으로 표현한 예술이 발레라니! 우리금융지주 회장을 맡으면서 애석하게도 국립발레단 후원회장직에서 물러났지만, 지금도 발레에 대한 나의 애정은 변함이 없다.

8. 문화는 물질문명을 싣고 가는 수레

국립발레단 후원회장으로 활동할 때 나는 '춤추는 은행장'이니 '베스트 드레서'니 해서 언론에 이름이 좀 알려졌다. 당시 김영삼 대통령이 취임한 뒤 기업과 문화 관계인을 청와대로 초청하여 오찬을 하면서 이제는 기업으로부터 정치자금을 안 받으니, 대신 기업은 그런 돈으로 우리나라의 문화발전을 도와줄 것을 당부했다. 그래서 당시 (1994년) 이민섭(李敏燮) 문화체육부 장관이 한국기업메세나협의회를 만드는 데 앞장섰고 나도 그 설립을 돕기 위해서 부회장으로 참여하게 되었다.

사람들은 너나 할 것 없이 생업에 종사하면서 물질적인 부를 추구하고 또 그 돈을 쓴다. 돈을 버는 것도, 쓰는 것도 각자의 몫이다. 그러나 어렵게 번 돈을 사회나 이웃을 위해서 잘 쓸 수 있도록, 기왕이면 문화예술에 지원하여 모두가 정신적인 안녕과 행복을 추구할 수 있도록 돕는 것이 메세나(mécénat) 운동이다.

기업이란 통상 처음 출발할 때는 좋은 제품과 서비스로 남들보다 좋은 편익을 고객에게 돌려주려고 애쓰고 그로 인해서 점점 성장하게 된다. 그런데 규모가 커지면서 욕심이 생겨 자신들의 욕심을 더 많이 채우기 위해서 고객과 사회에 폐를 끼치는 경우가 많다. 자신들의 이익에 눈이 멀어 소비자나 사회를 등한시하면, 그런 모습은 당연히 외부로 드러나게 되고 결국 사회로부터 외면받게 된다.

마당을 쓸면 내 집만 즐겁지만, 골목을 쓸면 온 동네가 즐거워진다. 지속가능성과 발전을 생각하는 기업이나 부자라면 모름지기 온 동네를 염두에 두어야 한다. 내가 기업의 사회적 책임 내지 공헌에 대해서 생각하게 된 것은 수십 년 동안 은행에서 돈 심부름을 하면서 느낀 바가 컸기 때문이다. 사실 돈은 우리를 편하게 해주는 수단일 뿐 행복의 필요충분조건은 아니다.

내가 한국투자금융에 근무하던 1980년대 초 한창 '강남개발' 바람이 불었다. 개발 바람을 일으킨 신도시 조성을 위해서 정부가 배밭 ― 당시 강남에는 배밭이 많았다 ― 등의 토지를 수용했다. 배농사를 짓던 땅을 수용당해 큰 보상금을 받게 된 아주머니들이 돈을 들고 한국투자금융에 예금을 하러 오는 경우가 많았는데, 단자회사는 일반 은행보다 이자를 더 후하게 주었기 때문이다. 어느 날 창구 직원이 돈을 들고 온 아주머니에게 "큰돈을 손에 쥐게 돼서 좋겠습니다" 하고 부러워하자, 그녀는 "뭣이 좋소? 나는 돈이 원수요"라고 열을 올렸다. 지금까지 배농사를 지으며 알뜰하게 살면서 별 걱정이 없었는데, 갑자기 큰돈이 생기니까 남편은 다방으로 술집으로 다니며 놀아나고, 아이들은 벼락부자가 되었다고 하던 공부도 때려치우니 돈이 원수라는 것이었다.

결국 인간이 행복하려면 내면적인 것과 물질적인 것이 균형을 잘 이루어야한다. 그것은 국가와 사회도 마찬가지다. 사회도 경제적으로만 성장하고 그것을 떠받치는 문화적 수준이 균형을 맞추지 못하면, 우리가 IMF 외환위기를 겪었을 때처럼 혼란과 어려움을 겪게 되고

문화지체 현상 같은 여러 부작용이 나타나게 된다.

또 한 가지 느낀 점은 사회구성원으로서 기업이 일반시민처럼 그 사회에 대해서 마땅한 책임을 다 해야 한다는 것이다. 산업사회는 학교와 직장, 각종 사회단체와 교회에 이르기까지 사회의 많은 부분이 조직으로 구성되어 있다. 말하자면 조직사회라고 할 수 있는데, 사회를 이루는 이런 구성원들이 각자 자기역할을 제대로 하지 못하면, 국가는 더 이상 발전하기가 어렵다. 그래서 나는 경영인이 되면서 기업은 그 역할과 규모에 따라서 사회구성원으로서 지역사회에 책임 있는 기여를 해야 한다고 생각해왔다.

메세나 운동에 본격적으로 뛰어들면서 나는 어떤 형태로 기업시민의 책임을 다할 것인가를 고민했다. 그때 내린 결론이 금융회사는 그 업의 속성상 사회공헌에 돈을 많이 쓸 수 없다는 사실이었다. 은행은 어떤 면에서 전기나 가스를 취급하는 유틸리티(utility) 회사와 비슷하기 때문에 운영에 공공성을 지켜야 한다. 은행업을 하려면 정부로부터 인가를 받아야 하고 그 라이센스로 일반인으로부터 예금을 받아 자금이 필요한 사람에게 대출을 해주고 거기에서 이익을 내는 것이므로, 이익이 너무 많이 발생한다면 예금자에게 금리를 높여주든가, 대출자에게 이자를 깎아주어야지 마음대로 쓰서는 안 된다.

그런 점에서 나는 요즘 은행들에 불만이 있다. 이익을 많이 내기 위해서 서로 경쟁하면서 별별 수단을 다 동원하는데, 결코 바람직하지 않다. 또 사회공헌을 하더라도 분수에 맞게 적정선에서 돈을 써야지 우리가 벌었으니까 마음대로 쓰겠다고 하는 것은 옳지 않다. 사기업처럼 이윤추구에 열을 올려 돈을 모으고 그 돈을 생색내듯이 써서는 안 된다는 것이다. 고객과 사회에 혜택이 골고루 돌아가도록 균형을 맞추어야 한다.

나는 은행이 돈을 적게 쓰면서 할 수 있는 가치 있는 사회공헌은 어떤 일일까 고민하다가 문화지원 사업을 떠올리게 되었고, 하나은행의 예술문화 지원은 그렇게 시작되었다. 국립발레단을 후원했고, 미술품도 사서 소장했는데, 비싼 그림보다 주로 재능 있는 작가들에게 초점을 맞춰 구입했다. 뿐만 아니라 어린이 포스터 대회를 열거나 어린이를 위한 음악보급운동 등을 벌이는 등 다양한 문화사업을 벌였다. 특히 어린이 관련 문화사업에 공을 들인 까닭은 어릴 때부터 문화에 접근해야 커서도 관심을 가지고 제대로 문화를 향유할 수 있다는 생각에서였다. 하나은행 이름으로 여러 가지 문화지원 사업을 한 것은 은행의 안정성 확보에도 도움이 될 수 있을 것이라고 판단했기 때문이다.

미술품 구입과 관련하여 재미있는 에피소드가 있다. 선진국의 경우 기업이 예술품을 많이 구입하는데, 예술품을 산다는 것은 작가와 문화예술을 동시에 지원하는 일이다. 잘만 되면 소위 투자가치도 얻을 수 있다. 내가 한국투자금융 사장으로 있을 때였다. 이응노(李應魯) 화백의 전지(全紙) 크기 그림을 4천만 원을 주고 샀더니 노조가 눈이 휘둥그레졌다. 차라리 그 돈으로 직원들의 해외연수나 시키지 왜 그림을 사는지 이해할 수 없다는 반응이었다. 할 수 없이 직원들을 해외연수도 보내게 되었다.

얼마 뒤 이 화백이 작고했는데, 하루아침에 그림 값이 1억 원으로 뛰었다. 우리가 투자금융회사니까 직원들이 투자에 대해서는 누구보다 잘 알고 있었다. 이 일로 인해서 직원들은 그림에 투자하는 것도 돈이 될 수 있다는 것을 처음 깨달았다. 직원 중 몇 명은 이때부터 개인적으로 그림을 공부하여 미술품에 투자하기도 하고, 퇴직 후에는 미술관 운영과 미술품 경매사업에 뛰어들기도 했다.

우리는 이미 그림 구입이 투자라는 것을 경험했기 때문에 한국투자금융이 하나은행으로 전환한 뒤에도 이사회에 예산안을 올릴 때 자연스레 그림 구입비 항목을 따로 넣었다.

좋은 일은 지속적으로 해야 힘이 생기고 일회성에 그치면 가치도 없어진다. 뿐만 아니라 좋은 일은 투자처럼 신중하게 기획해야 하고 우리사회에 기여할 수 있어야 한다. 다행히 내 후임이었던 김승유 행장도 예술적 혜안이 있어 하나은행의 미술품 투자가 지속적으로 가능하게 되었다. 지금 생각해도 내게는 이때가 참 뿌듯하고 즐거운 시절이었다.

한국기업메세나협의회 3대 회장을 거쳐 나는 2004년 명칭이 바뀐 한국메세나협의회에 지금도 고문으로 몸을 담고 있지만, 메세나 운동을 하면서 못내 아쉽게 생각하는 것이 있다. 선진국에서는 개인은 물론이고 기업도 기부활동이나 문화지원 사업을 활발히 펼치는데, 그 배경에는 세금 문제가 있다. 기부나 지원사업을 벌이면 세금을 깎아주기 때문에 개인이나 기업 입장에서 사회적으로 칭찬도 받고 세금도 절약하게 되어 일석이조(一石二鳥)가 된다. 우리나라는 이와 관련한 혜택이 별로 없어 안타까울 때가 많았다.

정부 차원에서 세금감면 같은 혜택을 주지 않더라도 기업들은 더욱 활발히 메세나 운동에 참여해야 한다. 문화는 물질을 싣고 가는 수레와 같다. 사회 전체가 물질적 풍요를 누리려면 수레가 튼튼해야 된다. 물질적으로 풍족해지려면 문화적으로 풍성해야 하고 그래야만 비로소 정신이 바로 선 선진국으로 갈 수 있다.

재무설계와 메세나 운동 : 나의 마지막 의무와 봉사

9. 행복한 돈 심부름꾼

　예전에는 금융인으로서 저축을 권유하고 예금을 증대시키기 위해서 기업고객이나 예금자를 찾아다녔다. 나는 은행계 은퇴 이후 2009년 사회복지공동모금회 제6대 회장직을 맡고서는 기업이나 사람을 찾아다니며 가난하고 불행한 사람들을 도와달라고 기부를 호소하기 시작했다. 돈 심부름꾼이긴 마찬가지지만 둘 사이에는 큰 차이가 있다.

　사회복지공동모금회 회장으로서 나는 기부자를 찾아다니며 "좋은데 돈을 쓰십시오" 하고 권유하는 일이 처음에는 좀 미안하게 여겨졌다. 예금과 기부는 돈을 건네는 사람 입장에서 보면 전혀 다르기 때문이다. 그런데 차츰 시간이 지나면서 생각해보니 그게 아니었다. 기부를 하면 금전적 이득인 이자는 챙길 수 없지만, 대신 스스로 떳떳하고 만족스럽고 그로 인해서 보람을 느낄 기회가 되기 때문에 그런 경험은 돈으로 살 수 없는 행복이 아니냐 하는 생각이 들었던 것이다. 그때부터 나는 자부심을 갖고 당당하게 기부자들을 찾아다니며 좋은 곳에 돈을 쓰라고 권유했다.

　'사랑의 열매'로 상징되는 모금회는 나눔 문화의 확산을 통해서 아동, 청소년, 장애인, 노인, 여성, 지역사회 등 도움이 필요한 곳에 따뜻한 나눔의 마음을 전해서 행복공동체를 만드는 모금 및 배분 전문기관이다. 내게 그 회장 역할이 맡겨졌다는 것은 매우 영광스러운 일이자 고마운 일이었다.

2007년부터 사회복지공동모금회 모금분과위원장과 부회장을 맡기도 했지만, 메세나 운동을 통해서 문화지원사업을 펼치는 등 기업의 사회적 책임을 강조했고, 또 적십자사 서울지회에서의 봉사활동과 전국경제인연합회의 사회공헌위원회 전문위원으로 활동하는 등 여러 가지 사회공헌활동을 한 것이 모금회에서 내게 회장을 제안한 이유가 아닐까 싶다.

모금회 회장 자리는 보통 일주일에 한두 번 사무실로 출근하여 고유 업무를 처리하는 무보수 비상근의 봉사하는 자리다. 중요한 일은 모금회를 대표하고 업무를 총괄하는 한편, 기부자를 방문하거나 기부금 전달 활동 등에 참석하고 모금을 위한 사업체 방문을 하는 것이었다.

사회복지공동모금회 회장으로서 처음 맞은 2009년 말과 2010년 초에 나는 어느 때보다 분주했다. 모금회는 해마다 12월과 이듬해 1월, 두 달을 집중모금 기간으로 정하여 회장 이하 모금사업본부 직원들이 정신없이 뛰기 때문에 눈코 뜰 새가 없었던 것이다. 거기다 다양한 모금방식을 개발하고 기부확산을 위해서 여러 가지 아이디어에 골몰하다 보니 처음 생각과 달리 일주일의 절반은 봉사를 위해서 내 시간을 쓰게 되었다. 하지만 모금회 일 역시 그동안 내가 우리 사회에서 받은 혜택을 되돌려주는 일이라는 생각에 보람을 느꼈다.

나는 '희망 2010 나눔 캠페인'이란 제목 아래 펼쳐진 2009~2010년 집중모금 기간 동안 잊을 수 없는 사례들을 경험했다. 오히려 도움을 받아야 할 처지에 있는 쪽방촌 사람이나 노숙자들이 한푼두푼 꼬깃꼬

깃 모았던 돈을 더 어려운 사람들을 돕고 싶다며 내놓는 경우가 있었다. 지방에서 생선가게를 하는 한 상인은 전세살이를 하면서도 그 지역의 어려운 사람들을 꾸준히 도와왔는데, 집중모금 기간에 2천만 원이 넘는 거금을 기부했다. 뿐만 아니라 교도소 재소자들은 자신들에게 지급되는 우표를 모아 좋은 일에 써달라며 보내왔다. 빈부(貧富)와 돈의 액수를 떠나 십시일반으로 우리사회의 따뜻한 정을 느끼게 한 사례들이 많아 나는 흐뭇하고 보람을 느낄 수 있었다.

남과 무엇을 나눈다는 것에는 행복이 따른다. 기부는 나눔으로써 행복의 주주가 되는 것이다. 이러한 생각들을 바탕으로 모금회에 행복주식거래소를 만들었다. 행복주식거래소는 도움을 필요로 하는 개인과 사회복지기관 및 단체의 사업을 기부자가 선택하여 행복투자(기부)를 할 수 있는 나눔 전문 사이트다. 이 사이트에 들어가면 어려운 사정을 올려놓은 사람들이 많다. 그 내용들을 보고 자신이 평소 돕고 싶었던 사례를 찾아 능력껏 기부를 할 수 있도록 했다. 기부자는 상장된 사연과 사업을 선택하여 기부하고, 행복투자의 결과를 온라인에서 투명하게 공개하는 새로운 나눔의 장이 바로 행복주식거래소다.

행복주식거래소 외에 카드 포인트나 마일리지 기부도 새롭게 진행했는데, 2009년 말 사상 최초로 과천 경마장에서 우승한 경주마의 상금이 경주마의 이름으로 기부되었다. 이처럼 모금하는 방식과 배분방식에 대해서 기부자나 수혜자 모두가 즐거움을 느끼면서 행복을 나눌 수 있는 여러 가지 방법을 찾아내서 많은 사람들이 관심을 가지도록 했다.

고액 기부자를 유치하는 노력도 강화했다. 모금회에는 1억 원 이상

고액을 기부한 사람들의 클럽인 아너 소사이어티(honor society)가 2007년 말에 발족되어 운영되고 있었다. 고액 기부자를 기념하는 일종의 '명예의 전당'을 표방했으나, 널리 알려지지 않은 탓인지 실적은 기대에 미치지 못했다. 그래서 언론을 통해 나눔문화 참여를 유도하는 캠페인과 홍보활동을 펼치고, 이명박 대통령 내외분을 초청한 가운데 '나눔문화 대축제'를 개최하기도 했다. 그런 노력의 결과 기업인, 의료인, 법조인, 연예인, 스포츠맨 등이 속속 참여하여 2008년 말 회원 6명, 기부액 6억 원이던 아너 소사이어티가 2010년 말에는 회원 44명, 기부액 75억 원으로 커지는 등 점점 궤도에 오르기 시작했다.

사실 모금회라는 것은 기본적으로 모금을 많이 해야 되고 그것을 공정하고 투명하게 관리하면서 정말 우리 사회가 필요로 하는 곳에 우선순위를 두고 거기에 맞추어 배분해야 한다. 그런데 회장으로 와서 보니 그동안 모금보다 배분에 더 무게 중심이 쏠려 있었다. '이건 아니다' 싶어 분위기 쇄신을 계획했다. 물론 모금에 대한 배분도 소홀히 할 수 없는 부분으로 엄격한 시스템에 의해서 철저히 따지고 관리해야겠지만, 나는 근본적으로 모금회를 활성화하는 길은 모금을 더 늘리는 것이라고 생각했다. 모금을 더 늘려야 우리 사회에서 혜택을 받는 사람들이 더 많이 나올 수 있고 또 좋은 일을 할 수 있지 않느냐 하는 것이 내 생각이었다. 그러자면 사람들 마음가짐부터 바뀌어야 하므로, 우선 조직부터 바꾸고 담당자도 바꿔 업무를 확대해 나갔다.

그렇게 조직을 추스르고 있던 중 뜻하지 않은 일이 벌어졌다. 서울의 중앙회를 비롯하여, 전국 16개 시도에 지회를 두고 있는 모금회는 주무부처인 보건복지부의 업무 감독과 감사를 받기 때문에 자체 감사

재무설계와 메세나 운동 : 나의 마지막 의무와 봉사

를 엄격하게 실시한다. 2010년 봄에 실시한 자체 감사에서 일부 지회 직원들이 성금의 일부를 유용한 사실이 적발되었다. 인천지회에서 조형물인 사랑의 온도탑을 3년간 재활용하면서 해마다 1천만 원 안팎의 제작비를 쓴 것처럼 꾸미거나, 경기지회에서 법인카드로 유흥주점과 음식점 등에서 3천여만 원을 쓴 사실이 적발되어 자체적으로 유용자금의 환수와 책임자 문책 등 철저한 징계조치를 취했다. 그런데 2010년 가을 정기국회에 이 같은 감사 결과를 제출했고, 이것이 언론에 대대적으로 보도되면서 난리가 났다. 언론은 모금회를 '비리의 온상', '비리로 얼룩진 사랑의 열매'라며 호되게 몰아붙였다. 숱한 비난의 화살이 날아들었다.

물론 법에는 모금액의 10% 범위 내에서 성금의 모집, 관리, 운영에 필요한 경비를 쓸 수 있도록 되어 있지만, 이와 같은 직원의 비리, 도덕적 불감증은 불우한 이웃을 보살펴야 하는 사회복지기관에서는 도저히 있어서는 안 되는 일이었다. 국민 정서 또한 이를 용납할 수 없다는 분위기였다. 직원의 부정행위는 내가 모금회를 맡기 전에 발생한 일이었지만, 큰 걱정거리가 아닐 수 없었다. 가장 큰 걱정은 모금회에 대한 국민의 불신이 높아져 기부금이 줄어들고 모금회 활동이 위축되어 사회적 도움을 필요로 하는 소외계층의 어려움이 더 커질 것이라는 점이었다.

이 문제를 풀어나가는 방법은 사회복지공동모금회가 환골탈태하여 거듭 태어나는 길밖에 없었다. 내부와 외부의 감시망을 강화하고 부정과 비리가 발붙이지 못하도록 제도와 시스템을 개혁하는 일도 중요하지만, 그에 앞서 서둘러야 할 것이 인적 쇄신이었다. 그래서 나를 비롯한 이사진 20명이 전원 사퇴하는 것으로 마무리지었다. 선의로 나눔을 실천하는 기부자들에게 걱정을 끼친 일은 두고두고 가슴 아픈 나의 기억이 되었다.

1년 8개월간 모금회 회장으로 일하면서 느낀 점은 우리나라는 정기적인 기부보다 경기가 어렵거나 자연재해 등이 생길 때에 하는 동정성 기부가 많다는 것이다. 뿐만 아니라 미국과 같은 선진국에 비해 유산기부와 고액기부가 미약한 편인데, 나는 기업인들과 자산가들의 기부가 활성화될 수 있도록 소득공제 비중을 높이는 식의 제도 개선이 절실히 필요함을 알았다.

간혹 경제적 여유가 없어 기부를 하지 못한다는 사람들이 있다. 물질적인 기부만이 기부의 전부가 아니다. 나눔은 우리 사회를 보다 행복하게 만드는 일종의 사회투자. 거기에 돈 말고도 시간이 있는 사람은 자원봉사로, 재능이 있는 사람은 재능봉사로 자신이 가진 것을 사회를 위해서 내놓으면 그것이 바로 기부이자 나눔이다.

모금회 일을 하다 보니 시간과 몸은 바빴지만 마음은 편했다. 좋은 일을 할 수 있는 기회를 얻어 좋았고 아직 내가 할일이 있다는 것, 남들에게 할일을 만들어준다는 것도 더없이 좋았다. 나름대로 사회에 기여하고 봉사할 수 있어 무엇보다 기쁘고 감사했다. 사실 무보수 봉사라는 것도 시간과 경제력이 갖추어져야 할 수 있는데, 내가 그것을 할 수 있는 여건이 된다는 것이 무엇보다 감사했다. 현재 하고 있는 한국FPSB나 FP협회가 제대로 되지 않았다면, 시간을 내어 선뜻 모금회를 맡기 어려웠을 것이다. 다행히 두 단체가 제 궤도에 올라 잘 돌아가고 있으니, 그 덕분에 봉사할 여유가 있었다. 기부자들 대부분은

재무설계와 메세나 운동 : 나의 마지막 의무와 봉사

기부 후에 "마음이 참 편하고 기부하길 잘했다"고 말한다. 그들에게 나도 "당신들 때문에 모금회 일을 즐겁게 할 수 있었습니다"라고 말해 주고 싶다.

에필로그 :

배움과 열정 그리고 인연으로 건너온 삶

미국의 심리학자 윌리엄 제임스(William James)는 "생각은 행동을 낳고, 행동은 습관을 낳고, 습관은 성격을 낳고, 성격은 운명을 낳는다"고 했다. 내가 매사에 부정(否定)과 절망보다는 긍정과 희망으로 앞을 내다보고 실천에 옮길 수 있었던 것은 생각과 행동, 습관과 실천 하나하나가 내가 바라는 인생을 쌓아올리는 결과물이 된다고 생각했기 때문이다. 그 바탕에는 호기심과 열정, 모험심이 자리하고 있었고 더불어 좋은 인연들도 많았다.

어릴 때부터 호기심이 강했지만, 희수(喜壽)의 나이가 된 지금까지도 내 호기심은 여전히 줄어들지 않고 있다. 한국FPSB와 한국FP협회를 이끌며 재무설계사를 교육시키고 자격을 인증하는 일을 제대로 하려면 우선 나부터 관련 지식을 알아야 했다. 내가 금융인으로 사회에 첫발을 내디딘 시절에는 그저 선배들 어깨 너머로 도제(徒弟)처럼 일을 배운 것이 전부였고, 그 이후에도 은행 일 외에는 증권이나 펀드 등 투자에 대해서는 직접 공부할 기회가 없었다. 그 탓에 늦은 나이에 재무설계사들을 육성하기 위해서 새롭게 주식이나 펀드 등 투자 분야에 대한 공부를 열심히 하게 되었다. 그리고 나는 책을 읽고 외국인들을 만나기 위해서 인생의 중년에도 영어 독해와 회화 학습에 많은 시간과 노력을 기울였다. 근년에도 중국어 공부를 수 년째 하고 있는데, 생각보다 진도가 더딘 것 같아 아쉽다.

세계와 사회는 끊임없이 변하기 때문에 도태되지 않으려면, 죽을 때까지 공부하고 배우는 수밖에 없다. 그러자면 매사에 호기심과 열정을 잃지 않아야 한다. 조찬 세미나, 동아리 등 여러 모임에 나가면 나는 어느새 나이가 가장 많은 연장자가 되었다. 그러나 30-40대 젊은이들과 눈높이를 같이할 수 있기 때문에 함께 어울려 즐겁게 지내고 있다. 내게는 20-40대의 젊은 친구들이 많다. 젊은 경영자들과 함께 여러 가지 모임을 가지고 같이 음악을 듣고 영화를 보고 와인을 마시면서 배우고 공부하는 일에 즐겁게 참여하고 있다. 늦깎이로 배운 사진을 전시회에 출품하기도 했다.

나이에 상관없이 호기심을 가지고 모든 것을 새롭게 받아들이고 알려고 하는 지각과 영감의 안테나를 세우고 끊임없이 배우는 사람은 나이가 80세라도 청춘이다. 비록 물리적인 내 나이는 희수의 고개를 넘어가지만 심리적 나이는 지금도 서른 살 청년이라고 자처한다. 시인 새뮤얼 울먼(Samuel Ullman)은 80세 생일날 "청춘(Youth)"이라는 시를 썼다. 나는 대학교 시절부터 이 시를 무척 좋아했고, 훗날 한 시인에게 부탁해서 그 시를 번역하여 많은 지인들에게 알려주기도 했다. 지금도 나는 이 시를 읊으면 온몸에 뜨거운 피가 끓는 느낌이다.

청춘

청춘이란 인생의 어떤 기간이 아니라 그 마음가짐이라네.

장밋빛 뺨, 붉은 입술, 유연한 무릎이 아니라

늠름한 의지, 빼어난 상상력, 불타는 정열,

삶의 깊은 데서 솟아나는 샘물의 신선함이라네.

청춘은 겁 없는 용기, 안이함을 뿌리치는 모험심을 말하는 것이라네.

때로는 스무 살 청년에게서가 아니라

예순 살 노인에게서 청춘을 보듯이

나이를 먹어서 늙는 것이 아니라

이상을 잃어서 늙어간다네.

세월의 흐름은 피부의 주름살을 늘리나

정열의 상실은 영혼의 주름살을 늘리고

고뇌, 공포, 실망은 우리의 좌절과 굴욕으로 몰아간다네.

예순이든, 열여섯이든 사람의 가슴 속에는

경이로움에의 선망, 어린이 같은 미지에의 탐구심,

그리고 삶에의 즐거움이 있게 마련이라네.

또한 너나 없이 우리 마음속에는 영감의 수신탑이 있어

사람으로든, 신으로부터든

아름다움, 희망, 희열, 용기, 힘의 전파를 받는 한

당신은 청춘이라네.

그러나 영감은 끊어지고

마음속에 싸늘한 냉소의 눈은 내리고,

비탄의 얼음이 덮여올 때

스물의 한창 나이에도 늙어버리나

에필로그 : 배움과 열정 그리고 인연으로 건너온 삶

영감의 안테나를 더 높이 세우고

희망의 전파를 끊임없이 잡는 한

여든의 노인도 청춘으로 죽을 수 있네.

Youth

Youth is not a time of life; it is a state of mind; it is not a matter of rosy cheeks, red lips and supple knees; it is a matter of the will, a quality of the imagination, a vigor of the emotions; it is the freshness of the deep springs of life.

Youth means a temperamental predominance of courage over timidity, of the appetite for adventure over the love of ease. This often exists in a man of sixty more than a boy of twenty. Nobody grows old merely by a number of years. We grow old by deserting our ideals.

Years may wrinkle the skin, but to give up enthusiasm wrinkles the soul. Worry, fear, self-distrust bows the heart and turns the spirit back to dust.

Whether sixty or sixteen, there is in every human being's heart the lure of wonder, the unfailing child-like appetite of what's next, and the joy of the game of living. In the center of your heart and my heart there is a wireless station; so long as it receives messages of beauty, hope, cheer, courage and power from men and from the infinite, so long are you young.

When the aerials are down, and your spirit is covered with snows of

금융은 사람이다

cynicism and the ice of pessimism, then you are grown old, even at twenty, but as long as your aerials are up, to catch the waves of optimism, there is hope you may die young at eighty.

항상 호기심과 열정을 잃지 않고 끊임없이 배우면서 새로운 일에 도전하는 마음이 있는 한, 그 사람은 70이든 80이든 나이에 상관없이 청년이다. 반대로 젊은 사람이 매사에 부정적이고 적극성이 없으면 아무리 젊고 힘이 넘쳐도 청춘이 아니다. 젊은 시절 나는 끊임없이 호기심을 가지고 배우면서 새로운 일들을 하려고 했다. 한번 해보자는 생각이 들면 곧바로 실천에 옮기는 것도 주저하지 않았다. 그런 실험과 실천 정신 그리고 의욕과 열정으로 민간 주도 최초의 금융회사인 한국개발금융과 한국장기신용은행, 한국투자금융을 설립하고 발전시키는 데에 참여하여 한국의 금융발전에 적극적으로 일조할 수 있었다. 또 끊임없는 공부와 사고(思考)로 미래를 내다보고 진취적인 실천력을 바탕으로 하여 하나은행을 출범시켜 기반을 닦았고, 부실 금융기관들을 통합하여 만든 국내 최초의 금융지주회사인 우리금융지주회사의 기틀을 다져 뉴욕 증시에 상장시켰다. 금융 일선에서 물러난 뒤에는 '한국적인' 어려움을 무릅쓰고 금융 전문가 교육을 위해서 비영리 사단법인인 한국FP협회를 만들어 10년 이상 이끌고 있다. 따지고 보면 나는 행복한 사람이다. 지구에는 71억이 넘는 인구가 있는데, 모두가 공평하게 삶을 산다면 그 가운데 내가 맡은 몫은 71억분의 1이다. 그런데 나의 삶은 그보다 몇 백배 더 일할 수 있는 기회를 얻는 은혜를 받을 수 있었다.

395
에필로그: 배움과 열정 그리고 인연으로 건너온 삶

내가 태어났던 일본 식민지 시대 말기는 우리말도, 우리글도 사용과 교육이 금지되었던 민족의 정신적, 문화적 위기의 시대였을 뿐만 아니라, 일제의 이른바 대동아공영권(大東亞共營圈) 확보를 목표로 하는 중일전쟁(中日戰爭)과 태평양전쟁의 전시체제 시대로서 내가 살던 농촌은 기아 상태에 빠져 있었다. 이런 나의 유년시대의 사회적 혼란은 해방과 건국 정국(政局), 6.25전쟁으로 그리고 전후(戰後)로 이어져 소년시대와 대학의 학창시절까지 지속되었다. 개인의 불안과 사회의 혼란이 교차되어 국가의 안위까지 우려되던 세월이었다. 4.19 봉기와 5.16군사 쿠데타를 거쳐 군사정권이 성립되고, 그 뒤 선거에 의한 민간정부가 전개됨으로써 사회와 국가는 안정을 찾아갔고, 그 토대 위에서 경제개발이 본격화되었다. 그 개발 과정의 종착역으로서 국가의 인적, 물적 자원이 총체적으로 동원되었던 유신시대(維新時代)가 시작되었다. 그리고 사회적으로는 인권탄압과 자유의 억압 하에서 국민의 기본권이 극도로 제한되던 시대였다. 마침내 그 시대가 끝났으나, 전두환의 권위주의 정권이 들어섰고, 유신의 연장선상에 있었던 그 권력 하에서 대다수 국민들이 그러했듯이 나도 정신적으로 어려움을 겪었다. 그래도 내가 자위한 것은 한국경제가 발전하고 내가 그 발전을 뒷받침하는 금융인의 한 사람으로서 긍정적인 역할을 할 수 있었다는 것이다. 만약 경제마저 암초에 부딪혔더라면, 한국의 미래는 또 한국의 민주주의는 어떻게 되었을까? 그리고 IMF사태라는 한국경제가 상상할 수 없었던 국가 신용 부도 사태에 직면하는 경험을 하기도 했다. 그런 대내적, 대외적 위기들을 극복해가는 과정에서 노태우, 김영삼, 김대중, 노무현, 이명박, 박근혜 정권이 탄생했고, 나는 개인적으로 광주 민주화운동, 6월 민주화항쟁, 88올림픽, 금융실명제 시행, 평화적인 정권 교체 등의 국민적, 국가적 승리에 기뻐했다. 숱한 역사의 명암이 뚜렷하게 교차하면서 한국의 경제와 민주주의는 세계역사에서 유례가 없는 동시적인 발전을 실현했다. 국가와 민족의 분단 속에서 북한의 위협과 사회적 갈등을 돌파하고 이룬 발전이기 때문에 그것은 '경이'를 넘어 '기적'이라는 단어를 사용할 수 있다. 그 격동의 70년을 살았던 나는 회고록을 써내려가면서 시대와 사회의 움직임에 대해서 내가 어떻게 개인적으로 생각하고 반응했던가는 구체적으로 밝히지 않았다. 다만 열정적이고 성실했던 다른 금융인들처럼 나 역시 정신적인 어려움을 극복해가면서 격동기의 삶을 적극적으로 살았다고 말할 수 있다.

지나온 77년의 내 삶의 바탕에는 부모형제와 아내와 자식들, 스승과 선-후배와 동료들, 친구들과의 인연이 자리잡고 있다. 그들이 있었기에 오늘의 내가 있게 되었다. 항상 감사하게 생각한다. 인생은 끝없는 인연의 고리로 이어져 있다. 인연은 너무나 소중하다. 그 가운데는 좋은 인연도 있었고 그렇지 못한 인연도 있었겠지만, 나는 그 모든 인연은 미리 점지되어 있는 하늘의 섭리라고 생각한다.

어릴 때 나는 경제적으로 여유가 없는 환경에서 태어나서 비록 때때로 아쉬움도 있었고 불편함도 있었지만, 마음에 상처가 남을 정도로 괴롭고 안타까웠던 적은 없었다. 그 나름으로 행복한 소년시절이었다. 좋은 부모님 밑에서 나는 나의 천성으로 살아갈 수 있도록 방목(放牧)되었고, 공기처럼 호흡할 수 있는 사랑을 느끼고 살았다.

무구(無垢)한 중-고등학교 시절에 무원 선생님의 가르침과 자상한

에필로그 : 배움과 열정 그리고 인연으로 건너온 삶

사랑으로 보살핌을 받은 것은 나의 일생의 은혜였다. 선생님은 내가 고등학교를 졸업하고 더 넓은 세상에 나갈 때 '상유십이 미신불사(尚有十二 微臣不死)'라는 좌우명을 주셨다. 나는 그 분의 가르침을 언제나 가슴에 새기고 있다.

2012년에는 모교 부산대학교에서 나의 50년 금융인으로서의 삶과 경륜과 기여를 평가하여 내게 명예경영학 박사학위를 주었다. 부산대학교 법대 시절에 나는 당시에는 당당하게 세상으로 나가는 '대장부'의 관문이자 청춘의 통과의례(通過儀禮)이기도 했던 사법고시에 도전했다. 두 번의 고시 도전에 실패했을 때에도 나는 결코 좌절하지도 않았고 청운의 꿈의 날개도 접지 않았다. 학위 수여식이 베풀어졌던 부산대학교 강당의 창문을 통해서 바라본 9월의 하늘은 학창시절의 그때처럼 투명하고 푸르렀다.

돌아보면, 일제 식민지 시대인 1937년에 거제도라는 남해의 한 섬에서 태어나서 삶의 굽이굽이마다 세상의 은혜를 받고 보살핌을 받은 내 삶은 연륜과 함께 풍부해졌다. 내 삶에서 가장 정신적으로 궁핍했을 때에 만난 아내 이정희는 나의 평생의 동반자이자 때로는 지우(知友)가 되기도 했다. 이름을 잊은 사람들도 있지만, 나는 많은 사람들을 만났고 함께 일했다. 배움과 일과 생활의 현장에서 만났던 한사람 한사람이 내 인생의 여로(旅路)에서 너무나 소중한 인연이 되었다. 그들과 나의 인연은 참으로 아름다웠고, 세상은 내게 은혜와 사랑을 베풀었다.

감사의 말

사회에 첫 발을 내디딘 금융계에서 내가 수많은 좋은 사람들을 만나 50여 년 동안 금융 일을 천직으로 삼아 즐겁게 일하며 보람을 느낄 수 있었던 것은 각별한 행운이라고 생각하며, 그것은 내가 이 책을 쓸 수 있는 힘의 원천이 되었다.

회고록 형태를 빌려 내 삶과 일의 역사를 내가 좋아하는 사람들에게 전할 수 있게 된 것은 중앙일보의 최우석 전 주필과 김광기 포브스 대표의 권유 덕이다. 우리나라 최초의 민간주도 금융회사 설립 초기에서부터 참여했던 나의 금융인으로서의 역사를, 그리고 내가 참여했던 그 조직들이 시대와 시장의 변화에 따라서 변신하고 발전해온 과정을 글로 남겨두어야 한다는 두 분의 권유와 우정이 없었다면, 나는 이 책을 쓰기가 어려웠을 것이다. 그리고 이 회고록 발간을 기꺼이 맡아 세세하게 조언하고 교정까지 직접 맡은 까치글방의 박종만 사장에게 감사한다. 아울러 원고의 정리와 내용 검토에 수고를 아끼지 않은 허정구 FP협회 편집장, 하나금융지주 임영호 부사장, 우리금융 연구소 김홍달 소장에게도 고마움을 표한다.

세심하게 원고를 읽고 조언한 아내 이정희와 막내 혜준의 열성에 감사하고, 모든 가족들에게 사랑을 보낸다.